Lydia L. Dewiel

Das Allgäu

Städte, Klöster und Wallfahrtskirchen
zwischen Bodensee und Lech

DuMont Buchverlag Köln

© 1985 DuMont Buchverlag, Köln
Alle Rechte vorbehalten
3. Auflage 1988
Satz, Druck und buchbinderische Verarbeitung: Boss-Druck, Kleve

Printed in Germany   ISBN 3-7701-1618-6

Inhalt

Landschaft – Geschichte – Menschen – Kunst

»Das Algöw ist in Schwaben eine Gegend; wird eingeschlossen von Orient mit dem Lech, gegen Mitnacht mit der Thonaw, gegen Occident reicht es an den Bodensee und gegen Mittag streckt es sich gegen dem Schneegebirg.«

Sebastian Münster, Cosmographia universa, Ausgabe von 1649

»Beipflichten möchte ich einzig jener Umgrenzung des Allgäus, welche das Volk selbst gezogen hat ... alles Land, das südlich und östlich einer Linie Lech – Kaufbeuren – Memmingen – Kißlegg – Wangen gelegen ist ... Sehen wir näher zu, so erkennen wir, daß der Volksgeist bei dieser Umschreibung unserer Landschaft richtig verfahren ist.«

F. L. Baumann, Geschichte des Allgäus, 1883

Die Landschaft

Es gibt wohl keine deutsche Landschaft, über deren räumliche Ausdehnung weniger Einigkeit herrscht als das Allgäu. Diese Uneinigkeit betrifft vor allem die Ausdehnung nach Norden. Politisch sind die Grenzen allerdings deutlich abgesteckt. Der Kreis ›Unterallgäu‹ greift fast bis nach Illertissen und Krumbach hin, tief hinein in jenes Gebiet, das allgemein als ›Mittelschwaben‹ bekannt ist. Geographisch teilt sich das große Gebiet von Bayerisch-Schwaben in ›Nordschwaben‹, ›Mittelschwaben‹ und ›Allgäu‹ auf. Unter Nordschwaben versteht man das Gebiet nördlich der Donau, unter Mittelschwaben das Gebiet nördlich der Linie Memmingen – Mindelheim – Buchloe bis zur Donau; und unter dem ›Allgäu‹ schließlich das Gebiet, das südlich an Mittelschwaben angrenzt und bis zu den Allgäuer Alpen reicht.

Diese Einteilung bietet sich nicht nur geographisch, sondern auch kunstgeschichtlich an. Im Gebiet um Illertissen und Krumbach weht deutlich Ulmer bzw. Augsburger Luft, und es weht vor allem auch die Luft des Hauses Fugger. Sinnvoll ist es sicher, diesen Zipfel des Kreises ›Unterallgäu‹ zusammen mit Ulm zu behandeln, vor allem aber zusammen mit der Fuggerstadt Augsburg. In einem Band ›Mittelschwaben‹ wird dieses Gebiet organischer untergebracht sein als in einem Band ›Allgäu‹.

Auch über die Ausdehnung nach Westen ist man sich vielfach nicht einig. Den Begriff eines ›württembergischen Allgäu‹ gibt es seit den sechziger Jahren des 19. Jahrhunderts. Bereits im Mittelalter zählte man Orte wie Wangen und Isny zum Allgäu, ja man kannte sogar ein ›Niederallgäu‹, zu dem Ravensburg und sogar noch Überlingen gehörten. Es scheint auf jeden Fall angebracht, über das Gebiet von Bayerisch-Schwaben hinauszugreifen und auch noch das württembergische Allgäu mitzubehandeln.

Die Grenzpfosten des Allgäus, wie wir es hier verstehen, werden von folgenden Städten gebildet: im Norden Memmingen, Mindelheim und Buchloe; im Osten Kaufbeuren und Marktoberdorf; im Süden Füssen und Oberstdorf; im Westen Lindau, Wangen und Bad Wurzach. Der nähere Umkreis dieser Städte wurde in jedem Fall mitbehandelt.

Der Lechfall bei Füssen, Lithographie von August Osterrieth

Eine geologische Karte des bayerisch-schwäbischen Gebietes und des angrenzenden Württemberg läßt erkennen, daß das Allgäu *drei Naturräumen* angehört: im Norden die Iller-Lech-Schotterplatte, die bis zur Donau reicht; in der Mitte das Iller-Lech-Moränenland; und im Süden die Allgäuer Alpen. Vereinfacht läßt sich sagen: Das Allgäu gliedert sich in das *Alpenvorland*, die *Allgäuer Voralpen* und die *Kalkhochalpen*.

Der Landkreis *Unterallgäu* wird landschaftlich im wesentlichen von den langen Hügelrücken der Iller-Lech-Platte geprägt. Es ist ein weites, durch seine breiten Täler recht flach erscheinendes Gebiet mit großen Wäldern und Weideflächen. Ein ganz anderes Bild bietet sich im Südwesten mit dem Illerdurchbruch durch die Jung- und Altmoränen. Zwischen Krugzell und Lautrach windet sich der Fluß zwischen den hohen und zum Teil recht steilen Hängen hindurch.

Es gehört zu den großen Reizen der Kunstfahrten durch das Allgäu – entlang des Lechs, der Wertach oder der Iller –, die Übergänge vom sanften, aber belebenden und idyllischen Hügelland in die kraftvolle, würzige und kantige Bergwelt zu erleben.

Das *Ostallgäu* ist besonders reich an vielfältigen Landschaftseindrücken. Hier haben wir alles: die Terrassenfelder der Iller-Lechplatte, die Moränenlandschaft von Marktoberdorf, das Seengebiet von Füssen, die Gipfel des Tannheimer Gebirges und des Ammergebirges.

Auch das *Oberallgäu* ist landschaftlich sehr reich gesegnet. Hier finden wir die höchsten Berggipfel der Allgäuer Alpen, hier finden wir die Höfats, den schönsten ›Grasberg‹ der Ostalpen, hier sind all die herrlichen Täler um Oberstdorf herum, das Oytal, das Trettachtal und das Stillachtal. Nicht zu vergessen das Kleine Walsertal, das – wenn auch zu Österreich gehörig – doch landschaftlich dem Allgäu zugerechnet wird. Und auch die Hügellandschaft um Kempten hat ihre Reize.

Im *Westallgäu* finden wir vor allem Hügellandschaft, besonders um Isny. Die höchste Erhebung ist hier der Molasserücken der Adelegg (1100 m), ein stark bewaldeter Ausläufer der Allgäuer Voralpen.

Den Nur-Ästheten unter den Kunstliebhabern tut man meist keinen Gefallen, daran zu erinnern, daß jede Stadt, jede Kirche und kleinste Kapelle nicht nur schön ist – oder nicht schön ist –, sondern auch ihre Vergangenheit hat. Jedes Kunstwerk ist gewachsen, meist aus den mannigfaltigsten Voraussetzungen, und gerade im Allgäu sind diese Voraussetzungen besonders kompliziert. Nur ein Eintauchen in die geschichtlichen Zusammenhänge ermöglicht das tiefere Verständnis für die Kunst. Wer nur an der ästhetischen Oberfläche hängenbleibt, am Reiz des Dekors oder der Farbe, des Schattens und des Lichts, wird nicht zum Kern eines Kunstwerks durchdringen.

Freibergsee bei Oberstdorf, Ferd. Rothbart, Stich von J. Riegel, 19. Jh.

Die Geschichte

Westlich des Lechs spricht man nicht mehr bayerisch, man spricht schwäbisch. Der bayerische Löwe, der so gern brüllt, herrscht hier ein wenig gemütlicher. Daß er hier überhaupt herrscht, ist Napoleon zu verdanken. Die Pariser Mediationsakte des Jahres 1802 und der Reichsdeputationshauptschluß von 1803 sorgten dafür, daß große Teile des fränkischen und östlichen schwäbischen Reichskreises Bayern zugesprochen wurden. 1837 wurde aus einem Gebiet, in das sich noch im 18. Jahrhundert 165 Grund- und Landesherren geteilt hatten, der Regierungsbezirk Schwaben mit der Hauptstadt Augsburg geformt.

Ihre Sprache verdanken die Allgäuer den Alemannen, doch standen nicht sie am Beginn der Geschichte des Allgäus. ›Cambodunum‹ etwa, der frühe Name Kemptens, geht auf eine keltische Besiedlung zurück. Die Kelten siedelten seit etwa 500 v. Chr. auch im Gebiet des heutigen Allgäus. Verdrängt wurden sie im Jahr 15 v. Chr. von den römischen Feldherren Drusus und Tiberius, die das Land zwischen den Bergen und der Donau einnahmen. Nach einigen vergeblichen Vorstößen gelang es dann 260 n. Chr. den Alemannen, den Limes zu stürmen und das Land beiderseits des Rheins bis zu den Alpen zu besetzen.

Die Alemannen waren Germanen, doch waren sie kein einheitlicher Volksstamm. Dem führenden Volk der Sueven (Schwaben), den Semnonen, hatten sich einige kleinere Stämme angegliedert, die man als ›Allemannen‹ (Alle Männer) bezeichnete. Dies geschah bei Mainz, wohin die Semnonen aus der Mark Brandenburg gezogen waren.

Den Alemannen erwuchs in den Franken ein mächtiger Gegner, dem sie sich im Jahr 536 fügen mußten. Immerhin kam es unter fränkischer Herrschaft zur Errichtung eines alemannischen Herzogtums für den nun einheitlich zusammengefaßten Stamm im Gebiet von den Vogesen bis zum Lech und im Süden bis zu den Alpen.

Gleichzeitig mit der politischen Eingliederung der Alemannen in das fränkische Reich der Merowinger und Karolinger vollzog sich ihre Christianisierung. Teile des späteren Allgäus, vor allem das Westallgäu, wurden vom Bodensee und vom Kloster St. Gallen aus missioniert. Kempten und Füssen waren zuerst nichts weiter als Missionsstützpunkte der St. Gallener Mönche Theodor und Magnus.

In diesen frühen Jahrhunderten – genau im Jahr 817 – wird das Allgäu zum erstenmal urkundlich faßbar. Man nannte es ›Albgau‹, den Gau am Nordrand der Alpen. Dieses ›Ur-Allgäu‹ war allerdings noch sehr klein. Man verstand darunter nur wenige Orte im Bereich von Sonthofen, Fischen und Oberstdorf.

Den fränkischen Karolingern waren die Stammesherzöge ein Dorn im Auge, und sie teilten zur Beseitigung der Spitze das Land in Grafschaften ein. Der Albgau war in karolingischer und auch in sächsischer Zeit in der Hand der Udalrichinger, eines Grafengeschlechts. Nach dem Zerfall des fränkischen Reiches trat das Herzogtum dann wieder in den Vordergrund. In den Abwehrkämpfen gegen die Ungarn bildeten sich die Stammesherzogtümer Sachsen, Bayern, Schwaben und Lothringen.

Die Könige bzw. Kaiser der Geschlechter der Sachsen, Salier und Staufer versuchten durch die Vergabe von Lehnsgütern in den ›Ministerialen‹, dem niederen Adel, eine neue Gefolgschaft zu gewinnen. Verfolgen wir die Geschichte des Allgäus, so tauchen immer wieder solche Ministerialen als Burgenbesitzer auf.

Neben dem Adel gewannen die Klöster an Bedeutung, ebenso die dem Reich verpflichteten Bischöfe. Das Kloster Hirsau wurde zum Zentrum einer Reformbewegung, die sich gegen die verweltlichte Reichskirche der Sachsen und Salier richtete. Ottobeuren, das mächtigste Kloster des Allgäus, hatte in Abt Adelham einen Mann, der die Hirsauer Reform einführte.

Durch die Staufer (seit 1079 Herzöge von Schwaben) wurde Schwaben der Mittelpunkt des Kaiserreichs (1139). In die staufische Zeit fallen viele Städtegründungen. Isny, Wangen, Kempten, Leutkirch, Memmingen und Kaufbeuren verdanken den Staufern ihr Stadtrecht. Diese Städte gehörten allerdings damals noch nicht zu dem Gebiet, das man als ›Albgau‹ ansah. Bis in die Mitte des 13. Jahrhunderts war dieser Gau nur wenig nach Norden hin gewachsen, bis etwa zur Linie Eglofs – Gestratz – Maierhöfen. Die alte Thingstätte des Albgaues wird in Buch bei Schönau (Gemeinde Grünenbach) vermutet, wo die freien Bauern des Allgäus noch bis 1806 ihre Gerichte abhielten.

Die Welfen, ein urschwäbisches Geschlecht, deren Stammgut zwischen Augsburg und Füssen lag, dehnten ihren Besitz (nach 1070) allmählich bis über ganz Schwaben in den bayerischen Raum hinein aus und weiter bis zum Bodensee, nach Tirol, ins Vintschgau, nach Thurgau und Graubünden. Als 1167 der einzige Sohn Welfs VI. starb, hat Friedrich Barbarossa seinen Besitz gekauft. Die Welfen, die als Kloster- und Städtegründer Großes leisteten, wirkten innerhalb unseres Gebietes auch im Bereich des Lechs. Die Ritter von Schwangau, denen die Burg Hohenschwangau gehörte, waren – um nur ein Beispiel zu nennen – zuerst Ministerialen der Welfen und ab 1191 Ministerialen der Staufer. Diese Burg spielt auch in die Geschichte der Staufer hinein: Hier nahm Konradin, der letzte Hohenstaufe, vor seinem Zug nach Italien (1267) Abschied von seiner Mutter Elisabeth.

Nach dem frühen Tod Konradins (1268 Hinrichtung in Neapel durch Karl von Anjou) und dem Ende des Herzogtums Schwaben kam es zur Bildung einer Reihe selbständiger Territorien. Herren waren der weltliche Hochadel und Niederadel (die Ritterschaft), die Bistümer, Klöster und Reichsstädte. Nimmt man eine Karte des Allgäuer Gebietes im 14. Jahrhundert zur Hand, staunt man über die ›Buntheit‹, die hier herrscht. Beherrschend ist das Bistum Augsburg, das sich am Lech entlang bis an die Grenze der Grafschaft Tirol hinzieht. Doch auch die kleineren Farbkleckse der Reichsstädte sind nicht zu übersehen.

Bemerkenswert ist, daß das Allgäu kein eigenes Stadtrecht entwickelt hat. Als Grund dafür sieht man seine Eigenschaft als Bauernland an, dessen wirtschaftliche Grundlagen zuerst der Flachsbau und dann die Milchwirtschaft waren. Das Gewerbe spielte demgegenüber eine untergeordnete Rolle. So sehen wir im Mittelalter die Allgäuer Städte als Tochterrechtsstädte von Lindau, Überlingen und Ulm. Das Lindauer Recht erhielten: Eglofs, Isny, Leutkirch und Immenstadt; das Überlinger Recht: Wangen, Memmingen und Kaufbeuren; das Ulmer Recht: Memmingen (zum Überlinger Recht), Kaufbeuren (zum Überlinger Recht), Wurzach und Kempten.

Eine Sonderstellung hatten im Mittelalter die ›Freien von Eglofs‹ und die ›Freien auf der Leutkircher Heide‹. Unter Friedrich II. sind zum erstenmal für Eglofs freie Bauern bezeugt. Man be-

SVBSIDIVM SI-
VE CORONIS DE EVCHARISTIA
Huldrycho Zuinglio
Autore.

Christus Matthei .11.
Venite ad me omnes qui laboratis & onerati
estis, & ego requiem uobis praestabo.

Titelblatt zu einer Abendmahlsschrift von Ulrich Zwingli mit eigenhändiger Widmung für den Isnyer Pfarrer Bened. Burgauer, gedruckt bei Christ. Froschauer, Zürich 1525

freite sie von Leib- und Grundgehörigkeit, sie besaßen eine eigene Gerichtsbarkeit, und man gewährte ihnen darüber hinaus das Eglofser Bürgerrecht. Eglofs besaß zwar das städtische Recht von Lindau, wurde aber nie Stadt. Die ›Freien der Leutkircher Heide‹ sind seit dem 14. Jahrhundert bezeugt. Auch sie waren frei von Leib- und Grundherrschaft, besaßen eigenes Gericht und Besteuerungsrecht. Zur Leutkircher Heide gehörten 39 Orte, doch sonderte sich der einstige Mittelpunkt, Leutkirch, später ab. Diese Freien wurden dann in den Bauernkriegen besonders betroffen. An sie erinnert ein eigenartiges Denkmal bei Hundhöfe in der Nähe von Leutkirch. Die vielen auf einer Wiese aufgestellten Findlinge tragen Inschriften, die der Opfer dieser Zeit gedenken.

Die Bauernkriege sah das Allgäu aufgeteilt in die verschiedensten ›Haufen‹. Die Aufständischen hatten sich formiert u. a. zum Kemptener, Grünenbacher, Oberdorfer, Seeger, Wertacher, Sonthofener, Lindenberger, Trauchburger und Legauer Haufen, zum Haufen auf der Wurzacher Heide und zum Haufen auf der Leutkircher Heide. Sie alle – und einige mehr – bildeten den ›Allgäuer Haufen‹. Die Zeit, »da der Bauer aufstund im Lande«, hat nur ein halbes Jahr gedauert, vom Januar bis zum Juli 1525. Wie grimmig und blutig gekämpft wurde, davon zeugen die Geschichten um den ›Bauernjörg‹ und die Schlacht bei Wurzach. 4000 Bauern standen hier dem Heer des Schwäbischen Bundes gegenüber. Es gelang ihnen sogar, Wurzach zu besetzen, doch als der Truchseß Jörg von Waldburg 18 Geschütze aufstellte und ihre Ladung abfeuerte, war es um den Mut der Bauern geschehen, und sie gaben auf.

Eine Karte der Zeit um 1526 zeigt das Allgäu in zahllose Territorien zersplittert. Seit dem Hochmittelalter hatte sich der geistliche Besitz stark ausgedehnt. Das Territorium des Bistums

Augsburg zog sich immer noch am Lech entlang bis in den Raum Füssen hinein. Daneben hatte sich ein geschlossener Besitz der Fürstabtei Kempten gebildet. Auch Ottobeuren hatte beträchtlichen Grundbesitz angesammelt. Von den adeligen Herrschaften sind vor allem die der Reichserbtruchsesse von Waldburg zu nennen, deren Besitzungen in Oberschwaben und im Allgäu zum Teil geschlossen waren. 1526 war diese Familie in den Stand von Reichserbtruchsessen erhoben worden.

Der Begriff des ›Allgäu‹ hat sich seit den Bauernkriegen stark erweitert, und bis zur Säkularisation verstand man unter dieser Landschaft ein viel weiteres Gebiet als heute. Der Bodensee, der Fluß Schussen, die Donau, der Lech und das Hochgebirge wurden bis ins 19. Jahrhundert als Grenzen des Allgäus angesehen.

Hundert Jahre nach den Bauernkriegen brachte der Dreißigjährige Krieg unserer Landschaft schweren Schaden. Kaum eine Kirche, von der es nicht heißt, daß sie von den Schweden geplündert und niedergebrannt wurde. Auch die Pest forderte in diesem Jahrhundert ihren Tribut, worauf unter anderem die vielen Pestkapellen hindeuten.

Die Zeit relativer politischer Entspannung im 18. Jahrhundert wurde vor allem von Klöstern und Stiften genutzt. Die Bautätigkeit jener Jahre war – wie im angrenzenden Oberschwaben, in Franken, Niederbayern und Oberbayern – immens. Kaum eine Pfarrkirche, die in jener Zeit

Szene aus dem Bauernkrieg, Holzschnitt des Petrarca-Meisters

15

Ausschnitt aus der Illertalkarte von Christoph Hurter, 1619

nicht barockisiert wurde, kaum ein Ort, der nicht in seiner Nähe eine Wallfahrtskirche aus dieser Zeit zu nennen hätte.

Um so grausamer waren die Folgen der Säkularisation. Viele Kirchen und Klöster wurden auf Abbruch verkauft oder man machte sie zu Zuchthäusern oder Schrannenhallen. Kelche, Meßgewänder, Grabmäler und vieles andere kam unter den Hammer. Die Mönche wurden mit kleinen Pensionen in die Welt geschickt, die Klosterbibliotheken wurden zum Teil in die Städte gebracht, zum Teil wurden die Bücher verkauft oder an Pappdeckelfabrikanten geliefert.

Wirtschaftlich ging es dann im Allgäu im 19. Jahrhundert steil aufwärts. Aus dem ›blauen Allgäu‹ des Flachsanbaues wurde das ›grüne Allgäu‹ der Milchwirtschaft. Ein Lindenberger Fuhrunternehmer, Aurel Stadler, brachte 1827 einen echten Schweizer Sennen, Johann Althaus, ins Land. In Lindenberg, auf der Aualpe im Gunzesrieder Tal, aber auch an anderen Orten wurde nun Käse nach Schweizer Art hergestellt, vor allem der köstliche Emmentaler. Eine weitere Ausbreitung wurde durch die genossenschaftliche Käseherstellung erreicht. Nicht nur der Schweiz, sondern auch Holland hat man im Allgäu viel zu verdanken. Ein weiterer Fuhrunternehmer, Karl Hirnbein aus Wilhams, brachte von seinen Fahrten in die Niederlande die

16

Brüder Großjean mit, die mit der Produktion von Weichkäse nach Limburger Art begannen. Heute, nach anderthalb Jahrhunderten, werden im Allgäu an die hundert verschiedene Käsesorten hergestellt, und fast jeder ›Emmentaler‹, den man in Deutschland verzehrt, stammt aus dem Allgäu.

Ab 1850 verschob sich das Acker-Grünlandverhältnis im südschwäbischen Raum immer mehr zu Gunsten des Grünlandes. Dieser Entwicklung sehr dienlich war eine Besonderheit der Allgäuer Landaufteilung: die Vereinödung. Mehr als anderswo gibt es im Allgäu den Einödhof, und wenn man auf die Entstehung dieser Höfe zurückgeht, wird man oft bis ins 16. Jahrhundert hineingeführt. Die Vereinödungsbewegung, die dann ihren Höhepunkt im 18. Jahrhundert hatte, begann im Raum um Kempten. Der ursprüngliche Gedanke war weniger der einer Feldarrondierung, die ja später meist zur Entstehung von Einzelhöfen außerhalb der Dörfer führte. Man versprach sich vielmehr von einem Hof, der inmitten der Gründe liegt, eine Arbeitsersparnis und bessere Erträge. Man versprach sich aber auch die Unabhängigkeit von Flurzwang und Weidediensbarkeiten. Die Feldlagen begünstigten die Schaffung von Grünland, so daß die Ausgangsbasis für das Allgäu als ein Land der Milchwirtschaft sehr günstig war.

Als dann 1921 in Kempten die ›Allgäuer Butter- und Käsebörse‹ gegründet wurde, war ein weiterer wichtiger Schritt getan, denn nun konnte das Gebiet der Allgäuer Milchwirtschaft ohne Rücksicht auf bestehende Ländergrenzen zusammengefaßt werden.

Fast gleichzeitig mit diesem wirtschaftlichen Aufschwung ging auch der touristische einher. Für viele Menschen ist auch heute noch das ›Allgäu‹ identisch mit dem Gebirgsgebiet der All-

Das Dorf Wassers bei Wolfegg, hinter dem Dorf das Gelände des Bauernhaus-Museums, Lithographie, um 1830

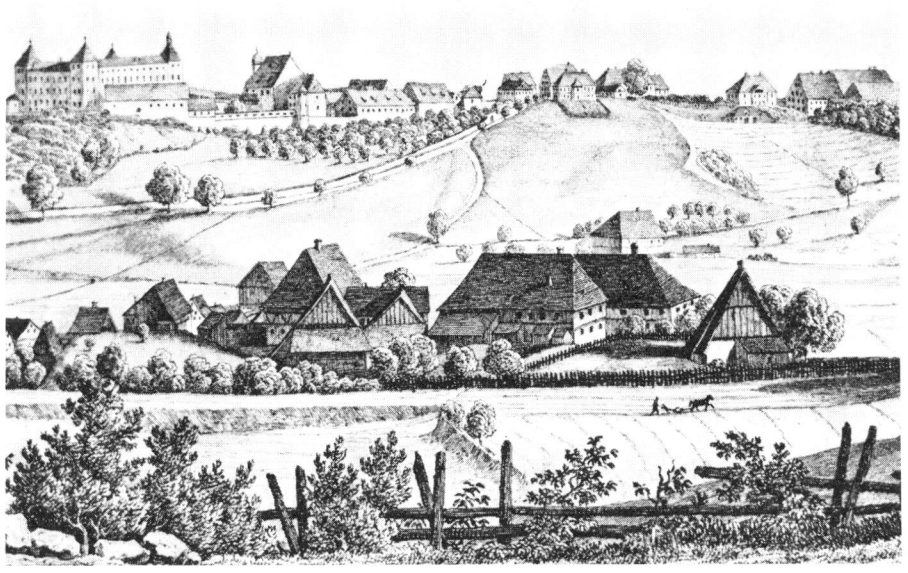

Lindau, Stahlstich von G. M. Kurz nach J. Lange, um 1840

gäuer Alpen. Vor allem die Romantik hat das Naturgefühl geweckt – nicht umsonst stammen aus dieser Zeit die schönsten Landschaftsbilder. Bereits am Ende des 18. Jahrhunderts begannen manche Kreise sich für die Bergwelt zu begeistern. Die in diesem Buch zitierte ›Gebirgsreise ins Algöw‹ des Johann Sebastian von Rittershausen fand bereits im Jahr 1784 statt, und bald folgte Ludwig Albrecht Schubart mit seiner ›Reise auf den Gründen‹ (1803). Der wirkliche Alpinismus begann erst mit den Jahren um 1830.

Heute ist das Allgäu ein Dorado für Alpinisten, alpine Skifahrer, Langläufer und Wanderer. Viele, fast zu viele Bergbahnen erschließen die Gipfel der Allgäuer Alpen. Und leider erschließen auch fast zu viele Campingplätze die Ufer der wenigen Allgäuer Seen. Man kann hoffen, daß der vielzitierte Eigenwille des Allgäuers, zusammen mit seiner Heimatliebe, schließlich über eine weitere, ebenfalls vielzitierte Eigenschaft siegt: seinen Geschäftssinn.

Die Menschen

»Im Allgemeinen ist das Allgäuer Volk sehr gesund und schön. Es gibt in ihm unter beiden Geschlechtern zahlreiche Prachtgestalten mit interessanten Gesichtern, in welchen sich die Klarheit des Verstandes und die Entschiedenheit des Willens, sowie das frohe Gefühl der Wohlhabenheit und Unabhängigkeit hell abspiegelt.«   *Joseph Schelbert, ›Das Landvolk des Allgäus‹, 1873*

Wenn man kein Allgäuer ist und auch nicht im Allgäu wohnt, so muß man, um etwas über das Wesen der Allgäuer erfahren, bei Einheimischen in die Schule gehen. Es gibt zwei hervorragende ›Schulen‹ zu diesem Thema: ›Das Landvolk des Allgäus‹ von Joseph Schelbert und ›Die Allgäuer Rasse‹ von Alfred Weitnauer. Schelbert, der als Landpfarrer im letzten Jahrhundert seine Erfahrungen sammelte, befaßte sich vor allem mit den alpenländischen Bauern. Weitnauer, der Heimatpfleger und erfolgreiche Schriftsteller, berichtete vom Allgäuer aller Stände. Da sie beide ihre Landsleute liebten, ist es nicht verwunderlich, daß diese im allgemeinen recht gut wegkommen. Im übrigen: Man hat es ja schließlich schwarz auf weiß, daß der Allgäuer zu den vorzüglichsten Menschen gehört. Bereits bei den ›Sieben Schwaben‹ heißt es: »Allgäuer, gang Du voran!«

Da die Allgäuer bei allem Pochen auf die schwäbische Stammeszugehörigkeit doch irgendwie zu den Bayern gehören, ist es naheliegend, sie mit den Oberbayern zu vergleichen. Da erfährt man, daß der schwäbische Bayer weniger gesellig ist, das Alleinsein zu schätzen weiß und manchmal sogar in Eigenbrötelei verfallen kann. Nicht zufällig gehört der Einödhof zu den Spezialitäten des Allgäus – man fühlt sich auch ohne Nachbarn wohl! Man erfährt auch, daß der Allgäuer weniger lautstark seine Meinung vertritt als der Oberbayer, daß er über die ›leisen Töne‹ verfügt und dies in einem erstaunlichen Nuancenreichtum.

Ebensowenig wie der Bayer ist der Schwabe zum Kriegmachen geboren. Einen Allgäuer Heerführer gab es ganz einfach nicht, und wer als Gegenbeispiel Georg von Frundsberg anführen will, wird eines Beßren belehrt: Mindelheim gehört doch nicht zum Allgäu! Eine der erfrischendsten Anekdoten, die Weitnauer erzählt, gilt diesem Thema. Da gab es in der Biedermeierzeit einen Memminger Kavalleristen, der es immerhin zum Anführer einer Schwadron gebracht hatte. Als es einmal galt, seine Männer zu einem Ausritt zu bewegen, wagte er folgendes Kommando: »Etz wenn i halt gwiiß wüßt, daß koiner ra'fällt, tät i sage: mir rischkieret a kloins Träble.«

Aufgeschlossenheit für den Fortschritt, praktischer Realismus, ausgeprägter Individualismus – dies sind weitere anerkannte Allgäuer Tugenden. Allerdings wird auch zugegeben, daß dem Allgäuer ein ausgeprägter Geschäftssinn nicht abgeht.

Es ist allgemein bekannt, daß die Schwaben gern Spätzle essen. Mit Schrecken gewahrt man, daß der nachbarliche bayerische Knödel sich immer weiter in schwäbisches Gebiet hineinschiebt. Um dies zu verhindern, haben sich die Spätzleesser 1984 zu einer ›Abwehrfront gegen den bayerischen Knödel‹ formiert. Folgende Erklärung ging durch die Zeitungen: »Der kom-

pakte oberbayerische Knödel wird als Symbol eines Zentralismus gesehen, der den schwäbischen Einzelgängern seit eh und je auf den Magen schlägt, anders als die Spätzle, deren optische
Vielfalt dem angestammten schwäbischen Hang zum Individuellen entspricht.« Man kann
hoffen, daß diese Bemühungen erfolgreich sind, denn welcher Gast möchte auf all die Köstlich-
keiten verzichten, die da sind: Kässpatzen, Krautspatzen, Spinatspatzen und Maultaschen?

Was die Sprache des Allgäuers betrifft, so bringt Schelbert sie auf einen sehr einfachen Nen-
ner: »Die Allgäuer sprechen durchaus die deutsche Sprache, und zwar in zwei Hauptdialekten,
dem oberschwäbischen und alemannischen. Der oberschwäbische herrscht vor längs der Iller
bis zu ihren Quellen; der alemannische vom Alpsee bei Immenstadt bis gegen den Bodensee und
an den Argen, oder in den sogenannten Bergstädten, längs der württembergischen Grenze.«

Es sei nicht verschwiegen, daß das größte Loblied auf die Schwaben nicht von einem Einheimischen angestimmt wurde, sondern von einem Berliner! In seiner ›Beschreibung einer Reise
durch Deutschland und die Schweiz im Jahre 1781‹ hat der Aufklärer Friedrich Nicolai eine
Charakterisierung der Schwaben zu Papier gebracht, die seiner Beobachtungsgabe alle Ehre
macht. Da das, was er berichtet, auch für den Allgäuer typisch ist, sei Nicolais Überzeugung hier
zitiert: »Daß die Schwaben eigentlich plumper und ungeschliffener in Sitten oder weniger an-
stellig sein sollten oder daß bei ihnen Verstandeskräfte später reiften als bei anderen Deutschen
und zum Beispiel bei ihren Nachbarn, den Bayern oder Franken, kann man auf keine Weise
sagen. Man findet vielmehr unter den Schwaben viele scharfsinnige Köpfe und die zum Teile
ihre Denkungskraft unter sehr ungünstigen Umständen entwickelt haben. Die Schwaben zeichnen sich im allgemeinen, soviel ich habe bemerken können, bloß durch eine unter dem gemeinen Manne mehr verbreitete Gemächlichkeit, Zufriedenheit und Ruhe aus. Dabei ist eine ge-
wisse Treuherzigkeit und ein unbefangenes Wesen bei ihnen, das selbst nichts von Arglist hat
und sie bei andern auch nicht vermutet ... Vermöge dieses gutherzigen, zuvorkommenden
Wesens, das sich selbst preisgibt, wenn der andere zurückhält, mag wohl mehrmals sein bemerkt
worden, daß ein Schwabe seinen Vorteil nicht genau wahrnahm ... Eben aus dieser auffallenden
Gutherzigkeit des schwäbischen gemeinen Mannes erkläre ich das allgemeine Sprichwort: Die
Schwaben werden erst im fünfzigsten Jahre klug. Es geht nämlich nicht auf die spätere Entwick-
lung der Verstandeskräfte überhaupt, sondern auf deren spätere Anwendung im gemeinen
Leben.«

Die Kunst

>»Draußen in den Dörfern stehen die Kapellen, und zwar in der Mitte der Häuser
oder so anmuthig auf einem nahen Hügel, wie z. B. in Liebenstein im Ostrach-
oder Burg Schöllang im Oberillerthale, daß man glauben könnte, der deutsche
Dichter Uhland habe dieselben vor sich gehabt, als er das Lied sang: ›Droben
stehet die Kapelle, Schauet still ins Thal hinab‹.«
>
> *Joseph Schelbert, ›Das Landvolk des Allgäus‹, 1873*

Es ist zur Gewohnheit geworden, das Allgäu etwas geringschätzig als ›Land dazwischen‹ einzustufen. Damit ist gemeint: das Land zwischen dem ›richtigen‹ Bayern und dem ›richtigen‹
Schwaben. Was die Landschaft betrifft, ist dieses Urteil sicher nicht gerechtfertigt. Das Allgäu
hat seinen eigenen, unverwechselbaren Charakter, ganz besonders das Gebirgsallgäu. Wo sonst
wächst das Grün so weit in die Gipfelregion hinein? Die ›Grasberge‹ der Allgäuer Alpen, die
dem Bergsteiger so viel zu schaffen machen, gehören zu den eigenartigsten Eindrücken der
Alpenwelt überhaupt. Und wo sonst sind die Seen so silbern und melancholisch wie im Allgäu,
die Vorberge so verträumt?

Was die Kunst betrifft, so ist dieses Urteil schon eher berechtigt. Die Allgäuer Kunst wurde
im wesentlichen ›von außen‹ gespeist, es gibt kein einziges bedeutendes Kunstzentrum im
Allgäu – jedenfalls nicht vom Rang der Zentren Ulm oder Augsburg.

In der Spätgotik ist das Verhältnis von einheimischen zu auswärtigen Künstlern noch ausgewogen. Da haben wir in Memmingen die bedeutende Werkstatt von Bernhard Strigel, dessen
Vater Ivo tief hinein in das Voralpenland wirkte. Wir haben Jörg Lederer, der aus Füssen
stammte und nach Kaufbeuren zog und uns so wunderbare Werke wie den Altar der Blasius-
Kirche (Abb. 99) und den ›Hindelanger Altar‹ (Umschlagklappe vorn) hinterließ. Der große
Hans Multscher ist zwar im Allgäu (Reichenhofen bei Leutkirch) geboren, doch seine bedeutendsten Werke schuf er in seiner Ulmer Werkstatt. Auch die Syrlin-Werkstatt stand in Ulm,
und die Werkstatt der Bildschnitzer Erhart, die im Allgäu ihre Spuren hinterließ, teilte sich
zwischen Ulm und Augsburg.

Im Barock wandelte sich das Bild ganz und gar, denn nun kamen die wichtigsten der im Allgäu
tätigen Künstler von auswärts. Die Vorarlberger Bauschule – voran die Beer und Thumb – fand
im Allgäu ein reiches Betätigungsfeld. Die Stukkatoren der meisten Allgäuer Kirchen im späten
17. und 18. Jahrhundert waren Wessobrunner. Die Brüder Zimmermann aus Wessobrunn
wirkten in Bad Wörishofen, Buxheim und Ottobeuren. Die Freskanten der Allgäuer Kirchen
stammten fast alle aus dem Schülerkreis, den Johann Georg Bergmüller in Augsburg um sich
geschart hatte. Ins östliche Allgäu drangen die Bildhauer Luidl aus Landsberg vor, und der
›schönste Engel des Allgäus‹ in Maria Rain gilt als Werk eines Weilheimer Meisters (Farbt. 30).
Der ›Friesenhofener Meister‹ Konrad Hegenauer, der mitsamt seiner Familie das halbe Westallgäu mit Plastiken ausstattete, ist ein Import aus Pfullendorf im Bodensee-Hinterland. Auch
Tirol hat viel beigetragen: die Maler Zeiller aus Reutte, denen man neben zahllosen Altarblät-

Detail des Scagliola-Antependiums von Dominikus Zimmermann, Pfarrkirche St. Walburga, Weißensee

tern vor allem die Freskierung der Klosterkirche von Ottobeuren zu verdanken hat; und der ›Bildhauer von Wurzach‹, Johann Ruez, stammte ebenfalls aus Tirol.

Die Ausnahmen in dieser Zeit: Füssen mit der Bildhauerwerkstatt von Anton Sturm, mit dem großen Baumeister Johann Jakob Herkomer und seinem Neffen Johann Georg Fischer; Pfronten mit den Werkstätten der Babel, Heel und Stapf; Kempten mit der Maler-Dynastie Hermann und der Bildhauerfamilie Ertinger.

Die Frage, ob es zu einer eigenen, unverwechselbaren ›Allgäuer Kunst‹ gekommen ist, wurde schon öfter gestellt. Manches steht dafür, doch vieles spricht dagegen. Man führt die Lokalfarbigkeit der Allgäuer Malerei an, die Urwüchsigkeit der Plastik, die Blockhaftigkeit der Architektur. Doch sind dies nicht Merkmale alpenländischer Kunst überhaupt?

Die Vielzahl der Territorien hat sich auf dem Gebiet der Kunst fruchtbar ausgewirkt. Wo viele Herren sind, ist auch viel Wettbewerb – die Leistungen werden gegenseitig hochgeschraubt. Und es waren nicht nur die weltlichen Herren – etwa die Reichserbtruchsessen von Waldburg –, die an erster Stelle stehen wollten, sondern auch die geistlichen. Das beweisen unter anderem die ehrgeizigen Bauten der Klosterkirchen und Residenzen von Ottobeuren, Kempten und Füssen.

Am Ende einer Allgäuer Kunstfahrt steht sicherlich an erster Stelle das Erlebnis großer Mannigfaltigkeit der Kunstäußerung trotz einer etwas schwerfälligen, traditionsverhafteten – jedem Bauernland eigenen – Grundstruktur. Eine Kunstfahrt kann zeigen, daß sich diese Landschaft neben Oberschwaben und Oberbayern durchaus behaupten kann.

Im Unterallgäu

Memmingen und Umgebung

> »Zu Memmingen haben wir gestern in der Frühe die Stadt gesehen; es ist alles in
> der Stadt ungemein fein und ordentlich, und die Leute sind ausnehmend höflich.
> Zu merken sind aus dem, was wir gesehen, St. Martinskirche und Unser Frau
> und die alte Bibliothek bei den Kreuzherren.«   *Johann Michael Feneberg*

Als der geistliche Gymnasialprofessor Feneberg im September des Jahres 1789 seine Vakanz-
fahrt durch Mittelschwaben machte, die ihn von Ursberg nach Warthausen führte, fiel das
Urteil über Memmingen sehr gut aus. Würde es heute noch so ausfallen? Die Einfahrt in die
Stadt, die an die Autobahn angeschlossen ist, wirkt nicht sehr ermunternd: links und rechts zer-
siedeltes Gebiet, unschöne Industriebauten und nüchterne Großmarkthallen. Hat man sich
jedoch erst einmal in die Altstadt durchgekämpft, so empfängt einen nach wie vor reichsstädtische Gemütlichkeit, besonders um den Marktplatz herum. Die drei vom Chronisten gerühm-
ten Bauten St. Martin, Unser Frauen und die Kreuzherrenkirche sind auch heute noch die wichtigsten Ziele.

Memmingen, Kupferstich von Matthäus Merian

23

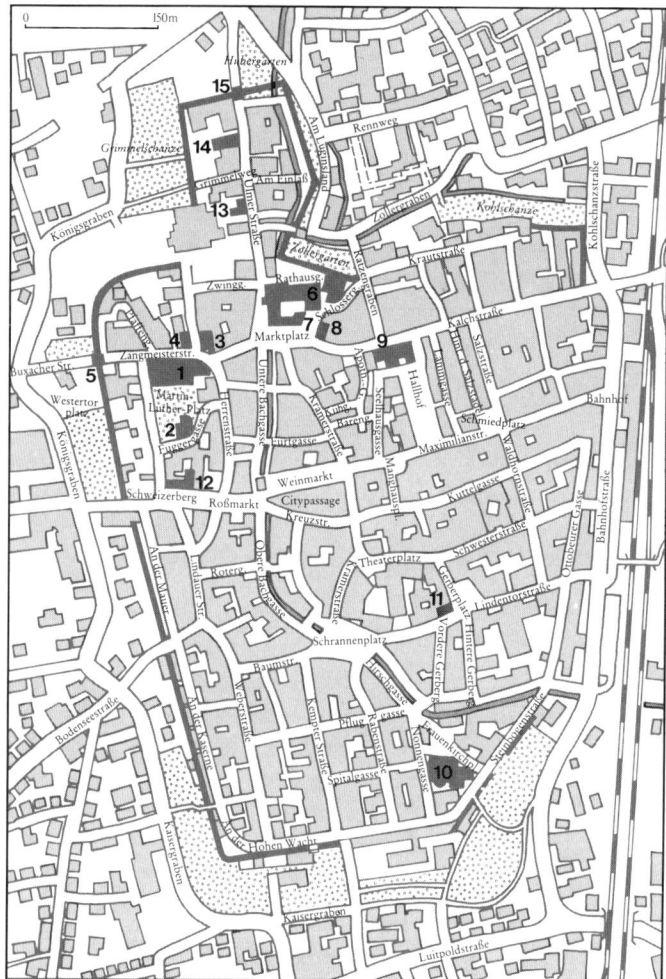

Memmingen
1 Stadtpfarrkirche
  St. Martin
2 Kinderlehrkirche
  (ehem. Antoniter-
  kapelle)
3 Hermansbau
  (Stadtmuseum)
4 Junkerhof
5 Westertor
6 Rathaus
7 Steuerhaus
8 Großzunft
9 Kreuzherrenkirche
10 Stadtpfarrkirche
   Unser Frauen
11 ›Siebendächerhaus‹
12 Fuggerbau
13 Haus der Herren
   von Paris und Ehr-
   hart
14 Grimmelhaus
15 Ulmer Tor

Der wuchtige Turm der evangelischen *Stadtpfarrkirche St. Martin* ist von überallher zu sehen. Der schmucklose, strenge Backsteinbau mit seinem steilen Dach und den hohen Fenstern ist besonders von der Südseite sehr beeindruckend. Hier stehen wir auf altem römischem Siedlungsboden, denn unter der Kirche wurden Reste eines Wachturmes gefunden. Die Kirche in ihrer heutigen Gestalt ist spätgotisch, vom Vorgängerbau des 12. Jahrhunderts sind nur noch unwesentliche Reste vorhanden. Das Langhaus wurde 1410 durch den Münchner Steinmetzen Conrad von Amberg vollendet, 1432 entstand die östliche Vorhalle, 1458 wurden die Seitenschiffe eingewölbt. Nach Plänen des Ulmer Münsterbaumeisters Matthias Böblinger wurde 1496–1500 der Chor errichtet. Den Abschluß der Bauarbeiten bildete die Zangmeisterkapelle im Jahr 1505. An Stelle eines vom Blitz zerstörten gotischen Spitzhelms wurden 1535–37 das Turmachteck und die heutige Haube aufgesetzt.

Einziger Außenschmuck ist das bemalte Zifferblatt der Turmuhr, das ursprünglich (1524) von dem bedeutendsten Memminger Maler, Bernhard Strigel, angebracht, seither jedoch mehrmals übermalt wurde. Die Inschrift: Domine Humilia Respice – Herr, siehe das Niedrige an – ist der reichsstädtische Wahlspruch.

Auch im Innern ist der Hauptschmuck die Bemalung. Das basilikale Langhaus mit seinen acht spitzbogigen Arkaden würde allzu ernst wirken, wenn es nicht mit – qualitativ hervorragenden – Fresken überzogen wäre. Sie erscheinen an den Pfeilern, im Chorbogen und in der Zangmeisterkapelle und stammen aus dem 15. und 16. Jahrhundert. Eines der Wandbilder an einem der östlichen Pfeiler, die › Verkündigung Mariä‹, wird Hans Strigel d. Ä. zugeschrieben. Auch die Wandbilder der südöstlichen Portalhalle werden mit ihm in Verbindung gebracht.

Hauptziel der Besucher sind jedoch meist nicht die Fresken, sondern ein Werk der Schnitzkunst, das prachtvolle Chorgestühl, das der Bildhauer Hans Herlin zusammen mit dem Schreiner Hans Stark 1501–08 schuf. Unter den Baldachinen der rechten Seite sehen wir die Büsten der Propheten und Sibyllen, unter denen der linken Seite Christus und die zwölf Apostel. Die Wangenfiguren und die Bildnisse über den Portalen stellen Memminger Bürger dar – urwüchsige Gestalten, denen man ihren Bürgerstolz durchaus ansieht (Abb. 6).

Das zweite bedeutende Schnitzwerk dieser Kirche ist die Kanzel mit ihrem Portal, ein Gemeinschaftswerk des Memminger Schreiners Georg Rabus und des Bildhauers Christoph Heinrich Dittmar aus Arnstadt (1699–1700). Das schwere Akanthusblattwerk und die Blattgirlanden sind typisch für den frühbarocken Ornamentstil der Jahre um 1700.

Im Süden der Kirche, an der Fuggergasse, steht die *Kinderlehrkirche*, eine *ehemalige Antoniterkapelle*. Der unscheinbare Bau birgt ein dreischiffiges Langhaus mit drei Gewölbejochen und polygonalem Chor. Auch hier sind gute Wandmalereien zu sehen, vor allem eine Schutzmantelmadonna im Nordschiff, die Bernhard Strigel um 1520 malte. Ebenfalls aus dieser Zeit stammt das dreiteilige Fresko des Nordportals. Bernhard Strigel malte hier die Kreuzigung mit Maria und Johannes im Mittelfeld, links daneben den heiligen Antonius, wie er Tiere und Menschen

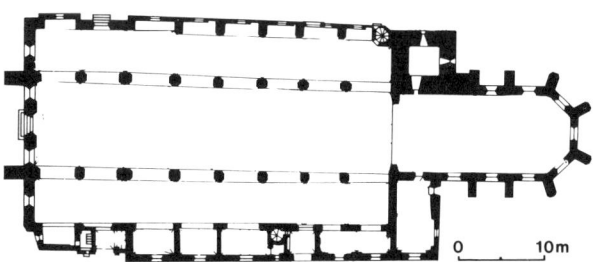

Memmingen, St. Martin, Grundriß

0   10m

Memmingen, Kinderlehrkirche, der hl. Antonius segnet Menschen und Tiere, Außenwandfresko (Detail) von Bernhard Strigel, um 1520

segnet; rechts ist die Versuchung des Heiligen dargestellt, darunter der Stifter mit Wappen. Aus früherer Zeit (1486) stammt ein Fresko an der nördlichen Außenwand des Hochschiffes, die überlebensgroßen Figuren der Heiligen Eremiten Antonius und Paulus.

Die noch bestehenden ehemaligen Klosterbauten westlich der Kirche umschließen einen hübschen Arkadenhof mit Treppenturm. Das Antoniterkloster war neben dem Heilig-Geist-spital die wichtigste Ordensniederlassung in Memmingen. Als das Kloster in der Reformationszeit aufgelöst wurde, kam der Bau in den Besitz der Stadt. Er diente als Pfarrhof, die Kirche zum Unterricht von Kindern, weswegen sie heute allgemein ›Kinderlehrkirche‹ genannt wird.

In der Zangmeisterstraße, unmittelbar nördlich von St. Martin, finden wir drei weitere stattliche Bauten: den Hermansbau, den Junkerhof und das Westertor. Der *Hermansbau*, ein dreistöckiges Palais, wurde 1766 für den Freiherrn Benedikt von Herman als Vierflügelanlage errichtet. Der in Venedig zu Reichtum gekommene Kaufmann ließ den Bau im Stil des venezianischen Spätrokoko errichten. Hier ist heute das *Stadtmuseum* untergebracht, das vor allem wegen der reichen Sammlung Künersberger Fayencen sehenswert ist. Auch die Gemälde Memminger Maler des 16. und 17. Jahrhunderts sind bemerkenswert, vor allem der Dreikönigsaltar von Bernhard Strigel (um 1500). Die reizvoll mit Rokokomöbeln und klassizistischen Möbeln eingerichteten Räume vermitteln einen ausgezeichneten Eindruck adeliger Wohnkultur. Im Treppenhaus an der Westseite ist ein gutes Deckenbild zu sehen, das die Allegorien von Handel, Schiffahrt und Ackerbau darstellt.

Von der zur Hermansgasse gelegenen Fensterfront hat man den besten Blick zum nebenan gelegenen *Junkerhof*, einem hübschen Rokokobau mit Pavillon, der auch dem Freiherrn von Herman gehörte.

In der Zangmeisterstraße weiter nach Westen zu steht eines der schönsten und ältesten Tore der Stadt, das *Westertor* (Abb. 4). Da gerade dieses Tor ein wichtiger Zeuge der mittelalterlichen Vergangenheit Memmingens ist, sind an dieser Stelle einige Angaben über die Geschichte der Stadt angebracht. Einer spätrömischen Siedlung und einem fränkischen Königshof des 7. Jahrhunderts folgten im 12. Jahrhundert Bauten der welfischen Herzöge. Memmingen lag an der Salzstraße, die aus Bayern in die Schweiz führte und die hier von der Italienverbindung Ulm – Fernpaß gekreuzt wurde. Diese Lage führte zur Gründung des befestigten Ortes Memmingen durch Herzog Welf VI. Um 1158 wurden eine Burg und eine nördlich anschließende Stadt um den heutigen Marktplatz herum gegründet. 1191 kam Memmingen an die Staufer, 1286 wurde es Freie Reichsstadt. Das Westertor zeugt noch von der ältesten Stadt, der Welfenstadt. Toröffnung und Sockel stammen aus dem 12. Jahrhundert, doch erst im 17. Jahrhundert bekam das Tor die heutige Gestalt durch Errichtung des Oktogons und des Helmes.

Vom Hermansbau aus sind es nur ein paar Schritte zum *Marktplatz*, den man allerdings, um einen Eindruck von seiner Schönheit zu bekommen, an einem Sonntag oder sehr früh am Morgen besuchen sollte, da er sonst mit parkenden Autos besetzt ist. Rathaus, Steuerhaus und Großzunft sind die Bauten, die uns hier am meisten interessieren. Das hohe, dreigeschossige *Rathaus* (Farbt. 7) wurde 1589 errichtet, doch der Stuckdekor der Fassade und die Segmentgiebel der Fenster stammen erst aus der Rokokozeit (1765). Sehr hübsch sind die achteckigen, türmchenartigen Erker mit ihren behäbigen Hauben.

Horizontales Gegenstück zu diesem vertikalen Akzent ist das daneben liegende *Steuerhaus* mit seinem langen Laubengang, der schon 1497 angelegt wurde (Abb. 2). Die Fassadenmalerei stammt aus den Jahren 1906/07 – ein typisches Produkt historisierender Gesinnung, zu einer Zeit, in der der Jugendstil bessere Wege gewiesen hätte. Der Bau entstand 1495 als Schuhhaus an Stelle von Verkaufsbuden und wurde 1708 mit einem zweiten Obergeschoß versehen.

An der Ostseite des Marktplatzes erhebt sich die *Großzunft* (Farbt. 7), ein roter Bau mit drei Volutengiebeln, schönem Balkongitter und einem Chronogramm, das auf die Entstehungszeit 1719 hinweist. An dieser Stelle wird man an die große Rolle erinnert, die den Zünften in Memmingen zukam. Schon 1347 hatten die Handwerker der Stadt die Einführung einer Zunftverfassung erzwungen, die auch das Patriziat zum Eintritt in eine Zunft, die Großzunft, zwang. Zu etwa gleichen Teilen wurde von dieser Zeit ab der Rat der Stadt mit Patriziern und Zünftlern besetzt. Das noch aus dieser Zeit stammende Haus der Großzunft wurde im 18. Jahrhundert durch den heutigen Bau ersetzt.

Die südöstlich vom Marktplatz abzweigende Kalchstraße führt direkt zur *Kreuzherrenkirche*, deren schlanker, eleganter Turm mit feiner Maßwerkgliederung das Stadtbild mitbestimmt. Nach einem Brand, der die alte Spitalkirche des Kreuzherrenordens zerstörte, wurde 1480–84 ein Neubau errichtet. Die klassizistische Nordfront ist eine Hinzufügung der Jahre um 1823, als die Kirche durch die Säkularisation profaniert wurde. Das oktogonale Obergeschoß des Turms und die Haube stammen aus der ersten Hälfte des 17. Jahrhunderts. Der Kirchenraum des frühen

18. Jahrhunderts – eine zweischiffige Halle zu vier Jochen mit Tonnengewölben und Stichkappen auf hohen Rundpfeilern – dient heute als Konzert- und Ausstellungsraum. Um diesen Raum zu gewinnen, wurde 1947 ein Zwischenboden eingefügt. Dieser ›Kreuzherrensaal‹ ist ein Wunderwerk Wessobrunner Stukkierkunst. Matthias Stiller ist der Meister des kraftvollen Akanthusrankenstucks (1709), der gemalte Medaillons mit der Darstellung biblischer Szenen umgibt.

Ein sehr reizvoller Weg führt durch die schmalen Gassen am *Stadtbach* entlang zur dritten bedeutenden Kirche Memmingens, der Stadtpfarrkirche Unser Frauen (Abb. 5). Der Stadtbach, der an manchen Stellen an holländische Grachten erinnert, ist jedes Jahr Schauplatz eines Volksfestes. Mitte Juli wird am ›Fischertag‹ der Bach gereinigt, und die dort lebenden Forellen werden zum Fangen freigegeben. Wer die größte Forelle gefangen hat, wird dann in der Festhalle zum Fischerkönig ausgerufen.

Die *Stadtpfarrkirche Unser Frauen* ist eine typisch schwäbische Stadtkirche der Spätgotik. Ältester Bauteil ist der Turm (14. Jh.), doch für den heutigen Gesamteindruck sorgte ein grundlegender Umbau der Jahre 1456–60 durch den Maurer und Steinmetzen Hans Stier. Er versah den Vorgängerbau mit einem breiteren Mittelschiff, errichtete einen neuen Chor und wölbte die Seitenschiffe. Heute zeigt sich uns die Kirche im Innern als basilikales Langhaus mit spitzbogigen Pfeilerarkaden, flacher Decke im Mittelschiff, Rippengewölben in den niedrigeren Seitenschiffen, an die zum Teil Kapellen angebaut sind. Der polygonale Chor ist mit Netzrippengewölbe versehen.

Ohne die Wandmalereien würde der Raum in seiner steinernen Würde allzu ernst und karg wirken. Memmingen kann man als Stadt der Fresken ansehen, denn auch hier erwarten uns hervorragende Werke spätmittelalterlicher süddeutscher Freskomalerei.

Über den Pfeilern erscheinen die überlebensgroßen Gestalten der Apostel. Hier wird, unterstützt von Schriftbändern, das Apostolische Glaubensbekenntnis dargestellt (um 1410). In der Chorbogenleibung sieht man die Klugen und die Törichten Jungfrauen, am Chorgewölbe Engel und Evangelisten. Besonders schön in ihrer Zartheit ist die Maria mit der Mondsichel, umgeben von musizierenden Engeln, in einer Nische des Chors (Abb. 8). Auch das nördliche

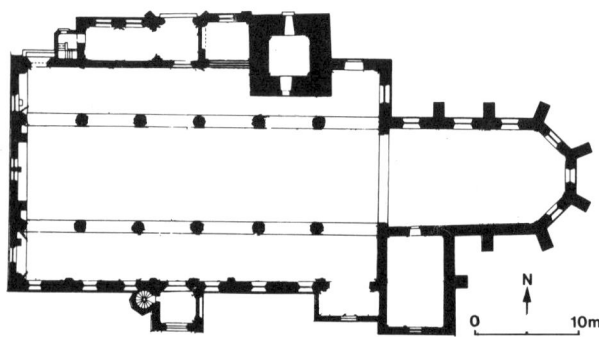

N

0   10 m

*Memmingen, Stadtpfarrkirche
Unser Frauen, Grundriß*

*Memmingen, Frauen-
kirche, Posaunenengel
zum Weltgericht,
Fresko im Hauptschiff*

Seitenschiff ist an der Turmwand mit Szenen aus dem Marienleben und marianischen Symbolen bedeckt. Die Fresken in den Vorhallen – ein Weihnachtszyklus im Norden (um 1400) und eine Kreuzigung im Süden – sind in ihrer frischen Farbigkeit besonders schön.

Das Chorgestühl ist weniger spektakulär als jenes in St. Martin, doch es ist eine gute frühbarocke Arbeit, ornamental noch stark dem Manierismus verhaftet. Ausgezeichnet ist die Marienfigur an der Ostseite des nördlichen Seitenschiffes, eine Arbeit von Ivo Strigel aus der Zeit um 1500.

Memmingen besitzt neben dem Hermansbau noch eine ganze Reihe ansehnlicher Profanbauten. Das ›Siebendächerhaus‹ in der Lindentorstraße ist ein altes Gerberhaus und gehört zum einstigen Gerberviertel (Abb. 1). Es wurde noch kurz vor Kriegsende durch Bomben zerstört, konnte jedoch wieder aufgebaut werden. Seinen Namen hat dieses spitzgiebelige Haus von dem in jeweils vier Abstufungen gebrochenen Dach – eine Vorrichtung, die zum Trocknen der Felle diente.

Am Schweizerberg steht der *Fuggerbau*, eine großzügige Anlage mit großer Einfahrtshalle, 1581–99 als Handelsniederlassung der Fugger erbaut. Hier hat sich ›Historie ereignet‹: Wallenstein wohnte hier eine Weile, bis er von seiner Absetzung durch den Regensburger Kurfürstentag erfuhr. Die Ironie der Geschichte wollte es dann, daß sein Kontrahent Gustav Adolf von Schweden zwei Jahre später auch hier wohnte.

Ein weiteres hübsches Rokokopalais steht in der Ulmer Straße, das *Haus der Herren von Paris und Ehrhart*. Das gut restaurierte Haus entstand 1736. – Ein paar Schritte weiter, ebenfalls in der Ulmer Straße, steht das *Grimmelhaus,* dessen Obergeschosse auffallend weit vorkragen. Hier, an dem Ort, wo die Herren von Grimmel einst einen Messinghammer betrieben haben, ist heute das Städtische Kulturamt untergebracht. – Abschluß der Straße ist das 1445 errichtete *Ulmer Tor* mit spitzbogigen Durchfahrten, hohem vierseitigem Turm und Satteldach. Noch einmal zeigt es sich, daß wir hier in einer Stadt der Fresken sind, denn das Tor ist spätgotisch bemalt. Einst war Memmingen eine Stadt von 32 Toren und Türmen und einer fast drei Kilometer langen Stadtmauer, die heute noch in Resten vorhanden ist. Von der Stadtbefestigung stehen noch das *Ulmer Tor,* das *Kempter Tor,* das *Westertor* (Abb. 4), das *Lindauer Tor* und der *Einlaß* (Abb. 3). Alte Holzschnitte und Stiche vermitteln einen schönen Eindruck dieser einst türmereichen Stadt.

Wenn man durch das Ulmer Tor die Stadt verläßt, kommt man direkt zur Schnellstraße aus Richtung München und dann in einer knappen Viertelstunde nach **Buxheim** (Abb. 10). Johann Michael Feneberg, den wir schon eingangs zitierten, bemerkte dazu: »Da hat es mir auf unserer Reise noch am allerbesten gefallen.« Ohne Übertreibung: In der nahen Umgebung Memmingens ist außer Ottobeuren nichts so sehenswert wie das ehemalige *Kartäuserkloster* Buxheim mit seiner Pfarrkirche! Für diesen Besuch sollte man sich genügend Zeit lassen – es lohnt sich.

Schon das Eingangstor mit seiner strahlend weiß verputzten Mauer ist bestechend, und je näher man der Pforte kommt, um so deutlicher zeichnet sich die Vielgestaltigkeit des großen Komplexes ab. Alles ist freundlich und hell. Hier sollen Kartäuser gelebt haben, die der strengsten Zucht von allen Orden unterworfen waren?

Die Geschichte des Klosters ist ebenso kompliziert wie der Grundriß der Anlage, den man an der Wand bei der Pforte betrachten kann. Ein Kollegiatstift, das zum Augsburger Domstift gehörte, wurde 1402 den Kartäusern gegeben. Die Ordensleitung gab dem Kloster den Namen ›Maria Saal‹. Um 1500 war eine erste Blütezeit mit sechzehn Zellen für Mönche, doch brachten der Bauernkrieg und die damit verbundenen Schäden starke Verschuldungen. 1548 wurde die Kartause reichsunmittelbar und war einzige Reichskartause dieses Ordens. Das Barock brachte

Buxheim, Kartäuserkloster vor der Säkularisierung 1803

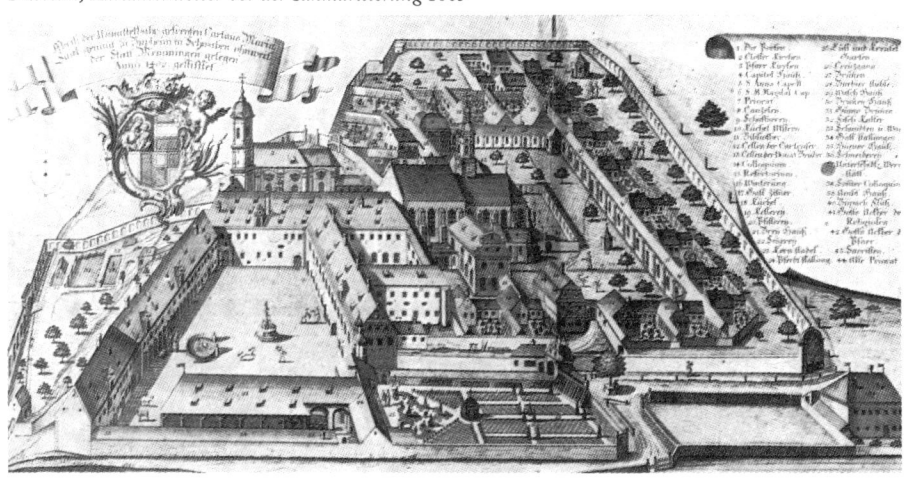

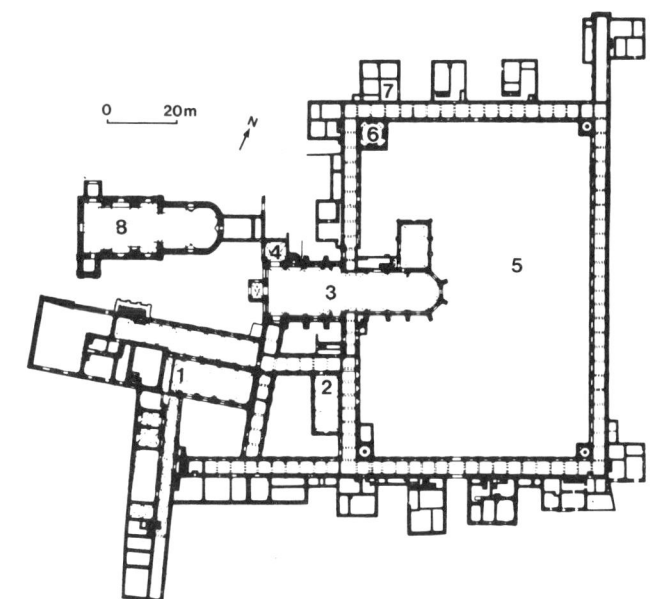

Buxheim, ehemaliges
Kartäuserkloster
mit Pfarrkirche
1 Refektorium
2 Bibliothekssaal
3 Kartäuserkirche
4 Marienkapelle
5 Kartausengarten
6 Priorenkapelle
St. Anna
7 Kartausenmuseum
8 Pfarrkirche

eine lebhafte Bautätigkeit, doch wie überall setzte die Säkularisation dieser Hochblüte ein Ende. Die riesige Bibliothek und das kostbare Chorgestühl wurden verkauft, und es ist einem Zufall zu verdanken, daß dieses großartige Schnitzwerk vor wenigen Jahren wiedererworben werden konnte. Eine Zeitlang war der bayerische Staat Eigentümer der Kartause und heute ist sie Besitz der Salesianer Don Boscos, die dort ein Internat eingerichtet haben.

Die heutige Anlage ist das Werk mehrerer Jahrhunderte. Der Priesterchor der Kirche wurde um 1300 errichtet, der Brüderchor ein Jahrhundert später. Um diese Zeit entstand auch der vierflügelige Kreuzgang mit den Zellenhäuschen sowie das Priorat und das Refektorium. Im 17. und 18. Jahrhundert kamen Anbauten im Süden und Westen hinzu.

Man weiß: Einsamkeit, verbunden mit absolutem Schweigen, strenges Fasten und mitternächtliches Chorgebet gehören zu den Regeln, denen sich ein Kartäuser zu unterwerfen hat. Betrachtet man die Zellen dieser Mönche, so kann man jedoch nicht umhin, diesem Leben einigen Reiz abzugewinnen. Immerhin hatte jeder Mönch sein eigenes, allerdings winziges Gärtchen zur Verfügung und eine eigene Werkstatt, in der er sich handwerklich betätigen und sein Brennholz zubereiten konnte. Daß diese Mönche nicht zerlitten wirkten, wird immer wieder berichtet. Auch Feneberg, der in Buxheim Zutritt hatte, konnte darüber schreiben: »Die Mortification macht doch gute Leute, das habe ich an dem liebevollen Betragen der drei Kartheuser gesehen. Ein Kartheuser sucht durch immerwährendes Stillschweigen Gottes Wohlgefallen. Daß er es finde! Er schweigt schon etliche zwanzig Jahre und ist übrigens sehr wohlauf und heiter.«

Sehen wir jetzt alle zugänglichen Räume an und folgen der ›Führungslinie‹. Das ehemalige *Refektorium* ist ein weiter Saal mit Tonnengewölbe und Stichkappen. Der kraftvolle Stuck aus Fruchtgirlanden, Blattwerk und Blumen wurde 1719 von Johann Georg Reusch aufgetragen. Stuckfiguren umgeben sehr feine stuckierte Reliefs, die sich auf die Verwendung des Raumes als Speisesaal beziehen (Mannalese, Christus und die Samariterin am Brunnen, Christus bei Maria und Martha, Versuchung Christi in der Wüste).

Der bedeutendste profane Raum ist der *Bibliothekssaal* im Südwesten des Kreuzganges. Hier begegnen wir einem Frühwerk des genialen Baumeisters der ›Wies‹, Dominikus Zimmermann. Nach den Manualen des Klosters stuckierte er 1709 die Bibliothek, die Marienkapelle, die Klosterkirche und die Sakristei. Wenn man die späteren Arbeiten des Stukkator-Baumeisters und seines älteren, malenden und stuckierenden Bruders Johann Baptist mit einbezieht, kann man getrost sagen, daß Buxheim im wesentlichen ein Werk der Zimmermanns ist. Hier, im Bibliothekssaal, zeigen sich noch die Merkmale des frühen Wessobrunner Stucks mit seinen schweren Fruchtgirlanden. Johann Baptist Zimmermann signierte 1710 das Hauptbild mit dem Auferstandenen, Johannes dem Täufer und den vier Evangelistensymbolen. In den vier Deckenspiegeln sind dargestellt: die Arche Noah, Abrahams Opfer, die Bundeslade, Moses empfängt die Gesetzestafeln. Es wird also im Bibliothekssaal auf die Bibel als Hauptgegenstand der theologischen Wissenschaften hingewiesen.

Der Innenraum der ehemaligen *Kartäuserkirche* berührt auf den ersten Blick etwas merkwürdig. Reste eines Lettners teilen den Raum in zwei Teile, den östlichen ›Priesterchor‹ und den westlichen ›Brüderchor‹. Diese Raumteilung erinnert an die Zeit, als – charakteristisch für ein Kartäuserkloster – der Kreuzgang die Kirche durchzog.

Die Barockisierung des Klosters Anfang des 18. Jahrhunderts führte zum heutigen Raumbild. An der Nordwestseite des westlichen Langhausjoches ist der Durchgang zur *Marienkapelle*, einem quadratischen Raum mit flachem Gewölbe und Stichkappen über Doppelpilastern. Der Altar ist eine Arbeit von Johann Georg Reusch, die Holzfigur im barocken Kleid ist eine Nachbildung der Einsiedler-Madonna. Die Figuren des Hl. Georg und Hl. Vitus stammen aus der Hand des Füsseners Anton Sturm, einem der begabtesten süddeutschen Bildhauer des Rokoko. Neben dem hervorragenden Zimmermann-Stuck sind auch die Deckenbilder von Johann Baptist Zimmermann beachtenswert, die sich alle auf die Gottesmutter beziehen (Abb. 9). Auch die Gewölbe der Westempore gelten in dieser der Gottesmutter geweihten Kirche ausschließlich Marienthemen: Mariä Tempelgang, Verkündigung und Heimsuchung. Die Brüstungen der Westempore zeigen die Verehrung des Gekreuzigten, der Maria und des Jesuskindes durch die Kartäuser. Die Fresken im Schiff befassen sich mit der Geschichte des Kartäuserordens.

Dominikus Zimmermann schuf nicht nur den reichen Wessobrunner Stuck dieser Kirche, sondern auch die beiden stuckierten Altäre auf dem Lettner. Die Figuren dieser Altäre sind ebenfalls Arbeiten von Anton Sturm.

Der Altar des Priesterchores gehört zu den seltenen Altarwerken, die eine Signatur tragen: »1631 ist dieser Altar gemacht und aufgerichtet worden von mir Sigmund Schalk, Bildhauer in Memmingen.« Das Altarblatt (Mariä Himmelfahrt) ist eine Arbeit des Augsburger Akademiedirektors Johann Georg Bergmüller (1718).

2 MEMMINGEN Steuerhaus
◁ 1 MEMMINGEN Siebendächerhaus
3 MEMMINGEN Einlaß

4 MEMMINGEN Westertor

5 MEMMINGEN Frauenkirche und Stadtbach

6 MEMMINGEN St. Martin, Chorgestühl

7 BUXHEIM Klosterkirche, Chorgestühl

8 MEMMINGEN Frauenkirche, Maria in der Mondsichel, Fresko an der Nordseite des Chorraumes

9 BUXHEIM Ehem. Klosterkirche

10 BUXHEIM   Ehem. Kartäuserkloster

11 BUXHEIM   Pfarrkirche, Tonmadonna

13 ROT AN DER ROT   Ehem. Prämonstratenserkloster ▷

12 ROT AN DER ROT   Pfarrkirche St. Verena

15 MARKT RETTENBACH   Wallfahrtskirche Maria Schnee
◁ 14   Wallfahrtskirche Maria Steinbach   17   GRÖNENBACH   Schloß ▷
16   ILLERBEUREN   Bauernhausmuseum

18 EUTENHAUSEN Pfarrkirche St. Otmar

20 OTTOBEUREN Klosterkirche ▷

19 MUSSENHAUSEN Wallfahrtskirche Maria vom Berge Karmel, Kreuzwegstation

21 OTTOBEUREN Klosterkirche, Kuppelfresko

22 OTTOBEUREN Kaisersaal

23 MINDELHEIM Jesuitenkirche und Unteres Tor

24 MINDELHEIM Rathaus

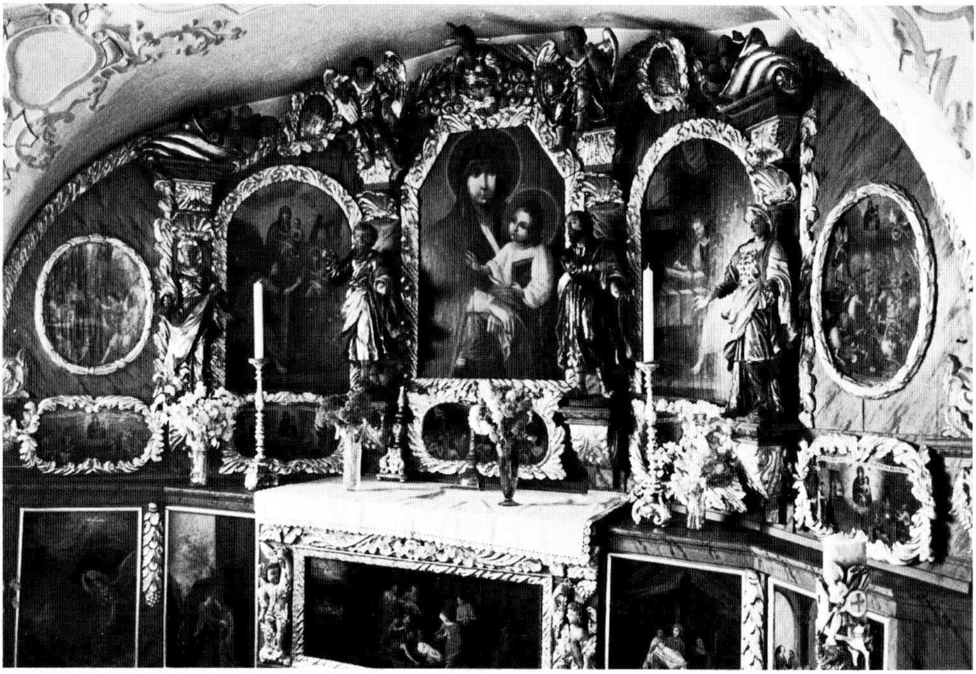

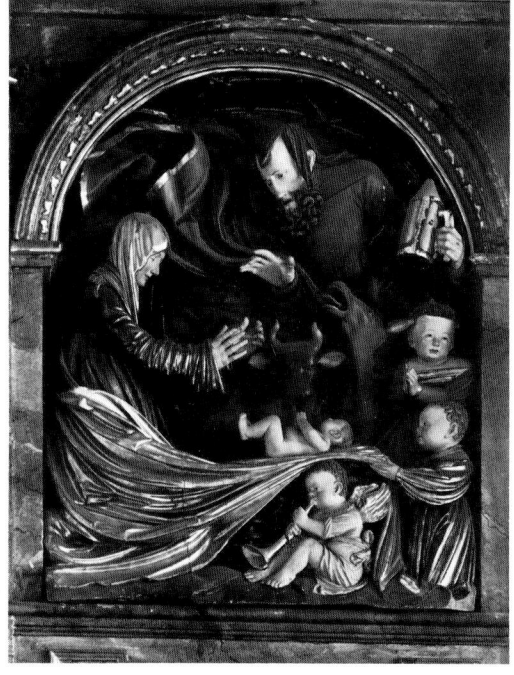

25 MINDELHEIM Gruftkirche, Altar der Unterkirche

27 OBERKAMMLACH Pfarrkirche Mariä Himmelfahrt, ›Oberkammlacher Weihnacht‹ ▷

26 MINDELHEIM Liebfrauenkapelle, Relief ›Mindelheimer Sippe‹

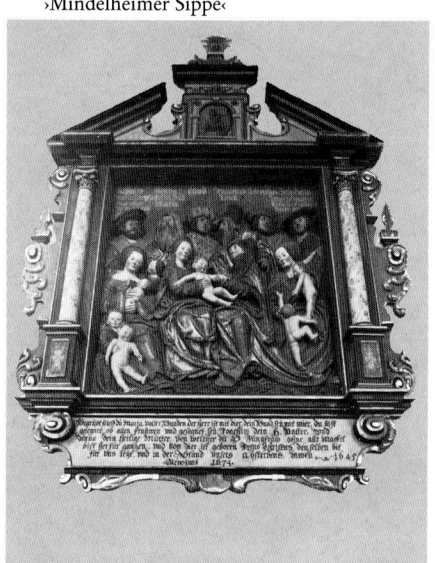

28   OBERKAMMLACH   Pfarrkirche Mariä Himmelfahrt, Felderdecke

29   TÜRKHEIM   Pfarrkirche, ›Ecce Homo‹

30   BAD WÖRISHOFEN   Dominikanerinnenkirche

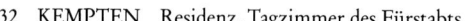

31   BAD WÖRISHOFEN   St. Justina, Fresko ›Predigt des Pfarrers Kneipp‹, 1936

32   KEMPTEN   Residenz, Tagzimmer des Fürstabts

Was jedoch in diesem Raum besonders interessiert, das ist das frühbarocke Chorgestühl von Ignaz Waibel aus den Jahren 1684–90 (Abb. 7). Es steht erst seit dem Jahr 1980 wieder hier an seinem alten Platz, und wenn man der Kirchenführung folgt, erfährt man, daß es eine abenteuerliche Odyssee hinter sich gebracht hat, bis es wieder nach Buxheim kommen konnte. Nach der Säkularisation wurde es verkauft, kam über Holland nach England, geriet dort in verschiedene Hände und fand schließlich in Hythe/Kent seinen Platz, wo man ihm 1964 eine den Maßen des Buxheimer Chores entsprechende Kapelle baute. Der Zelebrantensitz, der in Buxheim blieb, ist sicherlich die beste Arbeit, denn die Figuren der Märtyrer Stephanus und Laurentius sind den restlichen an Ausdruckskraft überlegen. Das Gestühl ist architektonisch reich gegliedert, die Füllungen mit Schnitzereien verziert. Auf dem obersten Gesims erscheinen die Zwölf Apostel zwischen Engelsfiguren. In den Nischen und auf den Gesimsen sind 43 Figuren aufgestellt: Zwölf Apostel, zwei Bischöfe (Augustinus und Basilius), einundzwanzig Ordensstifter, zwei Ordensstifterinnen und sechs Gestalten des alten Testaments (Aaron, König David, Melchisedek, Moses, Elias).

Vom *Kartausengarten* aus hat man den schönsten Blick auf die Anlage, ganz besonders auf den Kreuzgang und die Annakapelle, die in ihrer feinen, gliedernden Bemalung schon von außen wunderbar nobel wirkt.

Ab 1733 war Dominikus Zimmermann wieder in der Kartause beschäftigt, diesmal nicht nur als Stukkator, sondern auch als ›Baudirektor‹, als Leiter der gesamten Bauarbeiten. Ab 1737 baute er den Kreuzgang und 1738/39 die *Priorenkapelle St. Anna* im Kreuzgangeck. Diese kleine Kapelle ist zurecht als ›Kabinettstück des bayerischen Rokoko‹ bezeichnet worden. Es sei hier zitiert, was Hugo Schnell, dem das Verdienst zukommt, das Werk Dominikus Zimmermanns ab 1934 wissenschaftlich als erster erforscht zu haben, über diese Kapelle schreibt: »Dominikus Zimmermann hat nur hier einem Quadrat, dessen Grundmauern von der früheren Kreuzgangkapelle übernommen worden sein dürften, ein vierpaßähnliches Raumelement mit spitzen Ecken im weit vorkragenden Gesims eingeführt, so daß sich komplizierte arrondierende Kompartimente ergeben. Der Raum umschließt den Eintretenden völlig: zwischen den abgerundeten vier Raumecken erscheinen die Fenster des Kreuzgangs wie in einem Privatgemach; zwischen den Fenstern sind Figurennischen auf grün-goldenen Rokokopodesten (aus Holz) eingebaut, jeweils von zwei buntmarmorierten Säulen mit goldenen Basen und Kapitälen umrahmt. Diese Säulen runden den Raum nochmals ab. Vertiefungen, Vorsprünge, Abschleifungen, fast lose erscheinende Architekturteile und Plastiken, mannigfache Farbflächen und reizvollste Stuckfelder, beabsichtigte Licht- und Schattenzüge wechseln. Von besonderer Bedeutung wurde das von der Kuppel (mit Laterne) sanft von oben nach unten über den Dämmerraum der Kuppel einströmende Licht, das sich mit den Sonnenschwaden aus den kreisrunden kleineren Oberfenstern trifft. Unten ist die gleichmäßig klare Lichtflut wie in freundlich erhelltem Zimmer. Nach oben wechseln Licht und Dämmerung, bis in der Altarecke vor zwei Fenstern in strahlendem Licht die Gestalt des Christkindes erscheint. In dieser Übergangszone der Kuppel ereignet sich vor einst (vor der Renovation) himmelblauem Grund zartestes Stuckspiel.«

Das Altarbild gilt der Mutter Anna, die hier mit ihrem Kind Maria dargestellt ist. Es ist eine Arbeit von Johann Baptist Zimmermann, der wunderbare Rokokorahmen stammt von Anton

Sturm (1738). Auch die Figuren der vier Heiligen zwischen den Säulen sind Werke Sturms. In der Kuppel sind im Fresko die drei göttlichen Tugenden (Glaube, Hoffnung und Liebe) dargestellt. Über den Gesimsen sitzen – als vornehme adelige Damen gekleidet – jungfräuliche Märtyrerinnen mit ihren Attributen: Ursula, Barbara, Katharina und Agatha.

Im *Kartausen-Museum* ist eine Dokumentation zur Geschichte des Kartäuserordens und der Kartause Buxheim zu sehen. Besonders interessant ist die eingerichtete ›Zelle T‹ eines Mönches mit Vorraum, Wohn- und Schlafraum und mit dem von einer hohen Mauer umgebenen Gärtchen.

Die zweite Buxheimer Arbeitsperiode von Dominikus Zimmermann fällt in die Jahre 1725/26, als er den Auftrag bekam, eine neue *Pfarrkirche* zu errichten, da die alte 1725 abgerissen worden war. Diese Kirche – an der Nordwestecke der Kartause gelegen – präsentiert sich im Außenbau als dreijochiges Rechteck mit halbrund schließendem, verengtem und niederem Chor. Die gesamte Westfront ist als Fassade gestaltet. Unter dem knapp gezogenen Dach verläuft ein stark betontes Gesims. An allen Seiten und an den Ecken gliedern Flachpilaster den Kubus. Charakteristisch für Zimmermann sind die dreigeteilten Fenster. Wenn man die Wies kennt oder auch Steinhausen mit ihren ovalen Grundrissen, die eine dynamische, schwingende Raumwirkung ermöglichten, wird man hier etwas enttäuscht sein. Der Innenraum von Buxheim ist noch nicht ›Rokoko‹ und wirkt etwas zurückhaltend und fast streng. Das Motiv der Doppelpilaster, das Zimmermann immer wieder verwendete, erscheint bereits hier. Die drei Schiffsjoche sind mit einer Tonne überwölbt und durch Quergurte gegliedert. Der Stuck ist sehr zart und viel leichter als in der Kartäuserkirche. Das Ornament des Vorrokoko, das ›Bandelwerk‹, hat das schwere barocke Blattwerk abgelöst. Die Deckenbilder gelten dem Marienleben und stammen aus der Hand von Franz Georg Hermann (1727).

Beherrschend in dem lichten Raum sind die Stuckmarmoraltäre mit ihren ausgezeichneten Plastiken. Der Hochaltar wurde 1727 von Gabriel Weiß entworfen, das Altarblatt (Schlüsselübergabe an Petrus) ist eine Arbeit von G. Hermann. Die flankierenden Heiligen (Josef und Johannes d. T.) stammen von Anton Sturm. Zweifellos ist in dieser Kirche der linke Seitenaltar mit der berühmten ›Buxheimer Tonmadonna‹ der Blickfang (Abb. 11). Diese lebensgroße, farbig gefaßte Terrakottafigur aus der Zeit des weichen Stils (um 1420) ist in ihrer Hoheit und Milde wunderschön. Dagegen wirkt die Figur des rechten Seitenaltars, eine Hl. Barbara von Anton Sturm, fast banal. Unter ihr steht jedoch eine zweite ausgezeichnete mittelalterliche Plastik, ein Vesperbild der Zeit um 1420.

Eine Reihe herzerfreuender, der Volkskunst naher Gegenstände sind es, die diese Kirche darüber hinaus besonders liebenswert machen. Dazu gehören die alten Kerzenschilder der Rosenkranzbruderschaft, die neben dem rechten Seitenaltar angebracht sind, und der bunt mit Blumen bemalte Altartisch, die eine Szene der Kreuzabnahme umrahmen.

Ganz in der Nähe von Buxheim liegen zwei kleinere Kirchen, die recht sehenswert sind: *St. Ulrich* in **Amendingen** und St. Michael in Arlach. St. Ulrich unterstand einst der Kartause Buxheim. Der Saalbau des 18. Jahrhunderts (Weihe 1755) ist im Innern mit Pilastern gegliedert. Der Stuck stammt aus der Erbauungszeit, das Deckenbild ist neu. Hervorzuheben ist die Muttergottesfigur vom nördlichen Seitenaltar, die der Werkstatt von Ivo Strigel zugeschrieben wird (um 1510). Eine gute Arbeit ist auch die spätgotische Figur der Hl. Ottilie im Langhaus.

Arlach gehört bereits zur Gemeinde Tannheim. Die Kapelle *St. Michael,* die 1781 errichtet wurde, ist ein gutes Beispiel für einen ländlichen Bau des Klassizismus. Vor allem die beiden Seitenaltäre sind beachtenswert, denn sie sind in ihrem Aufbau Musterbeispiele des Louis-seize. Die plastische Gruppe der Anbetung der Hirten im linken Seitenaltar ist spätgotisch, die Gruppe der rechten Seite (Hl. Familie) ist eine Arbeit von Michael Schuster (spätes 18. Jh.).

Die *Pfarrkirche St. Martin* in **Tannheim** bildet zusammen mit dem Schloß einen kraftvollen Komplex. Baumeister der Kirche war der Vorarlberger Franz Beer, der hier, trotz der geringen Größe der Kirche, das ›Vorarlberger Münsterschema‹ anwandte. Die Kirche steht in Nord-Südrichtung, der Turm zwischen Chor und Langhaus. Dem Schema der Vorarlberger Wandpfeilerkirchen entsprechend entstand hier ein Bau mit schmalen Seitenschiffen, Emporen und Durchgängen. Der Altarraum erscheint mit halbrunder Apsis. Der Hochaltar mit seinen grünen marmorierten Doppelsäulen entstand um 1715. Das Altarblatt ist eine Arbeit des Augsburger Akademiedirektors Johann Georg Bergmüller (1716) und stellt den Kirchenpatron, den Hl. Martin mit der Gans, dar. Die weiten Emporen der Kirche, die breiten Nischen, die klaren und strengen Formen schaffen in diesem Raum den Eindruck von Großzügigkeit und Würde. Die Ausstattung, die sehr zurückhaltend ist, verstärkt diesen Eindruck noch. Die lichten Deckenbilder von Meinrad von Au, von zartem Régencestuck umgeben, stellen im Chor das Lamm und die Hl. Dreifaltigkeit mit Heiligen dar. Im Schiff sehen wir die Verehrung der Maria, Martin mit dem Kirchenmodell, den Hl. Sebastian und über der Orgel die vier Erdteile. Die Pfeiler im Langhaus sind mit guten Konsolfiguren aus der Hand des Tirolers Johann Ruez und des Landsbergers Ferdinand Luidl besetzt.

Die für diesen kleinen Ort stattliche Kirche und der daneben liegende große Schloßkomplex erklären sich daraus, daß Tannheim einst zu den Stiftungsgütern des Benediktinerklosters Ochsenhausen gehörte. Das *Schloß* wurde 1696 als Pfleghof des Statthalters der Abtei Ochsenhausen gebaut. Es ist eine Zweiflügelanlage mit je drei Geschossen in Winkelhakenstellung. Die Gänge und Treppen der beiden unteren Geschosse haben Kreuzgratgewölbe, das Obergeschoß Flachdecken mit Stukkaturen der Zeit um 1730.

Obwohl das ehemalige *Prämonstratenserkloster* in **Rot an der Rot** nicht mehr dem Unterallgäu zuzurechnen ist, sei es doch hier noch besprochen, da es in der Umgebung von Memmingen liegt (Abb. 13). Der Ort, der einst ›Mönchsroth‹ hieß, wurde vom Gründer des Prämonstratenserordens, Norbert von Xanten, im Jahr 1126 gegründet. Gleichzeitig entstand in Rot ein Frauenkloster an der Stelle, wo heute die Friedhofskirche St. Johann steht. Von Rot aus wurden viele Tochterklöster gegründet, darunter auch Steingaden, zu dem die berühmte Wallfahrtskirche ›Wies‹ gehörte. Im Zuge der Säkularisation wurden die Mönche vertrieben, und das Kloster wurde enteignet. 1959 übernahm die Diözese Rottenburg das Klostergebäude, und heute dient es als Jugendhaus.

Die mehrfach eingeschnürten barocken Zwiebeltürme der Kirche, die schon von weither zu sehen sind, wirken sehr östlich, und tatsächlich hat man Rot den Namen ›Schwäbischer Kreml‹

gegeben. Kommt man auf den weiten Hof vor den Klosteranlagen und sieht den wunderbar bemalten barocken Torturm (Oberes Tor), so glaubt man, hier in ein Barockparadies einzutreten. Betritt man dann den Innenraum der *Pfarrkirche St. Verena* (Abb. 12), so ist man zunächst enttäuscht, denn was einen hier empfängt, ist reinster Klassizismus. Tatsächlich stehen von der ehemaligen Barockkirche des späten 17. Jahrhunderts nur noch die beiden Türme, die Sakristei und das Chorgestühl. Alles andere wurde 1777 abgebrochen, weil der damalige Abt Maurizius Moritz unbedingt zeitgemäß sein wollte. Die heutige Kirche, die 1786 geweiht wurde, ist also im wesentlichen ein Werk des Klassizismus und wirkt, wie fast alle Kirchen dieser Zeit, im Innern sehr kühl. Nach Obermarchtaler Vorbild entstand hier eine Wandpfeilerkirche mit Emporen und einem für eine Klosterkirche typischen langen Mönchschor. Der Raum ist so hoch, daß man die Deckenbilder fast nur mit dem Fernglas genau erkennen kann. Es sind sehr gute Arbeiten von Meinrad von Au (1780) und Januarius Zick (1784). Die beiden vorderen Fresken (Meinrad von Au) stellen über dem Hochaltar die Überreichung des Skapuliers an den Hl. Norbert dar, dann folgt der Triumph des Hl. Norbert über die Leidenschaften. Die daran anschließenden Fresken von Januarius Zick stellen dar: Aufnahme Marias in den Himmel, Abendmahl, der zwölfjährige Jesus im Tempel, umgeben von Schriftgelehrten, die Austreibung aus dem Tempel. Das Ölbild des Hochaltars (Geburt Christi) ist eine Arbeit von Johannes Heiß (1694). Hier, im Mönchschor, steht das schöne Chorgestühl der barocken Vorgängerkirche (1693) mit ausgezeichneten geschnitzten Stuhlwangen und Figuren der Ordensstifter. Die Chororgel von Johann Nepomuk Holzhay (1786) mit klassizistischem Prospekt sitzt unmittelbar auf dem Chorgestühl auf. Die zum Teil in ihrer figürlichen Darstellung sehr interessanten Seitenaltäre und der Hochaltar mit Baldachinaufbau sind Arbeiten von Franz Xaver und Simpert Feichtmayr. Ausgezeichnet sind auch die klassizistischen Beichtstühle, deren barocker Figurenschmuck allerdings nicht zu den klaren Linien des Louis-seize passen will.

Sehr gut stuckiert ist die Sakristei (1695), die schmerzlich empfinden läßt, daß mit der barocken Kirche sehr viel Schönheit verlorenging.

Im Haslachtal, unterhalb der Pfarrkiche, liegt die kleine *Friedhofskirche St. Johann*, die man auf keinen Fall übergehen sollte. An der Stelle der heutigen Friedhofskirche stand das Frauenkloster der Prämonstratenser, das 250 Jahre bestand. Seit dem frühen 17. Jahrhundert ist die Kirche Gotteshaus der Rosenkranzbruderschaft. Der heutige Bau entstand 1737–41 und wurde 1746 zu Ehren der Gottesmutter und Johannes des Täufers geweiht.

Der große Saalbau mit fünf Achsen im Mittelteil und großen Apsiden im Westen und Osten wirkt von außen sehr schlicht. Wenn man dann eintritt, wird man von einem weiten und besonders hellen Raum aufgenommen, der erstaunlich reich ausgestattet ist. Drei Rokokoaltäre – darunter der Hochaltar mit vielgestaltigem Baldachin –, Deckenbilder, umgeben von zartem Stuck, und eine Vielzahl von Säulen ergeben ein festliches Bild, das man in dieser Eindringlichkeit an dieser Stelle nicht erwartet.

Als Kirche der Rosenkranzbruderschaft gilt die Thematik der Altäre und Deckenbilder vor allem der Gottesmutter. Das Hauptbildwerk des Hochaltars ist eine Pietà, darüber erscheint der Hl. Johannes der Täufer in der Glorie. Der Bildhauer war Johann Georg Reusch aus Waldsee. Das Deckenfresko im Chor zeigt die Übergabe des Rosenkranzes an Dominikus und Katharina von Siena. In den weiteren Deckenbildern (J. M. Blehle, 1740) sind Mariä Verkündigung, Jesus am Ölberg und die Auferstehung Christi dargestellt, außerdem Johannes der Täufer und der Hl. Norbert. Das Altarbild des linken Seitenaltars gilt den römischen Märtyrern Johannes und Paulus als Wetterheiligen, das des rechten Seitenaltars dem Hl. Josef sowie Joachim und Anna. Sehr merkwürdig in dieser Kirche sind die roten Säulen im Langhaus und auch die des Baldachins. Sie sind übersät mit geheimnisvollen Schriftzeichen, die an Hieroglyphen erinnern. In ihrer Eindringlichkeit und Strenge erinnern besonders die purpurroten Säulen des Langhauses an eine geheime Brüderschaft, die genau zur Erbauungszeit der Kirche eine außerordentliche Rolle in ganz Europa spielte: die Brüderschaft der Freimaurer bzw. der Rosenkreuzer. Tatsächlich könnte man angesichts der hier vorhandenen Symbole ins Spekulieren kommen, zumal der Patron der ›Bruderschaft der Bauleute‹ von alters her Johannes der Täufer war. Ganz in der Nähe, in Biberach, wurde einer der einflußreichsten deutschen Freimaurer geboren, der Medailleur Johann Lorenz Natter, der nach einer Tätigkeit in Florenz pansophisch-rosenkreuzerische Schriften mitbrachte. Man denkt auch in diesem Zusammenhang daran, daß ein weiterer einflußreicher Freimaurer, Pernety, sein Lehrgebäude mit dem Marienkult verband.

Kunsthistorisch ebenso ergiebig wie die westliche Umgebung von Memmingen ist auch die südliche. Und hier lockt nicht nur die Kunst, sondern auch die Landschaft, denn ein großer Teil der sehenswerten Kirchen und Schlösser liegt neben oder hoch über dem Ufer der Iller. Mit ihren schönen Schleifen, die sie von Aitrach nach Kempten durch die Moränenwälle zieht, ist sie hier besonders eindrucksvoll.

Die erste Station ist **Lautrach**, wo das Schloß und die Pfarrkirche St. Peter und Paul auf uns warten. Das Alte Schloß der Herren von Lautrach, eines der ältesten schwäbischen Rittergeschlechter, lag auf dem Berg nördlich des Dorfes. Das *Neue Schloß* wurde 1781 für den Kemptener Fürstabt Roth von Schreckenstein gebaut. Das dreigeschossige klassizistische Gebäude ist, alles in allem, nicht mehr besonders ansehnlich und bedürfte dringend der Renovierung. Die Hoffront gegen Norden präsentiert sich mit Risalit und geschwungenem hohem Giebel zu drei Geschossen. Einige Räume weisen reichen klassizistischen Stuck auf. Recht reizvoll ist der Garten südlich des Hauptbaues mit seinen Sandsteinfiguren und dem Springbrunnen.

Die *Pfarrkirche St. Peter und Paul* mit unwesentlichen Teilen eines mittelalterlichen Baues erhielt mit dem barocken Chor und Langhaus von 1735, der Erweiterung von 1749 und Barockisierung der Einrichtung ihre heutige Gestalt. Die Fresken werden Franz Ludwig Hermann zugeschrieben, sind jedoch zum Teil erneuert. Unter einer Reihe guter Figuren ist das Vesperbild im südlichen Kapellen-Altar hervorzuheben (um 1420), das allerdings neu gefaßt ist. Hervorragend ist auch eine Muttergottes auf der Mondsichel, die früher Hans Multscher zugeschrieben wurde, heute jedoch Ivo Strigel gegeben wird (um 1490).

Illerbeuren ist heute vor allem wegen seines Bauernhofmuseums bekannt, doch ist auch die dortige Pfarrkirche Mariä Himmelfahrt durchaus sehenswert. Das ›*Schwäbische Bauernhofmuseum*‹ (Abb. 16) wurde schon 1955 eröffnet und ist eines der ältesten seiner Art. Einige Häuser des Ortes wurden in das Museum einbezogen, so daß der Übergang organisch verläuft. Heute sind über fünfzehn eingerichtete Objekte zu sehen, darunter auch eine besonders schöne alte bemalte Kapelle mit fünfzig schmiedeeisernen Grabkreuzen, die allein schon den Besuch lohnt (Farbt. 36). Da in einem Museumsgasthof eine herzhafte Brotzeit zu haben ist, wird man sich hier gern eine Weile aufhalten.

Die *Pfarrkirche Mariä Himmelfahrt* hat noch den spätmittelalterlichen Chor und die Sakristei, doch ist sie in ihrer übrigen Erscheinung barock (1722–29). Wie oft in dieser Gegend ist das Schiff saalartig und hat eine Flachtonne mit Stichkappen. Der Stuck stammt aus dem frühen Rokoko, die Deckenbilder aus dem Klassizismus (Franz Xaver Stähle, 1783). Bemerkenswert in dieser Kirche sind spätgotische Figuren, die der Ivo-Strigel-Werkstatt zugeschrieben werden.

Die Fahrt nach **Kronburg** ist eine reine Freude, denn das breit auf einer Anhöhe nahe der Iller hingelagerte *Schloß* nimmt sich von allen Seiten so dekorativ aus, daß man gar nicht anders kann, als dorthin zu fahren (Farbt. 13). Allerdings ist das Schloß Privatbesitz (Freiherr Vequel-Wester-nach), und man wird gebeten, vor dem verlockenden Schloßhof haltzumachen und im übrigen die wohlgepflegten Anlagen schonend zu behandeln. Die vierflügelige Anlage mit runden Eck-türmen verdankt ihr heutiges Aussehen in erster Linie den Herren von Rechberg, die hier im 15. und 16. Jahrhundert residierten. Die Schloßkapelle enthält sehr guten Bandelwerkstuck der Zeit um 1720 und einen reichen Altar des Spätrokoko.

Da wir diese Kapelle jedoch nicht besichtigen können, wenden wir uns statt dessen der statt-lichen, wie eine Wehrkirche trutzhaft aufgebauten *Dreifaltigkeitskirche* des Ortes Kronburg zu. Wie die Burg verdankt auch diese Kirche ihre äußere Erscheinung der Renaissancezeit. Da der Bau erst 1983 durchgreifend renoviert wurde, wirkt er wunderbar frisch. Drei übereinanderge-setzte Viereckgeschosse und zwei Achteckgeschosse zusammen mit einer Kuppelhaube machen den Turm zu einem der schönsten und charaktervollsten der ganzen Gegend. Ernst von Rech-berg ließ 1583 die Kirche errichten, für deren »ewig währenden Unterhalt« er sorgen wollte, doch ahnte er nicht, daß die Zeitläufe seiner Stiftung erheblich zusetzen sollten. Wenn man nämlich erwartet, im Innern von altdeutschem Renaissanceschnitzwerk empfangen zu werden, täuscht man sich. Es gibt kaum einen Kirchenraum in dieser Gegend, der in seiner Ausstattung so eindeutig vom Klassizismus geprägt wurde wie dieser. Der Altarraum wirkt alles andere als kirchlich. Man glaubt, in einen Louis-seize-Salon versetzt zu sein, so sehr bestimmt hier weiß-goldener klassizistischer Zierrat das Bild, und die bunten historistischen Glasfenster im Hinter-grund tun das Ihre, um eine etwas geschmäcklerische Gesamtwirkung zu erzielen. Die Ausstat-tung stammt von einer Renovierung der Kirche aus den Jahren 1768–87. Damals entstanden auch die Kirchenbänke in reinster Louis-seize-Manier, die mit ihrem schönen warmen Holzton und der wunderbaren Schnitzerei zu den ansprechendsten Ausstattungsgegenständen gehören. Ausgezeichnet ist auch das Altarblatt, ein Dreifaltigkeitsbild des Malers Sichelbein (1689).

Um den Außenbau der *Wallfahrtskirche Maria Steinbach* in voller Schönheit erleben zu können, sollte man die Anfahrt von Lautrach wählen. Schon von weitem, wenn man aus der Waldstraße hinaufkommt, dann an den Wegstationen vorbeifährt, sieht man den wunderbaren, in helles Ocker getauchten Bau auf einem Hügel liegen. Man sollte durch das Hauptportal ein-treten, denn die Fassade dieser Kirche mit ihren zwei hochgezogenen Giebeln und dem direkt dahinter emporwachsenden Turm gehört hier zu den schönsten Eindrücken. Der Baumeister der Kirche ist nicht genau bekannt, doch nimmt man an, daß es der Prämonstratenserpater

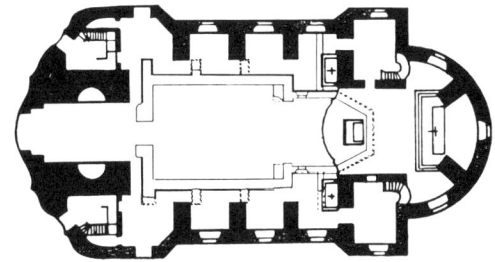

Wallfahrtskirche Maria Steinbach, Grundriß

Benedikt Stadelhofer war, der – nach Einsicht der Risse verschiedener Architekten – vom Abt des zuständigen Klosters Rot an der Rot dazu bestimmt wurde, die Kirche zu bauen. Da der Bau außerordentliche Qualität aufweist, vermutet man, daß sich unter den Bauplänen auch einer von Dominikus Zimmermann befand.

Zunächst bestand eine spätgotische Kirche mit Wallfahrtsstätte zum Hl. Kreuz. Eine Marienfigur, die manche Wunder gewirkt haben soll, löste eine Wallfahrt aus, und die bestehende Kirche war dem Andrang der Gläubigen nicht mehr gewachsen. Im Jahr 1749 wurden die Fundamente zur neuen Kirche gelegt, bereits 1750 erfolgte der Ausbau des Turmes, 1755 wurde die Kirche geweiht. Die Ausstattung mit Altären, Stuck und Fresken wurde zwischen 1752 und 1768 geschaffen.

Der weite Innenraum mit seinen ausschwingenden Emporen, die warmen Rot- und Brauntöne, die tonige Malerei stimmen gleich beim Eintreten sehr feierlich (Farbt. 20, Abb. 14). Maria Steinbach folgt dem Schema der emporenbesetzten Wandpfeilerkirchen, das in Schwaben allgemein sehr beliebt war. Bemerkenswert in dieser Kirche ist, daß dem rechteckigen Längsraum in der Gewölbezone ein Oval antwortet. Es wurde dadurch erreicht, daß die Quertonnen über dem ersten und vordersten Joch abgeschrägt wurden. Diese Gestaltung bringt eine Dynamik in den Raum, die noch durch die wunderbaren rhythmischen Schwingungen der Empore unterstützt wird. Die Ausstattung ist außerordentlich reich. Der Stukkator und Meister der Altarbauten war Johann Georg Üblhör aus Wessobrunn. Nach Üblhörs Tod (1763) setzte ein weiterer Wessobrunner, Franz Xaver Schmuzer, die Arbeiten fort. Deckenbilder und Altarblätter stammen von dem fürstäbtlichen Hofmaler Franz Georg Hermann aus Kempten.

Die Fresken nehmen Bezug auf die Marienwallfahrt, zum Teil auch auf das Kreuzthema der Vorgängerkirche. Im Langhaus: Maria und das Strafgericht Gottes. Der Verkündigungsengel Gabriel, inmitten des Tierkreises, ruft seine Mitengel heim, den Wasserengel, Feuerengel, Strafengel und Todesengel. Die Chorfresken nehmen Bezug auf die Legende des Heiligen Kreuzes. Die Gewölbefresken der Seitenräume gelten Wundern und Gnadenerweisen der Steinbacher Maria. Auf beide Themen beziehen sich auch das Hl. Kreuz über dem Pfarraltar (um 1620) und die Figur der Gottesmutter am Eingang des Chores (um 1610). Es ist das Gnadenbild dieser Kirche, das ursprünglich die Wallfahrt auslöste. Der plastische Schmuck der Rokokozeit ist hervorragend, ganz besonders die Figuren des Hl. Longinus (Farbt. 18) am linken Seitenaltar und des Josef von Arimathia am rechten Seitenaltar. Von der großen Bedeutung dieser Wallfahrt

Schmerzhafte Muttergottes von Maria Steinbach, Titelkupfer von S. Th. Sondermayr, in: ›Unerschöpflicher Gnaden-Bach. Neuerlich entsprungen zu Maria Steinbach von dem Roter Konventualen P. Hieronymus Richter O Praem, Augsburg‹, bei Franz Ilger, 1738

zeugen über 1600 Votivtafeln, die jedoch nicht mehr alle in der Kirche angebracht sind und ihren Platz im Pfarrhof und der Sakristei gefunden haben.

Das Glück, zwei besonders schöne Wallfahrtskirchen in unmittelbarer Nähe beieinander zu finden, ist selten. Hier, in Maria Steinbach, ist es der Fall, denn nur wenige Kilometer weiter südlich liegt **Legau-Lehenbühl** mit seiner wunderbaren *Wallfahrtskirche Maria Schnee*. Dem Außenbau ist nicht besonders viel abzugewinnen: ein schmaler Saalbau mit Pilastergliederung, im Westen ein geschwungener Giebel mit Dachreiter. Betritt man jedoch den Innenraum, ist man sofort entzückt: Helligkeit, Weite, zarteste Weiß-Gold-Rosa-Töne, delikatester Stuck, reich ausgestattete Altäre, Emporen im Altarraum und im Westen. Man merkt sofort: Dies ist mehr als nur eine beliebige ländliche Wallfahrtsstätte. Tatsächlich ist Maria Schnee eine sehr alte Wallfahrt, die älteste im Fürstbistum Kempten. Eine ursprüngliche Pestfriedhofskirche des 15. Jahrhunderts wurde zur Wallfahrtskirche, als um 1510 ein Gnadenbild aufgestellt wurde. Um 1600 war die Wallfahrt bereits sehr besucht, und Ende des 17. Jahrhunderts wurde ein Neubau fällig, da die alte Kirche zu klein war. Daß der Baumeister ein Wessobrunner war, ist gesichert, daß es der bekannte Johann Schmuzer war, der auch Vilgertshofen, Ilgen und St. Koloman baute, wird heute als wahrscheinlich angenommen. Der Grundstein zur neuen Kirche wurde 1715 gelegt, die Ausstattung war gegen 1749 vollendet.

Interessant an diesem Saalbau ist vor allem die Decke. Die Schrägseiten der Flachtonne sind nicht gerundet, sondern flach, so daß es möglich wurde, Stuckkartuschen mit marianischen Allegorien anzubringen. Die kleinen Engelfiguren, die zwischen Gesims und Fries stehend die Decke ›tragen‹, gehören zum reizvollsten und originellsten dieser Kirche. Als Stukkatoren der Kirche gelten die Wessobrunner Christoph und Anton Bader und dessen Sohn Johann. Die Deckenbilder stammen von Johann Martin Zick. Ein mariologisches Programm bestimmt alle

Malereien: im Altarraum die Heimsuchung und die Flucht nach Ägypten, in der Chorkuppel die Krönung Mariä, unter den Choremporen marianische Allegorien, im Langhaus Verkündigung Mariä, Himmelfahrt Mariä und Ausgießung des Heiligen Geistes. Wie manche Wallfahrtskirche in Bayerisch-Schwaben hat auch diese eine Doppelaltaranlage. Der obere marmorierte Gnadenaltar mit den Figuren der Hll. Gordian, Konrad und Epimachus wird Konrad Hegenauer zugeschrieben (um 1760). Das Gnadenbild der stehenden Muttergottes gehört der Spätgotik an (um 1510).

Meist werden die Kirchenbänke zu wenig beachtet, doch in diesem Fall lohnt es sich. Die wunderbar geschnitzten Ranken und Rosen ordnen sich in dieser Marien-Wallfahrtsstätte ebenfalls dem Gesamtprogramm ein.

Daß nicht erst mit Pfarrer Kneipp im Allgäu die Wasserkuren begannen, beweist **Grönenbach,** das mit dem ›Heilbad Clevers‹ bereits im 17. Jahrhundert ein Badehaus besaß. Überall begleiten einen beim Rundgang durch den Ort Tretstellen und erinnern an die Heilkraft des Wassers. Uns interessiert Grönenbach jedoch weniger wegen seiner Kuranlagen, sondern wegen der auf steilem Bergvorsprung gelegenen *Pfarrkirche St. Philipp und Jakob* und des westlich des Ortes gelegenen Schlosses. Die Kirche – eine dreischiffige Halle mit überhöhtem Mittelschiff – stammt aus dem 15. Jahrhundert (Weihen 1445 und 1495). Beim Eintritt umfängt uns nicht nur

Markt und Schloß Grönenbach, um 1840

Weite, sondern auch Kühle, was damit zusammenhängt, daß der im 17. und 18. Jahrhundert barockisierte Raum im 19. Jahrhundert von allen Zutaten ›gereinigt‹ wurde. Das Mittelschiffgewölbe wird von vier Rundpfeilern getragen, die Rippen des Gewölbes sind durchsteckt. Im nördlichen Seitenschiff sehen wir Netzgewölbe, im südlichen Sterngewölbe. Bemerkenswert an dieser Kirche sind die vierzehn Grabdenkmäler. Im Osten des nördlichen Seitenschiffes ist das Sandstein-Epitaph für Ludwig von Rothenstein (gest. 1482) in die Wand eingelassen, ein außerordentliches Zeugnis der plastischen Kunst dieser Zeit und sicherlich in dieser Kirche das beste.

Nördlich der Kirche liegt das ehemalige *Kollegiatstift* der Herren von Rothenstein, das heutige Pfarrhaus (1573-77). Hier sind einige gut ausgestattete Räume zu finden, ebenso eine schöne hochbarocke Stuckdecke.

Der Kern des heutigen *Schlosses* ist die mittelalterliche Burg der Herren von Grönenbach (13. Jh.). Besitzerwechsel und Kriegsschäden führten zu häufigen Umbauten. Dem heutigen Bau verlieh das 16. Jahrhundert seine Erscheinung. Der Gruppenbau, dessen nordwestlicher Kernbau mit fünf Geschossen in die Höhe ragt, ist von einem tiefen Graben umgeben (Abb. 17). Die Fürstäbte von Kempten verbrachten hier oft die Sommermonate. Seit 1911 ist das Schloß im Besitz der Ursberger St. Josefskongregation, die dort eine Hilfsschule einrichtete. Die Räume sind also allgemein nicht zugänglich, was zu bedauern ist, da sie gut barock stuckiert sind. – Reizvoll ist das kleine, schon 1363 für die letzte Erbin der Linie Pappenheim–Kalden erbaute ›Schlößle‹, ein symmetrischer, dreigeschossiger Bau mit Zeltdach. Auch der Garten mit zwei klassizistischen Holzpavillons ist recht sehenswert.

Die östliche Umgebung von Memmingen wird im allgemeinen nur wegen der großartigen Benediktinerabtei Ottobeuren besucht. Sehr zu Unrecht, denn hier sind einige kleine Perlen nebeneinander aufgereiht, alle an der Strecke Ottobeuren – Mindelheim gelegen: Markt Rettenbach, Eutenhausen und Mussenhausen. Bevor wir sie ansehen, wollen wir aber noch einen Besuch in den ebenfalls lohnenden Kirchen in Ungerhausen, Westerheim und Rummeltshausen machen, die dicht neben der Hauptstrecke Memmingen–Mindelheim liegen.

Für die *Pfarrkirche St. Johann Baptist* in **Ungerhausen** hat Simpert Kramer 1734-38 die Pläne geliefert, der auch die Kirche von Ottobeuren plante. Der Bau ist allerdings weniger interessant als seine sehr ansprechende Rokokoausstattung. Die Fresken von Franz Anton Erler (1734) werden von reizvollem Stuck umgeben. Hier gibt es auch einige gute Figuren zu sehen, so die beiden Johannes, die Anton Sturm zugeschrieben werden, und die Muttergottes des linken Seitenaltars aus der zweiten Hälfte des 16. Jahrhunderts. Oft sind es die künstlerisch eher bescheidenen, der Volkskunst nahestehenden Dinge, die besonders berühren. So ist es auch hier: Die farbig gefaßte Taufgruppe, ein typisches Werk des ländlichen Rokoko, ist in ihrer naiven Innigkeit besonders schön.

Die *Friedshofskapelle Hl. Kreuz* in **Westerheim** ist neugotisch, doch besitzt sie einen ausgezeichneten spätgotischen Flügelaltar mit Kreuzigung und Kreuzlegende (2. Hälfte 16. Jh.). Auch die spätgotische Muttergottes ist beachtenswert.

Die *Sebastianskapelle* in **Rummeltshausen** ist besonders im Zusammenhang mit Memmingen interessant, denn hier ist der Altar des Memminger Bildhauers Thomas Heidelberger (1572) mit einer Muttergottes, den Hl. Drei Königen, den Hll. Gallus und Otmar zu sehen. Die Flügelgemälde sind Marienthemen gewidmet.

Eine sehr schöne Pietà und ein Deckenbild von Johann Bader machen auch die Pfarrkirche in **Markt Rettenbach** sehenswert. In erster Linie wird man diesen Ort jedoch wegen eines anderen Baues aufsuchen, der *Wallfahrtskirche Maria Schnee* (Abb. 15), kurz vor der Ortseinfahrt linker Hand gelegen, wenn man aus Richtung Ottobeuren kommt. Der Bau, der 1706/07 errichtet wurde, ist schon auf den ersten Blick interessant: Der Turm sitzt direkt auf dem Chor, wir haben hier also eine sogenannte ›Chorturmkirche‹ vor uns. Außen ist das einfache, rechteckige Langhaus durch Pilaster gegliedert. Wenn man den Innenraum betritt, fällt gleich die ausgezeichnete Stuckierung auf. Mit größter Wahrscheinlichkeit hat hier Johann Baptist Zimmermann stuckiert, der 1709 in Buxheim tätig war und ab 1715 in Ottobeuren. Besonders schön ist der Stuck am Ansatz der Kuppelrundung und über den Fenstern. Die Engelfiguren neben den gemalten Deckenmedaillons erinnern sehr an Stuckfiguren in Buxheim aus den Jahren um 1710. Die Deckenbilder kamen erst 1736 hinzu.

Die *Pfarrkirche St. Otmar* in **Eutenhausen** ist ein Bau aus der Mitte des 18. Jahrhunderts (1754–56) mit einer einheitlichen Rokokoausstattung (Abb. 18). Der Raum – ein Saal zu drei Fensterachsen – ist weit und hell, dem runden Chorschluß im Osten antwortet im Westen ein rund geschlossener Anbau. Der Deckenstuck spielt in dieser Kirche kaum eine Rolle, dominierend sind die Deckenbilder von Franz Kirzinger (1756), einem Maler, der in einigen oberbayerischen Landkirchen (Romenthal, Ebersberg, Riegsee) meist gute Arbeit geleistet hat. Sehr eigenartig sind in St. Otmar die Altäre. Die stuckierte Bekrönung des Hochaltars ist außerordentlich reich, der Altar bezieht sogar noch die beiden Chorfenster mit ein. Wie bei den Seitenaltären ist der Aufbau direkt auf die Mauer stuckiert. Die Altarbilder der Seitenaltäre sind als Fresken an die Wand gemalt, der Überlieferung nach von einem Italiener. Die Fresken und auch das moderne Hochaltarblatt gelten dem Patron der Kirche, die zugleich Wallfahrtskirche ist, dem Heiligen Otmar. Er war der erste Abt von St. Gallen, und an ihn erinnert auch die ›St. Otmarspartikel‹, ein Reliquiar in Monstranzform aus dem Jahr 1777. Als wertvollstes Stück der Kirche gilt die spätgotische Pietà auf dem linken Seitenaltar, die noch aus der Vorgängerkirche stammt.

Wer schon in Eresing, östlich von Landsberg, war und dort den wunderbaren, unter der Leitung von Dominikus Zimmermann ausgestatteten Saal der Pfarrkirche St. Ulrich gesehen hat, der glaubt keinen zweiten mehr erleben zu können, der dem Vergleich mit ihm standhält. Ein zweiter, herrlicher Saalraum des Rokoko existiert jedoch – vielleicht nicht ganz so schwungvoll, nicht ganz so geistreich und elegant ausgestattet, doch von herzhafter Rokokofröhlichkeit: die *Wallfahrtskirche Maria vom Berge Karmel* in **Mussenhausen**. Die ›Wallfahrt zu Unserer Lieben Frau vom Berge Karmel‹ bestand schon im 17. Jahrhundert. Das Gnadenbild auf dem linken Seitenaltar stammt aus einer Kapelle dieser Zeit, die jetzt den Altarraum bildet. 1668/89 wurde das Langhaus angefügt, 1671 der Turm errichtet und ab 1698 das ›Klösterl‹ an der Westseite angebaut. Eine ähnliche Verbindung von Kirche und Priesterwohnung trifft man in der ›Wies‹ an, ebenso auch in der Partenkirchner Wallfahrtskirche St. Anton.

Die Rokokoausstattung stammt aus den Jahren 1742–72 und ist zum Teil das Werk von Wessobrunner Stukkatoren. Der Maler der Deckenbilder war Johann Baptist Enderle, der zum

Schülerkreis von Johann Georg Bergmüller in Augsburg gehörte. Die Fresken in Mussenhausen (1756 Deckenbild im Presbyterium, Mariä Opferung, 1763 Deckenbild im Langhaus, Mariä Himmelfahrt) gehören zu den früheren Arbeiten von Enderle, als dessen reifstes Werk die Fresken von Allerheiligen bei Scheppach (1770) gelten. Zwei Dinge sind in dieser Kirche neben Enderles Fresken und dem Wessobrunner Stuck besonders erwähnenswert: das Chorgestühl und der geschnitzte Kreuzweg im Langhaus. Zwischen den blau gefaßten Säulen des marmorierten Gestühles erscheinen barocke Ölbilder, auf Holz gemalt, Szenen aus der Leidensgeschichte Christi. Dieses Chorgestühl, von Mindelheimer Meistern gefertigt, stammt aus der Mindelheimer Stadtpfarrkirche, paßt sich jedoch diesem Raum in seiner farbigen Frische sehr schön an (1713–20).

In den Nischen der Langhauswände stehen die drastischen Gruppen der vierzehn Kreuzwegstationen, Arbeiten von Joseph Henkel aus der Zeit um 1760. Die etwa einen Meter hohen Figuren erinnern in ihren Gebärden an manche oberbayerische und auch italienische Krippen (Abb. 19).

Leider wurde der ursprüngliche Hochaltar aus der Mitte des 18. Jahrhunderts um 1870 beseitigt, ebenso auch der Kreuzaltar. Der frühbarocke Aufbau des heutigen Altars stammt aus der protestantischen Erkheimer Kirche. Die Figuren seitlich des Tabernakels, ein Hl. Augustin und eine Hl. Theresia von Avila, stammen noch vom alten Rokokoaltar. Die Mittelgruppe, Christus am Kreuz, von Engeln umgeben, wird dem Meister des Buxheimer Hochaltars zugeschrieben.

Das Benediktinerkloster Ottobeuren

»Mit Gelassenheit bettet sich die größte Klosteranlage in deutschen Landen in die hügelige Breite einer schwäbischen Voralpenlandschaft. Alles rings um sie, Wiesen und Äcker meilenweit davor, Laubbaumgänge eng daneben, der ansteigende Fichtenwald dahinter, der unermeßliche Himmel darüber, sie wirken nicht nur als Natur, sondern als Architektur.« *Josef Hofmiller, ›Pilgerfahrten‹*

Schon der erste Eindruck ist gewaltig, ganz gleich aus welcher Richtung man kommt: Wie ein riesiges Schiff schiebt sich das Kloster ins Tal, umgeben von niedrigen Häusern, die daneben wie winzige Ruderboote wirken. Ein größerer Gegensatz läßt sich kaum denken, die unauffälligen und ungegliederten Häuschen und dahinter dieser wunderbar gegliederte Komplex (Farbt. 4).

Es ist gar nicht lange her – im Jahr 1964 –, da hat Ottobeuren seine 1200jährige Geschichte gefeiert. Diese Geschichte muß man wenigstens in ihren Grundzügen kennen, um zu verstehen, wie hier in dieser abgelegenen Gegend ein so mächtiges Bauwerk entstehen konnte, das voller Stolz der ›Schwäbische Escorial‹ genannt wird.

Zählen wir die 1200 Jahre zurück, so kommen wir auf das Jahr 764 – der Überlieferung nach das Jahr der Klostergründung. Gründer war ein gräfliches alemannisches Paar, Silach und Erminswint, deren Sohn Toto erster Abt von Ottobeuren wurde. Die ersten Mönchen kamen

Ottobeuren mit der Renaissancekirche Abt Kaspar Kindelmanns, vor 1748, Gabriel Bodenehr

wahrscheinlich aus den Klöstern St. Gallen und Reichenau und lebten und arbeiteten nach der Regel des Hl. Benedikt von Nursia. Mit der Stiftung war eine Landschenkung verbunden, die landesherrliche Rechte und Pflichten mit sich brachte. Als ›Reichsstift‹ war das Kloster nicht dem Landesfürsten, sondern nur dem Kaiser untertan. Bedeutende Klerikerpersönlichkeiten waren Mönche in Ottobeuren und sorgten für den Ruhm des Benediktinerklosters. Zu ihnen gehörte auch der Hl. Ulrich von Augsburg, unter dem das Kloster das Privileg der Befreiung von allen Reichslasten erhielt.

Die erste Blütezeit fällt ins 12. Jahrhundert, die Zeit der Ordensreform von Cluny. Die zweite Blütezeit hatte Ottobeuren im 16. Jahrhundert, als der Humanist und Prior Nikolaus Ellenbog das Kloster zur Stätte der Wissenschaft machte. Damals entstand eine Akademie in Ottobeuren, die Vorgängerin der Dillinger Universität. Die dritte Blütezeit setzte Ende des 17. Jahrhunderts ein, als man begann, sich von den Folgen des Dreißigjährigen Krieges zu erholen.

Ottobeuren, wie wir es heute vor uns sehen, ist im wesentlichen das Werk eines Mannes: Ruperts II. Neß von Wangen, der dreißig Jahre lang Abt war (1710–40). Er war der große Bauherr des Klosters, von dem ein Chronist berichtete: »So lange er regierte, bauete er, und zwar alles meistentheils, wie man zu sagen pflegt, im großen Stil.«

Obwohl Abt Rupert zweifellos von einer Baupassion erfüllt war, die ihn das gebotene Maß oft überschreiten ließ, ist er doch kein Ausnahmefall, denn im 18. Jahrhundert wurde an vielen Orten ›in großem Stil‹ gebaut. Der Neubau des Klosters, mit dem man 1711 begann, war notwendig geworden, da die Klosterbauten und die Klosterkirche des 16. Jahrhunderts baufällig geworden waren. Bereits im Jahr 1700, noch bevor Rupert Neß zum Abt gewählt worden war, beschloß man einen Neubau. Zwar wurden auch von bekannten Baumeistern – vor allem der Vorarlberger Schule – Baupläne angefordert, doch schließlich entschloß man sich für die Vorschläge des Ottobeurer Paters Christoph Vogt. Seine Pläne wurden leicht abgeändert ausgeführt. Der gewaltige Klosterbau mit seinen Hunderten von Räumen hat schloßähnliche Ausmaße, und man kann annehmen, daß neben dem Stift Kempten auch das Fuggerschloß in Kirchheim Modell war. Das Geviert des Klosterbaues dehnt sich über 142 mal 128 Meter aus, und wenn man den gesamten Komplex umschreiten will, braucht man etwa eine halbe Stunde dazu! Der Ostteil war dem klösterlichen Konvent zugesprochen worden, der Westteil der Verwaltung des Reichsstifts, die Mittelflügel und der südliche Quertrakt dem Abt. Im Süden schlossen sich dem Konventbau die Ökonomiegebäude an.

Die Klosterbauten und der Ökonomiekomplex waren nach zwanzig Jahren vollendet, die Vollendung der Kirche (1766) konnte Abt Rupert nicht mehr erleben. Mit ihrem Bau war erst 1737 begonnen worden. Auch hier hatten Baumeister mit großem Namen Pläne vorgelegt, darunter auch Dominikus Zimmermann, doch schließlich entschloß man sich wieder für einen Ottobeurer, Simpert Kramer, einen Schüler Vogts.

Ottobeuren, Benediktinerkloster
1 Pforte (Eingang)
2 Benediktuskapelle
3 Aufgang zweites Obergeschoß
4 Eingang zur ›Abtei‹ und Raum 1
5 Empfangssaal
6 ›Meister von Ottobeuren‹
7 Vorplatz zur Bibliothek
8 Bibliothekssaal
9 Gemäldegalerie
10 Abtskapelle und Vorhalle
11 Theatersaal
12 Kaisersaal
13 Treppenhaus-Abgang
14 Pforte (Ausgang)

Erstaunlich an dem Gesamtplan ist die Nord-Süd-Ausrichtung der Kirche vor dem Nordflügel, denn die alte Klosterkirche war wie üblich in Ost-West-Richtung gebaut worden. Es wird angenommen, daß man sich diesbezüglich die Salzburger Kollegienkirche zum Vorbild nahm. Die Arbeiten an der Kirche gingen nur langsam voran, und als Abt Rupert im Jahr 1740 starb und Abt Anselm Erb an seine Stelle trat, wurde zunächst der Münchner Oberhofbaumeister Josef Effner mit der Revision der etwas phantasielosen Pläne betraut. Schließlich war es dann aber der geniale Johann Michael Fischer, der Kramers Grundriß überarbeitete und den Auftrag bekam, die Kirche zu bauen (ab 1748).

Wer heute Kirche und Kloster in ihren gewaltigen Ausmaßen und reichen Schätzen an Fresken, Stukkaturen, Plastiken und Gemälden sieht, kann nicht umhin, dem Abt von Neresheim recht zu geben, der Abt Rupert schon 1724, als die Arbeiten an den Klosteranlagen noch nicht einmal vollendet waren, tadelte: dies alles würde die religiöse Bescheidenheit weit und unzulässig überschreiten. Eine Tagebucheintragung des selbstbewußten Ottobeurer Abtes verrät, daß ihn solch ein Vorwurf jedoch nicht übermäßig traf: »Meine Intention geht nit dahin, sondern zur Ehre der Dreifaltigkeit ... Ich hab vermeint, ich erwerbe mir vor Gott und den Menschen einen Verdienst ... muß aber den Lohn von Menschen entschlagen und von dem lieben Gott allein erwarten ... Es ist eben schon meistens – Gott Lob! – gebaut. Kanns nit mehr abbrechen und muß zur Ehre Gottes fortfahren, solang Gott will.«

Sehen wir uns nun Kirche, Abtei und auch die Kunstsammlungen an. Die konvexe Fassade der *Klosterkirche St. Alexander und St. Theodor* wird von zwei dreigeschossigen Türmen (82 m Höhe!) flankiert (Abb. 20). Kolossale toskanische Dreiviertelsäulen vor Pilastern auf Sockeln, die weit übermannshoch sind, sorgen für Monumentalität. Diese Fassade Fischers ist weniger nobel und fein, weniger harmonisch proportioniert als die der Dießener Stiftskirche, doch sie dokumentiert in ihrer Mächtigkeit, was als ›Motto‹ über dem Hauptportal zu lesen ist: »Haus Gottes und Himmels Pforte«. In der Giebelnische sieht man die Figur des Hl. Benedikt (Jos. Christian, 1759), daneben Stifterfiguren. Über dem Mittelfenster erscheint der Hl. Michael als Drachentöter, einer der Kirchenpatrone.

Was man erlebt, wenn man nun das Innere betritt (Farbt. 17), schildert Josef Hofmiller in seinen – übrigens immer noch sehr lesenswerten – ›Pilgerfahrten‹ außerordentlich treffend: »Solange man unter der Eingangsempore steht, wirkt dieser Raum als Langhaus. Man schreitet im Mittelgange langsam, langsam vor: da schieben sich, von rechts, von links in voller Höhe des Langhauses vom Priesterchor her zwei neue, bisher unsichtbare Wände heraus und wachsen in eine ungeahnte Breite, mit jedem Schritt enthüllt sich ein Querschiff von kaum minder gewaltigen Ausmaßen, spannt sich immer breiter, immer lichter, bis man überwältigt unter der Vierung steht: dieses Querschiff, eine Kirche für sich, hat beinahe die Länge des Langhauses, die vier Kreuzarme sind fast gleich, es ist überhaupt kein Langhaus mehr, es ist ein Zentralbau, der Beschauer fühlt sich gebannt inmitten eines magischen Kreises, der sich nach vier Richtungen weitet wie nach einem Steinwurf Wellen im See. Zugleich scheint, ohne daß man sich Rechenschaft geben könnte warum, die mittlere Kuppel um soundsoviele Windungen in die Höhe geschwebt. In der Tat ist sie beträchtlich höher, aber es ist keine Kuppeltrommel da, an der man's messen könnte. Man fühlt sich zutiefst inmitten einer verstandesmäßig nicht faßbaren Raumeinheit,

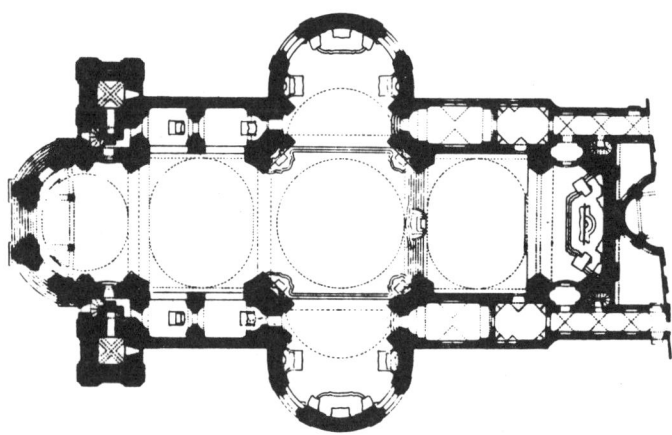

*Ottobeuren, Kloster-
kirche, Grundriß*

die Riesenschale der Freskenkuppel in schwindelnder Höhe zu Häupten, es ist keine Wand
mehr da, denn die lichtvolle ausgebuchtete Stirnseite wie der wandfüllende Hochaltar scheinen
durch den Druck des Lichts bis an die entfernten Enden der vier Kreuzarme zurückgedrängt ...«

Erst im Grundriß wird die Kreuzform der Kirche ganz deutlich. Auch die Stiftsanlage beruht
auf dem System einer kreuzförmigen Innengliederung. Diese Kreuzform wurde im Gedenken
an die Erlösung gewählt, und in der Vierung, dem räumlichen Mittelpunkt dieser Kirche, steht
der ›Kreuzaltar‹ mit dem romanischen Kreuz. Um die Vierung gruppieren sich zwei dreischiffige und zwei einschiffige Kreuzarme. Die gewaltige Kuppel von fünfundzwanzig Meter Höhe
trägt keinen Tambour, wie ihn Simpert Kramer im Anschluß an die Kuppel der Kirche in Weingarten vorgesehen hatte. Der Vierungskuppel folgt je eine niedrige Flachkuppel, so daß sich eine
Dreiheit von Kuppeln ergibt – ein schöner Gedanke in einer Kirche, die das Thema der Heiligen
Dreifaltigkeit zum Inhalt hat.

Die Symmetrie des Raumes, das milde einströmende Licht, schaffen erhabene Ruhe und Klarheit, die in Fischers Bauten immer wieder zu spüren sind. Sie wird auch von der sehr reichen
Ausstattung nicht beeinträchtigt, weder formal noch farblich. Gesimse und Gliederungen
wurden bewußt nicht dekoriert.

Schon von außen zeigt sich, daß die sehr schmalen und niedrigen Seitenschiffe räumlich
untergeordnet sind. Innen sieht man dann, daß es gar keine Seitenschiffe sind. Es sind vielmehr
große, durch einen schmalen Gang miteinander verbundene Nischen, denn Ottobeuren ist eine
Wandpfeilerkirche.

Zwei der Künstler-Handwerker hatten schon in Zwiefalten – Fischers der Klosterkirche
Ottobeuren vorangehendem Bau – zusammengearbeitet, der Bildhauer Joseph Christian und
der Stukkator und Altarbaumeister Johann Michael Feuchtmayer. Ihnen gesellten sich als
Maler der Deckenbilder Johann Jakob und Franz Anton Zeiller hinzu, außerdem der Orgelbauer Karl Joseph Riepp. Ohne das Werk der Zeillers schmälern zu wollen, muß doch gesagt
werden, daß die Arbeiten von Bildhauer und Stukkator ihnen qualitativ überlegen sind.

Insgesamt wirkt Ottobeuren im Verhältnis zu anderen Rokokokirchen in der Farbigkeit etwas kühl. Ob es daran liegt, daß das Weiß der Stuckzierrate und Fresken sehr stark ins Grau gebrochen ist?

Wer auf seiner Barockreise wenig Zeit hat, sollte sich in Ottobeuren wenigstens mit einem Einzelobjekt gründlicher befassen: dem wunderbaren, nie ganz auszuschöpfenden Chorgestühl. Vier Meister haben hier zusammengewirkt, um die Chorstühle für jeweils sechsundzwanzig Patres würdig zu schmücken: der Bildhauer Joseph Christian, der die Reliefs und Hermen schuf, Johann Michael Feuchtmayer, der wohl für den Prospekt verantwortlich ist, der Kistler Martin Hermann, der die Schreinerarbeiten ausführte, sowie der Orgelbauer Karl Josef Riepp. Sicherlich hätte Abt Rupert, der dieses Wunderwerk nicht mehr erleben konnte, daran seine Freude gehabt, denn sein Ziel war es, »nicht nur das Gebäu in substantiam (zu) hersetzen, sondern auch demselben die einem Gotteshaus anständige ornamenta (zu) geben«.

Die Ausstattung der Kirche
Deckenbilder von F. A. Zeiller und J. Zeiller, 1763/64. Über der Empore: Gründung des Klosters Ottobeuren und Jahrtausendfeier; Kuppel des Langhauses: Apotheose des Benediktinerordens, seiner Lehrer und Heiligen; Vierungskuppel: Ausgießung des Hl. Geistes (Abb. 21); Vorchor: Kampf des Hl. Michael, Sturz Luzifers; Altarraum: die Verehrung des Lammes durch die vierundzwanzig Ältesten; linker Querarm: Erlösung durch das Martyrium; rechter Querarm: Erlösung durch die Fürbitte Mariens; Seitenkapellen im Osten: Martinus und der Bettler, Antonius bekehrt einen Irrlehrer; im Westen: Nikolaus befreit Gefangene, Beichtgeheimnis.

Altäre
Hochaltar: Gemälde Hl. Dreifaltigkeit, J. Zeiller (1763); Figuren der Hll. Petrus, Paulus, Ulrich, Konrad (J. Christian).

Kreuzaltar unter der Vierung: Romanisches Kruzifix. *Altäre der Vierungspfeiler:* St. Josephsaltar, St. Johannesaltar, St. Michaelsaltar, Schutzengelaltar (J. Christian). *Altäre im linken Querschiff:* Alexandraaltar (Hauptaltar): Martyrium d. Hl. Alexander (J. J. Zeiller); Elderner Madonna, Anf. 15. Jh.; Hl. Theodor (links), Hl. Sebastian (rechts). Benediktusaltar: Der predigende Benediktus (J. Mages, 1766); St. Mauritius (rechts), St. Placidus (links), Figuren von J. Christian. Ursulaaltar: Gemälde von J. Zick; St. Agatha (rechts), St. Barbara (links), Figuren von J. Christian. *Altäre im rechten Querschiff:* Marienaltar (Hauptaltar): Pius V. im Gebet während der Seeschlacht von Lepanto (J. J. Zeiller); Schmerzhafte Muttergottes, flankiert von den Figuren des Hl. Dominikus und der Hl. Katharina (J. Christian). Annenaltar: St. Anna (J. Zick), flankiert von den Figuren des Hl. Zacharias und der Hl. Elisabeth. Scholastikaaltar: Hl. Scholastika (J. Mages, 1766), daneben die Figuren der Hl. Gertrud und der Hl. Walburga. *Altäre der Seitenkapellen im Langhaus (Osten):* Antoniusaltar: Das Jesuskind erscheint dem Hl. Antonius (J. J. Zeiller); flankiert von den Figuren des Hl. Bernhard und des Hl. Franz v. Assisi (J. Christian); Rückwand: Hl. Longinus (J. F. Sichelbein, 1600). Martinsaltar: Tod d. Hl. Martin (F. A. Zeiller). *Altäre der Seitenkapellen im Langhaus (Westen):* Nepomukaltar: Der Hl. Johannes verehrt die Gottesmutter (F. A. Zeiller); Rückwand: Alexander und Theodor (J. F. Sichelbein). Nikolausaltar: St. Nikolaus (J. Zeiller); Rückwand: Mariä Himmelfahrt (Ch. Storer, 1617).

Chorgestühl mit Orgeln (vollendet 1766): Tragende Hermen als Sinnbilder für die Lasten des Lebens und die Lebensalter. Achtzehn vergoldete Reliefs mit Szenen aus dem Leben des Hl. Benedikt (rechts) und – als Entsprechung – Szenen aus dem Alten Testament (links). Die Orgeln haben 66 klingende Register und vier Manuale.

Kanzel: Stuckmarmorarbeiten von J. M. Feuchtmayer, Figuren und Reliefs von J. Christian. Reliefs: Christi Lehrauftrag an die Apostel, Bekehrung des Saulus, Tod des Judas.

Taufstein und Taufgruppe: Stuckmarmorarbeiten von J. M. Feuchtmayer, Figuren und Relief von J. Christian.

Die *Beichtstühle* sind Arbeiten vom Martin Hermann, die Reliefs wurden von J. Christian geschnitzt.

Die *Marienorgel* der Orgelempore ist nicht alt, sie wurde erst 1957 gebaut (Steinmayer). Auch für sie lagen Pläne von Riepp vor, die jedoch nicht mehr ausgeführt werden konnten.

Klosterbauten und Kunstsammlungen

Auch Ottobeuren entging den Folgen der Säkularisation nicht, doch ist es seit 1918 wieder selbständige Abtei. Da der Bau durch einen Mitteltrakt in einen geistlichen und einen weltlichen Teil geschieden ist, können die repräsentativen Räume der Öffentlichkeit ohne Störung des Klosterlebens gezeigt werden.

An der Pforte im Nordwestflügel beginnt die Besichtigung. Über einen Gang, der von Johann Baptist Zimmermann um 1718 stuckiert wurde (Deckenbilder J. Bellandelli und F. J. Spiegler, 1723), kommen wir in die *Benediktuskapelle*. Diese Kapelle wurde als zweigeschossiger Zentralbau 1724 von Christoph Vogt geschaffen. Der Venezianer Jacopo Amigoni ist der Meister des Deckenbildes (Himmelfahrt Christi, 1725), der Stuck stammt von Kaspar Radmiller (1731). Während der Bauzeit der Klosterkirche – also immerhin über dreißig Jahre – wurden hier die Messen gelesen.

Über das *Treppenhaus* geht es weiter ins *Obergeschoß*. In den Wandnischen stehen Stuckstatuen von Heiligen, die Antonio Bossi 1728 schuf. Die Ausstatter der Benediktuskapelle waren auch im Obergeschoß tätig: Amigoni, von dem die Deckenbilder stammen (1728), und Kaspar Radmiller, der den Stuck anbrachte (1731). Über die Fortsetzung des Treppenhauses mit den Stuckfiguren von Bossi kommt man zu einer abschließenden Achteckkuppel, deren Stuck von einem weiteren Italiener stammt, Andrea Maini. Das Kuppelgemälde mit der Scheinarchitektur schuf F. A. Erler (1727). Dargestellt sind Mariä unbefleckte Empfängnis als Sitz der Weisheit, der Triumph des Kreuzes, die Anbetung des Lammes, Personifikationen der christlichen Tugenden und der beiden Testamente.

Im Vorraum der Abtei ist wieder ein Deckengemälde von Amigoni angebracht, die Allegorie der Demut, dazu acht kleine Felder mit Landschaften (1728). Die ›Abtei‹ war zugleich Residenz und Wohnung des Reichsabtes von Ottobeuren. Im westlichen Teil lagen Kanzlei-, Empfangs- und Repräsentationsräume, im östlichen Teil war die Gemäldegalerie untergebracht. Die heutigen Kunstsammlungen der Abtei enthalten Kunstwerke und Einrichtungsgegenstände, die nach der Säkularisation wieder zurückerworben werden konnten. Da die Objekte aller Räume gut beschriftet sind, soll im folgenden Überblick nur auf das Wichtigste hingewiesen werden.

Raum 1 Deckenbild: J. Amigoni, ›Die Gerechtigkeit‹. Stuck: A. Maini. Erinnerungsraum für die Künstler, die in Ottobeuren tätig waren (Amigoni, Johann Jakob und Franz Anton Zeiller, Joseph Christian).

Raum 2 Ehemaliger Kanzleiraum, ›Gelbes Zimmer‹. Deckenbild von J. Amigoni, ›Die Klugheit‹ (1728). An der Wand: Immaculata. Stuck von A. Maini (1728). Maßwerk und Chorgestühltüren aus der gotischen Klosterkirche. Die Plastiken stammen fast ausschließlich aus der Zeit der Spätgotik. Trauernde Frauen aus einer Passionsgruppe (um 1420); Heilige Jungfrau (Ulm, Ende 15. Jh.); Papst Gregor (um 1510); Heiliger Nikolaus (um 1520); Johannes der Täufer (um 1480); Apostel Andreas (um 1480); Heiliger Michael (um 1420).

Raum 3 Ehemaliger Kanzleiraum, ›Blaues Zimmer‹. Deckenbild von J. Amigoni, ›Der Friede‹ (1728); Stuck von A. Maini (1728). Ofen (um 1740). Dieser Raum dient der Erinnerung an den Abt Kaspar Kindelmann (gest. 1584). Interessant ist die Tabernakeltüre der ehemaligen Klosterkirche (1558), worin die Unterschiedlichkeit der Lehrmeinungen zur Abendmahlslehre zum Ausdruck kommt. Neben Möbeln des Abtes sieht man hier gute Plastiken von schwäbischen Meistern des 17. Jahrhunderts, darunter eine Kreuztragungsgruppe (um 1620), eine Pietà, eine thronende Muttergottes mit Stifter, einen Hl. Benedikt, eine Predella mit Anbetung der Hirten. Im Durchgang: Dokumente zur Klostergeschichte in Kopien.

Raum 4 Ehemaliger Empfangssaal. Deckenbild und Supraporten von P. Magnus Remy (1717–20). Stuck wohl von J. B. Zimmermann (1717). Über dem Haupteingang das Bildnis des Abtes Rupert Neß; Plastiken aus der Werkstatt von J. A. Sturm (1720/30); Ulmer Schrank (um 1700); Fayencen und Porzellan verschiedener Manufakturen.

Raum 5 Ehemaliges Audienzzimmer der Reichsprälaten. Deckenbild übermalt. Stuck: Trupp Maini (um 1728). Porträt des Abtes Rupert II. Neß (nach 1740); Sammlung von Abtssiegeln und Konventssiegeln; Porträts der Äbte Anselm Erb, Honorat Goehl und Paulus Alt.

Raum 6 Ehemaliges Gesellschaftszimmer der Reichsprälaten, das ›Eustachiuszimmer‹. Deckenbild: F. A. Zeiller (1768), Bekehrung d. Hl. Eustachius. In den Supraporten biblische Szenen. Mehrere Möbel, darunter ein Schreibschrank und ein Schreibsekretär mit Aufsatzvitrine, um 1740. Marmorstatue der Immaculata von J. A. Sturm (um 1740). Gehäuse mit Altarmodell U. L. Frau von Eldern mit Ottobeurer Patronen.

Raum 7 Ehemaliges Dienerzimmer. Großer Schreibschrank (Fröhlich, Ottobeuren, um 1730); süddeutsche Hinterglasbilder und Klosterarbeiten des 18. Jahrhunderts; Statue des Klosterstifters Graf Silach mit Sinnbildern der Hoheitsrechte. Apotheke mit Einrichtungsgegenständen der einstigen Reichsstifts-Landschaftsapotheke.

Raum 8 Ehemaliges Galeriezimmer. Deckenbild von Arbogast J. Thalheimer (1727). Der Raum ist dem sog. ›Meister des Parallelfaltenstils‹ gewidmet, den man auch ›Meister von Ottobeuren‹ nennt, weil er vor allem für das Kloster arbeitete. Von diesem Meister: Verkündigung und Geburt Christi (um 1525); Wappenträger aus der Werkstatt des Ottobeurer Meisters (1520/30); aus Allgäuer Werkstätten der Mitte des 16. Jahrhunderts: Anbetung der Könige, Erschaffung der Eva, Verkündigung, fünf heilige Jungfrauen.

Raum 9 Ehemaliges Galeriezimmer. Deckenbild: Arbogast I. Thalheimer (1727). In diesem Raum sind Ausstattungsstücke der früheren Klosterkirche aus dem 16. Jahrhundert untergebracht. Meister der Schnitzwerke: Thomas Heidelberger aus Memmingen und der Bildhauer Hans Kels d. Ä. aus Kaufbeuren.

Raum 10 Ehemaliges Galeriezimmer. Deckenbild: Arbogast I. Thalheimer (1727). Fragmente frühbarocker Altäre, daneben Halbreliefs aus dem Kreis des J. Christian; Kleinplastik des 17. und 18. Jahrhunderts; Andachtsbilder des 17. und 18. Jahrhunderts; im Durchgang Fresko von F. J. Spiegler (1724), Abt Rupert in Anbetung der Hl. Dreifaltigkeit.

Raum 11 Ehemaliges Galeriezimmer. Deckenbild: Arbogast J. Thalheimer (1727). Modell der Klosteranlage vor 1710. Schaubild des heutigen Klosters, Gesamtplanung von Christoph Vogt, Grundriß und Fassadenentwurf von J. M. Fischer; Schwäbischer Palmesel des 17. Jahrhunderts.

Raum 12 Vorraum zur Bibliothek. Deckenbild von J. Amigoni: Herkules führt die Seele weg vom Laster, Jupiter entgegen. Stuck wahrscheinlich von J. B. Zimmermann (1717).

Raum 13 Bibliothekssaal. Die Empore wird von 44 Säulen getragen. Stuck und Säulen aus Stuckmarmor von J. B. Zimmermann (1718). Das Deckenbild von Elias Zobel (1716) stellt die Ankunft des Hl. Benedikt auf Monte Cassino dar, die Zerstörung des Götzenbildes Apollos, die Erwählung des Hl. Johannes des Täufers als Patron der ersten Klosterkirche des Ordens; Statue der Schutzgöttin der Wissenschaft, Pallas Athene-Minerva von J. A. Sturm (1725).

Räume 14 und 15, Staatsgalerie Ottobeuren In zwei Räumen sind als Leihgaben der Bayerischen Staatsgemäldesammlungen Bilder untergebracht, die einst zu den Sammlungen des Klosters gehörten. Vertreten sind vor allem schwäbische Meister des 15. und 16. Jahrhunderts.

Raum 16 Abtskapelle mit Vorhalle: Fresken von J. Amigoni (1725–28), Stuckstatuen von Bossi (1728). Thema: Lebensweg des Gottessohnes von der Menschwerdung bis zur Vollendung des Kreuzweges.

Raum 17 Gegenstände der Handwerkerzünfte, Uhren und Globen.

Raum 18, Theatersaal Deckenbilder von F. J. Spiegler, Apoll als Beschützer der Tragödie, Pallas Athene als Beschützerin der Komödie (1724); Stuck von Radmiller; allegorische Figuren von Volpini. Der Raum diente der Pflege des benediktinischen Barocktheaters. Die Bühne und ein Teil der Innenausstattung sind nicht mehr vorhanden. In den Kästen Konchyliensammlung des 19. Jahrhunderts.

Raum 19, Kaisersaal Der Weg führt nun in den Kaiserbau, den Hauptteil des Westtraktes. Hier waren die Gästezimmer untergebracht, hier ist aber vor allem der ›Kaisersaal‹ zu sehen, der größte Repräsentationsraum des ehemaligen Reichsstifts (Abb. 22).

In der Vorhalle sieht man Gemälde aus dem Leben Josefs in Ägypten (K. Stauder, B. Riepp, 1725) und Statuen, welche die Herrschertugenden symbolisieren sollen (Bossi, 1727/28).

Der Kaisersaal ist Ausdruck der Verbundenheit des Reichsstiftes Ottobeuren mit dem Kaisertum, eine Huldigung an das ›Kaisertum von Gottes Gnaden‹. Hier wurden hohe Gäste empfangen und Feste gefeiert. Sechzehn Statuen von Kaisern aus dem Haus Habsburg (Anton Sturm, 1725/26) stehen auf Podesten vor Doppelsäulen, die Macht und Stärke symbolisieren sollen. Auch das Deckenbild nimmt Bezug auf das ›Kaiserthema‹, denn es zeigt die Krönung Kaiser

Karls des Großen durch den Papst (Karl Stauder, 1724). Der Stuck ist sehr reich und wurde von mehreren Stukkatoren aufgetragen (A. Maini, D. Minola, K. Radmiller).

In den unteren Gang des Westtraktes gelangt man über das nördliche Treppenhaus mit Deckenbild von F. J. Spiegler (Verherrlichung der christlichen Tugenden, 1725) und Stuck von A. Maini (1723/25). Der Gang wurde von J. B. Zimmermann stuckiert (1718), die mythologischen Allegorien stammen von F. J. Spiegler.

Mindelheim und die Umgebung

»Es leit a Städtla z'mittlascht imma Daal
heißt Mindelhoi.
Luag rum, luag num, es lächlat iberaal.
Der Himl stauht als wia a liaber Saal
so blank und hell und fiar si sell alloi.
Im sella Städtla, dau bini dahoi.«

Mundartlich ist der Stimmung Mindelheims am besten beizukommen, wie Arthur Maximilian Miller es zu Beginn seiner Stadtskizze ›Mindelheim, die Frundsbergstadt‹ auch tat. Der liebevolle Chronist muß jedoch bekennen, daß es vor allem die Vergangenheit ist, die er preisen kann: »Als noch nicht der Lärm und das Getobe des rasenden Verkehrs von heute Markt und Straßen des alten Städtleins erfüllten. Damals, als noch die Bürger auf den Bänken vor der Haustüre saßen und die Hauptstraße hinauf und hinab sahen, damals, als der abendlich stille Marktplatz den Schulmädchen für ihre Reigenspiele gehörte ...«

In zahlreichen Windungen wird der Verkehr der Strecke München – Memmingen durch den Ort geschleust, und fast an jeder Ecke weist ein Schild auf eine andere Stadt, die von diesem Knotenpunkt aus zu erreichen ist. Das Mindelheim von heute macht einen etwas auseinandergefallenen Eindruck, und es bedarf einiger Geduld, aus diesem Konglomerat die Perlen herauszusuchen, die wirklich sehenswert sind.

Mindelheim hat eine lange und bewegte Geschichte. Der Ort ging aus einem Alemannendorf hervor, dessen Bauern sich im 7. Jahrhundert bereits zum Christentum bekannten. In fränkischer Zeit bestand ein Königshof. Im 12. Jahrhundert waren die Herren die Welfen, und ihre Lehensträger, die Herren von Mindelberg, bauten hier eine Burg. Sie gründeten auch eine Stadt, da die Lage an der Salzstraße München – Memmingen günstig war. 1256 wird Mindelheim zuerst als Stadt erwähnt. Das 14. und 15. Jahrhundert steht im Zeichen der Herzöge von Teck, der Rechberg und der von Frundsberg. Der berühmte Landsknechtführer Georg von Frundsberg wurde auf der Mindelburg geboren. 1616 ging die Stadt an den Kurfürsten von Bayern. Im 18. Jahrhundert war Mindelheim fast zehn Jahre lang englischer Besitz: Der siegreiche Feldherr John Churchill, Herzog von Marlborough, wurde 1705–14 vom Kaiser mit der Stadt belehnt.

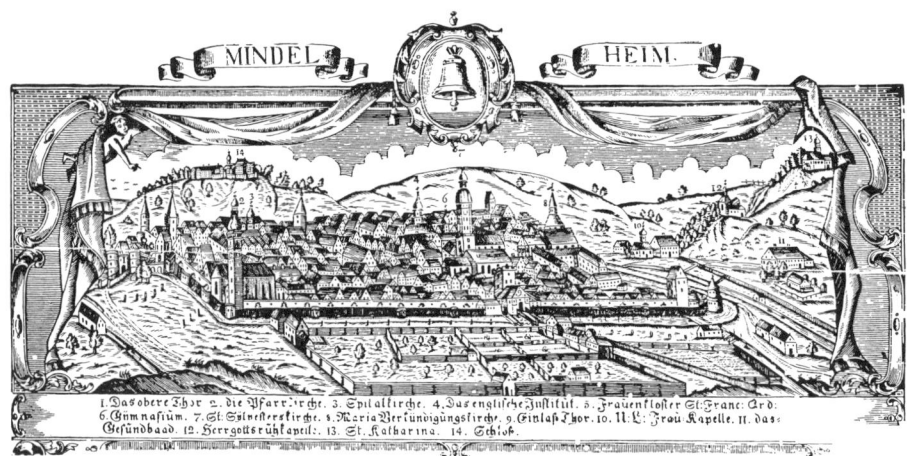

Mindelheim, Ansicht aus der zweiten Hälfte des 18. Jh., Holzschnitt

1778 wurde die bayerische Herrschaft wiederhergestellt, doch gab es 1778–80 ein kurzes österreichisches Interregnum. Seit 1780 ist Mindelheim fest in bayerischer Hand.

Der Stadtrundgang beginnt am besten beim *Rathaus* am Marienplatz, einem Bau mit einer Neurenaissancefassade (Abb. 24). Das Gebäude geht auf ein altes Weberhaus zurück, das 1897 von Eugen Drollinger umgebaut wurde. Der *Marienbrunnen* mit der Mariensäule in der Mitte des Platzes stammt aus dem Jahr 1763, doch wurde er 1971 wegen Verwitterung durch eine Kopie ersetzt.

Die Hauptkirche der Stadt, *St. Stephan*, liegt ganz nahe. Der stattliche barocke Bau läßt auf eine ebenso stattliche Ausstattung schließen, doch leider wird man, wenn man den Innenraum betritt, arg enttäuscht. Die Jahre 1860–67 haben durch eine Restaurierung den heutigen kargen Eindruck bewirkt. Eine Renovierung der Jahre 1958–61 hat da auch nicht sehr viel geändert.

Von einem ersten spätgotischen Bau ist nur noch der Unterbau des Turms erhalten. Der übrige Bau stammt aus der Herrschaftszeit des Herzogs von Marlborough. Baumeister war der Vorarlberger Valerian Brenner, der mit einer Mindelheimerin verheiratet war.

Die Obergeschosse des Turms sind barock, der heutige Spitzhelm kam erst 1851 anstelle einer barocken Kuppelhaube hinzu. Der Raum: ein einschiffiges weites Langhaus mit Tonnenwölbung, stark eingezogenem Chor und halbrund geschlossener Apsis. Kunsthistorisch bemerkenswert sind nur noch wenige Teile der einst barocken Ausstattung. In der kreuzrippengewölbten Turmkapelle ist heute das hervorragende Hochgrab des Herzogs von Teck (gest. 1432) untergebracht, ein Doppelgrabmal aus rotem salzburgischem Marmor aus der Zeit des späten ›Weichen Stils‹. Das Grabmal gehört zu den Hauptwerken deutscher Plastik in dieser Zeit. Man weiß nicht, wer der Meister war, doch bringt man das Werk mit Ulrich Wolffhartzhauser aus Augsburg in Verbindung. Wohl vom selben Meister stammt das ebenfalls eindrucksvolle Sandsteingrabmal für Anna von Teck, Tochter des Königs Kasimir III. von Polen.

Sehr gute Metallarbeiten sind am linken und rechten Seitenaltar im Schiff zu sehen. Die silbergetriebene Verkündigungsgruppe des linken Altares, ebenso die silbergetriebenen Halbfiguren des Joachim und Josef werden dem Augsburger Ignaz C. Berthold zugeschrieben (1769/70). Die Altarvorderwand ist aus vergoldetem Kupfer, mit Silberauflagen und Glasflüssen verziert (um 1750). Auf dem rechten Seitenaltar sieht man polimentversilberte und vergoldete Holzplastiken des 18. Jahrhunderts, den Hl. Sebastian und die Büsten des Hl. Laurentius und Hl. Florian.

Kommt man aus St. Stephan nicht besonders erwärmt heraus, wird man in der gegenüberliegenden kleinen *Gruftkapelle* reichlich entschädigt. Schon von außen ist der Bau mit seinem breiten Volutengiebel am Kapellenvorbau und dem hübschen Türmchen sehr ansprechend. Ursprünglich war dies eine Friedhofskapelle, eine Doppelanlage, deren Untergeschoß Beinhaus war. Der im Kern spätgotische Bau wurde wohl um 1700 in eine Gnadenkapelle Maria Schnee umgewandelt. Die Oberkapelle ist dem Hl. Michael als Beistand der Sterbenden geweiht.

Zuerst ein Gang in die *Unterkapelle,* die meist geöffnet ist. Zunächst möchte man seinen Augen nicht trauen, denn die gesamte Chorwand wird von einem einzigen Altar eingenommen (Abb. 25). Zusammen mit der reichen Stuckausstattung (Abraham Bader, um 1726) ergibt sich ein sattes, prachtvolles Bild. Das warme Gold, die wunderbare rote Marmorierung, ganz besonders aber die zahlreichen tiefdunklen Bilder – dies alles strahlt zusammen mit den Kerzen des Altartisches eine tiefe Frömmigkeit aus, und man wird unwillkürlich an die Ikonostasen russischer Kirchen erinnert. Es ist seltsam: Überall, wo man auch hinkommt, berühren ganz besonders die Maria-Schnee-Altäre. Neben dem Loretowunder hat das Schneewunder eine große Auswirkung auf die bildende Kunst gehabt. Der Maria-Schnee-Kult, der im späten Mittelalter aus Italien kam, war besonders in Süddeutschland verbreitet. Die Legende um die Erbauung der

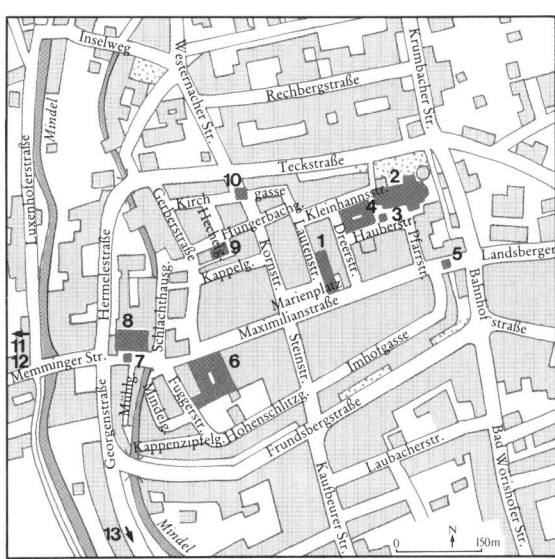

Mindelheim
1 *Rathaus*
2 *St. Stephan*
3 *Gruftkapelle*
4 *Franziskanerinnenkloster*
  Heilig-Kreuz
5 *Oberes Tor*
6 *Institut der Englischen Fräulein*
7 *Unteres Tor*
8 *Jesuitenkirche*
9 *St. Silvester mit Kappelturm*
10 *Einlaßtor*
11 *Liebfrauenkapelle*
12 *St. Katharinenkapelle*
13 *Mindelburg*

römischen Kirche Santa Maria Maggiore hat viele Künstler inspiriert, und jeder kennt wohl das herrliche Bild von Matthias Grünewald im Freiburger Museum. Zwei Menschen, der Papst Liborius und ein römischer Bürger, hatten in einer Nacht geträumt, es würde in Rom im Sommer Schnee fallen und tatsächlich fanden sie ihn auf dem Esquilin. Daraufhin wurde um 352 an jener Stelle die Kirche errichtet.

Der Altar, der um 1700 enstand, steht der Volkskunst dieser Zeit nahe. Einen ähnlich satt-barocken Altar, nur noch viel prächtiger, werden wir im nahen Nassenbeuren finden. Auch dort ist es ein Maria-Schnee-Altar. Die Bilder sind auf Holz gemalt. In der Mitte: Maria Schnee (Maria Maior), links der Hl. Lukas, das Maria-Schnee-Bild malend, rechts Johannes der Evange-list, die Apokalypse schreibend. Die Ovalbilder außen (nördlich) zeigen eine sterbende Frau, deren Seele zum Himmel schwebt, während unten der Hl. Michael Teufel abwehrt; südlich Maria Schnee über der Türkenschlacht. Darunter in der Predella querovale Kartuschen mit Ge-mälden und Spruchbändern, allegorische Darstellungen der Wohltaten von Maria Schnee. Auch der Sockel des Altars ist mit Bildern besetzt. Hier finden wir Darstellungen der Geburt Christi, Mariä Verkündigung, Mariä Heimsuchung, die Darstellung im Tempel, der zwölfjährige Jesus im Tempel. Nicht nur, daß dieser Altar über und über mit Bildern bedeckt ist – vor den Pilastern des Oberteils sehen wir auch noch kleine Holzfiguren: die Heiligen Anna, Joachim, Zacharias und Elisabeth und dazu noch sitzende Engel.

Die Altarwand wird von einem prächtigen schmiedeeisernen Gitter (um 1700) vom Laien-raum abgeschlossen, so daß man nie ganz nahe an den Altar herankommt, was den geheimnis-vollen Eindruck noch verstärkt.

Die Beschreibung der Kapelle ist noch nicht zu Ende. An der Westwand, gleich neben der Türe, ist ein spätgotisches Fresko zu sehen, das eine Messe darstellt (um 1510). Es gehört zum Grabdenkmal des Priesters Hans Kocher und seiner Mutter Magdalena. An der Südwand der nördlichen Seitenkapelle ist ein weiteres, jedoch späteres Fresko aufgemalt (17./18. Jh.), das die armen Seelen im Fegefeuer darstellt.

An den Wänden, unterhalb der Fenster, zieht sich ein wunderhübscher Gemäldefries entlang (um 1700), auf dem marianische Allegorien dargestellt sind. Über und unter den Bildern ist ein Spruchband angebracht, auf dem man unter anderem lesen kann: »Maria uns begnadet sehr an Schätzen reicher als das Meer«, oder »Maria ist der Morgenstern, der uns sehr günstig scheint von Fern«.

In der Seitenkapelle, die 1720 angebaut wurde, steht ein Altar mit einem Bild der sieben Zu-fluchten. An den Säulenschäften und in den Zwickeln sind vierzehn Kartuschenmedaillons mit Bildern der vierzehn Nothelfer angebracht.

Die *Oberkapelle St. Michael* ist ebenso reich stuckiert, und auch hier geht der Laub- und Ban-delwerkstuck auf Abraham Bader zurück, einen Wessobrunner (1725/30). Die Deckenbilder zeigen den Hl. Michael als Seelenwäger und als Bekämpfer der Irrlehrer. Bader war auch der Meister des Stuckaltares, dessen Bild – Satans Höllensturz – wohl von Franz Anton Germiller stammt.

Auf dem Kirchplatz finden wir auch das *Franziskanerinnenkloster Heilig-Kreuz,* ein einfacher Vierflügelbau um einen rechteckigen Hof. Nach einem spätgotischen Vorgängerbau wurde hier

1680/81 ein Neubau errichtet (Nordflügel mit Hauskapelle). 1739/40 folgte der Bau der restlichen Flügel. In einem Teil des Gebäudes ist heute das *Heimatmuseum* untergebracht, das wichtige Objekte zur Vor- und Frühgeschichte enthält, gute Plastiken des 15. bis 18. Jahrhunderts, Volkskunst, Möbel, Keramik und Krippen.

Im Kloster wäre – wenn es öffentlich zugänglich wäre – vor allem das Refektorium interessant, das mit reichem Stuck von Matthias Willerotter (1739/40) ausgestattet ist. Von den beiden Kapellen, der Hauskapelle und der St. Josephskapelle, ist die zweite besonders wichtig wegen des dort aufbewahrten ›Kindelmannaltars‹. Der Flügelaltar wurde 1563 von Abt Kaspar Kindelmann von Ottobeuren dem Kloster geschenkt und ist wahrscheinlich eine Arbeit von Thomas Heidelberger aus Memmingen. Im Mittelschrein sieht man eine Anbetung des Jesuskindes, auf den Standflügeln den Hl. Benedikt mit dem knienden Stifterabt. Neben dem Hl. Franziskus ist Katharina Kindelmann dargestellt, die Oberin des Klosters und Schwester des Abtes. Die Gemälde der Flügel zeigen die Beschneidung, die Darstellung im Tempel, die Verkündigung und die Heimsuchung. Einige Darstellungen wurden im 19. Jahrhundert ergänzt.

Vom Kirchplatz aus kommt man über die Pfarrstraße direkt zum *Oberen Tor*. Die Stadtbefestigung geht wahrscheinlich auf den Herzog Friedrich von Teck zurück, doch aus dieser Zeit (2. Hälfte 14. Jh.) ist nur noch das Untere Tor erhalten. Das Obere Tor, ein verputzter Backsteinbau mit quadratischem Turm, achteckigen Erkertürmen und kegeligem Spitzhelm, wurde um 1500 errichtet. Die Fassadenbemalung wurde nach altem Befund neu aufgetragen (1963). Hier ist der Beginn der Maximilianstraße, die dann vom Unteren Tor abgeschlossen wird. Auf halber Höhe (Nr. 63) finden wir das *Institut der Englischen Fräulein*, einen vierflügeligen Komplex um einen rechteckigen Hof. Der Orden wurde hier 1701 ansässig, die Kapelle Herz Jesu – in der Mitte des Nordtraktes – wurde 1702/03 errichtet. Erst 1970 wurden die ikonographisch interessanten Deckenbilder freigelegt, die man Michael Niggl (1720) zuschreibt. Es ist ein Zyklus, der sich auf das Herz Jesu bezieht – symbolische Darstellungen mit lateinischen Beschriftungen, die aus den Buchstaben der Bezeichnung Cor Iesu gebildet sind. Gut ist der Stuck aus der gleichen Zeit, der die Hand von Michael Stiller aus Ettringen verrät.

Das *Untere Tor* mit seinem kleinen Spitzhelm und dem kantigen quadratischen Turm ist eine glückliche Ergänzung zur nebenstehenden *Jesuitenkirche* (Abb. 23), die keinen Turm besitzt. Das Tor wurde in der zweiten Hälfte des 14. Jahrhunderts errichtet, doch die Wandbilder neben der Muttergottesfigur (Hll. Josef und Joachim) sind neu.

Wer für Mindelheim nur wenig Zeit hat, sollte wenigstens diese Kirche hier ansehen, die viel zu wenig bekannt ist. Der Innenraum, um es gleich vorwegzunehmen, ist von überzeugender Großartigkeit. Schöpfer war der Ordensbaumeister Johannes Holl, der 1625 bei Übernahme von Chorteilen einer Augustinerkirche das Langhaus errichtete. Das anschließende *Kolleg* wurde 1668–71 von dem Vorarlberger Michael Thumb gebaut. Durchgreifend verändert wurde dann in den Jahren 1721/22 vor allem das Schiff unter Leitung von P. Josef Guldimann.

Die Jesuitenkirche ist eine einschiffige Wandpfeileranlage mit wunderbaren geschwungenen Galerien, die sich um den Westteil des Langhauses ziehen. Sie sind es vor allem, die dem Raum seine erstaunliche Großzügigkeit geben. Statt gemauerter Brüstungen wurden Ziergitter verwendet, was die Eleganz noch erhöht. Man hat hier einen Einfluß des Vorarlbergers Franz Beer

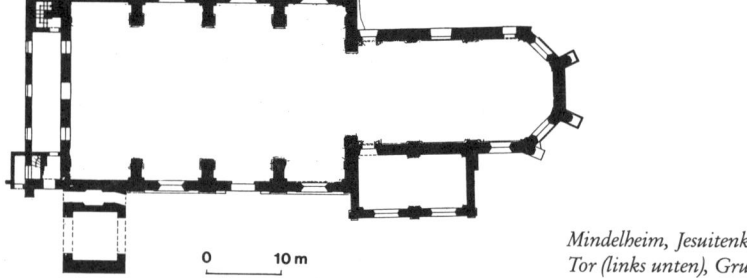

Mindelheim, Jesuitenkirche und Unteres Tor (links unten), Grundriß

0   10 m

gesehen. Erstaunlich ist auch der feine Deckenstuck mit Reliefs, die sich auf das Marienleben beziehen. Das zarte Weiß-Rosa-Gelb der Stuckierung unterstreicht die Festlichkeit dieses Raumes, zu der auch der prachtvolle Stuckvorhang zwischen Chorbogen und Langhaustonne beiträgt. Stukkator war hier wohl wieder Michael Stiller aus Ettringen (1722).

Hervorragend ist auch die Kanzel (1722) mit den Sinnbildern der vier Evangelisten, drei Heiligen und dem Ordensgründer Ignatius auf dem Schalldeckel.

Die prunkvollen Altäre (1734–37) kommen wahrscheinlich aus der Werkstatt eines der begabten Türkheimer Altarbauer. Die Bilder des Hochaltars und des nördlichen Seitenaltars stammen von Franz Anton Germiller, das des südlichen Seitenaltars von Christof Storer. Bemerkenswert ist das Laiengestühl mit seiner reichen Akanthusschnitzerei und den Feldern mit eingelegtem Bandelwerk (1722).

An der Südseite des Chores liegt die 1690 angebaute *Franz-Xaver-Kapelle.* Hier kann man vorzüglichen Stuck von Matthias Willerotter sehen (1743), der aus der Schule von Dominikus Zimmermann hervorging. Von ihm stammt auch der kleine Stuckaltar mit dem Bild des sterbenden Franz Xaver. Dem Jesuitenheiligen gelten auch die Decken- und Wandbilder, die noch zur älteren Ausstattung der Zeit um 1690 gehören.

Die ehemalige *Kapelle St. Silvester,* nordöstlich der Jesuitenkirche, ist heute profaniert, doch ihr Turm, den man ›Kappelturm‹ nennt, ist nicht zu übersehen. Die Kapelle ist im Kern spätgotisch, wurde barock umgestaltet und ist eine Gründung von Anna, der ersten Gemahlin des Herzogs von Teck. Der Turm, der südlich vom Chor steht, ist in den Untergeschossen quadratisch, das Oberteil ist achteckig und trägt eine kupfergedeckte Schweifkuppel mit Laterne. Die unteren Geschosse sind noch spätgotisch, das Oberteil mit der Kuppel wurde 1763 hinzugefügt.

Nicht weit weg vom Kappelturm, am Ende der Kornstraße, steht das *Einlaßtor,* das zur ehemaligen Stadtbefestigung gehörte. Durch dieses Tor konnte man auch nachts noch in die Stadt hineinkommen – allerdings nur gegen Gebühr. Der Bau – ein quadratischer Torturm mit abschließendem Zinnenkranz – entstand um 1500. Über dem Torbogen der stadtzugewandten Seite sehen wir in einer Rundbogennische eine Holzfigur der Muttergottes aus dem Anfang des 17. Jahrhunderts mit einem Putto.

Westlich des Unteren Tores, an der alten Straße nach Memmingen gelegen, steht die *Liebfrauenkapelle.* Zusammen mit der Jesuitenkirche und der Gruftkapelle ist dies ein Ziel, das in

Mindelheim lohnt. Die kleine Kapelle gehörte schon im 14. Jahrhundert zu einem Aussätzigenheim, dem Leprosenhaus, das im Westen angebaut ist. Die Umfassungsmauern sind noch spätgotisch, doch fanden 1506/07 durchgreifende Umbauten statt. Nach einem Brand im Jahr 1725 wurde die Decke neu eingewölbt und 1735 stuckiert. Aus dieser Zeit stammt auch der kleine Turm. Im Chorscheitel ist der ›Fünfwundenbrunnen‹ angebaut (17. Jh.), ein offenes, quadratisches Gehäuse mit toskanischen Eckpfeilern und Rundbogenarkaden. Im Inneren, an der Rückwand, sieht man in einer Nische die gefaßte Bleigußfigur des Schmerzhaften Heilands, aus dessen Wunden Wasserstrahlen in ein Becken strömen.

Die Kapelle ist außerordentlich gut ausgestattet. Der Stuck von Abraham Bader war einst Folie für Fresken, die jedoch nur zum Teil erhalten sind. In dieser Kirche ist es vor allem die plastische Ausstattung, die Aufmerksamkeit erfordert. An erster Stelle das Hochrelief der ›Mindelheimer Sippe‹ (Abb. 26), eines der bedeutendsten schwäbischen Werke aus dem Anfang des 16. Jahrhunderts (um 1510/20), in dem für diese Zeit charakteristischen ›Parallelfaltenstil‹. Nach diesem Werk hat man den unbekannten Meister den ›Meister der Mindelheimer Sippe‹ genannt. Dargestellt ist jede einzelne Person der Heiligen Sippe, des Geschlechts der Hl. Anna. Kaum weniger großartig sind die Wandschreine des mittleren 17. Jahrhunderts in den Nischen. Schwarz-gold gefaßte zweisäulige Ädikulen umgeben Figurengruppen von Georg Schenck, die in ihrer frommen Einfalt beeindrucken. Dargestellt sind die Geburt Christi, die Flucht nach Ägypten, die Beweinung Christi, die Taufe Jesu und als Entsprechung zur Sippe der Hl. Anna das Geschlecht Joachims. Eine seltene Darstellung finden wir über der Sakristeitür: die ›Heiligen im Kranz‹, eine Rosenkranztafel von Johann Hörmann aus dem Jahr 1641. In einem Kreis von fünfzig Rosen sind vier Reihen von Halbfigürchen angeordnet. Die Sakristeitür selbst ist ein handwerklich ausgezeichnetes Stück, wohl auch von Johann Hörmann.

Auch die Figuren des Hochaltars stammen zum größten Teil von Georg Schenck. Im 17. Jahrhundert blühte in Mindelheim die Werkstatt von Christoph und Georg Schenck, die dann an Thomas Baumhauer und Martin Döttl überging. In diesem Zusammenhang wird man an die hervorragenden Arbeiten denken, die Christoph Schenck für die Wallfahrtskirche Maria Rain bei Nesselwang lieferte. Arbeiten von Georg Schenck finden wir auch in der *St. Katharinenkapelle,* die westlich der Stadt auf dem Katharinenberg liegt. Der schöne achteckige Zentralbau stammt aus dem Jahr 1606; Stifterin war Maria, die Gemahlin von Christoph Fugger aus Kirchberg und Schwester Georgs von Frundsberg. Im 17. Jahrhundert war die Kirche als Wallfahrtsstätte viel besucht. Um 1720/30 bekam sie eine neue Decke mit Stuck und Fresken. Wunderschön ist der große Altar in seiner grünlich-roten Marmorierung mit vergoldetem Rocailledekor (um 1740). Im mittleren Reliquiar soll eine Reliquie der Hl. Katharina vom Berge Sinai enthalten sein. Das Altarbild gilt dem Thema der Vermählung der Kirchenpatronin mit dem Jesuskind. Auf den Seiten stehen die Figuren der Bischöfe Ulrich und Konrad. In den Nischen rechts und links sind Figurengruppen (thronende Muttergottes, Pietà) aus der Schenck-Werkstatt untergebracht. Der Bandelwerk- und Rankenstuck ist um 1720/30 entstanden. Die Deckenbilder gelten der Hl. Katharina, doch sehen wir hier zum größten Teil nicht mehr die ursprüngliche Freskierung, die wegen schlechten Erhaltungszustandes 1948 erneuert werden mußte. Die Kanzel entspricht stilistisch dem Hochaltar, ist ähnlich gefaßt und wird auch gegen 1750 entstanden sein.

Mindelburg, C. A. Lebsché, Stich von J. Poppel, 19. Jh.

Niemand wird einen Besuch der *Mindelburg* versäumen, zumal hier auch eine gemütliche Burgschenke zum Bleiben einlädt. Auf dem Weg hinauf sollten wir trotz der breiten Straße, die zum schnellen Fahren verleitet, einen Moment haltmachen: Von hier aus hat man den schönsten und umfassendsten Blick auf die Stadt mit ihren Türmen.

Die Burg geht in ihren ältesten Teilen auf die zweite Hälfte des 12. Jahrhunderts zurück, als unter Heinrich dem Löwen die Salzstraße von München über Landsberg nach Memmingen angelegt wurde. Ältester Bauteil ist die Umfassungsmauer des rechteckigen spätromanischen Hauptbaues. Ihre heutige Erscheinung verdankt die Burg dem späten 15. und 16. Jahrhundert, als sie im Besitz der Frundsbergs war. Da Ende des 19. Jahrhunderts der Hauptbau im Innern als Wohnschloß im ›altdeutschen Stil‹ umgebaut, das Äußere mit Stichbogenfenstern im Norden versehen wurde, kann nicht mehr von stilistischer Einheit gesprochen werden. Statt des Frundsbergschen Westflügels wurde damals auch ein Torbau mit Portalvorhalle und Ecktürmchen errichtet.

Eine Karte des bayerischen ›Regierungsbezirks Schwaben‹ gibt eindeutig Auskunft, daß sich das Unterallgäu im Norden fast bis nach Krumbach erstreckt. Einige Fakten geben Anlaß, den Bereich nördlich der Linie Memmingen – Mindelheim – Buchloe nicht dem Allgäu, sondern Mittelschwaben zuzuschlagen. Über den Begriff und die Ausdehnung des Allgäus wurde im ersten Kapitel bereits gesprochen. Wenn hier nur die allernächste Umgebung Mindelheims nach Norden hin behandelt wird, hat dies seinen Grund in der Überzeugung, daß das, was man allgemein unter ›Allgäu‹ versteht, erst südlich der genannten Linie beginnt. Mindelheim selbst wird von vielen Allgäuern als gar nicht mehr zu ihnen gehörig angesehen ...

Im Westen ist die *Pfarrkirche Mariä Himmelfahrt* in **Oberkammlach** die wichtigste Station. Schon der hohe Turm mit seinem charaktervollen achteckigen Obergeschoß ist außerordentlich eindrucksvoll. Gotische Bauteile sind der Unterbau des Turmes, die Seitenwände des Chores mit Strebepfeilern und die Langhauswände. Nach einer Brandschatzung der Schweden (1634) kam es ab 1660 zu einem langsamen Wiederaufbau. 1682 wurde der Turm mit Oktogon und Kuppel erhöht. Die Ausstattung fand in mehreren Schritten statt, und noch 1862 wurden neue Deckengemälde angebracht (Abb. 28). In der Gesamterscheinung ist der Innenraum frühbarock.

An der Langhausnordwand wurde erst 1968 ein Zyklus aus dem Leben Jesu freigelegt, der um 1500 entstand. In vier Reihen übereinander sind vierundzwanzig Szenen zu sehen, sehr zartfarbig und trotzdem ausdrucksvoll. Dominierend in dieser Kirche ist die prachtvolle Felderdecke, in deren Kassetten fünfzehn auf Holz gemalte Ölgemälde eingelassen sind (Abb. 28). Die Decke entstand 1695/96, der Maler ist nicht bekannt. In drei Längs- und fünf Querreihen erscheinen hier die fünfzehn Geheimnisse des Rosenkranzes, wobei die Darstellungen der Mitte (Krönung Mariä, Geburt Christi, Darstellung im Tempel) durch größeres Format hervorgehoben sind. Die warmen Braun- und Goldtöne und der warme Grünton des umgebenden Akanthusblattwerkes wirken sehr belebend. Hinzu kommen in ähnlichem Stil die Gemälde der Empore, die der Passion gewidmet sind (Ende 17. Jh.). Die drei Altäre der Zeit um 1670/80 sind gute Arbeiten Mindelheimer Handwerker. Die Bildhauerarbeiten stammen aus der Werkstatt der Schenck-Nachfolger Thomas Baumhauer und Martin Döttl. Nicht ihretwegen ist jedoch die Oberkammlacher Kirche bekannt, sondern wegen eines früheren und nach Format sehr kleinen Werkes, das dazu noch im Auszug des Hochaltars untergebracht ist.

Dort oben, mit bloßem Auge kaum zu erkennen, steht die ›Oberkammlacher Weihnacht‹ (Abb. 27), ein Relief aus der Werkstatt des ›Meisters von Ottobeuren‹ (um 1520) in seinem charakteristischen ›Parallelfaltenstil‹. Ihm wird auch das ausdrucksvolle Kruzifix an der Langhaussüdwand zugeschrieben.

Zu rühmen ist auch die frühbarocke, schwarz-gold gefaßte Kanzel (1679) mit ihren volkstümlich-fröhlichen Evangelistenfiguren und dem schön geschnitzten und goldgefaßten Rankenwerk. Die Holzfigur des Salvators ist die Arbeit des Türkheimers Martin Beichel.

Für Liebhaber der Volkskunst, besonders der Votivkunst, gibt es in der *Sebastianskapelle* von **Unterkammlach** einiges zu sehen. Es sind hier allerdings nicht die üblichen kleinen Holztafeln, sondern meist Leinwandbilder in sehr guter Qualität.

Volkskunst! Soll man das, was nun nördlich von Mindelheim folgt, überhaupt weiterempfehlen? Es wäre schade, wenn die kleine Wallfahrtskapelle von **Nassenbeuren** Ziel des Massentourismus würde. Sie ist, um es gleich zu sagen, einzigartig, und zwar rundherum, von außen und von innen. Beginnen wir jedoch unsere Erforschung von Nassenbeuren nicht mit ihr, sondern mit der stattlichen *Pfarrkirche St. Vitus,* die auch einige erfreuliche Objekte enthält. Die Kirche geht auf eine ehemalige mittelalterliche Chorturmanlage zurück. Der jetzige Altarraum war ursprünglich das Langhaus der mittelalterlichen Kirche. Das achteckige Oberteil des Turmes stammt aus der ersten Hälfte des 18. Jahrhunderts. Bei einem Erweiterungsbau des Jahres 1739 wurde das bisherige Langhaus zum Chor, und im Westen wurde ein neuer Chorbogen eingezogen und ein neues Langhaus angebaut. Der Stuck im Chor und auch im früheren Chor (um 1700) wird Matthias Stiller von Ettringen zugeschrieben, der in der Gegend viel beschäftigt wurde. Das Mittelbild der Chordecke und auch das Mittelbild der Langhausdecke gehen auf das 19. und 20. Jahrhundert zurück. Alt sind die kleinen Gemälde im Chor und in der Langhauswölbung, die um 1740 datiert werden. Altäre und Kanzel sind neuromanisch bzw. neubarock, doch interessant sind die Figuren, die im Hochaltar in einer Rundbogenblende untergebracht sind. Die flankierenden Figuren der Heiligen Petrus und Paulus stammen aus der Zeit um 1700 und gehören zum Apostelzyklus, der in den Wandnischen zu sehen ist. Der Meister war vielleicht Martin Beichel aus Türkheim. Sehr viel bemerkenswerter sind jedoch die Hochreliefs der vierzehn Nothelfer, die um 1600 entstanden. Unten ist der Kirchenpatron als größte Figur zu sehen, und alles, was über ihm ist, wird immer kleiner. So sind die Dreifaltigkeit und Maria, die ganz oben erscheinen, am allerkleinsten. Die Säulen wurden von einem barocken Altar übernommen, doch sonst ist der Hochaltar ein barockisierendes Gebilde, das allerdings in seiner Farbigkeit und der ausgewogenen Proportion gut gelungen ist.

Nun aber zur *Maria-Schneekapelle*. Sie liegt östlich vom Ort an einem Waldrand, am Ende einer alten, langen Lindenallee, die man bis zum Ende zu Fuß gehen muß. Die kleine, gemauerte Kapelle, nur von einem Dachreiter bekrönt, ist in freundliches Ocker gehüllt. Der heutige Bau wurde 1701–03 errichtet, doch gab es einen Vorgängerbau. Zwei ›Jünglinge‹ aus Nassenbeuren, so wird berichtet, haben 1655 im Wald Heselwang eine Kapelle aus Tannenrinden gebaut und darin das Bildnis Unserer Lieben Frau aufgestellt, das vorher schon an einer Tanne angebracht war. Die Gemeinde baute dann 1656 eine gemauerte Kapelle, der fünfzig Jahre später die heute bestehende folgte. Der Innenraum: Einem kleinen rechteckigen Langhaus zu drei Jochen folgt ein ebensolanger abgerundeter Chor. Und das Erstaunliche ist: Fast die ganze Chorlänge und -breite wird von einem einzigen Altar eingenommen. Wenn man hereinkommt, wird der Blick sofort auf diesen Altar gelenkt, der einem zunächst in seinem Aufbau völlig unklar ist: Alles, was man zunächst sieht, ist ein Wald von goldenen gedrehten Säulen ... Tritt man näher, so erkennt man, daß zwei Seitenaltäre, die über dem Chorbogen miteinander verbunden sind, eine Art Vorbühne zur ›Hauptbühne‹ bilden, dem Hochaltar (Farbt. 29). Plötzlich steht man vor dem Gnadenbild, das wiederum von einer kleinen Bühne aus rotem Balustergeländer umrahmt wird. Es ist, wie in der Mindelheimer Gruftkapelle, wieder das strenge Bild der ›Sta. Maria Maior‹, und dieser byzantinische Typ paßt sehr gut hierher. Das viele Gold, das Rot der Holzverkleidungen, die tief nachgedunkelten Bilder – dies alles wirkt sehr östlich und mystisch. Der Meister des Altares soll ein Memminger Schreiner namens Christoph Heinrich Dittmar gewesen sein, und man nimmt an, daß dieses Prachtwerk zu Anfang des 18. Jahrhunderts entstand, also wahrscheinlich gleich nach Errichtung der neuen Kapelle 1701–03. Man kann sich an diesem Altar nicht sattsehen, und allein die Tür zur Sakristei mit der gemalten Darstellung des Martyriums des Hl. Vitus und darüber das geschnitzte Herz Jesu sind staunenswert. Herrlich auch die Galeriebrüstung mit dem geschnitzten verschlungenen Akanthuswerk und den Halbfiguren der Heiligen Ulrich, Martin, Benno und Nikolaus, ganz in Silber gefaßt.

Und wenn wir uns nun umdrehen, sehen wir eine Empore im Westen, die fast ebenso unglaublich schön ist. Wer Sinn für bemalte Bauernmöbel hat, wird hier aus dem Staunen und Schauen nicht herauskommen. Die kleine geschwungene Empore ist über und über bemalt (um 1730/40), vorherrschend sind Blau und Rot. Wenn man näher kommt, sieht man, daß die oft drastisch-naiven Darstellungen von sinnigen und oft lustigen Sprüchen begleitet werden. An der Brüstung erscheinen in fünf Feldern die Vertreter der verschiedenen Stände, darunter eine Hofdame mit der Unterschrift: »Ich verfihre Euch Alle.« Und der Teufel: »Hüeths Euch oder Ich Holl Euch alle.« Unter der Brüstung wird man über die Folgen des sündigen Lebenswandels belehrt. Da sitzen etwa zwei Paare im ›Gunkelhaus‹, der Spinnstube, und man kann lesen: »Die gunckelhäuser seind shuelen, wo junge leith lehren buhlen und durch buhlen kommen so wiet, das sie gar werden hexen leicht.« Natürlich ist auch die Darstellung des Jüngsten Gerichts nicht weit, und hier findet man ausnahmsweise keine Inschrift.

Noch ist die Führung nicht zu Ende. An den Langhauswänden entlang zieht sich ein ausgezeichneter Eichenholzfries mit den geschnitzten Figuren der Apostel, mit Maria und dem Salvator. Auch hier nimmt man das frühe 18. Jahrhundert als Entstehungszeit an.

Und noch ein weiterer Tip für Freunde der Volkskunst: Im südlichen Ortsteil von Nassenbeuren, vor dem Haus Nr. 21, ist eines der schönsten Arma-Christi-Kreuze des gesamten Allgäus aufgestellt. Es ist besonders gut erhalten und in diesem Raum eine Seltenheit, da diese Kruzifixtypen meist im Westallgäu vorkommen.

Ganz in der Nähe von Nassenbeuren liegt **Mattsies**, wo es neben der *Pfarrkirche Mariä Himmelfahrt* auch ein Schloß zu sehen gibt. Die Kirche geht im Unterteil des Turmes noch auf einen romanischen Bau zurück, doch ist sie im wesentlichen spätgotisch. Das achteckige Turmoberteil wurde 1600 aufgesetzt, das Langhaus in der Mitte des 17. Jahrhunderts nach einem Schwedeneinfall wiederhergestellt. Einem Umbau von 1730 ist unter anderem die heutige Stuckierung zu verdanken. Die Altäre aus der Mitte des 19. Jahrhunderts wurden wohl von der Türkheimer Bergmüller-Werkstatt geliefert. Die Fresken des Langhauses sind neu (1974), doch gibt es im Turmerdgeschoß Reste romanischer Fresken. Die Emporengemälde sind Arbeiten aus der Mitte des 17. Jahrhunderts. Interessant ist hier die Darstellung von Erzengeln, die nur aus den Apokryphen bekannt sind. Auf der unteren Emporenbrüstung ist die Passion dargestellt. Die Pietà des südlichen Seitenaltars ist ein Werk der Jahre 1490/1500.

Das *Schloß Mattsies* liegt etwa einen Kilometer südlich vom Ort auf einer Bergzunge. Auffallend ist der fünf Geschosse hohe Wohnturm mit Quersatteldach, der auf das 16. Jahrhundert zurückgeht. Der dreigeschossige Anbau stammt erst aus dem Jahr 1905. Im Mittelalter herrschten hier die Herren von Mattsies, ursprünglich ein welfisches Ministerialengeschlecht. Bis heute ging das Schloß durch mehr als zehn Hände. Zeitweise saßen hier die Fugger von Kirchberg, die Toerring-Seefeld und die Waldbott-Hohenems.

Ergiebiger als Mattsies ist das benachbarte **Unterrammingen** mit der *Pfarrkirche St. Magnus*. Prächtig ist der fast frei stehende Turm mit seiner achteckigen kuppeligen Haube und der Laterne, die von einer Zwiebelkuppel bekrönt wird. Nach altem Befund wurde der Bau 1968 bei der Restaurierung wieder in schönem Goldgelb-Weiß gegliedert. Der Turm stammt bis auf das oberste Geschoß noch aus dem 15. Jahrhundert, der Rest der Kirche wurde 1767/68 unter Erhaltung der Umfassungsmauern des gotischen Chores neu gebaut. Als Baumeister trat hier ein Sohn des Stukkators Matthias Stiller, Joseph, auf, während der Mindelheimer Andreas Henkel Stukkator war. Der Stuck ist außerordentlich reich (1769), dominierend ist die Rocaille. Johann Baptist Enderle aus Donauwörth, der in der Umgebung von Mindelheim besonders produktiv war, ist der Maler der Fresken (1769). Sie gelten im Chor dem Engelsturz durch Michael, im Langhaus dem Leben des Kirchenpatrons, des Hl. Magnus. Die prächtigen Altäre sind Arbeiten des Türkheimers Dominikus Bergmüller (1771–75), und auch die Kanzel stammt von diesem begabten Meister. Die Figuren wurden vielleicht von Johann Michael Hegenauer in Türkheim geliefert – Sproß der bekannten Hegenauer-Familie, die im Westallgäu so oft begegnet.

Auch in **Oberrammingen** hat Enderle freskiert, und zwar in der hübschen kleinen *Kirche Unserer lieben Frau,* die mitten im Ort an der Hauptstraße steht. Die Fresken entstanden 1766, drei Jahre vor Unterrammingen. An der Decke erscheinen (von Osten) die Kreuzigung Christi, die Anbetung der Könige, der Tempelgang Mariä und in der Voute marianische Symbole in Tonmalerei. Altar und Kanzel sind Arbeiten der Jahre um 1766.

Von **Türkheim** und seinen Kunstschreinerwerkstätten ist in diesem Kapitel viel die Rede, auch von den Bildhauern, an deren Spitze Ignaz Hillenbrandt steht, der Meister der Irseer Fischerkanzel (Farbt. 31). Die Stadt selbst zeichnet sich durch eine ansehnliche Pfarrkirche, mehrere Klöster und Kapellen und ein beachtliches Schloß aus. Woher diese Ansammlung stattlicher Bauten in dem doch recht kleinen Ort? Türkheim hat eine lange Geschichte. Erst in jüngerer Zeit wurden bei Grabungen auf dem Goldberg am Nordrand ein Ringwall der Hallstattzeit und römische Befestigungsanlagen gefunden. Im frühen Mittelalter hat hier eine kleine hölzerne Saalkirche existiert und eine Steinkirche, die wahrscheinlich mit einer Burganlage in Zusammenhang stand. Man nimmt ferner an, daß der Ort selbst auf eine frühe alemannische Siedlung zurückgeht, der eine fränkische Staatskolonisation folgte. Türkheim war welfischer, dann staufischer Besitz und ab 1269 schließlich Besitz der Wittelsbacher. Während Jahrhunderten der Verpfändung trifft man hier die Knöringen als Herren an, die 1530–35 das Schloß bauten. 1666 ging der Ort an den Bruder des Kurfürsten, Herzog Maximilian Philipp, der dem großen Schloß ein kleines hinzufügte.

Die *Pfarrkirche Mariä Himmelfahrt* mit ihrem noblen klassizistischen Torhaus und dem von einer Galerie bekrönten Turm geht im Kern noch auf das 14. Jh. zurück. Ihre heutige Erscheinung verdankt sie vor allem der zweiten Hälfte des 15. Jahrhunderts. Der Turm mit seinen schönen Spitzbogen- und Kleeblattbogenfriesen zeugt von dieser spätgotischen Bauzeit. Das oberste Geschoß mit toskanischen Pilastern, hölzerner Balustrade, Eckpostamenten mit Zeltdächern und dem Aufsatz mit Zeltdach ist ein Werk des späten 17. Jahrhunderts. Leider hat eine Umgestaltung des Historismus (1873) der Ausstattung schwer geschadet, und damals wurde zum größten Teil auch der Stuck des Chores abgeschlagen, den der berühmte Wessobrunner Johann Schmuzer angebracht hatte. Die Bemühungen unserer Zeit, das barocke Raumbild wiederherzustellen, waren nur zum Teil erfolgreich. Die Kirche wirkt immer noch unbehaglich karg. Schön ist das breite Gewölbe des geräumigen Saales, doch man merkt gleich, daß der Stuck nicht alt ist, sondern erst 1946 ›in der Art‹ von Johann Schmuzer aufgebracht wurde. Da auch die Altäre neubarock sind, müssen wir uns hier an die alten Figuren halten, die es in reicher

Anzahl gibt. Da ist in erster Linie der gotische Grabchristus des 13. Jahrhunderts zu nennen, der in der Gruft unter dem Chor zu finden ist. Das Patronatsrecht besaßen schon 1226 die regulierten Kanoniker zum Hl. Grab von Denklingen, und auf sie geht die Anlage dieses Heiligen Grabes zurück. An zweiter Stelle ist zu nennen die ausdrucksstarke Figur des ›Ecce Homo‹ aus der Zeit um 1600. Von neubarockem Stuck umgeben, ist sie sehr würdig in einer Nische im Norden des Langhauses untergebracht (Abb. 29). Von dem Türkheimer Bildhauer Martin Beichel stammt die Figur des Hl. Benno (1680) am Pfeiler vor der letzten Kapelle rechts im Schiff. Eine weitere gute Figur eines Türkheimer Bildhauers, Ignaz Hillenbrandt, ist der lebensgroße Kerkerheiland im nördlichen Vorzeichen. Von ihm stammen auch die Krippenfiguren der Kirche, jedenfalls die Hauptgruppe mit Maria, Josef, drei Königen und einem Engel: etwa fünfzig Zentimeter hohe bekleidete Gliederpuppen des 18. Jahrhunderts. Auch Johann Wilhelm Hegenauer hat an dieser Krippe mitgearbeitet. Von der alten Ausstattung sind im Chor noch die Deckenfresken erhalten, die Johann Andreas Bergmüller 1732 malte (Mariä Himmelfahrt, Tod Mariä, Darstellung im Tempel). Der Stuck des Chores, den Michael Stiller aus Ettringen 1732 aufbrachte, wurde 1946 nach alten Umrissen wiederhergestellt.

Östlich vom Torhaus wurde 1975 eine Rundkapelle als Kriegergedächtnisstätte gebaut. Dort findet man eine sehr gute Figurengruppe aus der Zeit um 1500, Maria und Johannes unter dem Kreuz.

Eindrucksvoller als das – heute behördlich genutzte – *Schloß,* das aus ›Großem Schloß‹ (1531–35) und ›Kleinem Schloß‹ (1695) besteht, ist seine Geschichte bzw. die Geschichte seiner Pläne. Den dreigeschossigen einfachen Rechteckbauten, die im rechten Winkel aneinandergesetzt sind, sieht man es nicht an, daß hier verschiedene bayerische Kurfürsten oft abstiegen, wenn sie ihrer Jagdlust frönen wollten. Man sieht nicht, daß Matthäus Gießl, ein Nachfolger von Johann Michael Fischer, bei der Umgestaltung 1745 mithalf, und noch viel weniger, daß der große Münchner Hofbaumeister Giovanni Antonio Viscardi 1695 das Kleine Schloß anfügte. Es wurde zwar geäußert, daß die Blendengliederung an die innersten Seitenpavillons von Nymphenburg erinnere, doch gehört einiger guter Wille dazu, dies zu erkennen. Wie sähe Türkheim wohl aus, wenn – wie geplant – François Cuvilliés hier gestaltend eingegriffen hätte?

Das benachbarte *Ludwigstor,* welches das Schloß mit der gegenüberliegenden Loretokapelle des Kapuzinerklosters verbindet, erinnert da schon mehr an alte ruhmreiche Zeiten. Es wurde 1829 als Triumphbogen für einen Besuch König Ludwigs I. errichtet, der dann später gestattete, daß »der artige Bogen für alle Zeiten Ludwigstor genannt« werden dürfe!

Im Osten von Mindelheim liegt **Kirchdorf,** wo wir in der *Pfarrkirche St. Stephanus* wieder einen schönen Freskenzyklus von Johann Baptist Enderle finden können, und zwar seinen frühesten (1753). In seinem grundlegenden Werk ›Die barocke Freskomalerei in Deutschland‹ bemerkt Hans Tintelnot mit Recht, daß dieser Künstler, der zum akademischen Schülerkreis von Johann Georg Bergmüller in Augsburg gehörte, »bäuerliche Buntheit und köstliche Naivität der Auffassung mit oft scheinbar ganz unbewußten Momenten Augsburgischen Raffinements zu verbinden verstand«. Hier in Kirchdorf gelten die Fresken im Chor der Verherrlichung des Altarsakraments, im Langhaus dem Kirchenpatron, dem Hl. Stephanus. Sie werden von reichem Rocaillenstuck eines unbekannten Stukkators umgeben.

Bad Wörishofen war bis zum Ende des 19. Jahrhunderts ein unscheinbares kleines Dorf, das zwar ein Dominikanerinnenkloster besaß, im übrigen aber kaum von sich reden machte. Das änderte sich schlagartig, als im Jahr 1881 Sebastian Kneipp zum Pfarrer in Wörishofen ernannt wurde. Der Mann, der bei der Bekämpfung eines eigenen Lungenleidens die Heilkraft des Wassers erprobt hatte, wurde zur ersten Instanz und man kann fast sagen: zum Heiligen dieses Ortes. Seine Bücher ›Meine Wasserkur‹ und ›So sollt Ihr leben‹ wurden in vierzehn Sprachen übersetzt, und die Menschen begannen von weither nach Wörishofen zu kommen, wo 1891 der organisierte Kurbetrieb begann. Ab 1920 durfte sich der Ort ›Bad‹ nennen, und ab 1949 wurde Wörishofen Stadt.

Man kann zur Kneippkur stehen wie man will, es hat sich auf jeden Fall bestätigt, was der Leibarzt Bismarcks, Dr. Schweninger, voraussagte: »Kneipp wird in der Geschichte der Medizin noch fortleben, wenn andere sogenannte Größen längst verschollen sind.«

Auf Schritt und Tritt begegnet er uns in Wörishofen, der Sebastian Kneipp, selbst da, wo wir ihn nicht erwarten: etwa in der *Pfarrkirche St. Justina,* wo er uns inmitten barockisierenden Rankenwerks vom Deckenbild des Langhauses anblickt. Beginnen wir unseren Streifzug durch Wörishofen mit dieser Kirche.

Der spätgotische Backsteinturm mit Satteldach und gliedernden Dreipaßbogenfriesen ist im Stadtbild beherrschend. Eine romanische Pfarrkirche wurde 1519/20 durch einen Neubau ersetzt. Durch den auch als Architekt tätigen Stukkator Matthias Stiller aus Ettringen wurde um 1700 der Chor umgebaut, neu gewölbt und das Langhaus neu gebaut. Die Stuckierung des Saales besorgte Stiller selbst, die Ausmalung ist das Werk des Krumbachers Jakob Fröschle (1780). Leider war es dann der sonst so rühmenswerte Sebastian Kneipp, der als Pfarrer dafür sorgte, die barocken Altäre durch neuromanische zu ersetzen. Sie wurden in den zwanziger und dreißiger Jahren unseres Jahrhunderts wiederum durch neubarocke ersetzt. Leider wurde damals (1932) das Langhaus nach Westen verlängert, der Stuck in der Art von Stiller ergänzt und die Decke mit Fresken versehen. Befriedigend ist dieser Raum nur, wenn man sich dort hinstellt, wo der neue Westanbau beginnt ... Dieses Bild ist dann allerdings durch die warmen Brauntöne der Deckenbilder und den prachtvollen weißen Akanthusrankenstuck sehr erfreulich, denn das Neubarock der Altäre fällt zunächst nicht störend ins Auge. Die Fresken im Chor gelten der Verehrung des Altarsakraments, im Langhaus der Legende der Hl. Justina. Und im Westteil sehen wir dann den unvermeidlichen Pfarrer Kneipp, wie er Kranken und Gesunden predigt, die Herzen zu Gott zu erheben. Über ihm erscheint die Dreifaltigkeit, von mehreren Heiligen verehrt (Abb. 31).

Wie schwer die Menschen der Barockzeit das reformierte Christentum ankam, zeigt das Fresko im Chor: Von dem Altarsakrament fahren Blitze auf die Zweifler und Leugner hinab, in erster Linie auf Luther, Calvin und Zwingli! – Ein Taufstein, aus einfachem Sandstein gehauen, gehört zu den wenigen alten Ausstattungsgegenständen dieser Kirche.

Nur wenige Schritte sind zu gehen, und man steht vor dem *Dominikanerinnenkloster,* einer Vierflügelanlage, die um einen Hof gruppiert ist. Die Gründung des Klosters ging von den Dominikanerinnen in St. Katharina in Augsburg aus. Im neuen Kloster sollten die Ordenssatzungen im alten Geist mit strenger Klausur durchgeführt werden. Als Architekten holte man sich den erfahrenen Vorarlberger Franz Beer, dessen Sohn Johann Michael Beer den Bau vollendete. Der Bau von Kloster und Kirche nahm vier Jahre in Anspruch (1719–23).

Die *Klosterkirche Maria Königin der Engel* wurde von zwei bedeutenden Meistern des deutschen Rokoko ausgestattet, von Dominikus und Johann Baptist Zimmermann. Der Raum ist ein langgezogener Saalbau mit Pilastergliederung und Stichkappentonne. Da die Fresken wenig Raum einnehmen, stand Dominikus Zimmermann für seinen feinen Laub- und Bandelwerkstuck eine große Fläche zur Verfügung. Leider wurde bei einem Brand, der die angefügte Marienkapelle zerstörte, im Jahr 1955 auch die Klosterkirche durch Ruß und Löschwasser beschädigt. Zwar wurde sofort restauriert, doch scheint die alte frische Farbigkeit (Weiß auf Zartgrau, Rosa, Gelb und Grün) stark dezimiert. Die Fresken der großen Felder behandeln den Traum des Joseph, Mariä Verkündigung, Szenen aus dem Leben des Hl. Alexius, den Hl. Dominikus vor Maria kniend mit einer Glorie von Ordensheiligen, die Dreifaltigkeit, den Engelssturz durch den Hl. Michael. Die Fresken sind signiert: »Joh. Zimmermann pinxit Anno 1723.«

Die prächtigen Altäre sind Arbeiten des Bruders Valentin aus dem Augsburger Dominikanerkloster (1722). Im Hochaltar sieht man das Altarblatt von Franz Hagen, Maria als Königin der Engel, von der Dreifaltigkeit gekrönt (Abb. 30). Auch die Bilder der Seitenaltäre (Hl. Maria Magdalena, Hll. Dominikus und Katharina von Siena) sind Arbeiten von Franz Hagen.

Als im Jahr 1721 acht Chorfrauen aus Augsburg nach Wörishofen kamen, brachten sie auch die damals wie heute verehrte Statue der Muttergottes von Einsiedeln mit, die jetzt in der Marienkapelle steht. Ebenso verehrt wird auch das ›Prager Jesuskind‹ an der Ostwand, eine Holzfigur mit natürlichem Haar und Stoffornat, umgeben von einem geschnitzten Baldachin und zwei Putten.

Zum Schluß werden wir, wenn wir den Blick nach oben an die Decke richten, noch einmal an die heilbringende Tätigkeit des Pfarrers Kneipp erinnert. Nachdem die Kapelle ausgebrannt war, malte Mater Donatilla von Eckhart, von den Englischen Fräulein in Nymphenburg, mit geübter Hand all die Kräuter an die Decke, die heute, mitsamt dem Wasser, den Ruhm Wörishofens ausmachen! Wer sich für die Geschichte des Kneippens interessiert, wird in Wörishofen viel Gelegenheit haben, sich zu informieren. Es gibt im Kloster ein Kneipp-Museum, es gibt ein ›Historisches Badehäuschen‹, ein ›Altes Badehaus‹, eine ›Alte Wandelhalle‹ und manches andere zu sehen.

Ganz in der Nähe von Bad Wörishofen – und noch gerade zum Unterallgäu gehörend – finden wir die beiden Kirchen St. Rasso von **Untergammenried** und St. Martin von **Schlingen.**

St. Rasso ist eine Wallfahrtskirche des 18. Jahrhunderts (Weihe 1723), die besonders wegen ihrer reichen Architektur- und Dekorationsmalerei (als Stuckimitation) auffällt. Freskant war Joseph Hartmann aus Augsburg (1747), der in vielen Szenen die Geschichte des Hl. Rasso darstellte.

St. Martin ist bemerkenswert, weil es Fresken von Franz Anton Zeiller enthält (1763), der zusammen mit seinem Vetter Johann Jakob für Ottobeuren tätig war. (Im Chor: Der Hl. Martin als Fürbitter für Schlingen; im Langhaus: Wahrheitsbeweis des Hl. Martin, mit Ecclesia.) Die Altäre sind gute Arbeiten von Felix Fröhlich aus Weicht.

Südlich von Mindelheim ist die nächste und wichtigste Station **Apfeltrach.** Hier ist es weniger die Pfarrkirche, die zum Besuch auffordert, sondern die *Wallfahrtskirche St. Leonhard,* gleich am Ortseingang gelegen. Vom Ursprung der Wallfahrt weiß man nichts, doch nimmt man an, daß sie im Mittelalter von großer Bedeutung war, da der Bau besonders ansehnlich ist. Der Chor stammt noch aus dem 14. Jahrhundert, das Langhaus ist um 1400 entstanden, der Turm im 15. Jahrhundert. Im Jahre 1930 wurde hier ein ganz erstaunlicher Freskenzyklus freigelegt, der die gesamten Wände des rechteckigen Chores überzieht. Dargestellt sind Szenen aus dem Marienleben, die Passion Christi, die Himmelfahrt, Pfingsten und Szenen aus dem Leben des Hl. Remigius. Die Kirche scheint über und über bemalt gewesen zu sein, denn an der Langhaus-Nordwand wurden Fresken zum Leben des Hl. Leonhard festgestellt, und die Fensterlaibungen sind mit wunderschönem barockem Rankenwerk ausgefüllt. Barock sind auch der Stuck (1741, Matthias Willerotter, Mindelheim) und die Deckenbilder (1774, Tobias Bruno Lederer). Die Deckenfresken befassen sich mit der Leonhardslegende. Wer sich für Fresken nicht besonders interessiert, wird dieser Kapelle trotzdem etwas abgewinnen können, denn über dem Altar ist eine wunderschöne, qualitativ hochstehende Muttergottes aus der Zeit des ausgehenden ›weichen Stils‹ angebracht (um 1420/30). Sie wurde in der Mitte des letzten Jahrhunderts in einem Bauernhaus entdeckt und später restauriert.

Im benachbarten **Dirlewang** sind wiederum Fresken von Johann Baptist Enderle zu sehen, diesmal aus seiner späten Zeit, um 1780. Hier, in der *Pfarrkirche St. Michael* – einem im Kern spätgotischen Bau – gilt das Hauptfresko natürlich dem Engelfürsten. Im Chor ist der Ratschluß der Erlösung dargestellt, in der Mitte der Langhausdecke der Engelsturz mit dem apokalyptischen Weib und Gottvater.

Von hier aus ist es nicht weit zu den außerordentlich reich ausgestatteten Kirchen von Mussenhausen, Eutenhausen und Markt Rettenbach, die jedoch im Zusammenhang mit Memmingen behandelt werden. Auch ist ein Besuch in **Lauchdorf** zu empfehlen, wo in der *Pfarrkirche Mariä Himmelfahrt* eine sehr schöne stehende Muttergottes aus dem Umkreis des Gregor Erhart zu sehen ist (um 1500).

Im Oberallgäu

Kempten und Umgebung

>»Kayser Carl bauete zur Danckbarkeit gegen Gott vor die Wiedererlangung seiner keuschen Gemahlin das Münster zu Aachen, und die Hildegard stiftete vor diese wunderbare Schickung das berühmte Closter zu Kempten, erwehlte daselbst ihr Begräbniß und ward auch daselbst begraben.« *(Barockliterat)*

Welche Stadt kann von sich behaupten, siebenmal ›geboren‹ worden zu sein? Kempten kann es, und wenn man die Geschichte dieser Stadt anhand ihrer vorgeschichtlichen Funde und ihrer Bauwerke verfolgen will, ist man für Wochen beschäftigt.

Die Kelten machten den Anfang. Ein keltischer Stamm, die Estionen, siedelte seit dem 5. Jahrhundert v. Chr. im Gebiet um Kempten und gab dem Ort den Namen *Cambodunum*. Dieser Name wurde von den Römern übernommen, die um 15 v. Chr. die Estionen unterwarfen und ihre eigene Siedlung auf dem Lindenberger Oesch am rechten Ufer der Iller anlegten. Es entstand eine große Garnison mit Forum, Curie, Basilika, Thermen und einem Tempelbezirk.

Diese Stadt existierte bis um 260 n. Chr. und wurde, da die Alemannen immer wieder ins Land einfielen, auf die geschütztere Burghalde am linken Ufer der Iller verlegt. Zwei Mönche aus St. Gallen, Magnus und Theodor, gründeten um 725 eine Missionszelle, aus der später das Kloster St. Mang hervorging. Die Karolinger, vor allem Hildegard von Schwaben, die zweite Gemahlin Karls des Großen, bedachten die Abtei mit bedeutenden Güter- und Reliquienschenkungen. Um diese Dame ranken sich die abenteuerlichsten Legenden, was man verstehen kann, da sie als »ein schön herrlich Weib« gepriesen wurde. Eine dieser Legenden läßt uns wissen, daß sie von Karl verstoßen wurde, weil sie angeblich ein Verhältnis mit seinem Stiefbruder Tallandus hatte. Sie flüchtete nach Rom, wurde dort Ärztin und konnte später ihre Unschuld beweisen, weshalb sie der Kaiser wieder in Ehren zu sich nahm. Als Dank für diese ›wunderbare Schickung‹ soll sie dann das Kloster Kempten gegründet haben.

Die Ungarneinfälle des 10. Jahrhunderts zwangen zu einer Verlegung des Klosters auf die westliche Hochfläche der Stadt – die Stelle, wo heute die Residenz zu finden ist. St. Mang wurde Zentrum einer Stadtsiedlung, die im 13. Jahrhundert ummauert wurde. 1289 erhielt die Stadt den Freiheitsbrief, 1361 die endgültige Anerkennung als Freie Reichsstadt. Die städtische Autonomie war jedoch durch die Existenz des Reichsstiftes, dessen Abt seit 1360 auch Reichsfürst war, ständig bedroht. Es kam soweit, daß die Bürger 1363 den Vogtsitz und die Zwingburg des Klosters auf der Burghalde zerstörten. Erst 1525 konnte sich die Stadt – damals auf dem Höhepunkt ihrer Macht – durch Kauf von den letzten grundherrlichen Rechten der Äbte befreien. Die Reformation brachte dann eine weitere Trennung vom Reichsstift, denn sie sah die Bürger auf der protestantischen Seite. Mit Hilfe der Kemptener Bürger wurde 1632 das Kloster von den Schweden zerstört – eine Tat, die sich rächte, denn die kaiserlichen Truppen zerstörten darauf-

Die Statt Kempten

A. S. Mangen Pfarkirch.
B. Das Rahthauß.
C. S. Anna Closter.
D. S. Hilgard Fürstlich Clost: so ietz abgebrochen.
E. Ilermont Burghalden.
F. Die Wage.
G. Spital.
H. Vorstatt.
I. S. Niclaus.
K. Yller fuß.
L. Tyrolisch geburg.
M. Ohrt da die Schweden
die Statt erstiegen.
N. Die Metzig.

Kempten, Kupferstich von Matthäus Merian

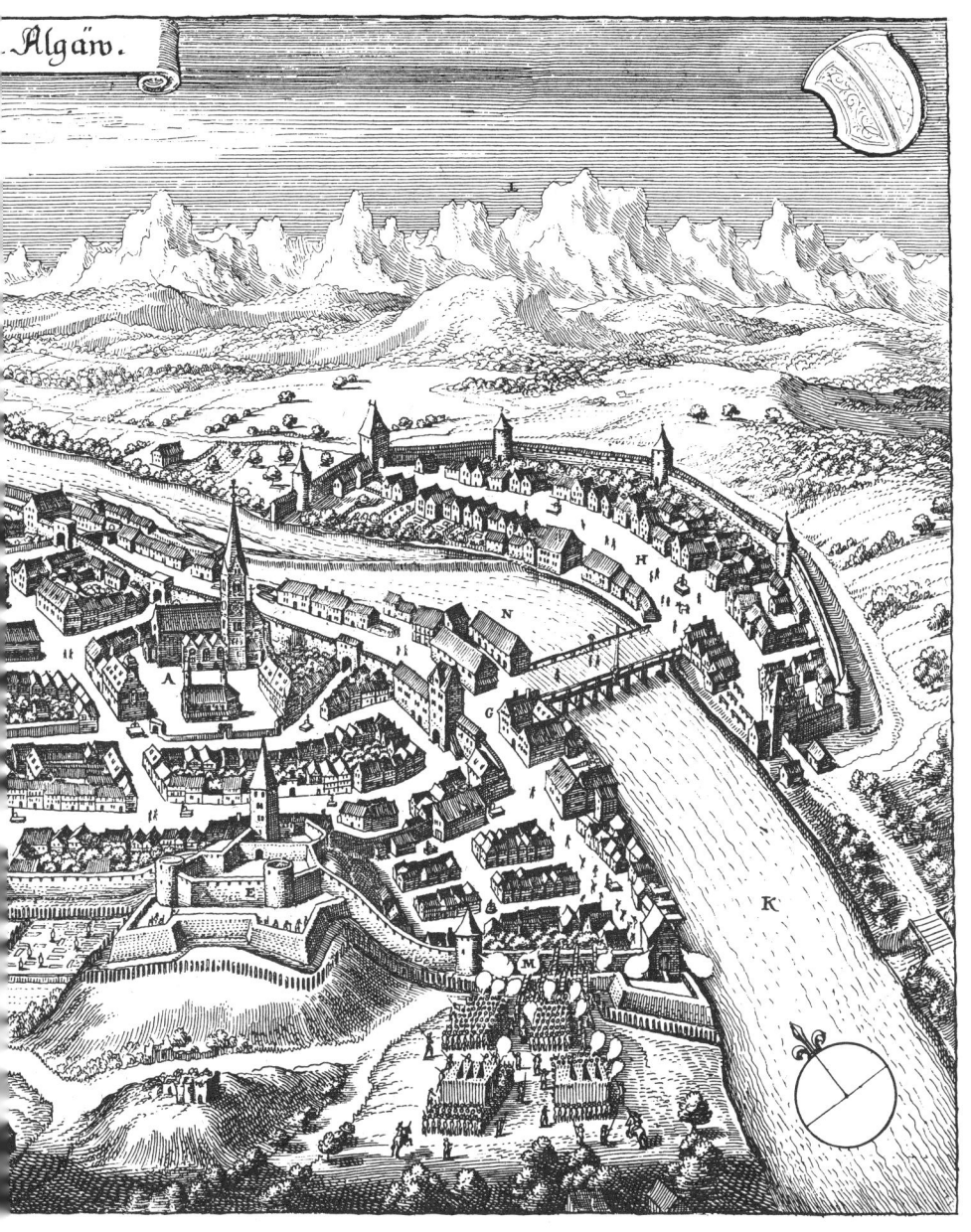

Algäw.

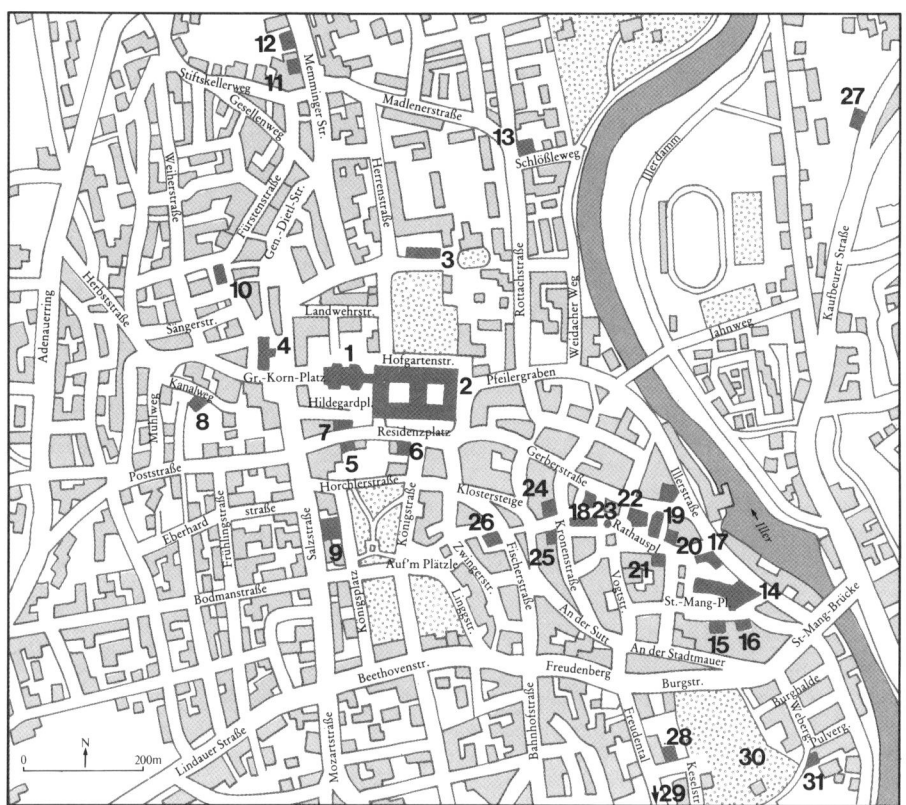

Kempten 1 St. Lorenz 2 Residenz 3 Orangerie 4 Kornhaus (Allgäuer Heimatmuseum) 5 Zumsteinhaus (Cambodunum-Sammlung) 6 Weidlehaus 7 Landhaus 8 Marienkapelle 9 Haus der ›Harmonie‹ mit Pavillon der Flora 10 Seelenkapelle 11 Ehem. Wohnhaus F. G. Hermann 12 Besenkapelle 13 Weidach-Schlößle 14 St. Mang 15 Jenisch-Haus 16 Rotes Haus 17 Häusergruppe am Mühlberg 18 Rathaus 19 Londoner Hof 20 Zollhaus 21 Neubronner Haus (Stadtarchiv) 22 Ponikauhaus 23 Rathausbrunnen 24 König'sche Häuser 25 Drogerie Zorn 26 Schlößle 27 Keck-Kapelle 28 Christi Himmelfahrt 29 Landgut des Bürgermeisters Kesel 30 Burghalde mit Freilichtbühne 31 ›Pulvertürmle‹

hin 1633 die protestantische Reichsstadt. Mit Errichtung der fürstäbtlichen Residenz und der Stiftskirche St. Lorenz nach dem Krieg begann ein neuer Höhepunkt des katholischen Kempten, denn um den Komplex herum entwickelte sich die Stiftstadt, die dann Anfang des 18. Jh. ihr eigenes Stadtrecht erhielt. Stadt und Stift fielen 1802/03 an Bayern, und erst 1811 erfolgte die Vereinigung von Reichsstadt und Stiftstadt. Noch heute gibt es zwei Zentren in Kempten: das eine um St. Lorenz und die Residenz, das andere um das Rathaus und die evangelische Kirche.

Beginnen wir mit dem kunsthistorisch ergiebigsten Komplex zwischen Residenzplatz und Kornplatz, mit der *St. Lorenzkirche* und der *Residenz*. Die ursprüngliche Klosterkirche – eine dreischiffige romanische Basilika mit Apsis und Querschiff – wurde im Dreißigjährigen Krieg mitsamt dem Kloster niedergebrannt (1632). Der Fürstabt von Kempten, Roman Giel von Gielsberg, berief Michael Beer aus Au in Vorarlberg, um einen Neubau an der Stelle der ehemaligen Pfarrkirche zu errichten, die ebenfalls durch Brand zerstört worden war. Damals ein seltener Fall: Der Abt entschloß sich, Klosterkirche und Pfarrkirche zu vereinen. Auf dem erhöhten Platz der alten St. Lorenzkirche wurde 1652 der Grundstein gelegt.

St. Lorenz ist der erste bedeutende Bau der ›Vorarlberger Bauschule‹, einer Gruppe von Handwerkern, Maurermeistern und Baumeistern, die aus dem Vorarlberg stammten und in Familienverbänden arbeiteten. Die bedeutendsten von ihnen – die Beer, Moosbrugger und Thumb – schufen so hervorragende Bauten wie Obermarchtal, Rheinau, St. Urban, Weingarten und Einsiedeln. Als ihr Verdienst gilt es, durch Entwicklung des ›Vorarlberger Münsterschemas‹ (tonnengewölbtes Langhaus mit Kapellennischen zu beiden Seiten statt der Seitenschiffe, darüberliegende Emporen, wenig ausladendes Querschiff, etwas eingezogener Chor) eine Befreiung des süddeutschen Barock vom italienischen Einfluß bewirkt zu haben.

Michael Beer schied 1654 aus, als das Langhaus vollendet war. Sein Nachfolger war Johann Serro aus Roveredo in Graubünden, der das Langhaus erhöhte, die Form der Emporen veränderte und das Gewölbe steiler einzog. Die Rundkapellen, die erst 1704/05 hinzugefügt wurden, gehen wahrscheinlich auf den Füssener Johann Jakob Herkomer zurück. Der Außenbau war 1655 bis auf das Obergeschoß der Türme fertig. Das vierte Obergeschoß der Türme mit den beiden Hauben wurde erst im Jahr 1900 hinzugefügt – bis dahin schlossen flache Walmdächer die Türme ab. Mit Stuckierung und Ausmalung wurde 1660 begonnen.

Die Doppelturmfassade ist in ihrer blockhaften Monumentalität zwar beeindruckend, doch wirkungsvoller ist die Südseite mit dem mächtigen Langhaus, den plastisch sich hervorwölbenden Rundkapellen und dem kantigen Kuppel-Oktogon (Abb. 34).

Im Innenraum tritt gleich deutlich zutage, daß wir uns noch am Beginn des deutschen Barock befinden, denn alles wirkt kühl, streng und etwas düster. Das dreischiffige und vierjochige basilikale Langhaus ist mit einer Stichkappentonne überwölbt (Abb. 33). Der kleinteilige Stuck (1662/63 Johann Zucalli, Roveredo) und die isolierten Fresken (Andreas Asper, Konstanz, 1652) gehören stilistisch noch dem Manierismus an, ebenso die ornamentalen Felderumrahmungen aus einem Gemisch von Knorpelwerk und Rollwerk. Die Malereien in den Zwickeln – Arabesken – folgen Vorbildern der Renaissance. Die Pfeiler sind mit einem Pilaster besetzt, über den Arkaden öffnen sich die Emporen mit einem dreiteiligen ›Palladio-Motiv‹.

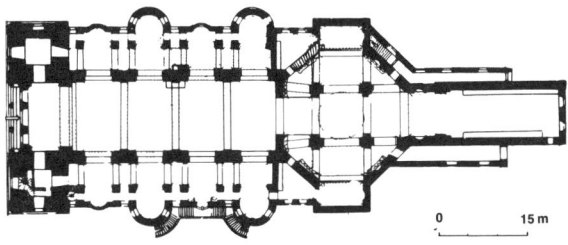

Kempten, St. Lorenz, Grundriß

0   15 m

Interessantester Raumteil ist der *Chorraum,* der als Zentralbau dem Langhaus vorgelagert ist. Der Blick hinauf in den achteckigen Kuppelschacht mit seinem abgestuften Lichteinfall ist faszinierend. Langhaus und Vierung sind so deutlich voneinander abgehoben, daß man fast den Eindruck hat, in einer anderen Kirche zu stehen; dies war liturgisch bedingt, da in St. Lorenz Pfarrkirche und Klosterkirche miteinander verbunden wurden und sowohl der Laie als auch der Mönch für sein Chorgebet zu seinem Recht kommen mußte.

Ästhetisch ist der Chorraum sicherlich der befriedigendste Teil der Kirche. Dazu trägt neben dem reichen Stuck vor allem das *Chorgestühl* bei, das ursprünglich seitlich vom Hochaltar in zwei Reihen hintereinander angeordnet war. Weniger die Schnitzarbeit (Gebrüder Zürn, Johann Ludwig Ertinger, Peter Pfandler) fällt hier ins Auge als vielmehr die wunderbaren Landschaftsbilder und Innenräume in Scagliola (Stuckintarsien), die 1666/70 entstanden (Abb. 36). In den Kirchenrechnungen wird eine ›Wiener Stukkatorin‹ als Schöpferin dieser zartfarbigen Meisterwerke angegeben. Auch die Stuckverkleidungen der Eckpilaster, die das Gestühl umgeben, werden dieser Künstlerin zugeschrieben. Die Scagliolaarbeit am Tisch des rechten Seitenaltars stammt wahrscheinlich vom Hochaltar. Kanzel, Hochaltar und rechter Seitenaltar sind Werke des Kemptners Johann Georg Haggenmiller (um 1684), der in Rom geschult wurde. Das Hochaltarblatt (Mariä Himmelfahrt) ist eine Kopie von Michael Koneberg (um 1780) nach dem ursprünglichen Bild des Münchners Kaspar Sing, das der Säkularisation zum Opfer fiel. Von Sing stammt das Altarbild des rechten Seitenaltars (Hl. Benedikt, Hildegard, Karl der Große, Epimach und Gordian). An die Nebenpatrone der Kirche, die Hll. Epimach und Gordian, erinnern auch die weiß-gold gefaßten Figuren des Hochaltars.

Der Gottesmutter, die auch zu den Patronen der Kirche gehört, gelten die Hauptfresken im Langhaus (Mittelfeld: Himmelfahrt; Chorbogen: Verkündigung).

Der älteste Altar der Kirche, der noch aus der Erbauungszeit stammt, steht an der Chor-Nordseite. Sein Meister ist Johann Ludwig Ertinger, der die Figuren des Chorgestühls schnitzte, der aber vor allem bekannt ist durch seine schöne Pietà in der Wallfahrtskirche Maria Rain bei Nesselwang. Das Altarblatt, die ›Abnahme Christi vom Kreuz‹, ist eine Kopie von Franz Georg Hermann nach einem Bild von Jansen.

Die beiden Seitenaltäre am Choreingang gehen auf den Hofstukkator Johann Georg Üblhör zurück (um 1745). Die bewegten Rokokoformen tun der etwas starren Feierlichkeit dieser Kirche recht gut. Unter den Altären des Seitenschiffes ist vor allem der Stuckmarmoraltar der ersten Kapelle der Südostseite zu erwähnen, da er wahrscheinlich von Dominikus Zimmermann geschaffen wurde.

Die Grabdenkmäler, die formal die Fenster miteinbeziehen, sind wohl Arbeiten von Üblhör. Der besonders feine Stuck dieser Kapelle wird einem Entwurf von Johann Jakob Herkomer zugeschrieben.

Die besten Plastiken von St. Lorenz gehören jedoch weder dem Barock noch dem Rokoko an. Gleich wenn man hineinkommt, unter der Westempore, hängt das fast lebensgroße ausdrucksvolle Astkreuz, dessen emporgerichtete Kreuzarme einer Lebensrune gleichen (Abb. 36). Dieses hochgotische Kruzifix entstand um 1350. Leider ist es an dieser Stelle der Kirche besonders dunkel, so daß es weniger beachtet wird als es verdiente. – Fast zweihundert Jahre später (um

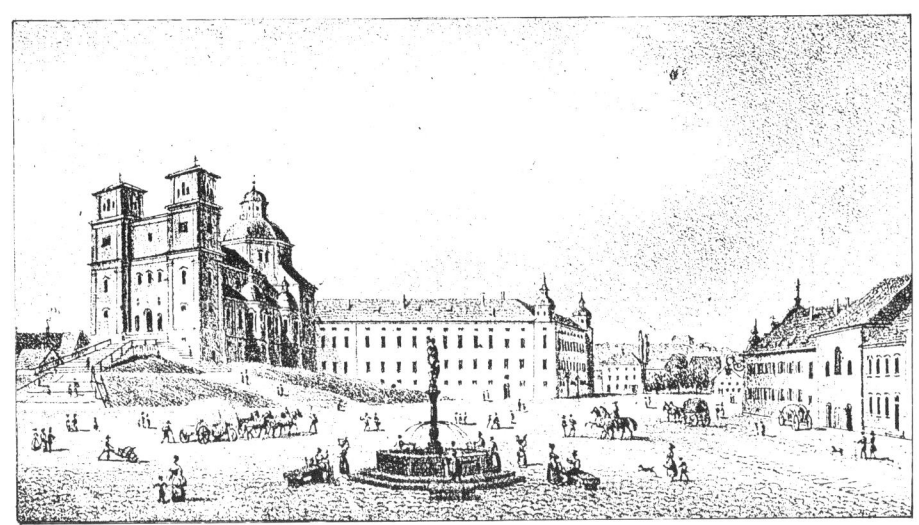

Kempten, St.-Lorenz-Kirche und Residenzplatz, Lithographie von Emminger, um 1850

1525) entstand der ›Kreuztragende Christus‹ unter der Kanzel. Man hält dieses Schnitzwerk für eine Arbeit des Füsseners Jörg Lederer.

In der *Sakristei* (hinter dem Hochaltar), die um 1680 stuckiert und freskiert wurde, sind hervorragende Schränke zu sehen, die an drei Wänden bis zur Decke reichen. Auch die *Gruft* unter dem Chor mit guten Epitaphien und einem barocken Kreuzweg ist das Ansehen wert.

Ansichten des frühen 19. Jahrhunderts zeigen noch, welch imponierender Komplex die *Residenz* mit der im Westen vorgelagerten Lorenzkirche einst war. Heute ist sie so stark verbaut, daß nur noch die Hofgartenseite ahnen läßt, was diese Anlage einst für das Stadtbild bedeutete. Leider kam der Besucher bisher nicht ungeschmälert in den Genuß der Innenräume, da sie behördlich genutzt wurden. Sie werden gegenwärtig restauriert und sollen später als Museum der Öffentlichkeit zugänglich gemacht werden.

Fürstabt Giel von Gielsberg ließ die zerstörten Klosteranlagen ab 1651 neu aufbauen. Auch hier – wie bei der Lorenzkirche – war der Baumeister der Vorarlberger Michael Beer. Er plante einen östlich der Kirche angefügten viergeschossigen Komplex um zwei annähernd quadratische Höfe mit quadratischen Eckpavillons. Da nicht nur das Kloster, sondern auch die fürstliche Residenz untergebracht werden mußte, war eine Zweiteilung notwendig: östlich der Konvent- oder Klosterbau, westlich der Abtei- oder Residenzbau. Bis 1653 stand der Nordwestflügel, ab 1654 übernahm Johann Serro die Bauleitung. Bis 1664 standen alle vier Flügel, und von 1664 bis 1666 wurden die Innenräume ausgestattet.

Kempten ist die erste süddeutsche Klosteranlage des Barock. Vorbilder für die rechteckige Anlage mit Ecktürmen gab es im schwäbischen Schloßbau des 16. Jahrhunderts, vor allem in Meßkirch und Wolfegg.

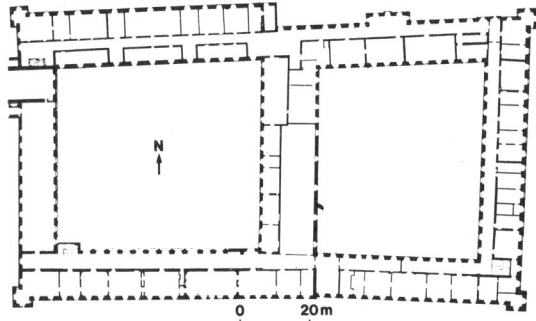

Kempten, Residenz, Grundriß des zweiten Obergeschosses

Die fürstäbtlichen Zimmer wurden später unter Fürstabt Anselm von Reichlin-Meldegg außerordentlich prächtig im Sinne des damals ausschlaggebenden französischen Rokoko dekoriert (1733–35). Die Ausstattung geschah etwa gleichzeitig mit der Dekoration der ›Reichen Zimmer‹ in der Münchner Residenz durch François Cuvilliés. Zwar stand in Kempten kein Mann vom Rang Cuvilliés zur Verfügung, doch was die Wessobrunner Stukkatoren Schütz, Bader und Rauch hier an die Decken und Wände brachten und was der Kemptener Hofmaler Franz Georg Hermann und Johann Martin Zick hier freskierten, braucht sich neben München nicht zu verstecken.

Bei der Führung werden natürlich nicht alle 209 Räume der Residenz gezeigt, sondern nur die Prunkräume. Der *Fürstensaal* im zweiten Obergeschoß des Westflügels vermittelt einen ausgezeichneten Eindruck der Ausstattung der Erbauungszeit. Der lange Saal zu elf Fensterachsen wurde früher ›Rittersaal‹ genannt, da die zweiundzwanzig Porträts der Kemptener Fürstäbte mit ihren Wappen (F. G. Hermann) an die Ahnengalerien alter Schlösser erinnern. Der Stuck stammt aus den Jahren um 1680–85. Wer den eleganten Akanthusrankenstuck des Wessobrunner Tassilosaales kennt, wird gleich bemerken, daß hier Ähnlichkeiten bestehen, ebenso auch mit dem Stuck der Pfarrkirche in Lenzfried (Josefskapelle).

Die Wand- und Deckenbilder der Prunkräume im Südflügel stammen von Franz Georg Hermann und Johann Martin Zick. Hermann war Kemptener Hofmaler und Mitglied einer Malerfamilie, die auch außerhalb des Stiftslandes über vier Generationen tätig war. ›Urahn‹ war Franz Hermann, der unter anderem das Schutzengelbild in der Kirche von Petersthal (1664) malte. Der begabteste unter ihnen war sicher Franz Georg Hermann (1692–1768), dem wir neben vielen anderen Arbeiten die ausgezeichneten Fresken in St. Mang in Füssen und in der dortigen Residenz verdanken. Auch Zick gehört einer bekannten Malerfamilie an, deren berühmtester Vertreter Januarius Zick war, der Schöpfer der Fresken in der Klosterkirche Wiblingen. Zusammen mit Hermann arbeitete Johann Martin Zick zu der Zeit, als sie in der Residenz tätig waren, auch an einem Gemäldezyklus der Wallfahrtskirche Heiligkreuz.

Stukkator war in erster Linie Johannes Schütz, ein Schüler von Dominikus Zimmermann, dem man im Allgäu oft begegnet, vor allem in der Gegend von Leutkirch.

Die *Hofkanzlei* ist heute Sitzungssaal des Landgerichts. Die Fresken behandeln im Hauptbild die Geschichte von Esther und Ahasver – einer Tradition folgend, in Gerichtsräumen Gerechtigkeitsbilder darzustellen. Maler war Franz Joseph Hermann (1791), der letzten Generation der Familie zugehörig. Zwanzig Jahre zuvor hatte er dieses Thema bereits in der Pfarrkirche von Wiggensbach behandelt. Die Stuckierung von Johannes Schütz (um 1733/34) gilt den vier Elementen, zwölf Tierkreiszeichen und vier Jahreszeiten.

Im fürstäbtlichen *Schlafzimmer* stellte Franz Georg Hermann im Hauptbild Jakobs Traum von der Himmelsleiter dar. Malerei und Stuck vereinen sich zu illusionistischer Wirkung: Das rechte Bein des gemalten Jakob ist aus Stuck gebildet. Wunderbar ist der Stucklambrequin der Westseiten-Supraporte, ein Meisterwerk von Schütz aus den Jahren um 1734.

Das Deckenfresko des *Tagzimmers* (Abb. 32) behandelt den Weg der christlichen Seele, die von ihrem Schutzengel zum Himmel der Heiligen Dreifaltigkeit geführt wird (Franz Georg Hermann, 1734). In den Eckkartuschen erscheinen die Allegorien des Glaubens, der Buße, der Selbstbeherrschung und der Wachsamkeit. Zwischen den Türen werden in Wandgemälden die Kardinaltugenden dargestellt: Klugheit, Mäßigung, Gerechtigkeit und Stärke. In den Supraporten sieht man – Blau in Blau – die Gegenbilder der Untugenden: Wankelmut, Unmäßigkeit, Ungerechtigkeit, Furchtsamkeit. Der weiße Kachelofen gehört nicht zur ursprünglichen Ausstattung, er ist klassizistisch und stammt aus Schloß Immenstadt.

Der Stuck des *Audienzzimmers*, vor allem die Gruppe des Herkules mit der Weltkugel und mit Chronos, wird einem italienischen Wandertrupp zugeschrieben, könnte aber auch von Johann Georg Üblhör sein. Dieser Raum, der in seinen Rot-Gold-Blau-Tönen farblich besonders reizvoll ist, wird in seiner Gesamterscheinung höchstens noch vom Thronsaal übertroffen. Die fein geschwungenen Spiegel, die eleganten Türen mit ihren gekehlten Stuckmarmorpilastern, das Rautenmuster des Deckenstucks, die kraftvolle Herkules-Chronos-Gruppe über dem Kamin – dies alles ist außerordentlich.

Im Deckenfresko stellt Franz Georg Hermann den Besuch der Königin von Saba bei König Salomon dar. In den Eckkartuschen erscheinen die Allegorien des Friedens, der Gerechtigkeit, der Klugheit und des Wohlstands. Wieder werden hier in den Supraporten auch die Gegenbilder gezeigt: Feindseligkeit, Habsucht, Lüge und Trägheit.

Über einen Vorsaal der Abtzimmer kommt man in den *Thronsaal*. Er wurde später ausgestattet als die übrigen fürstäbtlichen Zimmer, im fortgeschrittenen Rokoko (1740–42). Stukkator war Johann Georg Üblhör, der sonst vor allem als Stuckplastiker tätig war. Deckenbilder und Supraportenbilder stammen von Franz Georg Hermann, die Holzfiguren vom Kemptener Hofbildhauer Ägid Verhelst. Der Rechteckraum von fünf zu drei Achsen unter einer Spiegeltonne wurde vielleicht von Dominikus Zimmermann rhythmisiert. Das Deckenbild gilt der Verherrlichung des Fürststiftes und seiner Geschichte. In der Mitte erscheint das apokalyptische Weib auf Wolken, darunter der Sturz der Laster durch den Erzengel Michael. In der Randszene wird die Gründungsgeschichte erzählt; an der Südseite sieht man den Konvent, an der Spitze Fürstabt Anselm von Reichlin-Meldegg, der die Prunkräume ausstatten ließ; an der Ostseite nördlich wird die weltliche Macht des Stiftes dargestellt, an der Balustrade der oberste stiftische Richter; südlich sieht man den Besitz des Stiftes an Gewässern, an der Balustrade Flößer und Fischer mit – stuckierten – Wassertieren; die Mitte der Ostseite nehmen Erzengel mit Symbolen der geistlichen und weltlichen Macht ein; an der Westseite nördlich erscheint die geistliche Gerichtsbarkeit; südlich der Besitz des Stiftes an Jagdwild, an der Balustrade Jäger mit – stuckiertem – Hirsch; über der Mitte der Westseite die irdische und die himmlische Liebe.

Die folgenden Räume – Bibliothek und einige Gästezimmer – sind in erster Linie wegen ihrer Stukkierung interessant (Johann Georg Üblhör, vielleicht auch Franz Xaver Feichtmayr). Die Gästezimmer entstanden erst ab 1760, im späten Rokoko, das Deckenbilder nur noch selten verwendete.

Der Blick vom Hofgarten über die munter sprudelnde Reihe der Springbrunnen auf die *Orangerie* ist sehr reizvoll. Ursprünglich war der Hofgarten, der sich dem Nordflügel der Residenz anschließt, in drei Terrassen angelegt und enthielt auch einen Obstgarten und einen Kräutergarten. Als Abschluß wurde um 1780 eine Orangerie gebaut – ein langgestreckter Bau mit vorspringendem zweistöckigem Mittelpavillon und dreistöckigem Eckpavillon. Der große Saal im Obergeschoß des Mittelbaues ist stuckiert, doch mußte der Stuck nach einem Brand 1966 größtenteils ersetzt werden. In der Orangerie ist heute die Stadtbibliothek untergebracht.

Zum Bereich von St. Lorenz und der Residenz gehört ein weiterer sehr eindrucksvoller Bau, das *Kornhaus,* das um 1700 errichtet wurde (Abb. 37). Die dreistöckigen Volutengiebel und manche Einzelheiten der Putzgliederung erinnern an Johann Jakob Herkomer. Da er zur Gestaltung der Rundkapellen in St. Lorenz in Kempten tätig war, ist es möglich, daß er auch auf den Bau des Kornhauses Einfluß nahm. Die Stadt ließ 1874–76 im Südflügel einen Festsaal einbauen, im Nordflügel ist das *Allgäuer Heimatmuseum* untergebracht, allerdings nicht mehr lange, da man einen Umzug in den Marstall plant. Das Museum ist außerordentlich sehenswert, vor allem wegen der Bestände spätgotischer Tafelmalerei und Plastik des Allgäus, aber auch wegen der umfangreichen volkskundlichen Sammlung.

Die Markthalle im Keller der Nordhälfte ist durch einen vermauerten Gang mit der ehemaligen *Stiftsbrauerei* verbunden. Sie ist Teil eines geplanten großen Komplexes, der auch den *Marstall* umfaßt und dessen Südflügel noch die Länge der Residenz übertreffen sollte.

Der verkehrsreiche Residenzplatz ist zum Teil leider stark verbaut, so daß die wenigen dort noch erhaltenen alten Profanbauten in ihrer Wirkung beeinträchtigt werden. Herausragend ist das *Zumstein-Haus,* ein klassizistischer Bau, der 1802 für die savoyische Familie de la Pierre (›von dem Stein‹ = ›Zumstein‹) errichtet wurde. Das dreigeschossige Haus mit Mansarddach und außerordentlich attraktiver Putzgliederung birgt das zweite wichtige Kemptener Museum, die *Cambodunum-Sammlung.* Dort kann man alles sehen, was zur römischen Vergangenheit Kemptens gehört, darunter den reichen ›Wiggensbacher Schatzfund‹, der aus 47 Teilen besteht. Seitlich der Hauptfassade erinnert ein wunderbar streng gegliedertes perspektivisches Gitter mit den Initialen NZ noch einmal an die Familie Zumstein. Es stammt aus dem Jahr 1830 und ist ein seltenes Beispiel hervorragender Kunstschmiedearbeit des Klassizismus (Abb. 38).

Am Residenzplatz steht ein weiterer klassizistischer Bau, das *Weidlehaus,* dessen alter Garten leider durch den Bau der Sparkasse verdrängt wurde. Das Haus mit Walmdach und Putzquaderung wurde 1833 gebaut.

Das *Landhaus* am Übergang zum Hildegardplatz war bis zur Säkularisation Sitz der stiftischen Landstände. Das zweigeschossige Haus mit geschwungenen Giebeln wurde 1732 gebaut. Leider sind die einstigen Fassadenmalereien von Franz Georg Hermann verschwunden. Der Sitzungssaal ist hervorragend stuckiert, wahrscheinlich von Abraham Bader. Das ehemalige Deckenbild von Johann Martin Zick ist nicht mehr zu sehen.

Ehe wir zum zweiten Zentrum um das Rathaus übergehen, ist es zweckmäßig, zunächst noch auf die Bauten im Bereich der *Salzstraße* und ihrer Fortsetzung nach Norden, der *Memminger Straße*, einzugehen.

Im Häusergewinkel hinter dem Kornhaus, am Kanalweg, steht die kleine neugotische *Marienkapelle*, die allerdings in Privatbesitz ist. Dort finden wir einen der erstaunlichsten spätgotischen Schnitzaltäre des Allgäus, den ›Maggmannshofer Altar‹. Er stammt wahrscheinlich aus der Pfarrkirche Frauenzell. Der Meister des Schnitzreliefs (in erneuertem Schrein) ist Daniel Mauch, der hier die Marienkrönung einmal nicht wie zu dieser Zeit üblich als dreifigurige Gruppe mit Gottvater, Christus und Maria in der Mitte darstellte. Unterhalb der Maria, die neben dem segnenden Christus kniet, erscheinen die Hl. Bekenner und Jungfrauen, darüber Patriarchen, Propheten und Märtyrer. Das Werk, das um 1505 entstand, hat ein graphisches Vorbild, Albrecht Dürers Holzschnitt ›Maria mit Heiligen‹.

An der Salzstraße (Nr. 22/24), südlich des Kornhausplatzes, finden wir das in zartes Rosa-Weiß getauchte *Haus der ›Harmonie‹* aus dem Jahr 1744. Zwar ist auch hier in einigen Räumen guter Stuck zu sehen, doch wirklich attraktiv ist nur der kleine *Pavillon der Flora* im ehemaligen Garten. Fürstabt Honorius Roth von Schreckenstein, dem das Haupthaus geschenkt wurde, das er ab 1760 erneuerte, ließ den Pavillon um 1762 errichten. Der Stuck wird einem der Meister der Gästezimmer in der Residenz zugeschrieben, die Deckenbilder Linus Seif.

Im Bereich der General-Dietl-Straße und Memminger Straße stehen einige hübsche Bauten. Die *Seelenkapelle*, die 1680 gebaut wurde, enthält hochbarocke Seitenaltäre mit Altarblättern von Franz Benedikt Hermann (um 1700). Der Hochaltar ist modern (1929/30). – In der Memminger Straße (Nr. 57) finden wir das ehemalige *Wohnhaus* des stiftkemptischen Hofmalers Franz Georg Hermann, mit einigen guten Holzfiguren, darunter einer Kreuzigungsgruppe von Ägidius Verhelst. Das Haus wurde 1730/40 errichtet, der Stuck ist leider stark ergänzt.

Nebenan, gegenüber vom Stiftsspital, steht die kleine *Besenkapelle*, die Hermann sich als Gartenkapelle einrichten ließ. Die Innenausstattung wurde leider im 19. Jahrhundert entfernt. Ein Gedenkstein erinnert daran, daß die zur Hinrichtung auf die Richtstätte an der Rottach Geführten hier ihr letztes Vaterunser beteten.

An der Rottachstraße, nicht weit entfernt von der Orangerie, steht das *Weidach-Schlößle*, ein manieristischer vierstöckiger Rechteckbau mit Treppengiebel, ehemals Sommersitz der Kemptener Patrizierfamilie König.

Wenden wir uns nun dem Bereich der ehemaligen Reichsstadt zu, dem weltlich-bürgerlichen Zentrum. Die evangelische *Pfarrkirche St. Mang* verdankt ihre heutige Erscheinung im wesentlichen der Spätgotik. Hier befand sich einst die Missizonszelle des Hl. Magnus, hier stand nach der Zerstörung der ersten Kirche durch die Ungarn eine karolingische Kirche. Als das Kloster im 10. Jahrhundert an die Stelle des Ostflügels der heutigen Residenz verlegt wurde, wuchs St. Mang zur Pfarrkirche der Altstadt heran und gemeinsam mit dem Rathaus dann zum Zentrum der Reichsstadt. Über den frühromanischen Fundamenten wurde die Kirche 1426 nach Westen verlängert, 1427 der Chor eingewölbt, 1428 die drei Schiffe errichtet. Der Turm, der in

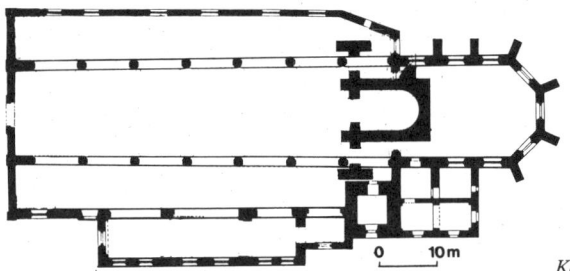

Kempten, Pfarrkirche St. Mang, Grundriß

seinen unteren Teilen noch der Romanik angehört, wurde 1440 erhöht. Die Seitenkapellen kamen 1512–19 hinzu. Eine neugotische Restaurierung des Außenbaues und eine Neuausstattung des Inneren Mitte des 19. Jahrhunderts hat leider – ästhetisch – das fortgesetzt, was sich bereits während der Bauernkriege anbahnte. Der Bildersturm des Jahres 1533 bewirkte die Vernichtung von sechs gotischen Altären, die an der Illerbrücke zersägt und verbrannt wurden. Ein Chronist berichtet darüber, daß man »Rat hielt, seit die Religion durch underschreibung der Augspurgischen Confessionä geendertt, ob man die Bilder in der Kirchen dulden sollte oder nit«. Man duldete sie nicht, ebensowenig wie man offenbar 1913 die Fresken duldete, die damals aufgedeckt worden waren. Nur geringe Teile dieser unter dem Verputz verborgenen Fresken sind heute zu sehen: die strengen, in ihrer Einfachheit so eindringlichen Apostelkreuze im Chor, ein Engel und das gotische Rankenwerk an den Gewölberippen. Der Innenraum von St. Mang wirkt heute kahl und nüchtern. Der Schnitzaltar im Chor ist eine Kopie nach verschiedenen (!) Werken Riemenschneiders. Die Glasfenster im Chor sind neugotisch. Wirklich erfreuen können hier – neben den erhaltenen Fresken – eigentlich nur der Stuck im Langhaus (1767), der schöne Stuckmarmor-Taufstein aus dem gleichen Jahr, die würdevoll-strenge Kanzel (1608) und das Chorgestühl (Mitte 17. Jahrhundert).

Der St.-Mang-Platz gehört in seiner Weite zu den schönsten Stellen der Stadt, zumal hier auch an jeder Seite sehr ansprechende alte Häuser erhalten sind. Das *Jenisch-Haus* (St.-Mang-Platz 1) ist ein Patrizierhaus des 17. Jahrhunderts mit Resten von Fassadenbemalung. In einigen Zimmern ist ausgezeichneter Laub- und Bandelwerkstuck der Jahre um 1730 zu sehen. – Das *Rote Haus* (St.-Mang-Platz 3 und 5) entstand nach 1729 durch Ausbau zweier mittelalterlicher Traufseithäuser zu einem zehnachsigen Bau mit seitlichen Giebelhauben. Auch hier war der Besitzer der Patrizier Jenisch, dessen Wappen über dem Portal angebracht ist. Neben einem stuckierten Gewölbe ist an der Rückfront eine hölzerne Loggia mit Rundbalusterbrüstung zu sehen.

Wie das mittelalterliche Kempten ausgesehen hat, kann man sich vorstellen, wenn man vor der *gotischen Häusergruppe am Mühlberg* steht (St.-Mang-Platz 8 und 10, Illerstr. 13), die im Norden den Platz abschließt. Hier finden wir einen der wenigen Treppengiebel Kemptens und werden an das Memminger ›Siebendächerhaus‹ erinnert. Die Häuser stammen aus dem späten 15. Jahrhundert und gehörten zum Teil wohl zum alten Benediktinerstift.

33 KEMPTEN St. Lorenz, Langhaus ▷

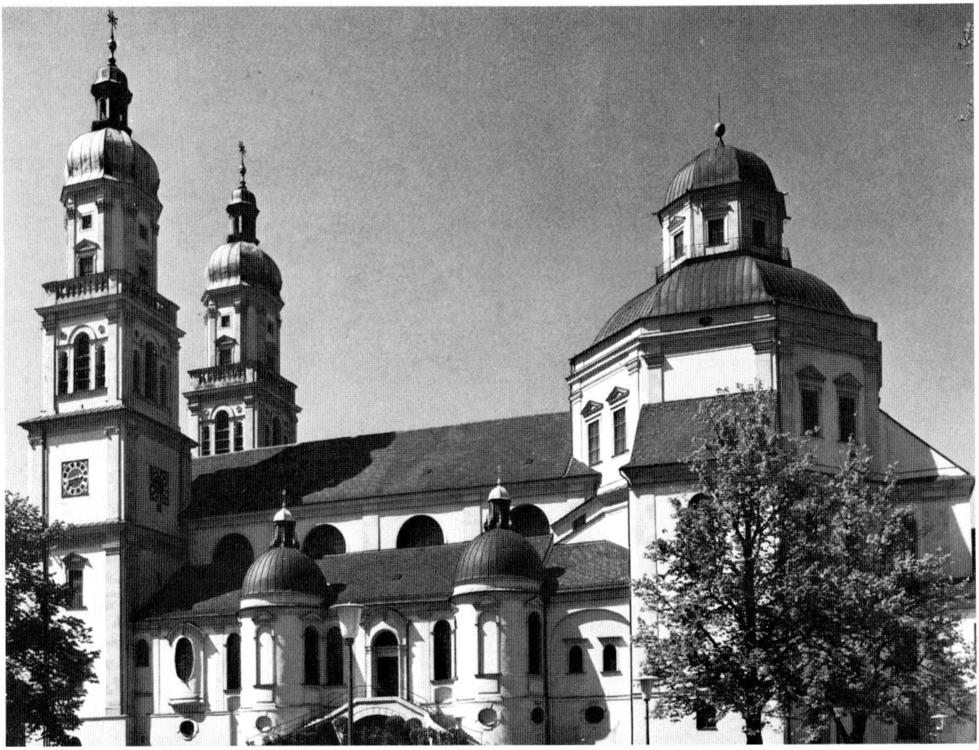

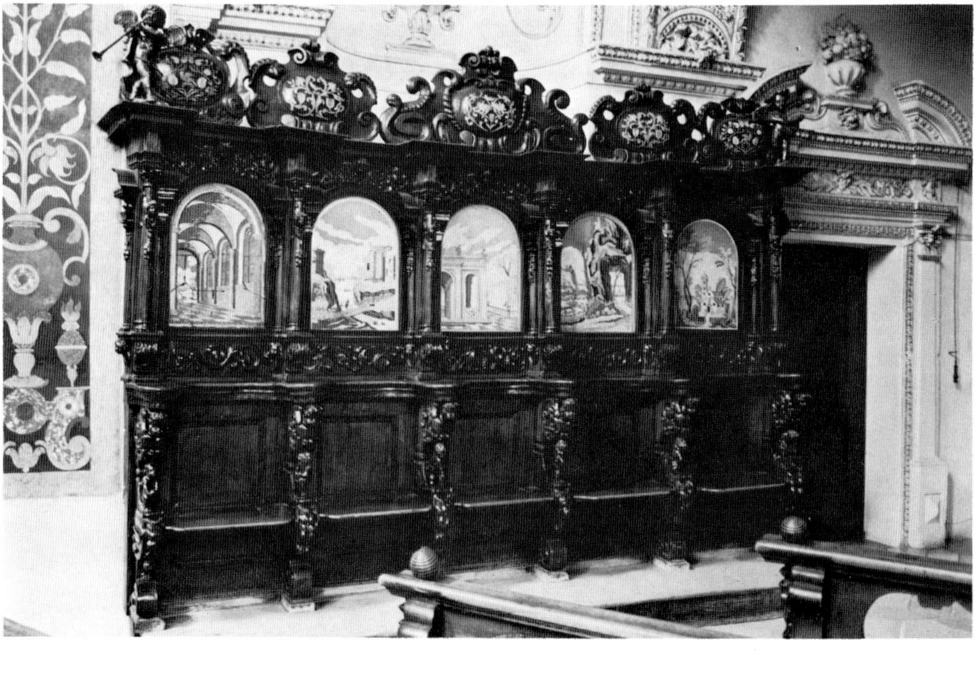

36   KEMPTEN   St. Lorenz, Astkreuz

37 KEMPTEN Kornhaus

38 KEMPTEN Tor beim Zumsteinhaus

39 FRAUENZELL Pfarrkirche Unser Lieben Frau, Stuhlwangen

40 WIGGENSBACH Pfarrkirche
St. Pankraz, Kuppelfresko

41 WIRLINGS St. Nikolaus,
Ursulaschiff

42 SONTHOFEN mit Pfarrkirche St. Michael

43 Aleuthemühle

44 BERGHOFEN St. Leonhard, Schreinaltar

45 LIEBENSTEIN St. Leonhardskirche

46 IMBERG St. Katharina, Altar

47 HINDELANG

48 SCHÖLLANG Burgkirche

49 ROHRMOOS St. Anna, Szenen aus dem Marienleben

50 ROHRMOOS St. Anna, Flügelaltar

51 BAD OBERDORF Kirche, Palmesel

52 OBERSTDORF

54 OBERSTDORF Loretokapellen ▷

53 OBERSTDORF Seelenkapelle

55   OBERSTDORF   Loretokapellen, Marienkapelle   56   PETERSTHAL   St. Peter und Paul, Palmesel

57   UNTERWESTEGG   Maria-Hilf-Kapelle, Altar   58   Wallfahrtskirche Maria Rain, Pietà ▷

PRIVILE
DIE SABB.

1686

60   Burgruine Falkenstein

◁ 59   Blick vom Falkenstein in das Achtal

Kempten gehört zu den Städten, deren mittelalterliche Stadtmauertore und -türme fast ausnahmslos zerstört wurden. Die Stadtbefestigung wurde im 19. Jahrhundert bis auf geringe Reste beseitigt. Wenige Schritte vom St.-Mang-Platz in Richtung Iller und wir stehen vor dem kleinen ›Ankertörle‹ an der Einmündung des Ankergäßles, dem einzigen noch erhaltenen Tor. Es war einst ein enger Durchlaß und wurde daher auch ›Lochtörle‹ genannt.

Gegen Westen geht der St.-Mang-Platz direkt in den Rathausplatz über, die ehemalige Marktgasse. Auffallendster Bau ist hier schon allein durch seine Höhe das *Rathaus* (Farbt. 9), das man zu jeder Zeit in aller Ruhe von allen Seiten betrachten kann, da hier zum Glück eine Fußgängerzone eingerichtet wurde. Der schmale, elegante Bau mit dem ausdrucksvollen Treppengiebel und der gemütlichen Zwiebelhaube hat eine lange und komplizierte Geschichte. Hervorgegangen ist das Haus aus einem Kornhaus des 14. Jahrhunderts, einem Fachwerkbau. 1474 wurde für den Gebrauch eines Rathauses ein Steinbau errichtet, 1562–64 bekam der Bau Ostgiebeltürmchen und 1567 ein westliches Glockentürmchen. Eine Umgestaltung in Neurenaissanceformen der Jahre um 1874–85 führte zu der heutigen Erscheinung. Sehenswert ist hier vor allem der Große Sitzungssaal des ersten Obergeschosses mit einer spätgotischen Holzbalkendecke (um 1460), die einst in den Saal der Weberzunft (Gerberstr.) gehörte. Hier wurde auch ein Fragment der ursprünglichen Rankenbemalung der Wand freigelegt, die dem Kemptener Maler Peter Riedlin (um 1564) zugeschrieben wird.

Der Rathausplatz ist wie kein anderer Platz Kemptens dicht mit bemerkenswerten alten Häusern besetzt. Beginnen wir bei der Nr. 2, dem *Londoner Hof.* Die noble Fassade läßt auf eine besondere Vergangenheit schließen, und tatsächlich stand hier einst das ›Albergo und Hotel Londoner Hof‹, das allerdings nur fünf Jahre (1877–82) in Betrieb war, da die notwendigen Gäste sich nicht einstellten. Erbaut wurde das vierstöckige Haus mit einer Fassade zu zehn Achsen bereits 1764 für den Handelsherrn und Bürgermeister Johann Christoph Fehr. Leider wurde auch hier 1899 allerhand erneuert, so daß die schöne Rokokofassade nicht mehr als hundertprozentig original gelten kann. Eine dreigeschossige Renaissance-Arkadengalerie wurde damals leider abgebrochen, was man heute, wenn man sie auf alten Abbildungen sieht, nur beklagen kann.

Die Nummern Rathausplatz 3 und 3a nimmt das ehemalige *Zollhaus* ein. Das dreistöckige Traufseithaus des Jahres 1471 würde nicht weiter zu erwähnen sein, wenn hier nicht – bei Verputzarbeiten des Jahres 1962 – ein wahrer Schatz an bürgerlichen Wandmalereien entdeckt worden wäre! Drei Wände eines Raumes sind über und über mit Fresken überzogen – dichtes Rankenwerk, besetzt mit Vögeln und Figuren, zu denen ein tanzender Jüngling, ein Armbrustschütze, ein Junker und eine Matrone gehören. Zusammen mit dem Neubronner Haus soll dieses Haus einmal das Stadtarchiv beherbergen, dem man zu diesem erlesenen Ambiente nur gratulieren kann.

Das *Neubronner Haus* (Rathausplatz 5), heute Stadtarchiv, ist ein klassizistischer Bau des Jahres 1796. Über dem Rundbogenportal ist noch das Allianzwappen des Bauherrn Johann Adam Neubronner zu sehen. Einige der kreuzgratgewölbten Räume sind stuckiert, wenn auch – der Zeit gemäß – sehr zurückhaltend. Hier werden einige alte Gemälde aufbewahrt, darunter Kaiserbilder aus dem Rathaussaal.

Kempten, Ponikau-Haus am Rathausplatz, um 1870

Was private Initiative bei der Denkmalpflege vermag, dafür ist das *Ponikauhaus* (Rathausplatz 10) ein schönes Zeugnis. Dieses Haus, das sich heute mit seinen drei Geschossen und elf Fensterachsen sehr stattlich ausnimmt, ist eigentlich ein Doppelhaus, das nach der Heirat der Bürgermeistertochter Anna von Jenisch mit dem sächsischen Freiherrn von Ponikau 1804 ›zusammengelegt‹ wurde. Das Haus, dessen Fassade leider 1956 nicht ganz glücklich erneuert wurde, wäre auf dem Rathausplatz, der viele schöne Häuser vereint, nicht weiter auffallend. Es ist das Innere, das hier erstaunt und sogar begeistert. Wie so oft waren Ehrgeiz und Neid Anlaß zu überdurchschnittlichen Leistungen ... Die Reichsstadt, die mit der Stiftstadt ständig rivalisierte, konnte es nicht ertragen, daß im Stift die prächtigen fürstäbtlichen Zimmer, voran der Thronsaal, eingerichtet wurden. Bürgermeister Jenisch, dem die eine Hälfte des heutigen Ponikauhauses gehörte, beschloß daher, in seinem Haus einen Festsaal einrichten zu lassen, als Gegenstück zum Thronsaal der Residenz. Man holte sich ohne lange zu zaudern die besten der auch dort tätigen Künstler: Franz Georg Hermann als Freskanten und Johann Georg Üblhör als Stukkator. So entstand (1741) ein weites, geradezu fürstliches Treppenhaus mit Stuck und Deckenbild (Sturz des Phaeton), es entstand aber vor allem ein prächtiger, reich stuckierter und ausgemalter Saal (Mittelbild: die Reichsstadt Kempten empfängt die Götter des Olymp; in den Eckkartuschen die vier Jahreszeiten mit den vier Elementen). Der Glanz hielt jedoch nicht lange an. Im 19. Jahrhundert wechselte ein Besitzer nach dem andern, und schließlich geriet das Haus 1864 in die Hände eines Bäckermeisters. Dem Saal, der über zwei Stockwerke reicht, wurde eine Decke eingezogen, unten wurde gewohnt, oben wurde Wäsche aufgehängt! Noch nach dem Zweiten Weltkrieg wurden um die Beine der Putten die Wäscheleinen gespannt. Die ›Allgäuer Volksbank‹, die heute das Ponikauhaus besitzt, beschloß im Jahr 1981, den Saal restaurieren und als Sitzungssaal einrichten zu lassen, und Ende 1983 konnte er eingeweiht werden.

Der Mittelpunkt des Platzes ist der *Rathausbrunnen* mit einer manieristischen Brunnensäule. Die vier Putten zwischen den wasserspeienden Delphinen und alle weiteren Figuren und Wappen wurden wohl von dem Kemptener Dionys Frey gegossen, der mit dem Weilheimer Hans Krumper zusammenarbeitete. Der Brunnen steht in der Nachfolge der Niederländer Hubert Gerhardt und Adriaen de Vries. Das Gitter ist eine Arbeit des Jahres 1886, fügt sich jedoch recht glücklich in die Umgebung ein.

Im Westen schließt sich die Kronenstraße dem Rathausplatz an. Die Häuser der Kronenstraße 3 und 5 hat man ›Königsche Häuser‹ genannt, nach dem Besitzer, dem Bürgermeister Johann Georg König, der sie 1771 umbauen ließ. Bemerkenswert ist hier die architektonische Fassadenmalerei – in Kempten das einzige Beispiel.

Bevor man zur Fischersteige hinaufgeht, an der Ecke der Rathausstraße, steht der Bau der *Drogerie Zorn*, dessen schön geschwungener Volutengiebel einen reizvollen Gegensatz zur oben auftauchenden herben und strengen Fassade des ›Schlößle‹ abgibt. Die Fassade der Drogerie ist ›echtes Neurokoko‹ des Jahres 1908, doch ist sie, wenn man nicht allzu genau hinschaut, recht gut gelungen.

Das ›Schlößle‹ wurde erst 1957 von seinen neugotischen Zutaten befreit – zum Glück, denn es ist eines der charaktervollsten Häuser der Stadt. Der Bau wurde 1593 begonnen und 1624 vollendet, ist also ein echter Renaissancebau und als solcher in Kempten eine Seltenheit. Der Besitzer, Bürgermeister Raimund Dorn, gehörte zu den Männern, die Kaiser Rudolf II. dabei halfen, seine Wunderkammern mit Antiquitäten und Raritäten auszustatten, auch mit Ausgrabungen der Römerstadt Cambodunum. Er tat es zum Teil mit Hilfe der Fugger und ihrer weiten Handelsverbindungen. Da Dorn viel hochgestellte Herrschaften empfing, mußte er sich ein repräsentables Haus bauen, was das Schlößle mit seinen beiden Ecktürmchen und dem hübschen Volutengiebel ja auch ist.

Der engere Stadtbereich wäre abgeschritten, nun warten noch einige interessante Dinge ›vor den Toren‹. Dazu gehört im Nordosten die ›Keck-Kapelle‹, offiziell: ›Ehemalige Leprosenkapelle St. Stephan im Keck‹. Da das Pfleggut mit Kapelle im 18. Jahrhundert von einem Herrn Keck erworben wurde, der auch den Gasthof ›Zum Keck‹ baute, nannte man die Leprosenkapelle nach ihm. Wir finden sie bei der Ausfahrt in Richtung Kaufbeuren (Kaufbeurer Str. 31); sie ist nicht zu verfehlen, da sie direkt links an der Straße liegt, allerdings etwas erhöht. Der Blick auf die unten hingelagerte Stadt ist bestechend, besonders auf St. Lorenz, dessen beeindruckende Abmessungen erst von hier aus wirklich zur Geltung kommen. Da die Dachreiter-Kapelle in ihrem schönen weißen Putz zusammen mit den umgebenden hohen Bäumen außerordentlich idyllisch wirkt, kann man behaupten, daß dies hier eine der schönsten Stellen Kemptens ist.

Die ehemalige Siechenkapelle stammt im wesentlichen aus spätgotischer Zeit, enthält jedoch romanische Teile. Ende des 19. Jahrhunderts wurde hier ein erstaunlicher Freskenzyklus freigelegt, den man mit der Memminger Schule um 1460 in Zusammenhang bringt. Leider sind nur noch die Untermalungen erhalten. Am Triumphbogen die Klugen und Törichten Jungfrauen; an der Decke des Chorgewölbes zwischen Brustbild Christi und Kirchenpatron St. Stephanus die Vision des Hl. Bernhard; in den Zwickeln die vier Kirchenlehrer Hieronymus, Augustinus, Gregor und Ambrosius; an der Chorbogenwand der Hl. Magnus – Apostel des Allgäus – als

Drachentöter und der Hl. Gallus mit dem Bären, dazu die Hl. Bernhardin von Siena, Dominikus, Paulus von Theben und Coloman; über der Sakristeitüre Schweißtuch der Hl. Veronika; um die Sakramentsnische Scheinarchitektur mit der Darstellung des Abendmahls zwischen den Hl. Laurentius und Ulrich; in den Fensterlaibungen Heiligendarstellungen. Unter den spätgotischen Tafelbildern fällt eine Darstellung des Hl. Magnus als Maikäferpatron auf.

In entgegengesetzter Richtung, im südlich vor der Stadtmauer gelegenen Freudental, steht die moderne *Pfarrkirche Christi Himmelfahrt*. Hier interessiert in erster Linie ein spätgotischer Flügelaltar, der ›Hohenthanner Altar‹ aus der Burgkapelle Hohenthann bei Kimratshofen. Er stammt aus der Werkstatt von Ivo Strigel und ist (an der Predella im Laubwerk) 1513 datiert. Zwischen den Figuren des Hl. Benedikt und Hl. Wolfgang thront in der Mitte eine Schutzmantelmadonna, die man den Jahren um 1420/30 zuweist. Auf den gemalten Flügeln sehen wir die Hll. Valentin und Antonius (Innenflügel) und die Hll. Margarethe und Ottilie (Außenflügel); auf der Predella ist das Schiff der Hl. Ursula dargestellt.

Im Freudental (Nr. 1) steht ein recht ansehnlicher Patrizierbau, das *Landgut des Bürgermeisters Kesel* aus dem 16. Jahrhundert, um 1700 erneuert. Der zweigeschossige Bau mit Giebelzwerchhaus enthält im Obergeschoß beachtlichen frühbarocken Stuck.

Auf der *Burghalde* erinnert heute nur noch wenig an die Stelle, wo einst ein römisches Kastell, dann eine Vogtburg stand. Die Burg des ungeliebten Klostervogtes wurde von den Bürgern zerstört, dann wieder aufgebaut und in die Stadtbefestigung einbezogen, schließlich dann doch 1705 geschleift. Im weiteren Bereich der großzügigen *Freilichtbühne* erinnern nur noch wenige Relikte an die wehrhafte Vergangenheit Kemptens, darunter das ›*Pulvertürmle*‹, ein kleiner Rundturm mit Kegeldach (Ende 15. Jahrhundert).

Noch viel schlimmer steht es mit den Erinnerungen an die älteste römische Vergangenheit Kemptens. Auf dem *Lindenberg*, der östlichen Illerhochterrasse, wo sich das alte und ehrwürdige Cambodunum ausgebreitet hat, kann man jetzt im *Archäologischen Park Cambodunum* Teile der ehemaligen Römerstadt besichtigen.

Nach einer Entdeckungsfahrt in die Umgebung von Kempten wird man feststellen, daß besonders der Nordwesten ergiebig war. Hier reiht sich eine schöne Kirche an die andere und auch landschaftlich wird man reich belohnt: Es ist das Gebiet des Illerdurchbruchs, der bei Krugzell beginnt und einige wildromantische Szenerien enthält.

Kurz nach Verlassen des Stadtbereichs geht die Memminger Straße in die Wiggensbacher Straße über, die uns zu den zwei bedeutsamsten Kirchen der Kemptener Umgebung führt, nach Heiligkreuz und Wiggensbach. Die *Pfarr- und Wallfahrtskirche Heiligkreuz* entstand 1711–68 an Stelle einer Holzkapelle. Das Wallfahrtsbüchlein ›Der in der Einöde blutfließende Gnadenbrunn und Baum des Lebens, das ist Ursprung, Anfang und Zunehmung der Wallfahrt beim heiligen Kreuz, unweit dem Hochstift Kempten‹ (1774) erzählt die Entstehungslegende. Danach haben im Sommer 1691 fünf Personen bei Feldarbeiten auf einmal in der Nähe des Hofes Krönlings fünf Blutquellen hochspringen sehen. Beim Nachgraben konnte das hochfürstliche Gericht nur schwarze Moorerde entdecken, so daß man die Blutquellung als Wunder erklärte. An der Stelle wurde ein Holzkreuz errichtet, zu dem viele Pilger wallfahrten, was der Anlaß wurde,

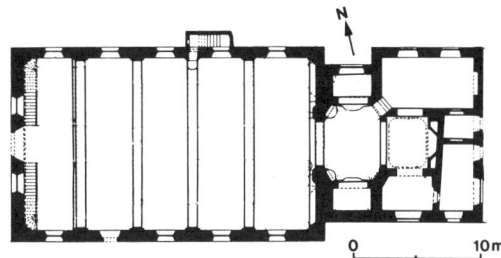

*Pfarr- und Wallfahrtskirche Heiligkreuz bei
Kempten, Grundriß*

0   10 m

1694 eine Kapelle zu bauen. Unter Fürstabt Rupert von Bodman wurde dann ab 1711 ein Zentralbau errichtet, wahrscheinlich nach einem Entwurf von Johann Jakob Herkomer. Diese Form ist heute noch in dem Chor der Kirche enthalten. 1716 wurde ein Wohnhaus für die Franziskaner angefügt, welche die Wallfahrt betreuten. Das Langhaus wurde 1730–33 errichtet, 1768–70 der Chor neu ausgestattet und 1768 die Kirche geweiht.

Den Eintretenden empfängt ein breiter Saalbau mit Pilastergliederung und Tonnengewölbe und ein achtseitiger Chor mit kleinen Seitenräumen. Die Chorpartie ist im Vergleich zum Langhaus sehr dunkel, doch gerade das ist schön. Hier kann man tatsächlich vom ›mystischen Dunkel‹ sprechen. Man wird von dieser Chorpartie wie magisch angezogen, und wenn man bedenkt, daß hier einst das Blutwunder stattgefunden haben soll, muß man zugeben, daß der Architekt die Aufgabe wirklich sehr gut löste, denn der Raum wirkt an dieser Stelle geheimnisvoll. 1723 ließ man hier ein für wundertätig gehaltenes Kruzifix des 17. Jahrhunderts aufstellen, das mehr zur Geltung kommt als das völlig in Dunkel getauchte Hochaltarblatt (Überwindung der Hölle und des Todes). Die seitlichen Oratorien mit holzgeschnitzten Brüstungen, die Scheinorgelprospekte, die Altarschranken aus marmorierten Balustern – all dies wirkt sehr festlich und gibt in seinen Rokokoformen zu dem dunklen Chor einen freudigen Akzent. Die berühmte ›Blutsäule‹, nach der man sofort sucht, wenn man die Kirche betritt, steht nicht immer am gleichen Platz. Mal steht sie seitlich vor dem Hochaltar, mal im Langhaus und dann wieder seitlich unterhalb der Empore. Putten mit den Leidenswerkzeugen umschweben einen Obelisken, bekrönt vom Auge Gottes; im Sockel wird hinter einem Gitter an die fünf Blutbrünnlein erinnert (1780).

Wenn der erste Blick hin zum Chor geführt wird, so der zweite sicherlich an die Decke. Ein merkwürdiger Anblick: Das Tonnengewölbe sitzt nicht – wie etwa in Kißlegg – direkt auf den Stützen auf, sondern wird an beiden Seiten von einem durchlaufenden Gewölbesegment gestützt. Der Laub- und Bandelwerkstuck (Abraham Bader, um 1733) umrahmt die Fresken von Franz Georg Hermann zurückhaltend. In dieser Kreuzeskirche gelten sie dem hohen Kreuzesthema: Christus trägt das Kreuz; Christus wird ans Kreuz geschlagen; Kreuzabnahme. Ihnen schließen sich die Fresken im Chor (Johann Michael Koneberg, 1777) an mit einer Darstellung der Kreuzerhöhung durch Kaiser Heraklius. Der Stuck im Chor stammt aus dem Jahr 1711 und ist charakteristisch für die Herkomer-Schule, vergleichbar mit dem der Herkomer-Kapellen in St. Lorenz.

Die Pfarrei **Wiggensbach** ist eine der größten des Landkreises Kempten, und die *Pfarrkirche St. Pankraz* gehört zu den schönsten Bauten des einstigen stiftkemptischen Gebietes. Der Ort ist jedoch nicht nur kunsthistorisch interessant, sondern auch archäologisch: Hier wurde, im Weiler Waldegg, der ›Wiggensbacher Schatzfund‹ geborgen, den man im Kemptener Museum Cambodunum bewundern kann. Neben reich verzierten Scheibenfibeln, Armreifen, Schnallen und Halsketten enthält er über 400 Münzen aus der Zeit des Alemanneneinfalls um 230 v. Chr.

Die spätmittelalterliche Kirche wurde 1770 abgebrochen, bis auf den Turm, der heute noch als Satteldachturm erhalten ist. Der Architekt des Neubaues (1771–77) war Johann Georg Specht, bekannt als Planer der Klosterkirche Wiblingen. Der Stuck (1771/72) stammt von Johann Georg Wirth, die Fresken (1771/72) sind das Hauptwerk von Franz Joseph Hermann.

Chor und Langhaus sind zentralisiert, beide unter einer Flachkuppel. Gleich beim Eintreten überrascht die riesige Kuppel des Schiffes in dem recht niedrigen Bau, der trotz seiner Weite und Helligkeit etwas gedrückt wirkt. Trotzdem herrscht Harmonie, und der Eindruck ausgewogener Ruhe wird noch durch die breite, doppelgeschossige Westempore verstärkt. Die Fresken Hermanns mit reichem architektonischem Hintergrund gelten im Chor dem Sieg des wahren Glaubens über die heidnischen Götter und Irrlehrer (Luther, Calvin) durch Aussendung der Apostel und Anbetung der Seligen. An ihrer Spitze erkennt man den Kirchenpatron St. Pankraz. In der Vierungskuppel erscheint Esther vor Ahasver (Abb. 40), dazu in den Kreuzarmen: die drei Männer im Feuerofen, das Martyrium der sieben makkabäischen Brüder und ihrer Mutter, der Sturz des Hl. Nepomuk, die Enthauptung von Johannes und Paulus. Unter der oberen Empore ist die Vertreibung der Händler aus dem Tempel dargestellt.

Der Hochaltar des Jahres 1774 mit marmoriertem Aufbau und weiß-gold gefaßten Figuren wird mit dem Hochaltar der Pfarrkirche von Reicholzried in Zusammenhang gebracht. Das Altarblatt von Johann Michael Koneberg (1772) stellt die Rosenkranzverleihung an den Hl. Dominikus dar, darunter die Schlacht von Lepanto und eine Dankprozession vor der Kemptener Lorenzkirche. Die Stuckmarmor-Nebenaltäre am Chorbogen sind Arbeiten von J. G. Wirth (1772).

Offenbar hat das ermahnende Deckenbild mit dem Hinweis auf die Irrlehrer nicht viel genützt, denn bereits zwanzig Jahre nach der Kirchweihe wurde Wiggensbach zu einem der Zentren der ›Schwäbischen Erweckungsbewegung‹ um Martin Boos, der das lutherische ›Christus in uns‹ ernst nahm. Zu den dem Pietismus nahestehenden, tieffrommen Predigern gehörte auch Johann Michael Feneberg, der Pfarrer von Seeg. Nach einer Predigt in Wiggensbach am Neujahrstag 1797 über ›Christus für uns und Christus in uns‹ mußte sich Boos zu Feneberg nach Seeg flüchten, und wenig später wurden beide vor das Bischofsgericht gestellt und mußten dem, was sie gepredigt hatten, abschwören.

Zur Gemeinde Wiggensbach gehört das westlich gelegene **Ober-** und **Unterkürnach** mit der *Kapelle St. Michael.* Die Ausstattung läßt schon gleich erkennen, daß wir uns dem Bereich Leutkirch – Isny nähern, denn wir finden hier Werke des ›Meisters von Friesenhofen‹, Konrad Hegenauer (um 1780–85). Die Fresken der Kapelle, die um 1780 gebaut wurde, werden Franz Joseph Hermann zugeschrieben (Schiff: Mariä Himmelfahrt; über der Chorempore: Marienkrönung).

Auf der Hauptstraße in Richtung Altusried kommt man zunächst nach **Hirschdorf.** Die *Kapelle St. Magdalena* (um 1774 erbaut) enthält eine schöne klassizistische Kreuzigungsgruppe mit Maria, Johannes und Magdalena, die Placidus Verhelst (um 1774) zugeschrieben wird. Auch die Holzfiguren in den Nischen am Chorbogen (Hl. Sebastian, Hl. Vitus) dürften von ihm stammen.

Nördlich von Krugzell an der Straßenkreuzung Memmingen – Leutkirch steht eine imponierende Steinskulptur, die man zunächst für ein Denkmal halten könnte. Die Sandsteinfigur stellt die Hl. Hildegard dar und ist ein *stiftkemptischer Wegweiser,* wiederum ein Werk von Konrad Hegenauer (1768). Obwohl der Kopf der Heiligen ergänzt wurde, wirkt sie mit dem in die Höhe gerichteten Blick doch recht eindrucksvoll.

Die Pfarrkirche von **Altusried,** *St. Blasius und Alexander,* ist im Kern spätgotisch und war vielleicht eine Gründung des Klosters Ottobeuren. Der Bau ist eine dreischiffige Halle zu sechs Jochen mit Rundarkaden, flachgedeckten Seitenschiffen, tonnengewölbtem Mittelschiff, dreiseitig geschlossenem, zweijochigem Chor. Nach einem Einsturz der Pfeiler im Langhaus erfolgte 1670–81 der Wiederaufbau, 1694–1701 die Ausstattung. Der Chor wurde 1728 unter Leitung des Malers Johann Martin Zick renoviert und von Anton Rauch und Johann Bader stuckiert. Die beiden Stukkatoren, die auch in Wildpoldsried arbeiteten, haben später an den Prunkräumen der Kemptener Residenz mitgewirkt. Ihr zarter Laub- und Bandelwerkstuck begleitet die Fresken zurückhaltend. Leider wurden die ursprünglichen Fresken von Zick übertüncht, und was man heute sieht, stammt aus dem 19. Jahrhundert (Alois Keller, 1842; Karl Keller, 1881 und 1891). Die heutigen marmorierten Altaraufbauten traten um 1770/80 an die Stelle der ursprünglichen Altäre des späten 17. Jahrhunderts. Das Hochaltarblatt ist eine Arbeit des Jahres 1858. Unter den guten Holzfiguren fallen die des nördlichen und südlichen Seitenaltars auf, die Konrad Hegenauer zugeschrieben werden (um 1780): Josef und Franz Xaver, Barbara und Katharina. Die frühbarocke Kanzel dieser Kirche ist das eindrucksvollste Einzelwerk. Auf dem Schalldeckel umgeben fünf kräftig in ihre Posaunen blasenden Engel den Heiligen Augustinus, der gelassen mit Buch und Stab dasteht und sich von dem Konzert oben gar nicht stören läßt. Der Säulenschaft ist mit einer reichen Draperie umhüllt. Neben diesen großangelegten Teilen wirkt der Kanzelkorb mit den vier Evangelisten und dem lehrenden Christus etwas trocken. Auch die lebensgroßen Apostelfiguren mit Christus und Maria an den Wänden von Chor und Seitenschiffen sind gute Werke der Zeit um 1700.

In der *Kapelle St. Sebastian und Sylvester* am Südostausgang des Ortes, die 1692 erbaut wurde, sind vor allem die spätgotischen Figuren bemerkenswert, die dem Kreis um Ulrich Mair in Kempten zugeschrieben werden (um 1490).

Noch in den stiftkemptischen Bereich gehört **Frauenzell** mit seiner *Pfarrkirche Unser Lieben Frau.* Die Sage vom ›wandernden Madonnenbild‹, die mit Frauenzell verbunden ist, wurde erst in der Mitte des 19. Jahrhunderts aufgezeichnet und ist so schön, daß man sie nicht übergehen darf: »Als in ältesten Zeiten, wo jetzt das Dorf Frauenzell steht, noch Wald- und Viehweidboden war, geschah es, daß ein Stier auf dem nämlichen Platz, wo derzeit der Hochaltar der Kirche steht, mit den Hörnern im Boden wühlte und sich nicht davon abbringen ließ, bis er ein Marienbild zu Tage förderte. Der Hirte vermeldete dies zu Hause, worauf man das Bild in die ›Mutter-

119

kirche‹ nach Hinznang, wohin damals auch die Frauenzeller Gegend eingepfarrt war, verbrachte und dort aufstellte. Allein das Bild wollte hier nicht bleiben; man hörte des Nachts in den Lüften gar lieblichen Gesang ertönen und am Morgen fand man dann das gleiche Bild an der Stelle, wo der Stier es ausgewühlt hatte. Nun gedachte man für die Plastik ein eigenes Kirchlein zu bauen und zwar auf der Anhöhe Buch, um es dort zur Andacht auszustellen. Da zeigte sich aber, daß das, was man am Tage gebaut hatte, über Nacht an der ursprünglichen Fundstelle des Bildes stand. Das sah man als höhere Deutung und beließ den Bau nun hier. Um das Kirchlein herum siedelten sich Leute an, und es entstand das Dorf Frauenzell.«

Frauenzell geht vielleicht noch auf das 9. Jahrhundert zurück, auf die Zelle des Priesters Hupold: Hupoldszell. Der barocke Neubau der stiftkemptischen Kirche entstand 1701–31. Der Turm wurde nach einem Brand 1874 neu aufgebaut.

Das eigenwillige Gnadenbild findet man noch heute im Hochaltar, der mit seinen barocken, weinlaubumrankten Doppelsäulen in dieser Kirche beherrschend ist. Es ist eine Muttergottes des ›Weichen Stils‹ um 1400, umgeben von einem Strahlenkranz. Die Schnitzgruppen in den Nischen des Auszugs, eine Verkündigung und eine Geburt Christi, sind spätgotisch (um 1518).

Die buntmarmorierten Seitenaltäre sind frühbarock (1663) und enthalten Gemälde und Figuren der Zeit (Nördlich: Gemälde auf Holz, Flucht nach Ägypten, seitlich Rochus und Sebastian; im Auszug Hl. Familie, seitlich Petrus und Paulus, oben Schutzengelgruppe. Südlich: Gemälde, Rosenkranzmadonna und Arme Seelen; Figuren: Muttergottes mit Hl. Dominikus und Katharina von Siena, im Auszug Marienkrönung, seitlich Hl. Katharina und Barbara, oben Hl. Michael). Man nimmt an, daß ehemals der ›Maggmannshofer Altar‹, der heute in der Kemptener Marienkapelle aufbewahrt wird, zur spätgotischen Ausstattung der Kirche gehörte.

Zu den reizvollen Besonderheiten dieser reich ausgestatteten Kirche gehören die *Stuhlwangen* des Schiffsgestühls. Die etwas neckisch zurückblickenden, phantasievoll geschnitzten Löwen tragen kleine Krönchen, die wie lustige Hüte wirken (Abb. 39). Sie werden mit dem Bildhauer Franz Martin aus Frauenzell in Verbindung gebracht, der auch die Supraporte mit Schnitzrelief der Verkündigung arbeitete (1742), die Rocaillerahmen des Kreuzwegs, das Chorgestühl und die Kreuzigungsgruppe vom Chorbogen. Die Stichkappentonne des Chors, der Gurtbogen und die Stichkappen der Tonne im Langhaus sind mit feinem barockem Stuck besetzt (um 1710). Die Fresken des Chores stammen auch noch aus dieser frühen Zeit. Sie stellen den Tod der Maria und den Tod des Hl. Josef dar. Die Fresken der Chorwand und des Schiffes sind modern (J. Hengge, 1931).

Auf der Höhe von Altusried, jedoch am östlichen Ufer der Iller, liegt **Reicholzried** mit der stattlichen, hoch über dem Dorf gelegenen *Pfarrkirche St. Georg und Florian.* Der Bau stammt im Kern aus dem Ende des 17. Jahrhunderts, eine Vorgängerkirche des 15. Jahrhunderts war niedergebrannt und mußte ersetzt werden. 1758 wurden neue Altäre aufgestellt, 1789/90 wurde das Schiff eingewölbt, stuckiert und freskiert.

Der Innenraum – ein flachgedeckter Saal mit eingezogenem Chor – wirkt trotz der Ausstattung durch Rokokoaltäre etwas kühl, was der klassizistischen Stuckierung zuzuschreiben ist. Der Stukkator war Franz Xaver Feichtmayr (1789), der sich des neuen klassizistischen Ornamentvokabulars bediente, unter anderem Zopfgehängen und Rosetten. Die Fresken stammen von Franz Joseph Hermann, dem Vertreter der letzten Generation der Hermann-Familie, die im Raum Kempten über vier Generationen äußerst produktiv war. (Im Chor: die Anbetung des Lammes durch die 24 Ältesten; im Langhaus: der Sieg des Christentums über das Heidentum mit Glorie der beiden Patrone Georg und Florian; über der Empore: die Austreibung der Händler aus dem Tempel; an der Emporenbrüstung: die drei göttlichen Tugenden.) Im Hochaltar des Jahres 1758 erscheinen noch einmal die beiden Patrone Georg und Florian in weiß-gold gefaßt neben vorgekröpften Doppelsäulen. Sie werden einem Kemptener Bildhauer, Hans Reindl, zugeschrieben. Statt eines ursprünglichen barocken Altarblattes sieht man heute eine Muttergottesfigur. Die Altarblätter der Seitenaltäre stammen ebenfalls von Franz Joseph Hermann (Anbetung der Hirten, Anbetung der Hl. Drei Könige). Östlich an den Turm schließt die Sebastianskapelle an, deren Altar aus dem 18. Jahrhundert stammt, doch sind Figuren und Altarblatt modern. Die Kanzel ist ebenfalls klassizistisch und wird unter Mitarbeit von Franz Xaver Feichtmayr entstanden sein. Links vom Westeingang sieht man das merkwürdige Zeichen einer steinernen Hand. Man weiß nicht genau, was sie zu bedeuten hat, doch nimmt man an, daß sie sich auf das Asylrecht der Kirche oder auf das Dorfgericht bezieht.

Die *Pfarrkirche St. Alexander und Theodor* in **Haldenwang** gehörte einst zu Kloster Ottobeuren, worauf schon die Namen der Patrone hinweisen, die auch in Ottobeuren Patrone sind. 1699 ging die Kirche dann in Kemptener Stiftsbesitz über. Der Bau ist im Kern spätgotisch, der Turm wurde 1690 nach Blitzschlag aufgestockt. 1802 wurde der Bau erweitert und erst 1924 stuckiert und freskiert. Die Altäre stammen aus hochbarocker und spätbarocker Zeit. Der Choraltar ist eine Arbeit von Peter und Hans Lerff aus Haldenwang, die Holzfiguren stammen von Johann Martin Natter aus Ottobeuren (1687/91). Das Altarblatt stellt die Rosenkranzverleihung dar – wahrscheinlich eine Arbeit von Jörg Wassermann aus Autenried. Die weiß-gold gefaßten Seitenaltäre am Chorbogen sind um 1777 entstanden, das Kruzifix mit Magdalena wird aus dieser Zeit stammen, die Pietà noch aus dem Ende des 17. Jahrhunderts.

Der Breitraum entstand erst 1802 durch Einbeziehung der ehemaligen Annenkapelle vor der Turmwestwand. Das künstlerische Hauptwerk dieser Kirche ist der hochbarocke Annenaltar von Hans Neher (1684). Die Schnitzgruppe der Hl. Sippe wird dem Schnitzer des Hutz-Altares im Ulmer Münster zugeschrieben, der in der Werkstatt Martin Schaffners tätig war. Die Hl. Anna selbdritt darunter wird mit der Werkstatt von Hans Strigel d. Ä. in Memmingen in Zusammenhang gebracht (um 1440). Die Figuren in den Muschelnischen zwischen den Säulen stammen von Josef Ignaz Binz aus Feldkirch.

Unter Auslassung von Untrasried und Obergünzburg, die einem anderen Kapitel zugeordnet sind, geht die Fahrt nun nach **Wildpoldsried**. Die spätgotische *Pfarrkirche St. Georg und St. Martin* ist zwar neugotisch restauriert und ausgestattet, doch enthält sie zwei hervorragende plastische Werke: Das ausdrucksstarke Kruzifix vor dem Hochaltar ist eine Arbeit der Jahre 1510/20; kunsthistorisch berühmt ist der ›Wildpoldsrieder Leuchter‹, den man auch ›Kaiserleuchter‹ nennt, ein Geweihleuchter der Zeit um 1519. Eine darauf angebrachte Doppelbüste von Jörg Lederer zeigt Kaiser Maximilian I. und auf der Rückseite seinen Enkel König Karl von Spanien, den späteren Karl V. Geweihleuchter waren in Deutschland im 15. Jahrhundert als

Deckenleuchter sehr verbreitet und wegen ihrer Kostbarkeit begehrt. Von Dürer gibt es zwei Entwürfe für solche Leuchter (Konstanz, Wien), die in ihrer phantasievollen Ausnützung der Geweihform denjenigen Lederers allerdings weit übertreffen.

Die *Pfarrkirche St. Afra* in **Betzigau** ist ein stattlicher spätgotischer Bau (1498), der 1690 und 1777 barockisiert wurde. Restaurierungen unseres Jahrhunderts haben sich wenig vorteilhaft ausgewirkt. Hier sind es vor allem die Fresken, die interessieren. An der Langhaussüdwand ist eine Darstellung der Heimsuchung Mariä zu sehen (um 1500) und ein wunderbarer monumentaler Heiliger Martin, dessen Stifterinschrift eine Datierung auf 1625 zuläßt. Das Deckenbild im Langhaus (der Priester empfiehlt die Gemeinde der in den Wolken thronenden Himmelskönigin, darunter die Fürbitter Hll. Ulrich, Magnus und Afra) ist signiert J. Michael Koneberg 1777. Die Rocaillestuckkartuschen werden der Werkstatt von J. G. Wirth zugewiesen. Das Chorfresko, eine Darstellung des Abendmahls, entstand erst um 1875 (Cornelius Schraudolph). Der Hochaltar mit seinen Figuren ist ›modernes Rokoko‹, als solches jedoch nicht schlecht gelungen. Alt ist dagegen der Rokokotabernakel mit guten vergoldeten Reliefs, den man in einer Scheune in Waltenhofen entdeckte und erst vor kurzem dem Altar hinzufügte. Die Kanzel stammt aus dem späten 18. Jahrhundert, der Taufstein ist klassizistisch.

Lenzfried, heute ein Vorort von Kempten, wird von zwei barocken Klosterbauten beherrscht, einem Franziskanerkloster und einem Franziskanerinnenkloster. Außerdem gibt es hier noch ein kleines Schloß zu sehen. Die *Pfarrkirche und ehemalige Klosterkirche St. Magnus* fällt schon von weitem durch ihren monumentalen Turm auf, der jedoch nicht sehr alt ist: Er wurde erst 1892/93 an Stelle eines einfachen Dachreiters erbaut. Der Bau stammt im Kern aus der Spätgotik (1466), doch wurde die Kirche 1683 umgebaut, 1688 die Josefskapelle hinzugefügt und um 1750 neu ausgestattet. Die doppelstöckige Westempore stammt von 1884.

Hervorzuheben ist vor allem die *Josefskapelle* im Norden, die mit Stuck und Fresken von 1688 ausgestattet ist. An den Stichkappen und Gesimsstücken erscheinen Weinlaubranken mit Engelsköpfen, eine Arbeit, die mit der Werkstatt des Fürstensaals der Kemptener Residenz in Zusammenhang gebracht wird. Im ovalen Mittelbild sieht man die Vermählung Mariä, in den sechs Dreipaßfeldern der Kappen Szenen aus dem Leben des Hl. Joseph. Die Altarbilder werden Franz Georg Hermann zugeschrieben (Hl. Petrus von Alcantara, im Auszug Hl. Joseph). Auch das Altarbild des Hochaltars ist wahrscheinlich eine Arbeit von F. G. Hermann (Maria als Fürbitterin im Gericht mit den Hll. Magnus und Ulrich). Gesicherte Arbeiten von ihm sind die Bilder der Seitenaltäre: nördlich der Hl. Franziskus, südlich die Hl. Elisabeth, beide von 1750.

Die Fresken im Langhaus stammen aus dem späten 19. Jahrhundert (Schweikhard, 1884), doch sind die mit Laub- und Bandelwerkstuck geschmückten Rahmenstuckfelder um 1720 an die Decke gebracht worden. Auch der Stuck im Chor aus Akanthuswerk, Blatt- und Fruchtstäben, Putten und Muscheln ist hochbarock.

Wie imponierend sich die beiden Lenzfrieder Klöster einst ausgenommen haben, zeigt eine Ansicht im Pfarrhof, auf der auch noch die abgebrochenen Schlösser Eggen und Letten dargestellt sind, ebenso das Schloß Lenzfried. Heute ist das Bild weniger eindrucksvoll, zumal die Anlagen zum Teil der Restaurierung bedürfen. Das ehemalige Franziskanerkloster – drei dreistöckige Trakte um einen geschlossenen Hof – ist an die Kirche angebaut. Einer Anlage der Spätgotik folgte 1683 und 1765–67 je ein Neubau und 1830–35 ein Umbau.

Das ehemalige *Franziskanerinnenkloster St. Anna* ist heute im Besitz der Armen Schulschwestern. Der Bau stammt aus den Jahren 1647–49, die 1684 geweihte Kapelle wurde 1733 erneuert. Ein dreistöckiger Haupttrakt zu achtzehn Fensterachsen bildet mit kurzen Seitentrakten eine hufeisenförmige Anlage, die jedoch durch neue Anbauten gestört wird. Sehenswert ist die Annenkapelle mit Stuck des Jahres 1733, gleichzeitig mit den Prunkräumen der Kemptener Residenz entstanden. Die Fresken wurden 1927/28 erneuert. Die Altäre sind ebenfalls von 1733, wurden jedoch zum Teil auch erneuert.

Das *Schloß Lenzfried* (Schloßweg 4), das heutige Schloßgut Leichtle, wurde 1770 nach Abbruch eines Vorgängerbaues neu errichtet. Der zweistöckige Massivbau mit Mansarddach wird über dem Eingang von dem Wappen des Fürstabtes Honorius Roth von Schreckenstein geschmückt, dem Kempten viele Kunstwerke zu verdanken hat.

Als Vorort von Kempten ist auch **Schelldorf** zu beachten, das zur Gemeinde St. Mang gehört. Hier steht das ›*Rotschlößle*‹, ein Kemptisches Patrizierschloß aus der zweiten Hälfte des 16. Jahrhunderts. Der dreistöckige Massivbau unter steilem Satteldach sieht mit seinen runden Türmchen an der Nordseite und der hübschen Mauer sehr ansprechend aus. Im Erdgeschoß erinnern noch Kreuzgratgewölbe an die patrizische Vergangenheit, ebenso eine holzgetäfelte Decke im Obergeschoß.

Die *Pfarrkirche St. Magnus* in **Buchenberg** ist das beste Beispiel einer klassizistischen Kirche im Kemptener Bereich. Der Bau wurde 1792 bis auf den Turm anstelle einer spätmittelalterlichen Kirche errichtet. Die Fresken sind durch eine sehr reiche, aber strenge Stuckierung vollständig verdrängt, die sogar die Kreuzwegstationen als Reliefs behandelt. Die Figuren stammen zum Teil aus der Mitte des 19. Jahrhunderts, die Kanzel aus der Erbauungszeit 1793.

Nördlich von Buchenberg, an der Straße nach Ermengerst, liegt eine der schönsten Mühlen dieser Landschaft, die *Aheggmühle*. In ihrer blau-braunen Bemalung wirkt sie zwar sehr attraktiv, doch ging der Mühlencharakter ein wenig verloren. Der Bau ist im Giebel 1722 bezeichnet, im Obergeschoß sehen wir Fachwerk mit gekreuzten Rauten.

Die Straße von Buchenberg nach Waltenhofen führt über **Wirlings**. Die *Kirche St. Nikolaus* ist von außen so unscheinbar, daß man sicher an ihr vorbeifahren würde, wenn man nicht wüßte, was sie enthält. Der Bau des Jahres 1518 wurde 1680/90 neu eingerichtet und ganz ausgezeichnet stuckiert. Der Stuck und die erneuerten Fresken werden mit der gleichzeitig in der Kemptener Residenz tätigen Werkstatt in Zusammenhang gebracht, ebenso mit der Pfarrkirche in Lauben. Noch bemerkenswerter als der Stuck sind jedoch die Plastiken der Barockaltäre. Die spätgotische Schnitzgruppe des südlichen Seitenaltares ist eines der Hauptwerke der Allgäuer Plastik: das Ursulaschiff (Abb. 41). Dargestellt ist das Schiff der Hl. Ursula mit Jungfrauen und zwei sitzenden Bischöfen und zwei kleinen Bogenschützen. Die Gruppe von Gottvater mit den Putten ist eine barocke Zutat. Vom gleichen Meister, den man allgemein ›Meister des Ursulaschiffs‹ nennt, stammt das Relief der Gefangennahme Christi im nördlichen Seitenaltar. Die lebensgroßen Figuren des Hochaltars, von denen besonders der Hl. Nikolaus mit den zwei Kindern sehr eindrucksvoll ist – daneben die Hll. Bartholomäus und Jakobus –, werden mit dem

Kemptener Johann Ludwig Ertinger in Zusammenhang gebracht, der die schöne Pietà von Maria Rain schnitzte.

Die *Pfarrkirche St. Martin und Alexander* in **Waltenhofen** wurde 1765–70 unter Einbeziehung eines spätmittelalterlichen Turmes neu errichtet. Die ausgezeichneten Fresken von Linus Seif (1770) befassen sich im Chor mit Taufe, Wirken, Tod und Apotheose des Hl. Martin. Im Schiff ist dargestellt: Immaculata, Christi Himmelfahrt, Engel mit Kreuz und Lamm. An den Emporenbrüstungen, die modern erneuert sind, sieht man unten die drei göttlichen Tugenden, oben die Hl. Cäcilie, Engel und David. Der Stuck wird der Werkstatt von J. G. Wirth zugeschrieben (1770) und zeigt Ähnlichkeiten mit dem der St.-Mang-Kirche in Kempten und der Cyprianskapelle bei Wildpoldsried. – Auch das Altarblatt des Hochaltars, die Himmelfahrt Mariä, ist eine Arbeit von Linus Seif aus dem Jahr 1770.

Die Fahrt nach **Rauns** ist schon allein deswegen lohnend, weil die kleine Kirche *St. Cosmas und Damian* sehr idyllisch über der Iller liegt. Der spätgotische Bau (um 1500) wurde 1685 neu ausgestattet, doch stammen die besten Figuren noch aus früherer Zeit. Der barocke Hochaltar mit gedrehten Säulen ist eine wunderbare Folie für die hervorragenden Figuren aus der Ulmer

Bei Waltenhofen, W. Scheuchzer, Stich von J. Poppel, 19. Jh.

Werkstatt von Jörg Syrlin d. J.: in der Mittelnische eine Muttergottes zwischen den Heiligen Cosmas und Damian, seitlich die Heiligen Sebastian und Agathe. Auch die Figuren der Seitenaltäre (Hl. Elisabeth, Hl. Martha) stammen aus dieser Zeit, die Hll. Cosmas und Damian sogar schon aus den Jahren um 1300.

Auch die *Pfarrkirche St. Trinitatis* in **Sulzberg** beherbergt ein Meisterwerk spätgotischer Kunst: den Flügelaltar aus der ehemaligen Burg Sulzberg. Die Kirche wurde im 15. Jahrhundert als Meßstiftung von Konrad von Schellenberg errichtet (1422; erneuert 1498; Erneuerung des Turmes 1666; Umbau, Stuckierung des Chores um 1730; 1919/20 neue Einwölbung des Langhauses, Stuckierung und Freskierung).

Der Altar steht in der südlichen Seitenkapelle: ein rechteckiger Schrein mit Gesprenge, zwei Flügeln und einem Sockel. Marquard von Schellenberg hat den Altar zum Gedenken an seine Gemahlinnen Lucia von Lindenau und Katharina von Schaumburg gestiftet, deren geschnitzte Wappen links und rechts neben seinem eigenen Wappen am Sockel zu sehen sind. Der Schrein zeigt unter dem Gesprenge eine Marienkrönung, auf den Flügelreliefs Verkündigung Christi Geburt (links und rechts oben), die Hll. Antonius, Sebastian und Georg (links unten), die Hl. Martin, Barbara und Bonifatius (rechts unten). Der Altar stammt wahrscheinlich aus der Werkstatt von Ulrich Mairs aus Kempten und entstand um 1480.

Der Liebhaber von Ruinenromantik kommt in Sulzberg voll auf seine Kosten. Einen Kilometer südwestlich liegt die *Burgruine Sulzberg* auf einer Anhöhe – ein außerordentlich malerischer Anblick. Die Burg war 1176–1358 Sitz der Edlen von Sulzberg, 1358–1525 derer von Schellenberg, später kemptische Vogtei. Erhalten sind noch die Westwand des Palas mit rundbogigem Durchgang und die Ansätze der Nord- und Südwand. An der Südseite des Hanges sieht man noch Reste des äußeren Mauerringes mit dem Bruchstück eines Rundturmes.

Auf dem Weg von Ried nach Sulzberg liegt die idyllische *Aleutemühle* – tief im Tal, ganz wie man es von einer Mühle erwartet (Abb. 43). Der 1768 datierte Fachwerkbau mit Zopfgehänge ist klassizistisch bemalt, zwischen den Fenstern erscheint die große Gestalt eines Guten Hirten. Lustig, mitten im Fachwerk, die beiden gemalten Löwen mit Mühlrad.

Zwischen Sonthofen und dem Kleinen Walsertal

> »Himmel! Welch eine göttliche Aussicht von Hügeln und Thälern, und Wäldern und Fluren, von Mälern, schimmernden Thürmen und goldenen Strömen dehnt sich umher!«
>
> *Ludwig Albrecht Schubart, Reise auf den Gründen im Algau, 1803/11*

Der Grünten ist der Liebling der Allgäuer, und das sicher nicht nur, weil er einer der lohnendsten Aussichtsberge ist, sondern wohl auch, weil sein markanter Umriß in einigen Gegenden landschaftsbestimmend wirkt. Der ›Wächter des Allgäus‹ ist in seiner pyramidenartigen Kantigkeit ebenso reizvoll wie der Hohe Ifen. Beide gehören zu den Vorarlberger Kreidebergen, welche die runderen und sanfteren Flyschberge überragen. Grünten und Hoher Ifen sollen Beginn und Mitte dieses Kapitels sein. Der mächtige Widderstein, ein Hauptdolomit, steht am Ende.

In inniger Nachbarschaft mit dem Grünten leben **Agathazell** und **Burgberg,** die zu einer Pfarrei vereinigt sind. Agathazell ist zwar eine der ältesten Pfarreien des Allgäus, doch besitzt Burgberg in seiner Pfarrkirche den stattlicheren Bau. Franz Kleinhans, der unter anderem den eleganten Turm in Pfronten entwarf, war der Baumeister.

Sonthofen (Abb. 42), das durch seine landschaftliche Kulisse zum Schwärmen veranlassen könnte, ist kunsthistorisch nicht sehr ergiebig, denn der Bombenkrieg hat hier noch im Februar 1945 schwere Schäden hinterlassen. Die *Pfarrkirche St. Michael* erhielt einen Treffer in das Langhaus, wurde zwar restauriert, ist aber heute nur wegen der guten Plastiken sehenswert. Der Bau ist im Kern spätgotisch, verdankt seine heutige Erscheinung aber der Barockisierung des Jahres 1741. Ausgezeichnet sind die Figuren der vier Kirchenväter am Hochaltar, Arbeiten von Anton Sturm aus Füssen (1748/49). Ein Relief von Daniel Mauch (Heilige Familie) stammt aus der Zeit um 1515.

Die *Friedhofskapelle* des frühen 19. Jahrhunderts birgt zwei bemalte Flügel eines Altars der Allgäuer Schule aus der Zeit von 1520–30. Die *Spitalkirche Hl. Kreuz* und das dazugehörige Spital wurden 1497 von einem Domherren der Bischofsstadt Brixen, Konrad Wenger, gestiftet. Beide Bauten wurden 1945 zerstört und 1951 wieder aufgebaut.

Wie fast jede größere Stadt im Allgäu hat auch Sonthofen ein Heimatmuseum zu bieten, das hier ›Heimathaus‹ heißt (Sonnenstr. 1). Die bürgerliche und bäuerliche Wohnkultur nimmt einen großen Raum ein, doch wird man auch daran erinnert, daß man sich in der deutschen Milch- und Käselandschaft Nr. 1 befindet: Man kann eine Alpsennerei besichtigen und eine umfangreiche Kuhschellen- und -glockensammlung.

Die nähere Umgebung von Sonthofen ist im Gegensatz zum Hauptort sehr ergiebig und führt noch dazu in herrlichste Landschaften hinein. An der Ostrach entlang führt die Fahrt in Richtung Osten nach Hindelang und Bad Oberdorf. Gleich hinter Sonthofen, im Nordosten, liegt auf halber Höhe die *Ruine Fluhenstein*. Die Burg der Herren von Heimenhofen wurde 1362 gebaut, kam später an das Bistum Augsburg und wurde vom bischöflichen Landsamman bewohnt. Schon 1803 wurde der verfallende Bau auf Abbruch verkauft, und heute steht nur noch die dekorativ-romantische Ruine.

Wer gern wandert, kann von hier aus in einer Stunde Oberried erreichen und über die Lenihütte **Berghofen,** wo einer der schönsten spätgotischen Altäre des Oberallgäus auf Bewunderung wartet. Die kleine *Kirche St. Leonhard* liegt über dem Dorf auf einem Hügel. Ulrich von Haimenhofen stiftete den Schreinaltar, der 1438 von dem Memminger Hans Strigel d. Ä. geschaffen wurde, welcher auf den Innenflügeln die Heiligen Dionysius, Cyriakus, Johann Baptist und Silvester vor einen Goldgrund stellte. Auf den Außenflügeln sehen wir die Hll. Katharina, Maria Magdalena, Barbara und Margarethe (Abb. 44). Die Standfiguren der Muttergottes, der Hl. Agatha und des Hl. Leonhard werden mit der Ulmer Werkstatt von Hans Multscher in Zusammenhang gebracht.

Ruine Fluhenstein, W. Scheuchzer, Stich von J. Riegel, 19. Jh.

In **Tiefenbach** liegt die nicht weiter bedeutende Kapelle des Hl. Sebastian.

Gegenüber, auf der anderen Seite der Ostrach, liegt das Kirchlein von **Imberg,** *St. Katharina.* Die schönen spätgotischen Figuren sind leider in einem neugotischen Altar untergebracht (Abb. 46). Sie sind jedoch so gut (Muttergottes, Hl. Katharina, Hl. Sylvester), daß man sie mit dem ›Meister des Ursulaschiffs‹ in Wirlings in Zusammenhang brachte, und daher sollte man sie nicht versäumen (um1470). – Die zarten Rankenmalereien an den Fenstern sind sehr hübsch und ebenso die Außenfresken, vor allem der Heilige Sylvester mit seinem Attribut, dem Ochsen.

Noch bevor man nach Hindelang kommt, sollte man in **Liebenstein** Station machen, wo die *Kirche St. Leonhard* hoch über der Ostrach thront (Abb. 45). Freundlich liegt die kleine Kirche mit ihrem spitzen Dachreiter hinter den Bauernhöfen, und ebenso freundlich sind die Bauern, die uns aufschließen. Auch dieses Kirchlein ist durch eine Alarmanlage gesichert, was dringend nowendig ist, denn hier wurden einmal wertvolle Figuren gestohlen. Wenn es von einer Kirche zu sagen erlaubt ist: Hier drinnen ist es urgemütlich! Die Rundungen der Dreikonchenanlage

(um 1670) enthalten wunderschöne marmorierte Altäre, zu denen man auf fröhlichen Flickerl-
teppichen hingeführt wird. Die geschwungenen Emporen antworten dem Rund der Konchen,
und alles ist aufs herzhafteste stuckiert und ausgemalt (1753). Stukkatoren und Schreiner waren
Einheimische aus Sonthofen und Hindelang, und auch die Deckenbilder (1741–55) sind von
einem Mann des Ostrachtales gemalt worden. Die Figuren der Heiligen Katharina, Dorothea,
Barbara und Anna selbdritt stammen aus der Zeit um 1510; St. Gordian und Epimach werden
etwas später entstanden sein. Diese beiden Figuren bringt man mit der Werkstatt von Ivo Strigel
in Zusammenhang. Beide wurden 1964 gestohlen, kamen 1968 wieder, doch fehlt seitdem dem
Gordian der Bischofsstab und das Türmchen und dem Epimach das Schwert.

Der heutige Kurort **Hindelang** (Abb. 47) kam durch den Erzbergbau im Hintersteiner Tal
und den Salzhandel an der Jochstraße früh zu Wohlstand. An die Herrschaft der Fürstbischöfe
von Augsburg erinnert das einstige *Jagdschloß* mitten im Ort, das heutige Rathaus (1660 ff.), ein
dreigeschossiger Bau mit seitlichem Treppenturm. Die Pfarrkirche ist weniger bemerkenswert,
doch gibt es ganz in der Nähe etwas Außerordentliches zu sehen. Die kleine Kirche im Ortsteil
Bad Oberdorf ist zwar neu (1937/38), doch birgt sie drei hervorragende Kunstwerke: einen
Altar von Jörg Lederer, einen Palmesel aus der Schule Hans Multschers und ein Gemälde von
Hans Holbein d. Ä.

Der ›Hindelanger Altar‹, das Hauptwerk des Kaufbeurer Meisters (1515–19), stand früher in
der Pfarrkirche (Umschlagklappe vorn). Die heutige Unterbringung bringt ihn aber sehr schön
zur Geltung, und man kann sich gut auf ihn konzentrieren. Die Marienkrönung im Mittelschrein ist eine der erhabensten Darstellungen dieses Themas zu dieser Zeit: noch ganz von
Frömmigkeit erfüllt, während die kleinen Putti zu Füßen der Madonna schon recht weltlich-
renaissancehaft wirken. Das wunderbare Gesprenge vermittelt den Eindruck eines überirdi-
schen Raumes, in den auch die beiden Heiligen der Seitennischen, Johannes der Täufer und
Johannes der Evangelist, eingeschlossen sind. Die Figuren der Heiligen Petrus und Paulus an der
Südwand des Langhauses und die Flachreliefs an der westlichen Chorwand (Jakobus d. Ä. und
Thomas) gehörten einst auch zum Altar. Auf der Rückseite des Schreines ist das Jüngste Gericht
dargestellt.

Im Seitenschiff ist das außerordentlich schöne Marienbild von Hans Holbein d. Ä. zu sehen,
das 1935 entdeckt wurde. Es ist 1493 signiert und folgt der Darstellung des bekannten byzantinischen Gnadenbildes in der Kirche S. Maria del Popolo in Rom. Die zwei Sterne auf Kopf und
Schulter versinnbildlichen Gottvater und den Hl. Geist. Die dritte Person der Heiligen Drei-
einigkeit hält die Madonna auf dem Arm.

Der Palmesel an der Wand des Seitenschiffes entstand um 1470 und wird mit der Schule von
Hans Multscher in Verbindung gebracht (Abb. 50). Gut sind auch die Figuren des Hl. Johannes
Evangelista und des Hl. Jakobus d. Ä. im Langhaus, die um 1490 entstanden. Möglich, daß sie
von dem Kemptener Jakob Schick gearbeitet wurden, der auch für die Pfarrkirche tätig war.

In seinen ›Erinnerungen‹ an eine Reise im Jahr 1853 schrieb der Lindauer Freiherr Eduard
Seutter von Loetzen: »Und dann hinauf nach Hindelang, in das schöne große Dorf mit seinen
stattlichen Gebirgshäusern. Überall prachtvolle Landschaft und ein eigenthümlicher Schlag
etwas rauher aber gemüthlicher Leute.« Die Sympathie, die dieser Reisende damals empfand,

kann man auch heute noch empfinden, auch wenn Hindelang kein Dorf mehr ist. Man hat das Gefühl, daß hier die allgemeine Hektik weniger leicht eindringen kann als anderswo – vielleicht dadurch bedingt, daß der Ort nicht Eisenbahnstation ist. Ein Tip für Langläufer: Bad Oberdorf mit seinem herrlichen Altar ist über eine schöne Loipe von Hindelang aus erreichbar!

Erst 1984 wurde die Außen- und Innenrenovierung der *Pfarrkirche St. Peter und Paul* in **Altstädten** (südlich von Sonthofen, Straße nach Oberstdorf) abgeschlossen, so daß sie besonders frisch und hell wirkt. Der Wertacher Baumeister Franz Kappeler errichtete die Kirche 1731–34, einen flachgedeckten Saalbau mit dreiseitig geschlossenem Altarraum. Die heutige Innenausstattung stammt aus den Jahren 1741–50. Die Altäre sind hervorragende Arbeiten der Werkstatt von Anton Sturm in Füssen, die auch die Kanzel lieferte. Aus dem gotischen Vorgängerbau stammen die Figuren der beiden Apostelfürsten Petrus und Paulus (1460/80). Die Reliefs von Gottvater und den vierzehn Nothelfern, die im Chorraum über der Sakristei angebracht sind, kommen aus dem Umkreis von Jörg Lederer (um 1500).

Von Altstädten aus über Nebenstraßen, jedoch auch aus Richtung Fischen, sind die kleinen Ortschaften Hinang, Schöllang und Reichenbach zu erreichen. In der Kirche *St. Martin* in **Hinang,** die aus dem Ende des 17. Jahrhunderts stammt, ist vor allem die gefelderte Holzdecke sehenswert. – Die *Pfarrkirche St. Michael* in **Schöllang** mit ihrem kraftvollen Turm und der

Schöllang mit Burgkirche, W. Scheuchzer, Stich von J. Riegel, 19. Jh.

schönen Zwiebelhaube ist barock (1726–31). Der geräumige Saal ist ausgezeichnet ausgestattet. Im Hochaltar fällt die eigenartige überlängte Figur des Heiligen Michael auf, die aus den Jahren um 1320/30 stammt und wohl oberschwäbischer Herkunft ist. Nach alter Tradition blickt der Engelfürst den Drachen nicht an, sein Blick ist in die Ferne gerichtet. Leider ist die Fassung dieser schönen, den mystischen Andachtsbildern verwandten Figur modern, was ihr nicht gut bekommt. Die Seitenfiguren der Hl. Katharina und Hl. Barbara sind Arbeiten des Pfronteners Johann Peter Heel. Für die Seitenaltäre beschäftigte man die Füssener Werkstatt von Anton Sturm, was ihrer Qualität sehr zugute kam. Auf dem rechten Seitenaltar steht das ›Gnadenbild Unserer Lieben Frau von Schöllang‹, das viele Wallfahrer anzieht. Die Figur stammt aus der Zeit um 1480 und wird dem Meister des Imberger Altars zugeschrieben. Freskant war Nikolaus Weiß aus Rettenberg (1802), der Stuck von Michael Dornacher (Chor) und Franz Kappeler (Langhaus) entspricht noch den Vorstellungen des Vor-Rokoko, doch wurden Teile zu Anfang des 19. Jahrhunderts unglücklich ergänzt.

Die Figuren der Kanzel sind Arbeiten des Hindelangers Melchior Eberhard, der überall häufiger anzutreffen ist als in Hindelang selbst. Dort ist nur noch sein Auferstehungschristus in der Pfarrkirche zu sehen. Sein Sohn Richard Eberhard setzte die Werkstatt-Tradition fort, während dessen Söhne Franz Xaver und Johann Konrad bereits in Rom unter den Nazarenern zu finden sind.

Vor allem wegen des prachtvollen Rundblickes auf das Nebelhorn, das Rubihorn und die Oberstdorfer Berge sollte man die halbe Stunde nicht scheuen, die nötig ist, um die *Burgkirche* von Schöllang zu erreichen (Abb. 48). Sie liegt auf einem Steilhang hoch über der Iller, ein Bau des 15. Jahrhunderts, der barock ausgestattet ist. Der Hochaltar (um 1680) gilt dem Erzengel Michael, der auch hier Patron ist, denn dies war die ehemalige Pfarrkirche. Seitlich sieht man die Holzfiguren des Hl. Ignatius von Loyola und des Märtyrers Johannes Nepomuk. Die Bilder der Seitenaltäre sind gute Arbeiten von Paul Zeiller aus Reutte: Maria mit Jesus und dem Johannesknaben und der Hl. Josef. Die Engelsfiguren stammen von Ferdinand Ertinger aus Kempten (1707/08).

Auf keinen Fall sollte man **Reichenbach** versäumen, da die *Kapelle St. Jakob* einen hervorragenden Altar der Spätgotik birgt, der allerdings aus zwei Altären zusammengesetzt wurde. Das sieht man schon an dem Verhältnis der über ein Meter hohen Madonna zu den bedeutend kleineren Standfiguren (Johannes der Täufer, Katharina, Elisabeth, Sebastian). Der Schreinaltar aus dem Jahr 1495 war einst Mittelpunkt der Schöllanger Liebfrauenkapelle, jedoch ohne den Aufsatzgiebel und die beiden außenstehenden Figuren des Vitus und der Kreszentia, ebenso auch ohne die Muttergottes. Diese Madonna wird der Memminger Werkstatt von Ivo Strigel zugeschrieben, während man die vier umgebenden Standfiguren dem ›Meister des Imberger Altars‹ zuschreibt. An der rechten Langhauswand ist die ehemalige Altarrückwand angebracht, eine wunderbare Darstellung des Marientodes, die Hans Strigel d. J. nahesteht.

Die Nebenstraße nach Oberstdorf führt von Reichenbach aus über **Rubi**, wo die *Kapelle St. Anna* einen Besuch wert ist. Die Brüder Dornacher aus Vorderhindelang, deren treffliche Stuckierkunst in Liebenstein und Schöllang zu bewundern ist, waren auch hier tätig (um 1750/60). Der 1751 datierte Altar ist wieder eine Arbeit des Melchior Eberhard aus Hindelang, und das Altarblatt der lehrenden Mutter Anna stammt von Joachim Michael Herz aus Immenstadt. Reizend sind in den Nischen am Chorbogen die Viehpatrone Wendelin und Isidor in ländlicher Tracht!

Wer die schmaleren Nebenwege scheut, wird von Schöllang aus über Fischen nach Oberstdorf fahren. In **Fischen** gibt es zwei kirchliche Bauten, von denen allerdings nur einer interessant ist. Es ist nicht die Pfarrkirche St. Verena, die 1975 unglücklich erneuert wurde, sondern die *Frauenkapelle.* Diese Kapelle mit achteckiger Tambourkuppel ist ein Spätwerk des Vorarlbergers Michael Beer (1666), dem Planer der Kemptener Stiftskirche. Die zentralisierende kreuzförmige Anlage wurde 1667 von Barthel Braun vollendet.

Obwohl nun Oberstdorf sehr nahe gerückt ist, sollte man doch vorher noch einen Abstecher machen. Hinter Tiefenbach mit seiner Kirche St. Barbara (Fresken von Hans Strigel d. J., 1480) führt eine schmale Mautstraße hoch hinauf nach **Rohrmoos,** das wunderschön direkt unter den Gottesackerwänden liegt. Dort steht eine der erstaunlichsten Kapellen des gesamten Allgäus: ein Holzbau der Spätrenaissance! Schon allein die einsame Lage der *Kapelle St. Anna* ist bestechend, denn außer ihr findet man dort oben nichts als ein Forsthaus und ein Alpenvereinshaus. Und dann das Innere: Über und über ist der kleine Raum mit volkstümlichen Malereien geschmückt. Ihre merkwürdige Linearität ist bald geklärt: Die Vorlagen sind der zeitgenössischen Grafik entnommen. Das Jüngste Gericht (Farbt. 14) an der Westwand folgt Stichvorlagen des Niederländers Maarten von Heemskerck; der Flügelaltar des Jahres 1568 verbindet verschiedene Themen aus Dürerschen Holzschnitten (Abb. 50). Besonders schön sind die Szenen aus dem Marienleben an den Schiffswänden (Abb. 49). Ende des 15. Jahrhunderts kaufte Graf Johann von Sonnenberg Güter und Almen in Rohrmoos, die zuvor Lehen der Herren von Heimhofen waren. Die Kapelle wurde unter Jakob Truchseß von Waldburg erbaut und ausgemalt – also wieder einer aus dem Geschlecht der Waldburg, dem das Westallgäu so hervorragende Kunstwerke zu verdanken hat. Der Käufer, Johann von Sonnenberg, war der Mann, der als streitbarer Ritter im Fresko der Schloßkirche von Wolfegg verewigt ist! Jakob von Waldburg war der Erbauer des Schlosses Wolfegg, und wer heute dorthin kommt, wird sich von der Sammelleidenschaft der Truchsessen überzeugen können, nicht zuletzt auf dem Gebiet der Grafik.

Am Chorbogen der Kapelle sieht man das Allianzwappen der Erbtruchsessen Jakob von Waldburg und der Johanna von Zimmern, oben das Baudatum 1587 und das Allianzwappen von Waldburg. An der Decke über der Chorwand ist das Allianzwappen der Gemahlin des Truchsessen Heinrich von Waldburg, der Maria Jakoba, Gräfin von Hohenzollern, angebracht. Auch der Flügelaltar trägt das Allianzwappen des Stifters Jakob Truchseß von Waldburg und der Johanna Freiin von Zimmern. Wer der Maler war, weiß man nicht, doch sicherlich war es der kenntnisreiche Auftraggeber, der sich für diese Kapelle die Motive ausdachte.

Auch von Rohrmoos trennt man sich nur ungern. Hier, in einem der schönsten Wander- und Skiwandergebiete des Allgäus, lohnt es sich, länger zu bleiben!

Wer heute nach **Oberstdorf** (Abb. 52) reisen möchte und dort wegen der Beliebtheit des Ortes kein freies Bett mehr findet, der möge sich trösten; der bereits zitierte Baron Seutter von Loetzen aus Lindau berichtete 1878: »Mein Geschäftsrevier begann nun und führte mich zuerst im Thale der Ostrach hinauf nach Oberstdorf, das nun ein großer ›Sommerfrischort‹, namentlich für Süddeutsche geworden und oft so überfüllt ist, daß es Mühe hält, ein Unterkommen zu finden. 1865 brannte der Ort ganz ab, den ich 1864, damals mit meiner Gattin, das letztemal besuchte – nun soll er aber, und zwar viel freundlicher wieder aufgebaut und auch mit guten Gasthäusern versorgt sein.«

Freundlich wirkt der Ort allerdings und gute Gasthäuser gibt es die Menge, doch leider hat der Brand von 1864 sehr viel vernichtet, was man gern noch gesehen hätte. Das gilt vor allem für die *Pfarrkirche*, die sich heute als neugotischer Bau mit ebensolcher Ausstattung präsentiert. Einst waren hier Fresken von Franz Anton Weiß vorhanden, Altarblätter von Paul Zeiller und Figuren von Johann Richard Eberhard. Oberstdorf besaß auch einen ›Totentanz‹, vom gleichen Meister, Gabriel Neckher, der auch den Füssener Totentanz malte. Ein Choraltar des Kemptener Meisters Jakob Schick (1515) mit Gemälden der vierzehn Nothelfer wurde 1848 Besitz des Bayerischen Nationalmuseums und konnte vor dem Brand gerettet werden. Erhalten ist nur noch der Palmesel des Weilheimers Franz Xaver Schmädel, der heute in der Loretokapelle steht.

An der Chorsüdwand finden wir eine Muttergottes im Strahlenkranz, die einst in der kleinsten der drei Loretokapellen ihren Platz hatte. Sie wird dem Meister des Imberger Altars zugeschrieben und dürfte aus der Zeit um 1490 stammen. An der nördlichen Chorwand ist eine hochgotische Gruppe angebracht, die lehrende Mutter Anna mit Maria. Dieses Andachtsbild ist eine Leihgabe aus dem Spielmannsauer Tal und wird 1340 datiert. An der Nordwand, in der Nähe des Taufsteins, kann man ein wirklich gutes Bild eines ›Deutschrömers‹ bewundern: das Weihnachtsbild von Anton Raphael Mengs, das sehr gut in diese Kirche paßt.

Zu den wenigen alten Figuren gehört auch die ›Schöne Oberstdorferin‹, eine Muttergottes aus der Spätphase des ›Weichen Stils‹ (1430/40), die jedoch leider modern gefaßt ist.

Auf dem Dachboden der Seelenkapelle waren die sechs Passionsbilder abgestellt und entgingen daher der Brandkatastrophe. Der Fischener Maler Johann Baptist Herz ist der Meister dieser eindrucksvollen Folge.

Gerade diese *Seelenkapelle* ist es, der man sich in Oberstdorf gern zuwendet, da sie eines der wenigen frühen Bauwerke des Ortes ist. Sie steht parallel zur Pfarrkirche, mitten im Friedhof, und wird heute als Kriegergedächtniskapelle verwendet. Bereits 1524 wurde sie als ›Beinhaus‹ erwähnt, 1550 als ›Todten Capell‹. Was jedoch mehr interessiert als der schlichte Bau, das sind die Bemalungen an der Nordwand (Abb. 53). Ähnliche Fresken kennt man aus Oberbayern und Tirol, wo sie als ›Lüftlmalereien‹ sehr beliebt sind, doch stammen sie meist aus späterer Zeit. Diese Fresken hier wurden etwa in der Mitte des 16. Jahrhunderts angebracht. Drei Zonen sind in Nischen unterteilt. Oben erscheint in der Mitte die plastische Figur des Hl. Michael als Geleiter der Seelen (Mitte 16. Jh.). Die Nischen links und rechts enthalten Fresken: Judas erhält von den Hohepriestern die dreißig Silberlinge; das Abendmahl mit den Jüngern. In der mittleren Zone ist eine große Nische für eine Ölbergdarstellung des 16. Jahrhunderts ausgespart. Hinter der Holzgruppe sieht man die gemalte Szene des Judas mit den Kriegsknechten. In den seitlichen Nischen erscheinen die Kirchenpatrone Johannes der Täufer und Agnes. In der unteren Zone sieht man neben den gemalten Pilastern die Auferstehung mit Gottvater in den Wolken, darunter kniende Votanten. Es sind Mitglieder der Familie des Pfarrers Johannes Frey, der dieses ›Gemähl‹ im Dreißigjährigen Krieg anbringen ließ. Leider sind alle Darstellungen nur noch in schwachen Umrissen zu erkennen, trotzdem wirken sie außerordentlich stark auf den Besucher, der sich hier wirklich in der Ruhe des Friedhofs ganz der Betrachtung überlassen kann.

Zweites und ebenso lohnendes Ziel werden sicher die drei *Loretokapellen* am südlichen Ortsausgang sein, auf dem Weg nach Spielmannsau im Trettachtal (Abb. 54).

In einem Visitationsbericht des Jahres 1644 heißt es: »Von dem Pfarr gegen dem Gebirg liegt eine uralte Capell zu Ehren der Muttergottes erbaut, Appach genannt, dessen Ursprung niemand bekannt. Wird über die Maßen von den Volk frequentiert, daß fast alle Sonn- und Feiertage ein jeder dasselbig besuchet ...«

Aus Richtung Oberstdorf kommend ist diese *Appachkapelle* die erste der drei ungemein malerisch in die Landschaft gesetzten Kapellen. Sie ist auch die kleinste, dafür aber die älteste, was ihr schöner spätgotischer Freskenzyklus beweist (Heilsgeschichte, Evangelisten, Kirchenväter, Märtyrer). Die Figuren der Heiligen Wolfgang und Sebastian sind ebenfalls spätgotisch und werden um 1480 datiert, der Auferstehungschristus um 1600.

Als diese kleine Kapelle dem Zustrom der Wallfahrer nicht mehr gewachsen war, beschloß man 1657, die *Marienkapelle* zu bauen. Das Oktogon, das die Appachkapelle bildet, wurde auch hier bestimmend für den Grundriß. Der Altar ist ein Werk des bekannten Füsseners Anton Sturm aus dem Jahr 1641. Sehr schön in diesem lichten Raum: die Spitzbogenzwickel mit zartem Rocaillestuck und den Anrufungen der Lauretanischen Litanei. Der Oberstdorfer Claudius Schraudolph, der auch in der Pfarrkirche malte, ist der Schöpfer der Maria als Himmelskönigin. Von den vielen Votivtafeln, die vergangene Jahrhunderte hier hinterlassen haben, sind nur noch wenige vorhanden.

Mit der nun folgenden *Josephskapelle* ist die Marienkapelle durch einen Gang verbunden. Die dritte und größte der drei Kapellen wurde 1671 gebaut und sollte einst eine Heiliggrabkapelle werden. Hochaltar und Seitenaltäre sind mit Bildern von Claudius Schraudolph versehen, dessen Kunst in die Nähe der Nazarener zu rücken ist. Zu seinen Brüdern gehörte auch Johann, der den Dom von Speyer ausmalte. Schön ist der Palmesel von Franz Xaver Schmädel (1729), dem ›Bildhauer des Pfaffenwinkels‹, der ein gebürtiger Oberstdorfer war.

Eine Kunstfahrt in den südlichen Zipfel des Allgäus sollte nicht mit Oberstdorf enden. Die Bundesstraße 19 geht etwa fünf Kilometer südwestlich von Oberstdorf in die österreichische Bundesstraße 201 über. Dort, an der ›Walserschanz‹, beginnt das *Kleinwalsertal*. Eine Zollschranke werden wir vergeblich suchen, denn wir befinden uns hier noch auf deutschem Zollgebiet. Zwar gehörte das Tal, das um 1300 von Walliser Bauern besiedelt wurde, auch einmal kurz zu Bayern, doch seit 1814 ist es österreichisch und Teil des Landes Vorarlberg.

Das langgestreckte Tal zwischen Hohen Ifen und Widderstein ist für Kletterer, Wanderer und Skifahrer gleichermaßen interessant. Doch auch kunsthistorisch gibt es einiges zu sehen. Man kann einen Besuch der wildromantischen *Breitachklamm* (von der Walserschanz aus in 20 Minuten zu Fuß erreichbar) mit einem Besuch der kleinen *Kapelle Maria Hilf* in **Unterwestegg** bei Riezlern verbinden. Der Bau des Jahres 1796 birgt einen der schönsten spätgotischen Altäre

Österreichs (Abb. 57). Er stammt wahrscheinlich aus dem Pustertal, entstand um 1516 und konnte bisher noch nicht mit einem bestimmten Meister in Verbindung gebracht werden. Im Schrein sehen wir links den Hl. Georg, in der Mitte die Hl. Maria mit Kind und rechts den Hl. Florian. Die Reliefs der Flügelinnenseite zeigen links den Hl. Martin und rechts den Hl. Wendelin. In der Predellennische steht eine Figur des Hl. Hubertus. Die seitlichen Tafelbilder gelten dem Hl. Sebastian und dem Hl. Mauritius. – Besonders eindrucksvoll ist auch das einfache Kruzifix mit Leidenswerkzeugen an der Fassade, das um 1680 entstand.

Unsere Fahrt endet mit der *Pfarrkirche Hl. Jodok* in **Mittelberg**, etwas erhöht im Ort gelegen, meist beschattet vom mächtigen Widderstein. Schon das Äußere ist reizvoll, denn an dem Turm mit Spitzgiebelhelm sieht man eine Uhr mit gemaltem Wappen aus dem Ende des 14. Jahrhunderts. Im Jahre 1463 entstand ein Neubau an der Stelle einer Kapelle. Möglicherweise wurde damals aber auch eine bestehende Kapelle nur umgebaut. Der Bau wurde 1693/94 barockisiert. Sehr sehenswert sind in dem Saalraum die Fresken der linken Langhauswand aus dem Ende des 15. Jahrhunderts. Die vier Bildstreifen sind mit Darstellungen aus dem Leben Christi besetzt. Die Fresken im Chor stammen aus späterer Zeit, aus dem Ende des 16. Jahrhunderts.

Zwischen Kempten und Füssen

»Mein immer erneutes Entzücken. Eine
Kirche von heiterer Frömmigkeit.«
Theodor Heuss über die Kirche von Seeg

Die Gegend zwischen Kempten und Füssen ist so reich an hervorragenden Kirchen und Kapellen, daß es sich lohnt, sie herauszugreifen. Oberallgäu und Ostallgäu teilen sich in dieses landschaftlich ungemein abwechslungsreiche Gebiet, in dessen Mitte die Wertach dahinzieht – von der Quelle bis zur Mündung ein rein bayerisch-schwäbischer Fluß. Anders als die Nachbarflüsse Iller und Lech wurde sie nicht so oft eingedämmt und gestaut und daher auch nicht ihrer Kraft und Schönheit beraubt. Wenigstens gilt dies für ihren Oberlauf, mit einer Ausnahme, dem Grüntensee, dem man es jedoch auf den ersten Blick nicht ansieht, daß er ein Stausee ist.

Da Kempten mit seiner näheren Umgebung ein eigenes Kapitel beansprucht, beginnen wir unsere Erkundung mit **Mittelberg**, dem fast 1000 Meter hoch gelegenen Luftkurort. Die *Kirche St. Michael* thront über dem Ort, ein im Kern spätgotischer, jedoch 1769 durchgreifend umgestalteter Bau. Hier sind es vor allem die Fresken, die interessieren, denn die Ausmalung ist das Hauptwerk des Rettenbergers Franz Anton Weiß, bekannter durch seine Arbeiten in der Wallfahrtskirche Maria Rain bei Nesselwang. Die Hauptbilder gelten – dem hohen Patron gemäß – den Erzengeln: im Chor Gabriel mit der Verkündigung Mariä, im Schiff Raphael mit der Heilung des Tobias und Michael mit dem Engelsturz; über der Empore schließlich der Chor der Engel. Auch der Hochaltar gilt dem Fürsten der Erzengel, und hier ist es der bedeutende Franz Anton Zeiller aus Reutte, der das Altarblatt malte. Aus dem Umkreis der Pfrontener Werkstätten von Johann Peter Heel, Mang Anton Stapf und Josef Stapf stammt die schöne Kanzel, die Verwandtschaft mit der Kanzel von Maria Rain zeigt.

Der Versuchung widerstehend, gleich hinunter an den Grüntensee zu fahren, um bald nach Wertach zu kommen, bewegen wir uns zunächst noch in östlicher Richtung. Der kurze Abstecher lohnt sich, denn ganz in der Nähe, in **Petersthal,** steht eine Kirche, von der selbst Landeskundige oft nicht wissen, wie gut sie ist. Zunächst einmal der Turm von *St. Peter und Paul:* Mit Pfronten und Nesselwang gehört er zu den Schönheiten dieser Landschaft. Kein Wunder, denn der Architekt war Franz Karl Fischer aus Füssen, der dort die ansehnliche Spitalkirche baute und allein bei der Fassadengestaltung schon Sinn für feine Proportionen bewies. Der Bau ist im wesentlichen hochbarock (Ende 17. Jh.), doch die Ausstattung durch Altäre, Fresken und Stuck geschah erst in der Mitte des 18. Jahrhunderts. Strahlende Rokokoherrlichkeit empfängt den staunenden Betrachter, der den Innenraum betritt. Wie der Turm wurde auch das Langhaus 1755 nach Plänen von Franz Karl Fischer umgebaut. Ein Bild, wie man es westlich des Lechs oft antrifft: ein weiter Saal mit flacher Stichkappentonne, zweistöckiger Westempore und eingezogenem Chor. Zartester Laub- und Bandelwerkstuck und anmutige Rocaillekartuschen in hoher Qualität, die auf einen der großen Stukkatoren hindeuten. Mit Recht hat man hier auf Joseph Fischer aus Faulenbach hingewiesen, der auch die Füssener Spitalkirche stuckierte. Die Fresken des Langhauses, die den Patronen, den Heiligen Petrus und Paulus, gewidmet sind, gehen auf Franz Anton Weiß zurück. Nur die Fresken im Chor sind zum Teil (Vierzehn Nothelfer) Erneuerungen des Jahres 1916. Ausgezeichnet sind die Darstellungen zum Marienleben an der unteren Emporenbrüstung, zum Leben der Hl. Cäcilie und des Hl. Franziskus an der oberen Empore. Schon von weitem fällt der mächtige Hochaltar mit seinen weiß-gold gefaßten Figuren auf. Auch hier beste Qualität, denn sie werden mit der Werkstatt von Anton Sturm in Füssen in Verbindung gebracht.

Es gibt einige gute frühe Holzfiguren in dieser Kirche, die beste und früheste steht rechts neben dem Hochaltar: ein ganz erstaunlicher romanischer Palmesel aus dem Anfang des 14. Jahrhunderts, dessen drollige lange Ohren ergänzt sind, ebenso die Arme und Füße des Christus. Die alte Fassung ist zum Teil noch erhalten, auch das wunderbare tiefe Rot des Mantels. In seiner archaischen Monumentalität ist dieser Palmesel trotz der unbeholfenen Proportionen von hoher Bedeutung (Abb. 56). Neben einem romanischen Palmesel aus Landshut ist dies die älteste Darstellung des Themas überhaupt.

Auf dem Weg nach Wertach sollte man kurz in **Haslach** Station machen, das am Nordufer des kleinen Grüntensees liegt. Erstens einmal wegen des bestechenden Blicks auf den idyllisch gelegenen See und die ausdrucksvolle Kuppe des Grünten. Und dann auch wegen der kleinen *Kapelle St. Wolfgang,* die direkt am Wege liegt. Der *Grüntensee,* das wurde bereits erwähnt, ist ein Stausee. Trotzdem wird er gern von Badelustigen und Campierfreudigen aufgesucht und verdient es, beachtet zu werden, denn der Reiz der umgebenden hügeligen Landschaft ist groß. Die Kapelle – 1744 gebaut – ist von außen unscheinbar, von innen jedoch in ihrer ländlichen Farbigkeit sehr hübsch. Der zarte Stuck des Rokoko (1744) umrahmt die Fresken, die dem Leben des Hl. Wolfgang gewidmet sind. Auf den ersten Blick glaubt man, sie auch dem 18. Jahrhundert zuordnen zu können, wird dann bei genauerem Betrachten jedoch eines Besseren belehrt. Sie

Wertachtal, W. Scheuchzer, Stich von J. Riegel, 19. Jh.

folgen nur einem alten Zyklus, entstanden jedoch erst zu Beginn unseres Jahrhunderts. Trotzdem – sie sind gekonnt und folgen bester Volkskunst-Tradition. Auch das Hochaltarblatt gilt dem Kirchenpatron (Fürbitte des Hl. Wolfgang vor Maria) und ist signiert von Franz Anton Zeiller aus Reutte (1758), der in dieser Gegend viel tätig war.

Am Westufer des Sees entlang geht es auf gewundener Straße hinab nach **Wertach.** Wie immer, wenn eine Kirche über dem Ort liegt, ergibt sich auch hier ein hübsches Bild, wozu auch der nun schon fast greifbar nahe gerückte Grünten beiträgt. Die Wertacher haben es gut, diesen Berg stets vor sich zu haben, denn er gilt als Wetteranzeiger: »Trägt der Grünten einen Hut, wird das Wetter gut, trägt er einen Degen, gibt es Regen.«

Die von fern so verlockende *Pfarrkirche St. Ulrich* erweist sich von der Nähe betrachtet als Enttäuschung. Der ursprüngliche Bau, der von dem Bernrieder Baumeister und Stukkator Kaspar Feichtmayr 1683–85 errichtet wurde, brannte 1893 aus. Feichtmayr hat immerhin so bedeutende Kirchen Oberbayerns wie Habach und Benediktbeuern gebaut, so daß man heute bedauern muß, daß dieser Bau nur noch fragmentarisch erhalten ist. Die drei eingestürzten westlichen Gewölbejoche des Schiffs wurden 1893 erneuert, die Umfassungsmauern des Langhauses um zwei Meter erhöht, es wurde ein neues Vorzeichen mit Emporenaufgängen errichtet, der Turm bis zum sechsten Geschoß abgetragen und mit einer neuen Haube versehen. Auch die Deckenfresken stammen aus dieser Zeit. Vom alten Bau konnte nur noch wenig gerettet werden, ebenso von der alten Ausstattung, die zum Teil aus dem Rokoko stammte. Der Tabernakel ist das Werk von Johann Richard Eberhard (1769/70), die Schnitzgruppe der Taufe Christi auf dem barocken Taufstein schuf Johann Erdt (um 1744). Auffallend ist die gute Barockkanzel aus rotem Stuckmarmor mit den ausdrucksvollen geschnitzten Halbfiguren der Evangelistensymbole. Der Schalldeckel ist allerdings auch eine Arbeit des späten 19. Jahrhunderts. Noch aus der alten Kirche stammen die Aufbauten der Seitenaltäre (1684). Die Altarblätter malte ein Einheimischer, Franz Sales Lochbichler (1833). Von diesem Maler kann man im *Wertacher Heimatmuseum* ein Familienbild sehen – eine reizende Szene im Empiregeschmack. Hier sind auch noch einige alte Ausstattungsstücke der Pfarrkirche untergebracht.

Lohnender als St. Ulrich ist die kleine *Kapelle St. Sebastian*, etwas außerhalb des Ortes gelegen, an der Straße nach Nesselwang, direkt an der Wertach. Der Hl. Sebastian war der Pestpatron, und diese Kirche geht auf die Pestzeiten des 16. Jahrhunderts zurück, als die Menschen sich in ihrer Not an die Heiligen wandten. In ihrer heutigen Erscheinung ist die Kapelle ein Bau der Jahre 1762/63. Erstaunlich ist der Chor mit Emporenumgang, der ganz deutlich dem Chor der Wieskirche nachempfunden wurde. Wie Dominikus Zimmermann war auch Bernhard Metz Baumeister und Stukkator zugleich: Chor und Hochaltar, mitsamt allen Stuckarbeiten, sind sein Werk. Im Unterschied zu seinem großen Vorbild war er jedoch kein Wessobrunner, sondern stammte aus Attendorf in Westfalen. – An der Chordecke (Ludwig Caspar Weiß) versammeln sich viele bei Notfällen bewährte Heilige um den Kirchenpatron, der in seiner Apotheose dargestellt wird.

In ihrer äußeren Gestalt erinnert diese Kirche in manchen Teilen an St. Koloman bei Schwangau. Wenn man von der ›Wies‹ kommt und ins südliche Ostallgäu will, muß man an Schwangau vorbei. Auch früher war das nicht anders. Ob sich der Baumeister neben der Wies auch die Kirchen Schmuzers angesehen hat? Möglich ist es schon.

Wallfahrtskirchen liegen meist abseits der großen Touristenstraßen. *Maria Rain*, bereits im Ostallgäu, macht darin keine Ausnahme, ist aber trotzdem leicht zu finden: Neben der Wertachbrücke, kurz vor Nesselwang, führt eine kleine Seitenstraße zu ihr hin. So bescheiden sie sich in den Hintergrund gestellt hat, so bescheiden gibt sie sich auch von außen, und das breite Satteldach mit dem niedrigen Turm läßt nicht ahnen, was sich hier im Innern verbirgt.

Gleich wenn man hineinkommt, im südlichen ›Vorzeichen‹, kann man sich mit der Geschichte der Wallfahrt vertraut machen, die Franz Anton Weiß an die Wände malte. Um ein Gelöbnis zu erfüllen, soll ein Ritter an einer einsam stehenden Ulme ein Bild der Gottesmutter und des Jesuskindes angebracht haben. Dieses Bild zog viele Gläubige an, und da in der Nähe auch eine heilkräftige Quelle entsprang, beschloß man, hier eine Kapelle zu bauen. Der Zustrom der Pilger war so groß, daß an Stelle der ersten romanischen Kapelle 1414 eine größere errichtet werden mußte und dann 1490–96 der heutige Bau. Grundlegende Veränderungen vor allem der Ausstattung in den Jahren 1614, 1707 und 1760 bestimmen das heutige Bild.

Den Eintretenden empfängt ein wunderbar proportionierter dreischiffiger Raum mit Pfeilern und Spitzbogenarkaden. Das Mittelschiff ist überhöht, jedoch fensterlos, so daß man es hier mit einer ›Pseudobasilika‹ zu tun hat. Sofort fallen die ungemein prächtigen Altäre auf, vor allem der *Hochaltar*. Er gehört zu den erstaunlichsten und vielfältigsten Altarschöpfungen im Allgäu und verdient die abgegriffene Bezeichnung ›einzigartig‹. Drei Jahrhunderte haben an ihm gearbeitet, doch wirkt er bei allen Stilunterschieden durchaus als Einheit. Vom ursprünglichen spätgotischen Hochaltar des Kemptener Schnitzers und Malers Jakob Schick (1519) ist der Schrein mit seinen Figuren und dem Gesprenge erhalten. Hier erscheinen die lebensgroßen Gestalten der Heiligen Jakobus, Heraklius, Helena und Johannes der Evangelist. In der Mitte über ihnen thront eine Muttergottes, das Gnadenbild der Kirche. Seitlich davon, unter Maßwerkbaldachinen, sieht man drei Gruppen: Mariä Krönung, Mariä Verkündigung und Mariä Heimsuchung. Den Abschluß, unter Fialbaldachinen, bilden der Gekreuzigte mit Maria und Johannes, der Hl. Christophorus und der Hl. Sebastian, der Hl. Ulrich und der Hl. Nikolaus. Das 17. Jahrhundert ist über dem Tabernakelaltar vertreten mit den vielfigurigen Gruppen des Abendmahls und dem alttestamentlichen Vorbild, dem Wachtel- und Mannasegen. Dies sind Arbeiten von Christoph Schenck aus Mindelheim (1617–19). Der Tabernakelaltar schließlich mit seinem vergoldeten Rocailledekor stammt aus dem Jahr 1762. Dieser Zeit gehören auch die beiden flankierenden Säulen des Altars an, während die Figuren daneben Schenck zugeschrieben werden.

Neben dem Altar, das Bild zur Seite hin wunderbar abrundend, stehen zwei marmorierte und bemalte Chorbänke mit anmutigem Rokokodekor.

Von den ausgezeichneten Seitenaltären – insgesamt sind es sechs – ist vor allem der des nördlichen Seitenschiffs zu erwähnen, der Altar der ›Armen-Seelen-Bruderschaft‹. Die überlebensgroße, sehr eindrucksvolle Pietà (Abb. 58) ist das Hauptwerk des Kemptener Bildhauers Johann Ludwig Ertinger (1686). Die Altarblätter der Seitenaltäre malten Franz Anton Zeiller, Paul Zeiller und Jakob Mayr.

Neben dem Hochaltar ist es die *Kanzel,* die in dieser Kirche den Blick auf sich zieht (Farbt. 30). Den Träger dieser Kanzel hat man als den »schönsten Engel des Allgäus« bezeichnet. Diese kraftvolle, heldenhafte Gestalt, die ihre Last so freudig trägt, ist allerdings ganz außerordentlich schön. Der Überlieferung nach wurde dieses erzengelhafte Wesen von einem Weilheimer Bildhauer geschnitzt, doch heute nimmt man an, daß der Schöpfer im Umkreis des Landsbergers Lorenz Luidl zu suchen ist (um 1620). Die Kanzel selbst, ein Prachtwerk des Rokoko, wird den Pfrontener Bildhauern Johann Peter Heel, Mang Anton und Josef Stapf zugeschrieben (1762). Die vergoldeten Schnitzreliefs mit den Gleichnissen Jesu sind ausgezeichnete Arbeiten, ebenso der Johannesadler mit Blütengehänge am Sockel.

Auch der Freskenschmuck dieser Kirche ist nicht einheitlich. Noch aus der Mitte des 17. Jahrhunderts stammen die zarten, gegen den hellen Grund der Wände sehr dekorativ wirkenden Arabesken in den Gewölben des Langhauses. Ihr Meister ist Gabriel Neckher aus Füssen, der auch die Altarblätter der Oberkircher St. Nikolauskirche malte. Wie die Fresken zur Entstehungsgeschichte der Wallfahrt, die den Eintretenden wie große Votivbilder im Vorzeichen empfangen, stammen auch die des Chores von dem Rettenberger Franz Anton Weiß (1765). Das Hauptbild gilt der Kreuzerhöhung durch Kaiser Heraklius.

Nesselwang gehört zu den Urpfarreien des Allgäus und soll auf eine Betzelle des Hl. Magnus (Mitte des 8. Jh.) zurückgehen (Abb. 61). Die *Pfarrkirche St. Andreas* fällt durch ihren kraftvollen, reich gegliederten Turm mit prächtiger Zwiebelhaube auf, der nur noch von einem übertroffen wird: dem Pfrontener. Beide wurden von Franz Kleinhans entworfen, dieser zwei Jahre nach dem Pfrontener, 1748. Wer glaubt, von diesem Prachtturm auf den Innenraum der Kirche schließen zu dürfen, der täuscht sich. Allerdings herrscht auch dort Rokokopracht, doch es ist keine echte. Erst 1904 wurde hier nach Plänen des Kempteners Ferdinand Schildhauer ein neuer Bau errichtet – ganz und gar Neorokoko. Stuck und Fresken stammen auch aus dieser Zeit, und hier kann man wirklich erleben, was guter alter Stuck wert ist, denn die wulstigen Gebilde, die man zu sehen bekommt, sind nicht sehr erfreulich. Erfreulich sind hingegen die schönen alten Zunftstangen, die Georg Pfeiffer aus Bernbeuren um 1670 schnitzte, denn sie gehören zu den besten ihrer Art. Auch einige spätgotische Holzfiguren können über manches andere hinwegtrösten.

Man muß in Nesselwang kunsthistorisch jedoch nicht verhungern, denn es gibt ganz in der Nähe etwas Außerordentliches zu sehen: die *Wallfahrtskirche Maria Trost*. Wie im Nordallgäu Maria Steinbach und Maria Schnee, liegen auch hier zwei bedeutende Marienwallfahrten, Maria Trost und Maria Rain, nahe beieinander. Allerdings muß man eine Fußwanderung von etwa einer Dreiviertelstunde auf sich nehmen, um zu seinem Ziel zu kommen. Es gibt zwei Wege, einen steileren über den Kalvarienberg und einen gemächlicheren über eine breitere Serpentinenstraße, der zwar bequemer, dafür aber auch viel langweiliger ist. Da die Sprüche, welche die einzelnen Stationen begleiten, nicht nur erbaulich, sondern in ihrer Einfalt manchmal auch etwas erheiternd sind, und da der schattige Waldweg mit seiner wunderbaren Stille viel reizvoller ist, sei der steile Weg zum Himmel empfohlen!

Die Geschichte der Wallfahrt ist kompliziert, doch interessant, da sie einiges Licht auf die Zeitgebräuche wirft. Ein Muttergottesbild, das nach einem Brand (1633) im niederbayerischen Markt Regen unversehrt aufgefunden wurde, kam in die Schloßkapelle der Freiherrn von Grimming. Der Erbe Rudolph von Grimming, der im Salzburgischen lebte, stellte es 1652 auf dem Plainberg bei Salzburg auf, wo es bald von den Pilgern hoch verehrt wurde. Grimming nahm jedoch das Bild nach wenigen Monaten wieder zu sich und ließ auf dem Plainberg eine Kopie aufstellen, die ebenso verehrt wurde. Anschließend an eine Wallfahrt nach Einsiedeln und nach der Bekanntschaft mit einem Nesselwanger ließ sich der fromme Grimming auf einer Alpweide bei Nesselwang, dem Wankerberg, als Klausner nieder. Wieder stellte er sein Marienbild auf, und wieder begann sich bald ein Pilgerstrom dorthin zu bewegen. Das Bild wurde mit einer kleinen Holzkapelle überbaut und soll im Jahr 1663 bereits 700 Gebetserhörungen verzeichnet haben. Da niemand die Kapelle verließ, ohne eine Gabe für den Klausner im Opferstock zu hinterlassen, konnte Grimming 1659 beginnen, anstelle der hölzernen eine steinerne Kapelle bauen zu lassen. Die vielen Opfergelder fanden bald jedoch Neider, vor allem unter den Geistlichen älterer Marienwallfahrtsorte und den Füssener Franziskanern. Sie beschwerten sich beim Bischof von Augsburg und hatten Erfolg, denn Grimming wurde bald darauf des Landes verwiesen. Die Mißgünstigen konnten unter anderem nachweisen, daß Grimming wiederum das echte Gnadenbild aus Angst vor Entwendung in seiner Klause verborgen und statt dessen eine Kopie aufgestellt hatte. Was heute verehrt wird, ist die Kopie des ursprünglichen Gnadenbildes. Und wo ist das echte? Es ist wieder nach Maria Plain zurückgekehrt, da der Salzburger Fürstbischof es erbeten hatte ...

Das unechte Gnadenbild war wirksam genug, um während der Drangsale des Spanischen Erbfolgekrieges vielen Notleidenden zu helfen. Ihre Opfergelder ermöglichten ab 1704 einen Erweiterungsbau, die heutige Kirche.

Die Weihe fand erst 1725 statt, die Ausstattung war um 1770 vollendet. Der enge Chorraum ist wahrscheinlich identisch mit der ursprünglichen kleinen Steinkapelle. Vor ihm tut sich ein weites und helles Langhaus auf – eine schöne Folie für die lichte Rokokoausstattung. Der Hochaltar ist barock – ein kraftvolles Gebilde mit sechs gewundenen Säulen, die von vergoldetem Akanthusblattwerk umrankt werden. Das Altarblatt, die Himmelfahrt Mariä, stammt von dem Nesselwanger Maler J.G. Schall (1717) und paßt in seiner herzhaften Frische gut in diesen Altar. Ebenso bunt und farbenfroh ist das Gnadenbild selbst mitsamt seinem geschnitzten Rahmen mit reichen Rokokodraperien und lustigen Putti. Auch das Antependium mit seiner schönen Bandelwerkschnitzerei und der wunderbaren roten Grundierung (Johann Erdt, Nesselwang, 1759) paßt sich den warmen Farbtönen an.

Sehr viel zarter und zurückhaltender sind die Farben im Langhaus. Das gilt sowohl für die Deckenbilder als auch für die Seitenaltäre aus Stuckmarmor. Die Fresken – in drei Felder aufgeteilt – zeigen das Gnadenbild, von Engeln getragen, das von einer Pilgerprozession verehrt wird; die Muttergottes mit den vier Erdteilen; Maria im Spiegel des Alten Bundes. Lange wurde der Pfrontener Joseph Anton Keller für den Maler gehalten, doch heute denkt man eher an Balthasar Riepp und für das Emporenfresko sogar an Matthäus Günther. Die Figuren der Seitenaltäre sind neu (Armin Luda, 1982), doch fügen sie sich gut in das Gesamtbild ein. Die Seitenaltäre und die Kanzel schufen wahrscheinlich Pfrontener Kunsthandwerker.

Auf der Fahrt nach Seeg, dem nächsten wichtigen Ziel, ist es angebracht, in **Rückholz** Station zu machen. Die dortige *Pfarrkirche St. Georg,* die auf einer Anhöhe über dem Dorf liegt, ist im wesentlichen ein Bau des 18. Jahrhunderts (1719 Ausbau des Chores, 1732 Erneuerung des Turms, 1740/41 Ausbau des Langhauses). Der Chor mit seiner gekehlten Scheinkuppel weist auf Johann Jakob Herkomer, der hier vielleicht die Entwürfe geliefert hat. Der Stuck im Chor (1719) geht auf Füssener Meister zurück, der im Langhaus (1741) vielleicht sogar auf Joseph Fischer aus Faulenbach. Der Hochaltar aus Stuckmarmor zeigt Ähnlichkeit mit dem Altar der Füssener Krippkirche von Dominikus Zimmermann. Das Altarblatt (Drachenkampf des Hl. Georg) ist eine Arbeit von Paul Zeiller aus dem Jahr 1719.

Wenn der vielgereiste und kunsterfahrene Theodor Heuss die Gegend um **Seeg** öfter als Urlaubsdomizil wählte und die Seeger Kirche besonders liebte, geschah dies sicher nicht von ungefähr. Hier ist die Landschaft zwar nicht so ›romantisch‹ wie bei Füssen, doch ist sie durchaus das, was man ›idyllisch‹ nennt. Viele kleine Seen und Flüsse, satte Weiden und freundliche Hügel und im Hintergrund auch hier die Kulisse der Füssener Berge. Der Name Seeg geht wahrscheinlich auf die Segge, das Schilfgras, zurück, und auch heute noch finden wir hier oft verschilfte Ufer, Moorland und Birken. Zusammen mit den silbrigen Spiegeln der kleinen Seen, mit den nicht seltenen Föhnstimmungen und dem Hintergrund der blauschwarzen Berge entsteht in diesem Teil des Allgäus, bis nach Füssen hinein, manchmal eine Stimmung träumerischer Melancholie. Besonders im Herbst kann es hier Landschaftsstimmungen beklemmender, weil unwirklicher Schönheit geben.

Daß die *Pfarrkirche St. Ulrich* Außerordentliches zu bieten hat, merkt man gleich, wenn man vor den großen Sandsteinfiguren des Hl. Franziskus und Hl. Nepomuk steht, die vor Friedhof und Kirche aufgebaut sind. Wie kommt diese stattliche Kirche in diesen kleinen Ort? Ein Blick in die Ortschronik belehrt darüber, daß Seeg Urpfarrei und Mutterkirche späterer Pfarreien der Umgebung war. Im 13. Jahrhundert kam es an das Hochstift Augsburg und war eine der größten Pfarreien des Bistums. Das Patronatsrecht kam später an das Kloster Stams, dann an die Herrschaft Hohenschwangau und die bayerischen Herzöge und schließlich, 1785, wieder an Augsburg. Hier war einer der bemerkenswertesten Männer des Allgäus Pfarrer: Johann Michael Feneberg (1751–1812). Er gehörte zum Kreis der ›schwäbischen Erweckungsbewegung‹, die eine Wiedergeburt aus dem Geist erstrebte. Feneberg, der auch Schriftsteller war, ursprünglich als Professor in Dillingen wirkte, wurde den Leuten der Augsburger Diözesanbehörde suspekt, so daß man seine Schriften beschlagnahmte. Er ließ sich dann später selbst versetzen, doch das, was er in Seeg bewirkt hatte, war fruchtbar.

Von der Größe und Bedeutung der Pfarrei zeugt neben der Kirche auch der *Pfarrhof* (Haus 312), ein breiter, gemütlicher Bau, von dem es heißt, er habe den schönsten Fachwerkgiebel des Landkreises (1688).

Die mittelalterliche Kirche wurde 1635 durch Brand zerstört und 1658 wieder aufgebaut. Das Langhaus wurde 1700–03 erweitert und wenige Jahre später, 1710/11, dann auch der Chor. Es war der Baumeister von St. Mang in Füssen, Johann Jakob Herkomer, der den Plan zur Neugestaltung der Kirche vorlegte. Sein Großvater Christoph stammte aus Seeg, sein Vater Balthasar war dort Wirt, und wenn er auch selbst in Sameister geboren war, war sein Taufpate, der damalige Pfarrer, doch ein Seeger.

Nicht aus der Herkomerzeit stammt die Stuckierung (1743–72) sowie die Ausstattung mit Fresken (1769–78) und Altären – dies sind Leistungen des Rokoko, das sehr deutlich den Gesamteindruck bestimmt.

Der Saalbau mit eingezogenem Chor ist durch Doppelpilaster gegliedert (Farbt. 19). Eine flache Stichkappentonne und eine doppelgeschossige Westempore gehören zu einem Bild, das in dieser Gegend häufig ist (Farbt. 23). Dominierend sind hier weniger die Altäre – gute Arbeiten relativ unbekannter Kunsthandwerker – als Fresken und Stuckarbeiten. Gleich beim Eintreten überraschen die wunderbaren Stuckquadraturen des späten 17. Jahrhunderts unter der Empore mit gemalten Darstellungen aus dem Marienleben. Sie stammen noch aus der Kirche des 17. Jahrhunderts und wurden von einem unbekannten Künstler geschaffen (um 1690). Die Maler der Fresken im Chor und Schiff waren Balthasar Riepp und Johann Baptist Enderle. Das Hauptfresko im Mittelfeld des Langhauses stellt dar, wie Papst Pius V. im Geist die Schlacht von Lepanto sieht (1769). Der Schwabe Enderle, in Augsburg bei Bergmüller ausgebildet, gehört zu den Freskanten, die bei aller Routine immer frisch, unbekümmert und volkstümlich malten. In einer zweiten bestechenden Saalkirche des Allgäus, in Mussenhausen, war er auch am Werk, doch ist dieses Fresko, das mehr als zehn Jahre später entstand, noch ausgereifter.

Das Chorfresko von Riepp, das den Sieg über die Ungarn auf dem Lechfeld darstellt, ist mehr als zwanzig Jahre früher entstanden (1743/44), doch stimmt es in seinen warmen Brauntönen sehr gut mit dem Hauptfresko überein. Die gemalten Kreuzwegstationen an den Pilastern, jeweils drei zusammengefaßt, gehören zu den Höhepunkten der Ausstattung. Man nimmt an, daß auch sie von Enderle gemalt wurden. Von ihm stammt auch das Gemälde des Hochaltars, das den Hl. Ulrich als Fürbitter vor der Muttergottes zeigt.

Die reiche Rocaillestuckierung steht den Fresken an Qualität nicht nach. Andreas Henkel aus Mindelheim, allgemein als Stukkator wenig bekannt, hat ausgezeichnete Arbeit geleistet, ganz besonders bei der Gestaltung der Kartuschen und des Feldes über dem Chorbogen.

Der Schnitzer der weiß gefaßten Altarfiguren war ebenfalls ein Mindelheimer: Franz Ignaz Buder, der sich offenbar Anton Sturm zum Vorbild nahm. Auch der weitere plastische Schmuck der Kirche ist beachtlich. Erwähnt seien ein spätgotischer St. Ulrich, eine Maria Immaculata des 18. Jahrhunderts und die Schnitzgruppe über dem Taufstein (um 1724), die Peter Heel aus Pfronten zugeschrieben wird.

Das heute vor allem als Luftkurort und Wintersportort bekannte **Pfronten** ist eigentlich gar kein einheitlicher Ort. Es besteht aus nicht weniger als dreizehn Ortschaften eines Tales, die zum Teil recht weit auseinanderliegen. Das Pfrontener Tal wurde von der römischen Straße durchzogen, die von Kempten (Cambodunum) zur Via Claudia bei Reutte führte, und römisch ist auch der Ursprung des Namens Pfronten: ad frontes Alpium Juliarum. Die dreizehn Ortschaften dieser Gemeinde am Alpenrand, die eine mittelalterliche Rodungsgemeinschaft bildeten, waren Besitz des Hochstifts Augsburg. Die Burg Falkenstein – heute eine Ruine – war das Amtshaus des bischöflichen Pflegers.

Kunsthistorisch interessieren im Pfrontener Tal in erster Linie die Kirchen von Pfronten-Berg, Pfronten-Kappel und nicht zuletzt der Falkenstein in seiner Bedeutung als Bauprojekt Ludwigs II. von Bayern.

Ganz gleich aus welcher Richtung man kommt, die *Pfarrkirche St. Nikolaus* – auf einer Anhöhe über **Pfronten-Ried** gelegen – wirkt schon von weitem ungeheuer anziehend. Das hat sie ihrem Turm zu verdanken, der nicht nur besonders hoch ist, sondern auch besonders reich gegliedert und der von einer überaus eleganten Haube bekrönt wird (Umschlagvorderseite).

Der heutige Bau entstand 1687–96 an Stelle einer mittelalterlichen Kirche. Man nimmt an, daß Johann Jakob Herkomer beim Neubau beratend tätig war. Der Turm der alten Kirche wurde zunächst beibehalten, und erst 1746/49 wurde der heutige Turm errichtet, nach Plänen von Franz Kleinhans. Eine Renovierung mit Umbau nach Einsturz der Decke (1776) und eine neue Stuckierung (1779/80) – beides durch Joseph Anton Geisenhof – wirken bestimmend im heutigen Raumbild. Tatsächlich wirkt das Innere – wenn man den lebendigen, fein geschwungenen Turm mit seiner gestuften Haube noch im Auge hat – sehr kühl. Hier ist schon der Klassizismus eingezogen, dessen Ideale Geisenhof in seiner Kirche in Lechbruck dann noch deutlicher zum Ausdruck bringen konnte. Das mächtige Deckenbild des Langhauses von Joseph Anton Keller (1780, Glorie des Hl. Nikolaus) wirkt in seinen Proportionen erdrückend. Hier und im Chor, wo das Abendmahl dargestellt ist, beweist sich Keller als routinierter Maler illusionärer Kuppelräume. Keller war Pfrontener, Geisenhof war Pfrontener, und auch Johann Sigmund Hitzelberger, der die weiß-gold gefaßten Altarfiguren schuf, war Pfrontener. Die Pfrontener Johann Peter Heel und Mang Anton Stapf hatten die Bauleitung, und wenn man bedenkt, daß eine Angehörige der Stapf-Sippe, Ursula Stapf, Stammutter der Bildhauerfamilie Hitzelberger

Vorentwurf zu einer Burg auf dem Falkenstein,
Aquarell von Georg von Dollmann, 1884

wurde und ihre Schwester Christina die der Maler und Baumeister Geisenhof, kann man ermessen, wie sehr die ›Pfrontener Schule‹ familiär verflochten war.

Die Pfrontener Werkstätten des Hochbarock vertritt die Kanzel, die Nikolaus Babel schuf (1705/06), ein Bildschnitzer, dem man auch in einigen Kirchen Füssens begegnet.

Es waren vor allem Kunstschreiner und Bildhauer, die Pfrontens Ruf im Ostallgäu begründeten, und es gibt weit und breit keinen Ort, dessen Kirche nicht von Pfrontenern mitgestaltet wurde. Dies gilt auch für **Pfronten-Kappel** und die kleine Kirche *St. Martin* direkt an der Hauptstraße. Hier haben mehrere Jahrhunderte zusammengewirkt: Die Umfassungsmauern sind zum Teil noch gotisch, die Wandgliederung und der Stuck stammen aus den Jahren 1780/90, und das Deckenbild entstand erst 1932. Reizvoll ist hier vor allem die Empore mit den barocken Darstellungen von Christus und den Zwölf Aposteln (1657), doch ist auch das zarte moderne Deckenbild, das den Hl. Franziskus zeigt, wie er den Tieren predigt, nicht ohne Reiz. Die Wandgliederung durch Doppelpilaster im Langhaus schreibt man Joseph Anton Geisenhof zu, der dieses Motiv gern verwendete. Von ihm stammt wohl auch die Stuckierung. Der Hochaltar ist ein Werk des Neurokoko, doch gehören die Seitenaltäre noch dem 18. Jahrhundert (1770) an. Die Holzfiguren der Mittelnischen stammen wieder von einem Mitglied der Familie Hitzelberger, von Sigmund Hitzelberger, der bis in die Mitte des 19. Jahrhunderts hinein tätig war.

Die Burgruine *Falkenstein* – angeblich die höchstgelegene Deutschlands (1270 m) – steht auf steilem Fels hoch über dem Pfrontener Tal (Abb. 60). Allein der Blick von dort oben – auf die

Seen des Füssener Umlandes, die Königsschlösser und den Säuling, dahinter die Zugspitze und anschließend die Tannheimer Berge, und nicht zuletzt auf alle dreizehn Ortschaften des Pfrontener Tals – lohnt den Aufstieg (Abb. 59). Über bequeme Wege ist die Ruine von Pfronten-Ried aus in eineinhalb Stunden zu erreichen. Da hier – wie im nahen Eisenberg und Hohenfreiberg – die schwedische Besatzung gedroht hat, so daß die Tiroler Landesregierung beschloß, die Burg sicherheitshalber abzubrennen (1646), ist von dem einstigen Bau nicht mehr viel zu sehen.

Die Geschichte der Burg ist weitgehend noch nicht erhellt und wird von Legenden umrankt. Sicher ist nur, daß sie Ende des 13. Jahrhunderts im Besitz des Herzogs Meinrad II. von Tirol war. Ab 1310 war sie dann Sitz der Pfleger des Hochstifts Augsburg, die hier noch bis ins 16. Jahrhundert hinein amtierten. Zu Ruhm und Ehre kam der lange nicht beachtete Falkenstein erst wieder durch Ludwig II., der hier, anschließend an Neuschwanstein, eine weitere mächtige Burg auftürmen wollte. Lorenz Quaglio, der bei der malerischen Ausgestaltung von Hohenschwangau mitwirkte, hatte die Ruine schon 1836 in seine ›Sammlung malerischer Burgen‹ aufgenommen, so daß sie den Wittelsbachern bestens empfohlen war. Eine Burgruine, die so hoch und romantisch gelegen war, mußte Ludwig II., der seinen Träumen vor allem in der Bergeinsamkeit nachging, sehr willkommen sein (s. auch S. 302 ff.). 1884 hat der König die Ruine mit ihrem Grund gekauft und sofort seine Architekten mit dem Projekt betraut, doch die mißliche Lage der königlichen Finanzkasse und der frühe Tod des Königs machten den Plänen bald ein Ende. Hier sollte als Gegenstück zum ›romanischen‹ Neuschwanstein eine ›gotische‹ Burg entstehen, die sich der König als ›wilde Raubritterburg‹ vorstellte. Es war ein riesiges Schlafzimmer in der Art eines byzantinischen Kirchenraums geplant, und wieder sollten Gestalten aus Richard Wagners Musikdramen das Szenarium abgeben: die Liebespaare aus ›Tristan‹, ›Tannhäuser‹ und ›Parsifal‹ sollten auf den Wänden erscheinen. In dem geplanten ›Großen Saal‹ sah der König Darstellungen aus dem ›Orlando Furioso‹ des Ariost vor und Wilhelm von Kaulbach hatte bereits eine Reihe von Entwürfen für dieses Projekt geliefert. Was sich realisieren ließ, ist heute noch erhalten: die Fahrstraße, die der König 1884 hatte anlegen lassen. Falkenstein, das eine zweite ›Gralsburg‹ werden sollte, blieb ein Traum des ›Märchenkönigs‹.

1   ISNY   Am Wassertor, Blick auf St. Nikolaus und St. Georg ▷

3 IRSEE   Ehem. Klosterkirche Mariae Himmelfahrt
◁ 2 Bannwaldsee mit Lechtaler Alpen
4 OTTOBEUREN

5 KISSLEGG mit Pfarrkirche St. Gallus und Ulrich

6 WOLFEGG Schloß und Schloßkirche

7 MEMMINGEN Rathaus und Großzunfthaus

8 KAUFBEUREN Stadtansicht

9 KEMPTEN Rathaus ▷

10   ROT AN DER ROT   Oberes Tor

11   Schloß Syrgenstein

12 FÜSSEN Hohes Schloß

13 Schloß Kronburg, Hof

14 ROHRMOOS Kapelle St. Anna, ›Jüngstes Gericht‹

15 LINDAU Peterskirche, ›Marienkrönung‹

16 ZELL bei Oberstaufen Bartholomäuskapelle, linker Seitenaltar   17 OTTOBEUREN Klosterkirche ▷

19 SEEG Pfarrkirche
◁ 18 Maria Steinbach, Hl. Longinus, Stuckplastik von J. G. Üblhör
20 Wallfahrtskirche Maria Steinbach

21 WOLFEGG   Pfarrkirche St. Katharina und Franz von Assisi, Deckenfresko

22 BAD WURZACH   Neues Schloß, Treppenhaus

23   SEEG   Pfarrkirche ▷

24 LEUTKIRCH   Rathaus, Stuckdecke (J. Schütz)

26 KISSLEGG   Pfarrkirche St. Gallus und Ulrich,
Täufergruppe von J. W. Hegenauer

25 FÜSSEN   St. Mang, Drachenleuchter (Th. Seitz)

27 MARIA THANN   Wallfahrtskirche, Hochaltar,
›Mariae Himmelfahrt‹

28 BUXHEIM Annakapelle, Stuck von Dominikus Zimmermann

29 NASSENBEUREN Wallfahrtskirche Maria Schnee, Hochaltar

30 MARIA RAIN Kanzel

31 IRSEE Ehem. Klosterkirche Mariae Himmelfahrt, Fischerkanzel

32 WOLFEGG Schloß, Rittersaal

33 LINDAU ▷

34   AMTZELL   Pfarrkirche, ›Marientod‹, Tongruppe

35   ZEIL   Pfarrkirche, Palmsonntagsschmuck

36   ILLERBEUREN   Kapelle im Bauernhofmuseum

37   Bauernhaus bei Friesenhofen

38   FÜSSEN   Blick auf die Stadt ▷

40   Wallfahrtskirche St. Koloman bei Schwangau

Im Westallgäu

Zwischen Bad Wurzach, Leutkirch und Wangen

»Weiter unten blitzte das hohe Schloß Zeil über die truchsessischen Häuser von
seinem Berg herab; Waldburg ließ uns die Landvogtei Schwaben betrachten...«
Johann Sebastian von Rittershausen, 1784

Die Fahrt von Bad Wurzach über Leutkirch nach Wangen wird trotz schöner und idyllischer
Eindrücke, die man von Stadttoren und Plätzen, von städtischen Kirchen und ländlichen Kapel-
len mitnehmen kann, eindeutig von den großartigen Schlössern des *Hauses Waldburg* bestimmt.
Und unter ihnen gebührt dem Schloß Zeil bei Leutkirch die Krone, das weithin sichtbar einen
ganzen Landstrich beherrscht. Tatsächlich ›blitzt‹ dieses Schloß immer wieder von irgendeiner
Richtung ins Bild hinein, wenn man im württembergischen Allgäu unterwegs ist.

Auch **Bad Wurzach** steht mit dem Geschlecht der Waldburg in enger Verbindung, doch erinnert das Stadtwappen nicht an diese Herren. Der rote Krebs auf weißem Schild erinnert vielmehr daran, daß es hier, in der Ach, einst ausgezeichnete Edelkrebse gab. Leider wurden sie
Ende des 19. Jahrhunderts Opfer einer Pilzseuche, so daß die einst bekannten ›Wurzacher
Krebse‹ den Gourmet heute nicht mehr erfreuen können.

Der Name Wurzach (Wurzen, Wurzel) weist auf eine ältere Rodungszeit hin. Die Besiedlung
erfolgte wahrscheinlich in karolingischer Zeit, doch erst mit dem Beginn der Welfenherrschaft
in Süddeutschland sind annähernd gesicherte Daten vorhanden. Die Truchsesse Heinrich und
Friedrich von Waldburg waren welfische Dienstmannen, und sie erhielten in der Mitte des
12. Jahrhunderts den Besitz wahrscheinlich als Lehen. Nach der Übernahme des welfischen
Erbes durch die Staufer (1192) wurden die Truchsesse von Waldburg Dienstmannen der Staufer.
In einer Urkunde von 1273 wird Wurzach als ›oppidum‹ bezeichnet, worunter wahrscheinlich
eine befestigte Marktsiedlung zu verstehen ist. 1333 wurde dem Ort das Stadtrecht von Memmingen verliehen. Im Gegensatz zu einigen anderen Städten der Umgebung wurde Wurzach nie
Freie Reichsstadt, sondern blieb durch viele Jahrhunderte den Waldburgischen Grundherren
untertan. Bei einer Erbteilung des Hauses Waldburg im Jahr 1429 fiel Wurzach an die Georgi-
sche Linie, die sich Ende des 16. Jahrhunderts nochmals teilte in die Linien Waldburg-Wolfegg-
Waldsee und Waldburg-Zeil. Wurzach wurde 1604 der Linie Waldburg–Zeil zugeschlagen.

Berühmtestes Mitglied der Familie war der ›Bauernjörg‹ Truchseß Georg III. Seinen Namen
erhielt er, weil er mit Erfolg die aufständischen Bauern bekämpfte, die sich 1525 zusammengerot-

◁ 42 Schloß Neuschwanstein, Thronsaal

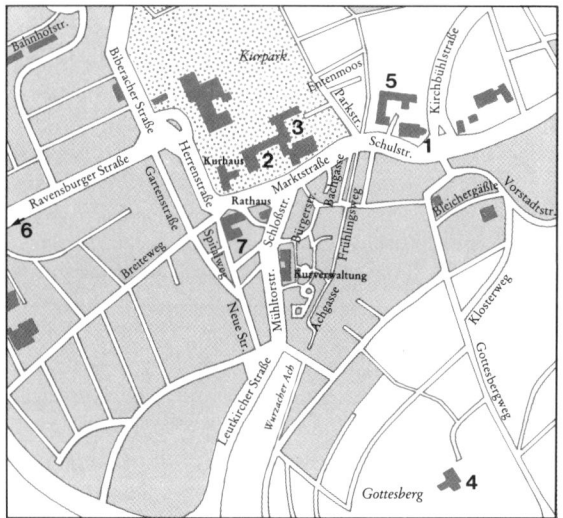

Bad Wurzach
1 St. Verena
2 Schloß
3 Altes Schloß mit Kapelle
4 Wallfahrtskapelle Gottesberg
5 Kloster Maria Rosengarten
6 Leprosenhaus mit Siechenkapelle
7 Spital zum Heiligen Geist

tet hatten. Freiheit der Jagd, Fischerei und Holzung, Befreiung von Abgaben und Frondiensten waren ihre Forderungen, die uns heute ganz vernünftig erscheinen, doch erwiesen sie sich als allzu keck, als sie gleichzeitig forderten: »Die Reichen müssen mit uns teilen, wir wollen einmal die großen Köpfe stechen, jetzt haben wir das Schwert in der Hand, jetzt steht die Sonn' in unserem Zeichen.« Der Truchseß Georg machte kurzen Prozeß, stellte auf dem Leprosenberg achtzehn Kanonen auf und zwang die Aufständischen in die Flucht.

Wer für Bad Wurzach wenig Zeit hat, sollte wenigstens zwei Bauten nicht versäumen: die Stadtpfarrkirche und das Schloß.

Die *Pfarrkirche St. Verena* ist ein klassizistischer Bau der Jahre 1775–77. Baumeister war wahrscheinlich der örtliche Bauinspektor Christian Jäger, der sich die bekannte klassizistische Kirche in Buchau zum Vorbild nahm, die ab 1773 von Michel d'Ixnard errichtet wurde. St. Verena ist ein dreischiffiger Saalbau mit breitem Mittelschiff und Emporen über den Seitenschiffen. Beherrschend in dieser Kirche sind der Hochaltar und das große, zweiundzwanzig Meter lange Deckengemälde. Sehr festlich wirkt das Weiß-Gold der Stukkaturen zusammen mit den tiefen Tönen des Freskos.

Die Figuren des Hochaltars stammen vom Wessobrunner Stukkator Franz Xaver Feichtmayr d. J. (Christus und die pilgernde Menschenseele) und von J. F. Vollmar aus Riedlingen (Hl. Verena, Hl. Konrad). Der Tabernakel in Form der Bundeslade mit anbetenden Engeln ist eine Arbeit von Konrad Hegenauer, dem ›Meister von Friesenhofen‹ (um 1775). Seinem Namen und dem seiner Werkstatt begegnen wir im Westallgäu sehr oft, ebenso dem Namen des Bildhauers der Seitenaltäre, Johann J. W. Ruez, der aus Wurzach stammte.

Der Meister des Deckengemäldes im Langhaus (1777), Andreas Brugger aus Langenargen, war auch in Buchau tätig (Abb. 62). Die Deutung des Freskos macht Schwierigkeiten, und es wurden als mögliche Lösungen vorgeschlagen: Triumph der Kirche, Verherrlichung des Erlösungs-werkes oder Reich Gottes vor und nach Christus, Einzug in die nach Vorbild des salomonischen Tempels neuerbaute Kirche. Der alte Bund wird mit seinen Vertretern dem Neuen Bund gegen-übergestellt. In der alttestamentlichen Gruppe sieht man Salomon, dem der Tempelriß vorge-legt wird, auf seinem Thron. In der neutestamentlichen Gruppe erscheinen die Evangelisten, Kirchenlehrer, Ordensstifter und Märtyrer. Besonders die dritte weltliche Gruppe ist recht interessant, denn hier sieht man Mitglieder des Hauses Waldburg, darunter den damals regieren-den Graf Ernst mit roter Schärpe (Abb. 62). – Etwas steif und kunstlos ist das Deckenbild des Chores von Rieger (Heiliges Römisches Reich als Abbild des Himmlischen Reiches; Maria als Himmelspforte; Anbetung des Lammes).

Neben einigen guten Grabmälern und Denksteinen ist eine spätgotische Holzplastik beson-ders hervorzuheben: der eindringliche ›Gnadenstuhl‹ im linken Seitenschiff.

Das ehemalige *Schloß* der Grafen Waldburg-Zeil-Wurzach steht mitten im Ort – ein erstaun-lich stattlicher Bau, dessen Ausmaße man nur verstehen kann, wenn man bedenkt, daß Wurzach einst Residenzstadt war. Heute ist der Besitzer nicht mehr das Haus Waldburg, denn seit 1923 betreiben die Salvatorianer hier eine Schule, ehemals Lateinschule und heute Gymnasium. Der Baumeister der Dreiflügelanlage mit zwei Wachpavillons (1723–28) ist nicht bekannt. Das Trep-penhaus mit seinen zweiseitigen ovalen Läufen ist so großzügig angelegt und schön geschwun-gen, daß man hier sogar schon an Balthasar Neumann dachte. Manchmal wird heute Giovanni G. Bagnato als Baumeister angenommen, der u. a. das Schloß Mainau und das Deutschordens-schloß in Althausen baute. Auch der Meister des Deckenbildes (Die Aufnahme des Herkules in den Olymp) ist unbekannt, doch wird hier Jacopo Amigoni genannt (Farbt. 22).

Vorgänger dieses Schlosses, das auch das ›Neue Schloß‹ genannt wird, ist das *Alte Schloß,* von dem heute jedoch nur noch ein Nebenflügel (1691) und die *Kapelle* erhalten sind. Die Kapelle wurde 1612 gebaut und 1708/09 barock ausgestattet. Sehenswert ist hier vor allem das Sand-steingrabmal des Truchsessen Georg I., ›im hübschen Haar‹, der 1467 starb, ein kraftvolles und frommes Zeugnis einer kraftvollen Zeit (Abb. 65). Die Mater dolorosa stammt von Johann Ruez (1731), dem Vater des Wurzacher Meisters, der aus Tirol kam. Das Gemälde der ›Heiligen Sippe‹ im nördlichen Seitenaltar ist recht interessant, denn hier sollen Mitglieder des Hauses Waldburg porträtähnlich abgebildet sein. Der ehemalige Hochaltar steht heute in der Pfarrkirche von Justingen auf der Alb, und auch er ist mit Figuren von Ruez ausgestattet.

Ein Gang auf den *Gottesberg* ist schon allein wegen des schönen Blicks auf den Ort lohnend. Hier steht eine *Wallfahrtskapelle,* die 1712/13 gebaut wurde, vielleicht von Johann Georg Fischer. Die ursprüngliche Bestimmung war die einer Heilig-Grab-Kapelle und Todesangst-Christi-Kapelle. Auf dem Weg zum Gottesberg waren sieben Stationen aufgestellt, und in der Kapelle gedachte der Wallfahrer des Sterbens und Todes Christi. Das ›gottselige Sterben‹ ist das geistliche Hauptmotiv. Daran erinnert der Hochaltar mit der eindringlichen Kreuzesdarstel-lung Christi mit den beiden Schächern, Maria und Johannes, Nikodemus und Josef von Arima-thia. Die Gruppe geht auf Johann Ruez zurück (1713–17), ebenso wie die Figuren der Neben-altäre. Am Gottesberg findet jährlich ein Heilig-Blut-Fest mit Reitersegnung statt. Eine Heilig-Blut-Reliquie ist seit 1764 kostbarster Besitz dieser Kapelle.

Die Gottesbergkapelle wirkt, ihrem hohen Inhalt entsprechend, ernst und mahnend, und es wurde auf unnötigen und ablenkenden Rokokozierat verzichtet. Wollen wir in Bad Wurzach fröhliches Rokoko sehen, müssen wir uns auf den Weg zum einstigen *Kloster Maria Rosengarten* mit seiner Hauskapelle machen.

Das Kloster geht auf eine Stiftung der Truchsessin Helena von Waldburg zurück (1513), der Mutter des ›Bauernjörg‹. Nach dem Tod ihres Gemahls siedelte sie von Zeil nach Wurzach über und trat als erste in das Kloster ein, wo nach der Regel des Hl. Franz von Assisi für den Dritten Orden gelebt wurde. Auch hier machte die Säkularisation dem geregelten Klosterleben ein Ende. 1863 ging das Kloster an die Armen Schulschwestern U. L. Frau über, 1891 wurde ein Mädchenpensionat errichtet, seit 1950 Anbauten für ein Sanatorium.

Trotz seiner geringen Größe ist der einfache Saal der *Hauskapelle* mit Deckenbildern und reichem Stuck versehen. Das Thema des Deckenbildes von Joseph Fischer: Christus wird durch Maria und die Ordensstifter versöhnt; die Seele vermählt sich mit Christus. Im Altarbild ist die Unbefleckte Empfängnis dargestellt. Auch hier finden wir plastische Werke von Johann J. W. Ruez, die Heiligen Elisabeth, Klara, Franziskus und Antonius von Padua. In der Kapelle wie im übrigen Bau ist der Stuck leicht, fein und anmutig und bezieht sich meist auf die Funktion der jeweiligen Räume. So sind im Parterre Küchengeräte zu sehen und in der ehemaligen Bibliothek Schreib- und Siegelgeräte.

Zu den ältesten Bauten von Wurzach gehört das *Leprosenhaus* mit der *Siechenkapelle,* an der Straße nach Waldsee gelegen. Es wurde im 13. oder 14. Jahrhundert gegründet, um Aussätzige der Stadt und Umgebung aufzunehmen. 1696 erfolgte ein Umbau (Johann Kuon), 1749 eine Erneuerung der Kapelle. Sie ist östlich an das Haus angeschlossen, besitzt ein tonnengewölbtes Schiff, einen dreiseitigen Chor und einen halbrunden Chorbogen. Das Deckengemälde im Chor zeigt eine Marienkrönung, die Bilder des Schiffes gelten den Aussätzigen, die durch Christus geheilt werden. Ein Votivgemälde an der Seitenwand (1579) zeigt die himmlischen Patrone der Aussätzigen und einen Ritter, der durch die Aussätzigenklappern gerettet wurde.

Das *Spital zum Heiligen Geist* ist eine Stiftung des Truchsessen Johannes von Sonnenberg, Erbauer des Schlosses Wolfegg. Die Spitalkapelle wurde 1482 konsekriert. Bis zur Mitte des 19. Jahrhunderts diente das Spital als Altersheim (Gutleute-Haus) und Asyl für arme Durchreisende. Die Kapelle wurde 1613–19 erneuert. Johann Kuon, Steinmetz und Maurer von Weitnau, der auch das Leprosenhaus umbaute, errichtete 1695 den heutigen Bau. Tonnengewölbe und Spitzbogenfenster der Spitalkapelle sind für diese Zeit antiquiert. Die Ausstattung weist keine Besonderheiten auf, der Hauptaltar stammt aus späterer Zeit (1740).

Das heutige Wurzach, das immer noch wie eine kleine Residenzstadt wirkt, ist Kurort. Ein ›Bad‹ ist es erst seit 1950, und erst seit 1936 existiert hier – erstaunlicherweise zuerst im Kloster – ein Moorbad.

Eine sehr viel ältere Tradition als Badeort hat das nordöstlich gelegene **Hauerz,** das bereits im 17. Jahrhundert für seine wirksame Heilquelle bekannt war. Einer Werbeschrift des Jahres 1705 zufolge gab es damals die erstaunlichsten Heilerfolge. So wurde unter anderem berichtet: »Christian Claßmann kame an 2 Krucken in das Baad! ist aber wider gantz frey ohne Krucken nach Hauß gegangen.«

Lieferant der heilenden Moorbäder ist das benachbarte *Wurzacher Ried,* eine über sechzehn Quadratkilometer ausgedehnte Moorlandschaft, deren Torfschichten stellenweise bis zu zehn Meter mächtig sind. Dieses Ried – heute Naturschutzgebiet – sollte man unbedingt besuchen: Über 600 Pflanzenarten warten auf den Naturfreund!

Zwischen Bad Wurzach und Wolfegg liegen zwei Gemeinden mit stattlichen Pfarrkirchen, Eintürnen und Arnach. Die Fahrt geht am *Rohrsee* entlang, einem bekannten süddeutschen Vogelparadies, wo jährlich Tausende von Lachmöwen brüten. Die *Pfarrkirche St. Martin* von **Eintürnenberg** liegt in bevorzugter Position hoch über dem Wurzacher Becken. Der Turm geht im Untergeschoß noch auf einen romanischen Bau des 12. Jahrhunderts zurück, doch stammt der restliche Teil aus dem Frühbarock, da die alte Kirche 1645 abbrannte und ab 1671 wieder aufgebaut wurde. Hervorzuheben ist die kleine Holzfigur im Hochaltaraufsatz, der Hl. Martin zu Pferd, ein Alterswerk von Johann Ruez (1751). Die hübschen bemalten Blechschilder stammen noch aus der Zeit, als hier eine Rosenkranzbruderschaft bestand (18. Jh.).

Die *Pfarrkirche St. Ulrich und Margarethe* in **Arnach** wurde 1744–49 errichtet, wahrscheinlich von Johann Georg Fischer. Der Turm geht noch auf die Zeit um 1500 zurück. Der Stuck dieser Kirche ist reich, und man nimmt an, daß Johannes Schütz der Urheber war. Leider wurden sowohl der Stuck als auch die Fresken von Carl Textor (1749) im Jahr 1930 erneuert. Wieder war es der Wurzacher Johann J. W. Ruez, der die Figuren des Hochaltars schuf. Auch die weiteren Figuren gehen wahrscheinlich auf die Werkstatt der Ruez zurück. Schon um 1700 entstand das Hochaltarblatt, die Kreuzigung, die Johann F. Sichelbein malte. Die Gemälde der Apostel sind Arbeiten von J. G. Roth aus dem Jahr 1722.

Von den drei hoch über dem Land thronenden Schlössern Zeil, Wolfegg und Waldburg ist das *Schloß* in **Wolfegg** kunsthistorisch das ergiebigste. Neben dem Schloß und seinen Kunstsammlungen ist hier eine hervorragend ausgestattete Schloßkirche zu sehen, ein kleines Bauernhofmuseum und ein Automobilmuseum. Die Geschlossenheit des Ortes, seine gepflegte Erscheinung, die schöne Aussicht auf die hügelreiche Landschaft des Achtales – all dies wirkt zusammen, um Wolfegg ganz hoch einzustufen (Farbt. 6, Abb. 64).

Es wird angenommen, daß schon im 11. Jahrhundert ein Burgsitz bestand, doch sicher ist nur, daß im 12. und 13. Jahrhundert die Herren von Wolfegg hier eine Burg besaßen, die dann an die Herren von Tanne überging, die späteren Truchsesse von Waldburg. Von der mittelalterlichen Burg ist heute nichts mehr erhalten. Der breit hingelagerte heutige Komplex, eine Vierflügelanlage mit Ecktürmen, ist das Ergebnis der Bautätigkeit vom Ende des 16. Jahrhunderts (1580–83). Die Burg entstand nach italienisch-französischen Vorbildern und nach Vorbild des Schlosses in Meßkirch. Die schwedischen Truppen setzten den Bau 1646 in Brand, und nur die Außenmauern blieben stehen. Truchseß Maximilian Franz sorgte für die Instandsetzung in den neunziger Jahren des 17. Jahrhunderts.

Imponierend ist der *Rittersaal,* der das ganze Obergeschoß des Südflügels einnimmt, ein Raum von 52 Meter Länge und 14 Meter Breite (Farbt. 32). Er erinnert an die Kaisersäle barocker Stifte, und nur die 24 Rittergestalten bezeugen, daß man es hier mit einer Ahnengalerie

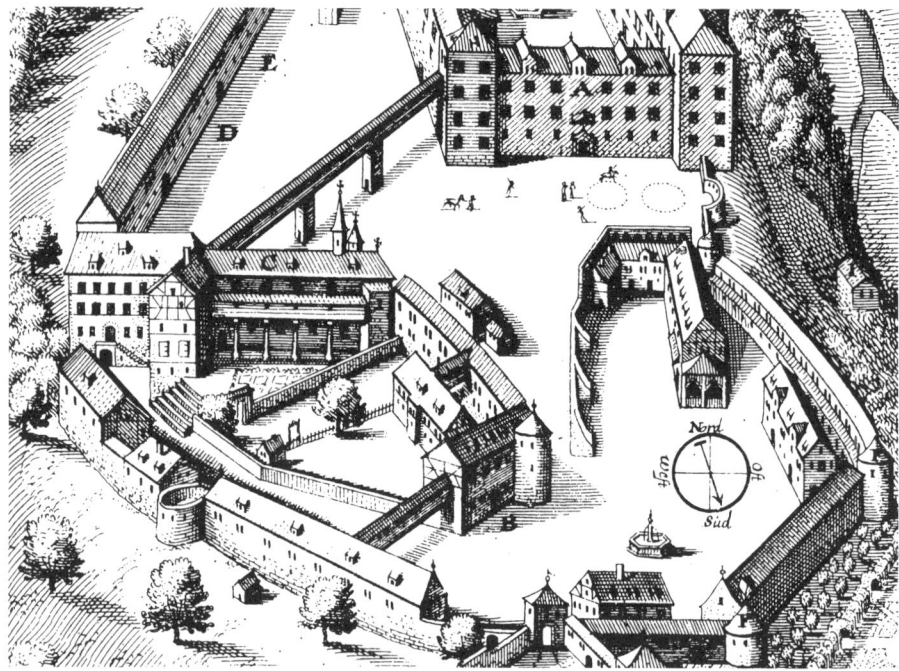

Wolfegg, Schloß und Stift, Kupferstich von Matthäus Merian

des Hauses Waldburg-Wolfegg zu tun hat. Der Raum wurde im 17. Jahrhundert begonnen und im 18. Jahrhundert fertiggestellt. Der Meister der höfischen Kavaliersfiguren ist Johann Wilhelm Hegenauer aus Türkheim, während die Figuren der etwas gröberen Rittergesellen wahrscheinlich auf den Wangener Stukkator Crinner zurückgehen. Sie entstanden 1749, und in diesem Jahr malte Johann Maria Zick, Vater des bekannteren Januarius Zick, auch die Deckenbilder (vier Jahreszeiten, vier Erdteile, vier Elemente, Taten des Herakles). Ein weiteres Mitglied der tüchtigen Familie Hegenauer, Johann Franz, brachte die strudelnde Stuckimitation an die Decke.

Zwei andere Säle, der Bankettsaal und der Bildersaal, sind fast ebenso eindrucksvoll und wirken durch ihre symmetrische Stuckierung und ihre klaren Linien sogar eleganter. Den frühbarocken Stuck des *Bankettsaals* brachte der Wangener Stukkator Crinner auf, die ausgezeichneten Renaissanceschränke zimmerte der Leutkircher Wiechmann. Die Gemälde dieses Saales sind Werke der niederländischen, spanischen und italienischen Schule.

Im nächsten Raum, der Waffenkammer, wird man unliebsam an eine zeitgemäße Variante des Raubrittertums erinnert: 1978 brachen hier Antiquitätendiebe ein und plünderten einen Teil der Waffensammlung, die unter anderem sehr gute Stücke des Wolfegger Büchsenmachers Klawitter enthielt.

Der *Bildersaal* im Westturm erfreut durch den geometrischen, in großzügige Felder aufgeteilten Stuck von Crinner. Hier hängen Tafelbilder vor allem schwäbischer Meister des 15. Jahrhunderts, darunter auch Werke von Multscher und Strigel. Die vier großen Wandteppiche mit perspektivischen Landschaftsbildern sind flämisch und stammen aus dem Anfang des 18. Jh.

Wer von der Wolfegger Kupferstichsammlung gehört hat – einer der bedeutendsten Sammlungen alter Graphik in Privatbesitz – und sie nun ansehen möchte, wird enttäuscht sein, denn sie ist nicht öffentlich zugänglich.

Die heutige *Pfarrkirche St. Katharina und Franz von Assisi* (ehemalige Stiftskirche bzw. Schloßkirche) ist ein barocker Neubau der Jahre 1733–42 (Abb. 63). Baumeister war Johann Georg Fischer aus Füssen. Er war der Neffe, Schüler und Nachfolger des bekannten Johann Jakob Herkomer, der die Klosterkirche St. Mang in Füssen baute, mit Fischer als seinem Palier. Fischer folgte dem ›Vorarlberger Münsterschema‹ (Wandpfeiler und Emporenumgang) und erreichte durch Schrägstellung der Eckpfeiler im Chor schöne Harmonie. Beherrschend in diesem überaus festlichen Raum ist das gewaltige Deckenbild (Farbt. 21) des ovalen Spiegelgewölbes, beherrschend ist aber auch die Westempore mit der prächtigen Herrschaftsloge und dem zweigeschossigen Orgelprospekt. Wer der Meister des Freskos ist, steht nicht genau fest, doch wird es im allgemeinen Franz Joseph Spiegler zugeschrieben, der auch in Ottobeuren und Zwiefalten malte. Wir haben es hier mit einer Schloßkirche zu tun, und nicht nur die prunkvollen Logen der Empore, sondern auch das Deckenbild weisen darauf hin, daß an diesem Ort das erste Wort das Haus Waldburg hat.

In aller Breite wird die Episode erzählt, wie es zur Stiftung des ehemaligen Klosters kam, und da diese Episode sehr vergnüglich ist, wollen wir sie unseren Lesern nicht vorenthalten. Graf Johannes von Sonnenberg, Truchseß von Waldburg, war ausgezogen, um dem Erzherzog Sigismund von Tirol im Kampf gegen die Republik Venedig beizustehen. Im Jahr 1487 standen sich die beiden Heere bei Rovereto gegenüber, und da keines von beiden wegen guter Ausgangsposition angreifen wollte, einigte man sich auf einen Zweikampf. Graf Johannes, wiewohl erst siebzehn Jahre alt, meldete sich zum Waffengang gegen den Cavaliere d'Aragona und gelobte, im Fall eines Sieges in Wolfegg ein ›Klösterlein‹ zu stiften. In der ›Pappenheimschen Truchsessen-

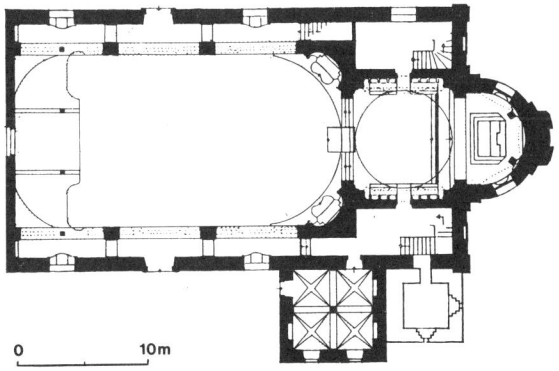

Wolfegg, Pfarrkirche St. Katharina und Franz von Assisi, Grundriß

0   10m

chronik‹, die den Zweikampf in allen Einzelheiten schildert, wird vermerkt: »Wölcher unter den zwayen schrayen würd ›Catharina‹, der sollt den Kampf um das Gelt verloren haben.« Der Kampf wurde zu Pferd begonnen, wie im Fresko über der Orgel dargestellt wird, doch dann fiel Graf Johannes vom Pferd, und die beiden Ritter kämpften am Boden weiter (Szene über dem Chorbogen). »Als sy nun am ringen myed worden und sich des Atthumbs erhollten, greift der von Sonneberg mit der linken Hand einen Schurtz, den der Welsche anhett und den er aufheben und entplössen thätt . . . und stach den Welschen in die entblößte Stelle. Der war so erschrocken, daß er anfing zu schreien ›Catharina‹. Also gewann, Gott hab Lob, Grave Hans von Sonnenberg den Kampf von aller Teutschen wegen, darum auch von denselben ihm groß Lob und Er zugemessen.«

Es war also letztlich der Stich in einen welschen Oberschenkel, der zur Stiftung des Klosters führte! Graf Johannes errichtete ab 1502 ein kleines Kloster mit dreischiffiger Basilika, und sein Erbe, der ›Bauernjörg‹, machte 1519 ein Augustiner-Kollegiatstift daraus. Auch diesen Bau zerstörten die Schweden größtenteils, und so kam es schließlich zu dem barocken Neubau.

Neben dem dramatischen Zweikampf sind in dem Hauptfresko noch die Patronin der Kirche, die Hl. Katharina von Alexandrien, zu sehen, seitlich davon Kirche, Stift und Schloß Wolfegg und an den Längsseiten das Lagerleben der Soldaten.

In seiner Feinheit und Zurückhaltung paßt sich der Stuck des Landsbergers Johannes Schütz – Schüler von Dominikus Zimmermann – sehr gut dem vornehmen Raum an. Das zarte Gelb-Türkis des Stucks wirkt an zwei Stellen besonders reizvoll: unter den eleganten Wandleuchtern der Pfeiler und über dem Chorgestühl – eine hervorragende Einlegearbeit von Michael Bertele (1755). Auch hier spürt man den ›höfischen Hauch‹ dieser Kirche besonders deutlich!

Unter den plastischen Arbeiten sind besonders diejenigen hervorzuheben, die aus der Hand von Johann Wilhelm Hegenauer aus Türkheim stammen: die Kanzel (1749), das Kruzifix mit der Steinbacher Schmerzensmutter gegenüber der Kanzel (1748) und die Hl. Sebastian mit pfeilziehendem Engelkind (um 1750) am hinteren Schiffspfeiler. Außerdem gibt es hier sehr gute Epitaphien zu sehen: das Doppelepitaph für den Stifter, Graf Johannes von Sonnenberg und seine Gemahlin Johanna von Salm (Durchgang zum rechten Chororatorium um 1510) sowie das Grabmal des Erbauers der Kirche, Ferdinand Ludwig (seitlich des Hochaltars, 1738/39).

Westlich an die Kirche angebaut ist das ›Schlößle‹, das ehemalige *Stiftsgebäude,* das heute als Pfarr- und Gemeindehaus dient. Grundmauern und Erkerturm stammen aus dem 16. Jh.

Die vielen tausend Besucher, die jährlich nach Wolfegg kommen, haben oft weniger Schloß und Kirche im Sinn, als vielmehr das respektable *Automobilmuseum,* das der Autotester Fritz B. Busch hier zusammengestellt hat. Es ist im großen Sennstadel an der Schloßmauer untergebracht und enthält neben Automobilen auch Motorräder aus sieben Jahrzehnten.

Ein weiteres Museum, das Wolfegg seit neuerer Zeit eine Menge Besucher einbringt, ist das *Bauernhaus- und Freilichtmuseum.* Es ist zwar nicht sehr umfangreich, doch allein das ›Fischerhaus‹ mit seinem schönen Fachwerk (1788) ist ein Grund, den Schloßhügel hinabzuwandern.

Am Südrand des Ortes steht eine im Vergleich zur Schloßkirche zwar bescheidene, doch recht interessante Kirche, die sogenannte ›Pfarr‹, die ehemalige Pfarrkirche *St. Ulrich.* Es ist ein roma-

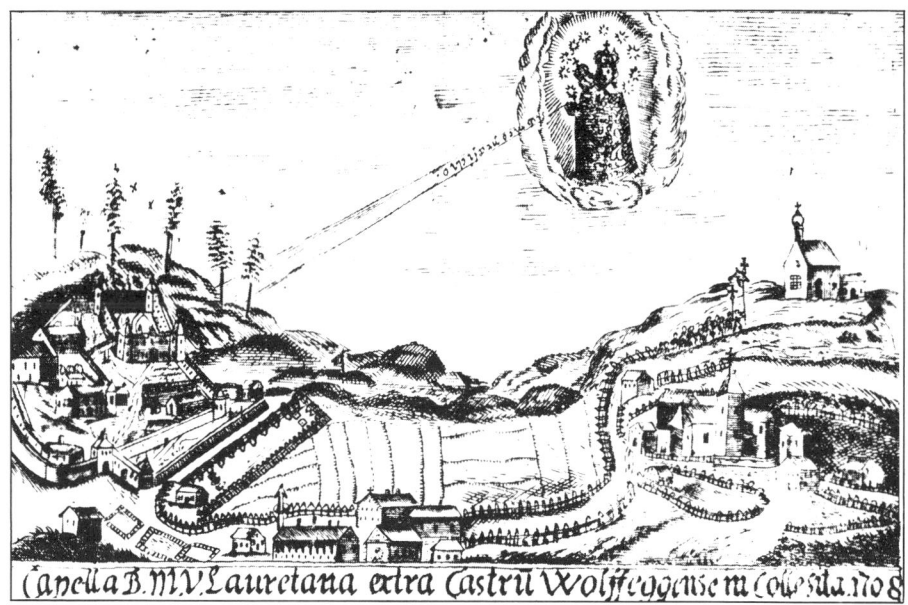

Die älteste Ansicht von Loreto mit alter Pfarrkirche und Schloß, 1708

nischer Bau mit spätgotischem Chor, in dem in neuerer Zeit Wandmalereien entdeckt wurden. Der Bau, der nach der Säkularisation zum Teil abgebrochen wurde, diente eine Weile als Scheune, soll jedoch wieder restauriert werden.

Fast noch schöner als von Wolfegg aus ist der Blick von der benachbarten *Loretokapelle*, die auf einem Moränenhügel an der Straße nach Rötenbach liegt. 1668 entstand die rechteckige Halle und 1706/07 das zweigeschossige Oratorium im Westen sowie das ›Bruderhaus‹ im Osten. Die Wallfahrtsmadonna aus Zedernholz ist eine Kopie des Gnadenbildes von Loreto. Die Pilgerfahrt nach dem italienischen Loreto wurde besonders nach dem Dreißigjährigen Krieg so oft unternommen, daß man auch an anderen Orten Loretokapellen einrichtete. Stifter war hier Graf Max Willibald von Waldburg.

Auf dem Weg nach Waldburg kommt man über **Vogt**, wo ein herrlicher Fachwerkbau, *Gasthof Adler*, direkt an der Straße das Auge so gefangennimmt, daß man aussteigen muß, um sich diesen Prachtbau von allen Seiten zu besehen. Nur schade, daß hier beim Renovieren fast zuviel getan wurde, so daß alles ein wenig ›abgeschleckt‹ wirkt.

Der Stammsitz der Truchsesse von Waldburg, die *Waldburg* östlich von Ravensburg, ist hinsichtlich ihrer Lage den übrigen Waldburg-Besitzen durchaus ebenbürtig. Nicht jedoch, was ihre Ausstattung betrifft. Hier haben wir, auf schmaler Kuppe gelegen, noch eine richtige Wehrburg vor uns, die in erster Linie der Verteidigung dienen sollte (Abb. 67). Auf Komfort wurde weniger Wert gelegt, die Räume sind ziemlich klein und spärlich ausgestattet.

Einzelne Teile gehen noch auf das Mittelalter zurück, doch die gesamte Anlage – ein drei-stöckiger Palas auf rechteckigem Grundriß mit schmalerem Kapellenbau – verdankt ihre Er-scheinung dem frühen 16. Jahrhundert. Burg und Kapelle sind durch eine hohe Schildmauer, über die ein gedeckter Wehrgang führt, miteinander verbunden. Hier ist alles steil und auch etwas finster: der schmale Weg, der vom Ort aus zur Burg hinaufführt, und die Wendeltreppe, die ein Geschoß mit dem andern verbindet. Hervorzuheben ist ein Rittersaal (1568) mit einer Ahnengalerie der Truchsesse und einer Menge Hellebarden – alles holzvertäfelt und mit Kasset-tendecke versehen, doch gerade dadurch auch wieder düster wirkend. Befreiend ist der Blick von der Aussichtsplatte. Die Burg, die auf einer hohen eiszeitlichen Moränenkuppe steht (722 m), ist ein idealer Aussichtspunkt: Bei guter Witterung, meist im Herbst, überblickt man hier von der Zugspitze über die Allgäuer Berge, die Liechtensteiner Berge und den Säntis einen großen Teil der Alpen.

Unten, zu Füßen der Burg, steht die *Kirche St. Magnus,* ein flachgedeckter Saalbau mit eingezo-genem Chor und Satteldachturm. Der mittelalterliche Bau (1337) wurde 1748 erweitert und barock ausgestattet. Das Hochaltarbild (St. Leodegar, Maria mit Jesuskind und Waldburgheili-gen) ist wahrscheinlich eine Arbeit von Gabriel Weiß aus Ravensburg (1728). Im linken Seiten-altar steht eine spätgotische Madonna (um 1500) mit zwei Heiligen und im rechten erscheint der Hl. Magnus (um 1700) mit zwei Königen.

Kißlegg hat nicht nur zwei Schlösser zu bieten, sondern auch zwei Kirchen und zwei Seen. Der Ort – heute ein Kneippbad – ist nicht genug zu rühmen und verdient es, eingehend besichtigt zu werden. Schon allein die Lage zwischen zwei Moorseen ist überaus reizvoll, und wenn man Zeit hat, sollte man sich zuerst einmal ansehen, wie hübsch die Pfarrkirche und das Alte Schloß sich von einem Standpunkt jenseits des einen Sees ausnehmen. Beide Schlösser stehen – wie könnte es in dieser Gegend anders sein – in Zusammenhang mit dem Namen der Grafen Wald-burg.

Das *Alte Schloß* ist zwar das kleinere der beiden, dafür aber das schönere. Der hohe Bau mit seinem Staffelgiebel und den vier runden Ecktürmen wirkt von jeder Seite aus malerisch (Abb. 68). Er wurde im dritten Viertel des 16. Jahrhunderts unter Hans Ulrich von Schellenberg errichtet und 1717–21 innen barockisiert. Ausgezeichnet sind die Fresken des nordöstlichen Erkers (1580), die Szenen aus dem Alten und Neuen Testament darstellen. Einige Räume sind sehr gut stuckiert, teils von Handwerkern, die auch für das Kloster Weingarten tätig waren. Da das Schloß Privatbesitz ist und bewohnt wird (Fürsten von Waldburg-Wolfegg), kann es nur teil-weise besichtigt werden.

Besichtigt werden soll jedoch das originelle *Besenmuseum,* das innerhalb des Schloßareals ein-gerichtet wurde. Da auch eine moderne Galerie mit Wechselausstellungen existiert, kann man sich für das eine oder andere entscheiden, je nach Interesse.

Das *Neue Schloß,* mitten im Ort gelegen, wurde 1721–27 nach Plänen von Johann Georg Fischer aus Füssen gebaut. Der dreigeschossige Bau mit zwei kurzen Seitenrisaliten ist nur von der Parkseite her ansehnlich, darüber hinaus jedoch wenig attraktiv. Ganz anders sieht es innen aus, wo beachtliche optische Eindrücke mitgenommen werden können. Das Schloß, von Graf

Johannes Ernst von Waldburg zu Trauchburg errichtet, wurde bis 1943 von Mitgliedern der Familie Waldburg-Wurzach bewohnt, war dann lange Krankenhaus und beherbergt heute unter anderem eine Realschule. Erstaunlich ist schon das Treppenhaus mit ausgezeichneten Nischenfiguren von Joseph Anton Feuchtmayer, die Sibyllen darstellend (1726/27). Besonders die Sibylla Erytrea mit ihrem langen, schlanken Hals und dem prophetisch weisenden Arm ist eindrucksvoll. Ursprünglich waren es hier neun Sibyllen, eine davon wurde zerstört.

Die Festräume im ersten Obergeschoß sind wunderbar stuckiert, zum Teil von so guten Meistern wie dem Landsberger Johannes Schütz, einem Schüler von Dominikus Zimmermann. Auch die mythologischen Fresken, die zum Teil auf Johann G. Roth zurückgehen, sind gut gelungen. Roth hat auch das Fresko der Hängekuppel in der Kapelle gemalt, das die kirchliche Heilslehre zum Inhalt hat. Diese kleine Kapelle, die vom Erdgeschoß bis ins Hauptgeschoß hinaufreicht, ist mit einem schönen Stuckmarmoraltar (1730) ausgestattet, bei dem vor allem das Antependium in Scagliolatechnik auffällt.

Sehenswertester Bau in Kißlegg ist sicherlich die *Pfarrkirche St. Gallus und Ulrich,* die besonders reich, ja geradezu verschwenderisch ausgestattet ist. Auch hier war der Füssener Johann Georg Fischer der Baumeister, der 1734–38 die ursprüngliche mittelalterliche Basilika barockisierte. Der Westturm enthält noch Reste des 13. Jahrhunderts, die Glockenstube und die geschweifte Haube wurden im 18. Jahrhundert aufgesetzt (Farbt. 5). Fischer ließ den alten Chor abbrechen und errichtete den heutigen Chor mit seinen zwei Emporen für die beiden Fürstenhäuser. Als Stukkator stand Johannes Schütz zur Verfügung, der sein Handwerk meisterhaft beherrschte. Es ist nur schade, daß bei der letzten Restaurierung (1974–80) die Farbigkeit allzu geschmäcklerisch ausfiel, so daß man hier ständig an Zuckerguß erinnert wird. Ein Vergleich mit dem Leutkircher Gartenhaus, das auch von Schütz stuckiert wurde, fällt eindeutig zugunsten der Leutkircher Restauration aus.

Wenn man den Innenraum betritt (Abb. 69), fällt sofort das gewichtige Tonnengewölbe auf, das von einem ebenso mächtigen Fresko bedeckt wird. Dieses Gewölbe, das nicht belichtet ist, wirkt sehr schwer, wozu auch die dunklen Farben der Malerei beitragen. Es ist der einzige dunkle Akzent in dem sonst sehr lichten und fröhlichen Kirchenraum. Der Maler war der Ottobeurer Franz Anton Erler, der, eingefügt in perspektivische Architekturen, die Verherrlichung Gottes und der Kirche darstellte. Erler war auch der Freskant der Flachkuppel (Aufnahme der Hl. Kommunion bei den Menschen), während sein Geselle Benedikt Gambs die Seitenkapellen und vorderen Emporen ausmalte. Der ursprünglich barocke Hochaltar wurde mehrfach verändert und renoviert, was ihm nicht sehr gut bekam. Das Altarblatt von J. Th. Sichelbein (1738) stellt den Gekreuzigten mit Maria und Maria Magdalena dar, die Statuen von Ignaz Hillenbrandt aus Türkheim die Kirchenpatrone St. Gallus und St. Ulrich. Sichelbein war auch der Maler der beiden Rokokoseitenaltäre (links Rosenkranzspende an den Hl. Dominikus und die Hl. Katharina von Siena; rechts die Heilige Familie).

Beim Stuck fällt auf, daß manche Partien versilbert wurden – eine Seltenheit, da man allgemein nur Vergoldungen antrifft. Dies sind jedoch keine modernen Hinzufügungen, sondern Versuche, die originale Versilberung wiederherzustellen.

Auch hier in Kißlegg treffen wir, wie so oft im Westallgäu, plastische Werke der Familie Hegenauer an. Kanzel (Abb. 69) und Taufsteingruppe (Farbt. 26) – beide ebenso schwungvoll wie elegant – sind Arbeiten von Johann Wilhelm Hegenauer aus den Jahren 1746/47.

Wertvollster Besitz der Kirche ist der sogenannte ›Kißlegger Silberschatz‹ – 21 Objekte aus der Augsburger Werkstatt von Franz Christoph Mäderl aus den Jahren zwischen 1741 und 1755 (Abb. 79). Besonders fein und ausdrucksvoll sind die Halbfiguren der Zwölf Apostel in durchbrochenem Rocailleornament. Aus Sicherheitsgründen sind diese Silberobjekte der Öffentlichkeit nicht zugänglich.

Die *Spitalkapelle zum Hl. Geist* geht noch auf das 16. Jahrhundert zurück. Hier ist besonders auf die Tafelbilder und Holzbildwerke zu achten, darunter eine sehr gute Darstellung des Marientodes aus den Jahren um 1460. Der Hochaltar mit seinem üppigen barocken Rahmenwerk ist außerordentlich prächtig, und das Altarblatt (Pfingstwunder, Leopold Greising, Bregenz, 1709) steht ihm an Qualität nicht nach.

Die *Friedhofskapelle St. Anna* liegt auf einer Anhöhe nordwestlich von Kißlegg. Sie wurde wahrscheinlich nach einem Entwurf von Johann Georg Fischer 1718 errichtet. Der äußerlich schlichte Bau ist gut und einheitlich ausgestattet. Der Saal ist rechteckig, der Chor ausgeschieden und überkuppelt. Die Fresken, die erst kürzlich als Frühwerk von Cosmas Damian Asam erkannt wurden, gelten dem Leben der Hl. Mutter Anna, und auch das Altarblatt ist ihr gewidmet (Anna selbdritt mit Josef, Joachim und Täuferknaben). Der besonders zarte Stuck stammt von Hans Herkommer, die Figuren von Johann Ruez aus Wurzach.

Von Leutkirch aus ist Schloß Zeil mit dem Wagen in einer knappen Viertelstunde zu erreichen. Zu Füßen des Schloßberges liegt der Ort **Unterzeil** mit seiner *Pfarrkirche St. Magnus*. Der weißverputzte, zinnenbekrönte Torbau, der charaktervolle bemalte Turm und die kantigen Strebepfeiler der Kirche machen neugierig, ob es wohl sonst noch etwas zu sehen gibt. Die Kirche, die innerhalb eines befestigten Kirchhofes liegt – eine Wehrkirche also –, wurde 1510–14 gebaut. Der Turm wurde 1684–90 erneuert. Sehr schön ist das Netzgewölbe in Langhaus und Chor, schön auch das einfache bemalte Chorgestühl der Neugotik mit seinen spätgotischen Reliefs der Kirchenväter. Neben guten Holzbildwerken des 18. Jahrhunderts (Kruzifix der Südseite aus der Johann-Ruez-Werkstatt in Wurzach) fällt ein manieristisches Epitaph für Dorothea von Ulm auf (1597), das in seiner Farbigkeit naiv und fast fröhlich wirkt. Die Bemalung der Empore ist modern und stört in ihrer kunstlosen Expressivität den sympathischen Raum merklich.

Ob man von Norden, Westen oder Süden kommt: *Schloß Zeil* ist von jeder Seite aus beeindruckend (Abb. 70). Die breite gewundene Straße, die hinauf zum über 700 Meter hohen Schloßberg führt, deutet schon an, daß man nicht zu irgendeinem beliebigen Schlößchen kommen wird. Und wenn man dann oben angelangt ist und die musterhaft gepflegten großzügigen Parkanlagen und die lange Mauer sieht, meint man, vor einem der großen Adelssitze Englands oder Frankreichs zu stehen ... So verlockend hier alles ist – die Höfe mit ihren Brunnen, die Pavillons, die vielen Türmchen und Törchen –, wir müssen uns damit begnügen, das Schloß von außen anzusehen, denn es ist nicht öffentlich zugänglich. Es ist im Besitz der Fürsten von Waldburg-Zeil und wird bewohnt, und wenn man bedenkt, daß Zeil schon seit 1337 im Besitz der Truchsessen von Waldburg ist, so ist das staunenswert und in unserer Zeit schnellen Besitzerwechsels fast beneidenswert.

Die Vierflügelanlage mit Eckpavillons geht im wesentlichen auf das 17. Jahrhundert zurück. Der Bau, der 1598 unter Truchseß Froben begonnen wurde (Baumeister Jörg Reutter), konnte erst nach dem Dreißigjährigen Krieg vollendet werden, und der Nordwestflügel wurde sogar erst 1888 fertiggestellt.

Zu den wenigen Dingen, die von außen zu betrachten sind, gehören die schönen Portale, die 1602 und 1606 von Esaias Gruber d.J. geschaffen wurden, sowie der Rotmarmor-Kenotaph des Bauherrn aus dem Jahr 1611, ebenfalls von Esaias Gruber. Alles weitere, vor allem das Truchsessenzimmer mit der kassettierten Decke eines Meisters aus Isny (1612), eine Skulpturen- und Gemäldesammlung, ebenso eine Schloßkapelle, müssen wir auslassen.

Man muß jedoch Zeil nicht verlassen, ohne einen Innenraum gesehen zu haben, denn die *Pfarrkirche* (ehemalige Kollegiatskirche), die neben dem Schloß steht, ist zugänglich und gehört zu den qualitätvollsten Kirchen weit und breit. Die Kirche wurde zugleich mit dem Schloß erbaut und 1612 geweiht, doch der heutige Turm an der Nordseite wurde erst 1726 errichtet. Eine Renovierung der Jahre 1782/83 bewirkte den heutigen klassizistischen Gesamteindruck. Zwei Dinge sind es, die in dieser Kirche mit Recht immer wieder hervorgehoben werden: das Chorgestühl und der Hochaltar. Das Chorgestühl, ebenso auch die Empore im Chor, ist eine Arbeit von Jakob Bendel aus dem Jahr 1611. Die Reihung der Engelshermen und das Gold der Ornamente auf dunklem Grund wirkt sehr feierlich und dekorativ. Zur Ausstattung des Hochaltars hat man sich den besten Rokokoplastiker Schwabens geholt: Joseph Anton Feuchtmayer. Die Figuren der Heiligen Anna und Elisabeth, des Johann Nepomuk und des Heiligen Joseph sind Spätwerke aus dem Jahr 1764. Mitarbeiter waren Johann Georg und Franz Dirr. Weniger erfreulich sind die Fresken, die zum Teil modern sind (Franz Antoni Dick, 1782, über der Orgel und im Chor; August Braun im Langhaus, 1939).

Übrigens sollte man es sich so einrichten, die Zeiler Kirche in der Osterzeit zu besuchen. Dann sind die Bankreihen dicht mit Stangen besetzt, die mit bunten Holzostereiern und Girlanden bekrönt sind – ein wunderbar festliches und frohes Bild (Farbt. 35).

Weniger repräsentativ als Schloß Zeil, jedoch als Renaissancebau recht beeindruckend, ist das nordöstlich gelegene *Schloß Altmannshofen*. Der Rechteckbau mit den vier polygonalen Ecktürmen entstand um 1620 unter den Herren von Muggental. Moderne Umbauten wirkten sich im Innern nachteilig aus, doch ist die Kassettendecke im Obergeschoß sehenswert.

Wer mit dem Wagen aus Richtung Memmingen kommt und vor **Leutkirch** der ausgedehnten Industrieanlagen und modernen Siedlungen ansichtig wird, könnte auf den Gedanken kommen, gleich weiterzufahren und gar nicht erst nach etwas ›Altem‹ Ausschau zu halten … Das wäre jedoch ein großer Fehler, denn Leutkirch ist nicht nur eine sehenswerte, sondern auch eine sympathische Stadt mit einigen schönen alten Bauten.

Die Stadt liegt sehr günstig am Ostrand der Leutkircher Heide, eingebettet in den Lauf der Eschach, am Fuß des Hohen Berges, den man heute ›Wilhelmshöhe‹ nennt. Die Geschichte reicht lange zurück bis in die keltische Zeit und den alemannischen ›Nibelgau‹, dessen Mittel-

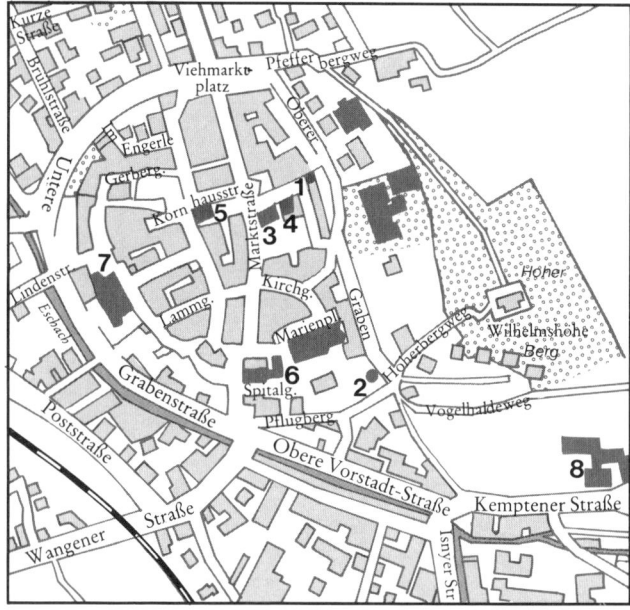

Leutkirch
1 Bockturm
2 Pulverturm
3 Rathaus
4 Kanzlei
5 Kornhaus
  (Heimatmuseum)
6 Stadtpfarrkirche
  St. Martin
7 Evang. Stadtpfarrkirche
  (Dreifaltigkeitskirche)
8 Schlößchen Hummels-
  berg mit ›Teehäuschen‹

punkt Leutkirch einst war. Der älteste Bau, die Martinskirche, wird schon im 9. Jahrhundert erwähnt. An der wichtigen Straße von Memmingen nach Lindau gelegen, wuchs ein befestigter Markt heran, dann eine Stadt, die 1293 die Rechte von Lindau erhielt. Als Freie Reichsstadt existierte Leutkirch von 1293 bis 1802.

Ein Stich von Merian aus dem Jahr 1635 zeigt Leutkirch noch im Besitz einer stattlichen Umfassungsmauer, von mehreren Stadttoren und Türmen. Nach den Toren sucht man heute vergeblich, denn sie fielen schon 1812 der Spitzhacke zum Opfer. Erhalten sind der *Bockturm* gleich hinter dem heutigen Rathaus und der *Pulverturm* in der Südostecke der Stadtmauer (Abb. 72).

Beginnen wir unseren Besichtigungsgang diesmal nicht mit einer Kirche, sondern mit dem *Rathaus,* denn es ist in dieser Stadt das wichtigste Bauwerk. Der rot verputzte Bau mit seinen breiten Laubengängen ist beherrschender Akzent des Marktplatzes und wirkt von jeder Seite aus gewichtig. Das Rathaus entstand 1739–41 anstelle des baufällig gewordenen Vorgängers aus dem Jahr 1407. Die zweischiffige Laube des Erdgeschosses bereitet schon auf eine großzügige Ausgestaltung der Räume vor. Es sind vor allem die Stuckdecken, die ins Auge fallen, ganz besonders die im *Ratssaal* (Farbt. 28). Wenn man den Raum betritt, ist man zunächst erstaunt, daß eine so niedrige Decke so reich stuckiert wurde. Tatsächlich muß man sich, wenn man den Stuck fotografieren will, auf den Boden legen, um überhaupt ein manierliches Bild zu erzielen. Stukkator war der Landsberger Johannes Schütz (um 1740), dessen routinierten Schwüngen man es durchaus ansieht, daß er Schüler von Dominikus Zimmermann war. Das Thema war für den Ratssaal gegeben, und so erscheinen in der Mitte Justitia und Pax in inniger Umarmung, begleitet von zwei Putten, an der Seite die christlichen Tugenden, in der Ecke die Allegorien der Abundantia mit dem Füllhorn, des Gewerbes mit der Waage, des Gesetzes mit Tafeln und Auge Gottes, der Wahrheit mit Licht und zertretener Maske. Weitere Räume – besonders die obere Halle – sind ebenfalls trefflich stuckiert. Schütz hatte, als er nach Leutkirch berufen wurde, bereits einige große Aufträge hinter sich gebracht: 1733–35 die Innenräume der Residenz in Kempten (zusammen mit anderen Stukkatoren), anschließend die Gallus-Kirche in Kißlegg, ab 1735 die Pfarrkirche St. Katharina in Wolfegg und noch vor 1740 das Schloß Zeil.

Östlich vom Rathaus steht die *Kanzlei*, ein zweigeschossiger Bau des Jahres 1617.

Im *Kornhaus*, einem spätgotischen Bau, ist das *Heimatmuseum* untergebracht. Dort sind u. a. gute Figuren von Konrad Hegenauer zu sehen (Unterer Marktplatz).

Vom Marktplatz aus führt der Weg über die Kirchgasse zur *Stadtpfarrkirche St. Martin*, die etwas erhöht am Hohen Berg liegt. Über die Entstehung des Baues ist man durch eine Kirchenchronik des 17. Jahrhunderts gut unterrichtet. Danach hat eine alte Kirche bis 1514 bestanden, die dann zu klein wurde, weshalb man sich zu einem Neubau entschloß, der 1519 vollendet wurde. Wie vortrefflich in dieser Zeit der Gemeinsinn noch entwickelt war, beweist die Nachricht, daß die Pfarrkinder, wenn sie in die Kirche gingen oder in der Stadt zu tun hatten, auf ihren Rücken so reichlich Steine zum Bau heranschafften, daß schließlich zuviel Material vorhanden war!

Vom Vorgängerbau stammt noch der kraftvolle quadratische Turmsockel zwischen nördlichem Schiff und Chor, doch auch der Bau der Spätgotik ist ungemein wuchtig. Das Oktogon des Turmes mitsamt der achtseitigen Zwiebelhaube sind Zutaten des Jahres 1813, da der einstige Spitzhelm durch Blitzschlag beschädigt wurde (Abb. 72).

Im Innern stehen wir vor einer dreischiffigen, im Mittelschiff überhöhten Halle auf Rundpfeilern. In dieser Kirche ist es der Raumeindruck, der besticht, weniger die etwas karge und zum Teil moderne Ausstattung. Wunderschön ist das feine Netzgewölbe mit seinen Schlußsteinen. Unter den Figuren fällt eine Anna selbdritt vom Ende des 15. Jahrhunderts auf, die wahrscheinlich aus der alten Kirche stammt. In der Sakristei gibt es, vor einer Wandnische, ein reich ornamentiertes spätgotisches Eisentürchen zu sehen. Eine Rotmarmor-Grabplatte für den Priester Johannes Kessler (1542) gehört zu der Reihe ansehnlicher Epitaphien dieser Kirche. Apostelfiguren und Kreuzwegstationen sind modern, ebenso die Wandfresken und die Chorfenster. Der Bronzetabernakel der Mensa, Volksaltar, Ambo, Seitenaltäre, Taufstein und Chorgestühl entstanden 1972 nach Entwürfen von Professor J. Henselmann.

Über Spitalgasse und Evangelische Kirchengasse erreicht man die *Evangelische Stadtpfarrkirche (Dreifaltigkeitskirche)*. Der Bau wurde ab 1613 von David Schopf aus Isny errichtet und vertritt den Typ der dreischiffigen Predigtsaalkirche ohne Chor. Es war der erste evangelische Kirchenneubau im schwäbischen Oberland. Renovierungen des frühen 19. Jahrhunderts und unserer Zeit wirkten sich hier nicht sehr günstig aus, so daß die Kirche ästhetisch nur noch von außen erfreulich ist. Der elegante Turm mit Spitzhelm, der aus der Ferne so gotisch wirkt, ist ein Werk des Jahres 1845.

Ausgesprochen erfreulich ist hingegen ein Besuch beim *Schlößchen Hummelsberg* (heute St. Anna-Pflege), dessen *Gartenhaus* neben dem Rathaus sicher das reizvollste Bauwerk von

Leutkirch ist. Schon die Lage ist vielversprechend: angelehnt an den Hohen Berg, mit Blick auf die Eschach und den Oberen Stadtwald. Das kleine Schloß ist ein einfacher dreigeschossiger Bau mit Mansardendach ohne Außengliederung. Im Jahr 1636 wurde hier von der Patrizierfamilie Furttenbach zunächst ein einfaches Landhaus gebaut, das dann hundert Jahre später in ein Schlößchen verwandelt wurde. Der berühmte Kunstsammler und Architekturschriftsteller Joseph von Furttenbach hatte hier seine Kunstkammer untergebracht, die heute jedoch nicht mehr existiert. Interessanter als das Schloß selbst ist das sogenannte ›Teehäuschen‹ (Gartenhaus), ein ehemaliges kleines Lusthaus mit Walmdach und Rundbögen, ein überaus graziöser Bau (Abb. 74). Im Innern ist es sehr fein mit Rokokozierat stuckiert (Blumen, Vasen, Früchtezweige), wiederum von dem tüchtigen Johannes Schütz. Auch das Schloß selbst wurde von Schütz stuckiert, und zwar im oberen und unteren Gang. Das Gartenhäuschen dient heute als Kapelle – eine nicht sehr glückliche Idee, da der kleine Bau wirklich sehr weltlich wirkt.

Die Umgebung von Leutkirch ist reich an gut ausgestatteten Landkirchen. **Reichenhofen,** an der Hauptstraße nach Wurzach gelegen, ist stolz darauf, Geburtsort von Hans Multscher zu sein, dem bedeutendsten schwäbischen Bildhauer der Spätgotik. Er ist der Meister der stämmigen und doch lieblichen Muttergottes in der *Pfarrkirche St. Laurentius,* die früher in der Wolfgangskapelle stand. Als frühestes Werk Multschers, vor seiner Übersiedlung nach Ulm (1427) entstanden, ist es für die Kunstgeschichte besonders wertvoll. Einige gute Barockfiguren stammen aus den Werkstätten von Konrad Hegenauer und Johann Ruez. St. Laurentius ist im wesentlichen ein spätgotischer Bau, doch wurde das Kirchenschiff im Norden ab 1960 erweitert.

Den überlängten, in ihrer Bewegung oft wie erstarrten Figuren von Konrad Hegenauer begegnen wir wieder in **Herlazhofen,** und zwar in der *Pfarrkirche St. Stephanus* (Taufgruppe, um 1760) und in der *Feldkapelle zu den Hll. Johannes und Paulus* (die beiden Kirchenpatrone, um 1760). Ein schönes Bild, die Taufgruppe, ganz in Weiß und Gold gefaßt, und als Pendant eine Madonna des späten Rokoko mit bunten Bruderschaftsschildern. St. Stephanus, auf einer Anhöhe im Dorf gelegen, ist ein spätgotischer Bau (1426) mit Schiff und Chor aus dem 18. Jh.

Auch die kleine *Kirche zum Hl. Vitus* in **Grünenbach** ist spätgotisch. Der Schnitzaltar ist erneuert, die Reliefs jedoch sind alt – man nimmt einen Zusammenhang mit der Memminger Strigel-Werkstatt an. Die Konsolfiguren (Muttergottes auf der Mondsichel, St. Achatius, St. Pantaleon) sind vielleicht frühe Werke von Konrad Hegenauer. In dieser Kirche ist das Staffelbild die beste Arbeit: eine Darstellung der vierzehn Nothelfer in der Tracht der Zeit, die ebenfalls mit der Strigel-Werkstatt in Verbindung gebracht wird. Sehr hübsch sind die Darstellungen zu dem Leben des Hl. Veit an der kleinen Empore.

Die Pfarrei **Urlau** ist sehr alt, denn hier wurde schon 834 ein Diakon Walter bezeugt. Die *Pfarrkirche St. Martin* hat noch einen Turmsockel aus dem 9. Jahrhundert, doch stammt der restliche Bau aus der Spätgotik (Turm 1583 nach Vorbild von St. Mang in Füssen). Das Innere wurde 1667 barockisiert, der Chor im 18. Jahrhundert stuckiert. Johannes Schütz, der Meister des Leutkircher Rathaussaals, hat hier nicht nur stuckiert, sondern auch den Hochaltar geschaffen. Sehr eindringlich sind die Figuren des Hochaltars: eine Doppelgruppe mit der Kreuzigung Christi und im Hintergrund die Ölbergszene. Das Kruzifix einer Prozessionsstange ist die Arbeit von Konrad Hegenauer (um 1760).

Friesenhofen, am Fuß der 961 Meter hohen Adelegg gelegen, gehörte einst zur Herrschaft Trauchburg-Waldburg. 1772 kam der Ort an Zeil. Die *Pfarrkirche St. Petrus und Paulus* verdient einen längeren Besuch, da sie erstaunlich gut ausgestattet ist (Abb. 73). Der Bau stammt aus dem späten 15. Jahrhundert, wurde aber im 17. Jahrhundert barockisiert. Es ist ein Rechtecksaal mit dreiseitigem Chor und Satteldachturm im Westen. Sehr schön ist hier die bemalte flache Felderdecke (um 1670, Krönung Mariä mit Patronen der Stifter), die bemalte Empore (Christus, Maria und Apostel, 1593), schön auch die manieristischen Dreisitze mit geschnitzten Reliefs (um 1610). Konrad Hegenauer, der hier in Friesenhofen seine Werkstatt hatte, hat die Kanzel geliefert, die jedoch in ihrer Kargheit nicht besonders gefallen kann (um 1780).

In **Rimpach** begegnen wir heute nur noch einem Fragment des einstigen *Jagdschlößchens* des Grafen Franz Carl Eusebius von Waldburg-Trauchburg (1754 ff.). Der Chiemseer Fürstbischof und Salzburger Weihbischof, der ein leidenschaftlicher Jäger war, plante hier ein ›kleines niedliches Jagdhaus‹, und wenn man alte Abbildungen betrachtet, muß man zugeben, daß der fertige Bau wirklich sehr hübsch war. Der Graf dachte an eine Verbindung der beiderseits der Straße liegenden Seitengebäude »mittels eines über die Straße gesprengten Bogens, auf welchen ein artiger, kleiner Saal gesetzt« werden sollte. Gerade dieser Mittelbau ist es, der heute fehlt – er mußte leider dem Verkehr Leutkirch – Isny weichen. Trotzdem wirkt die Anlage auch heute noch sehr idyllisch, und die Rokokostukkaturen, die Johann Georg Dirr in einigen Räumen aufbrachte, trösten über manches Verlorene hinweg. Durch einen Gang mit dem Schloß verbunden ist die *Kirche des Hl. Leonhard.* Die Ausstattung des kleinen Baues ist hervorragend, dazu noch ganz einheitlich Spätrokoko. Der erhöhte abgerundete Chor und die darüberliegende Kuppel, die edle Proportionierung des Hochaltars – alles ist sehr fein und harmonisch. Baumeister war der Vorarlberger Johann Georg Specht (1765), Maler Franz Antoni Dick und Stukkator der Isnyer Dirr. In der Chorkuppel wird – als Vorläufer der Eucharistie des Neuen Bundes – der Mannaregen dargestellt und im Schiff die Bundeslade. Auch Konrad Hegenauer war für Rimpach tätig, doch gehört seine Himmelskönigin des Jahres 1757, ein Jugendwerk, zu den Figuren, die Kirchendieben zum Opfer gefallen sind.

Auf der Hauptstraße von Leutkirch nach Wangen liegt **Gebrazhofen** mit seiner *Pfarrkirche zur Himmelfahrt Mariä.* Sattelturm und Chor stammen aus spätgotischer Zeit, das Schiff aus den Jahren 1689/90. Das Deckenbild des Schiffes von Franz Xaver Hermann (1807) gilt der Speisung der Fünftausend und der Himmelfahrt Mariä. Die Apostelreihe an den Wänden ist eine Arbeit aus dem 17. Jahrhundert. Wie unterschiedlich Spätgotik und Barock das Thema der ›Pietà‹ auffaßten, zeigt die Figur des Jahres um 1430 und die von Konrad Hegenauer aus den Jahren um 1765.

In Gebrazhofen – einsam an einem Feldweg – steht eines der schönen, mahnenden *Arma-Christi-Kreuze.* Kreuze dieser Art sind im Allgäu gar nicht so selten, doch sind sie – wie auch hier – meist schwer zu finden.

Wenige Städte des Allgäus haben ihren mittelalterlichen Kern so rein erhalten können wie **Wangen.** Da die Altstadt als Gesamtanlage unter Denkmalschutz gestellt wurde und außerdem ein Teil davon Fußgängerzone ist, kann man hier in aller Ruhe auf die Suche nach malerischen Winkeln gehen und wird sie in Fülle finden.

Wangen, 1611, Ölgemälde von Johannes Rauch

Bereits 815 wurde das Dorf ›Wanga‹ in einer Schenkungsurkunde des Klosters St. Gallen genannt. In der Mitte des 12. Jahrhunderts wurde durch St. Gallen ein Markt errichtet, da der Ort sehr günstig an der Kreuzung der Straße Augsburg – Lindau und Isny – Ravensburg lag. Anfang des 13. Jahrhunderts wurde Wangen das Stadtrecht verliehen. Eine Stadterweiterung des frühen 15. Jahrhunderts bezog die Unterstadt in den Mauerring mit ein. Im 15. und 16. Jahrhundert erlebte Wangen seine Blütezeit, vor allem durch die Herstellung und die Ausfuhr von Leinwand. Wie so oft in dieser Gegend machten der Dreißigjährige Krieg, eine zweimalige Besetzung durch die Schweden und auch die Pest dem Wohlstand ein Ende. Man verlegte sich vom Flachsbau auf die Viehzucht, was sich offenbar als sehr nützlich erwies, denn heute spielt in Wangen die Milchwirtschaft die größte Rolle. Das Heimatmuseum, in dem auch ein Käsereimuseum untergebracht ist, zeugt davon.

Einen Rundgang durch die Stadt beginnt man am besten an dem so schön geschlossenen Rathausplatz, der die Stadtpfarrkirche, das Rathaus und den Pfaffenturm verbindet.

Die *Pfarrkirche St. Martin* ist eine spätgotische, flachgedeckte Rundpfeilerbasilika (Abb. 76). Der Legende nach soll der Hl. Gallus die Kirche gegründet haben, doch bezeugt ist erst ein Bau des 13. Jahrhunderts. Auf ihn – eine Basilika – gehen noch der Turm bis zur Glockenstube und die östliche Giebelwand des Mittelschiffes zurück. Ein neuer Chor war bis 1368 angebaut, und im 15. Jahrhundert wurden die Schiffe erweitert. Die Bauarbeiten waren bis 1468 beendet, 1739 wurde der Turmhelm erneuert.

Der Innenraum wirkt breit und wuchtig. Das Mittelschiff ist nur wenig überhöht, der Chor eingezogen und mit einem Netzgewölbe versehen. Der Triumphbogen stammt noch von dem älteren Bau. Da die Kirche nicht einheitlich ausgestattet ist und ein riesiges Wandbild am Chorbogen, das 1899 entstand (Gebhard Fugel), den Raum unglücklich beherrscht, kann man hier nicht wirklich froh werden und muß sich an die Details halten. In ihrer Qualität an erster Stelle stehen die Grabsteine an der Ostwand des südlichen Seitenschiffes und an der Nordostwand des Chores, vor allem der für Hans Rudolph Vogt von Summerau zu Praßberg (gest. 1511). Den Deckel eines barocken Weihwasserbeckens (1692) schmückt eine ausgezeichnete Taufgruppe von Johann Wilhelm Hegenauer (um 1751). Diese Taufe Christi ist fast eine genaue Wiederholung der Gruppe in Kißlegg, die auch von Johann Wilhelm Hegenauer stammt. Hervorzuheben ist der besonders reiche Kirchenschatz mit einem spätromanischen Vortragekreuz, einem spätgotischen Reliquiar in Form eines Abtstabes (1500), einer spätgotischen Turmmonstranz (1490) und einer barocken Strahlenmonstranz mit Emailbesatz (1681).

Es ist wohl kaum übertrieben, das *Rathaus* als schönsten Bau von Wangen zu bezeichnen (Abb. 78). In seiner heutigen Erscheinung ist das Rathaus barock (1719–21), doch gehen einige Teile noch auf die Stauferzeit zurück. Das rustizierte Erdgeschoß mit dem Doppelpilasterportal

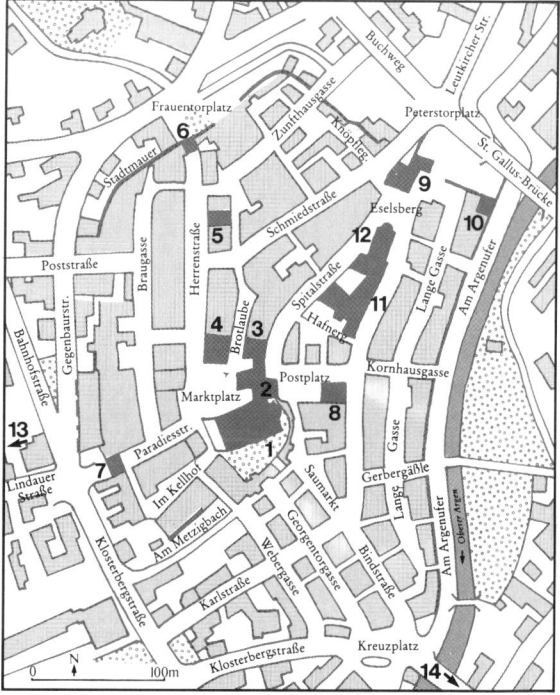

Wangen
 1 *St. Martin*
 2 *Rathaus*
 3 *Pfaffenturm*
 4 *Hinderofenhaus*
 5 *Ritterhaus*
 6 *Ravensburger Tor (Frauentor)*
 7 *St.-Martins-Tor (Lindauer Tor)*
 8 *Kornhaus*
 9 *Eselmühle (Stadtmuseum)*
10 *Pulverturm*
11 *Heilig-Geist-Spital*
12 *Spitalkirche*
13 *St.-Rochus-Kapelle (Alter Friedhof)*
14 *Wolfgangskapelle*

195

und auch die allegorischen Figuren gehen auf den Bregenzer Franz Anton Kuen zurück. Der von Kuen gelieferte Riß für den Gesamtbau wurde von dem Wangener Maurermeister Adam Walckh abgeändert. Walckh ist zuständig für die Hinzufügung der beiden oberen Geschosse mit ihren eingerollten Eckvoluten.

Im Innern führt ein Balustergeländer zum Ratssaal, der über ein besonders schönes Portal betreten wird. Zwei Säulen werden von Adlern mit Stadtwappen bekrönt, die Türen sind reich eingelegt, und als Supraportenbild sieht man das ›Urteil Salomons‹. Im Saal hängt ein wunderbares Vortragekreuz des frühen 13. Jahrhunderts, eine Emailarbeit, die wahrscheinlich aus Limoges stammt. Eine Gebetstafel aus Solnhofer Stein enthält das Ratsgebet des Isnyer Steinätzers Isaak Kiening (1569), das vor Beginn der Ratsversammlungen gesprochen wurde.

Nördlich ans Rathaus angebaut ist der *Pfaffenturm* aus dem 14. Jahrhundert, einst das Stadttor gegen Osten (Abb. 76). In der Durchfahrt mit Kreuzgewölbe ist ein Fresko von Andreas Rauch zu sehen (1609), das die Kreuzigung darstellt.

Noch zum Bild des Marktplatzes hinzu gehört das *Hinderofenhaus*, das 1542 von dem Patriziergeschlecht der Hinderofen gebaut wurde. Mit einer Schmalseite steht das Haus schon in der Herrenstraße, der malerischsten Straße von Wangen, deren Abschluß das Frauentor (oder Ravensburger Tor) bildet. Ein gewichtiger Akzent ist der breite Treppengiebel des Gasthofs ›Mohren-Post‹, der nur noch einen Konkurrenten in dieser Straße hat: das *Ritterhaus,* das heutige Finanzamt. Es war einst das Kanzleigebäude für den Ritterschaftskanton Hegau – ein dreigeschossiger Bau mit Walmdach, den Franz Anton Bagnato hier 1789 aufführte.

Das *Ravensburger Tor (Frauentor)* mit seiner hübschen niedrigen Kupferhaube und den kleinen Ecktürmchen ist über und über bemalt (Abb. 75). Nach alten Vorlagen entstand 1950 ein Sgraffito. Im wesentlichen ist das Tor gotisch, doch wurde es 1607/08 erhöht und mit der Kupferhaube versehen. Hier, in der Herrengasse, findet am Mittwoch immer der Wochenmarkt statt – ein buntes und sattes Bild.

Die zweite wichtige Altstadtstraße ist die Paradiesstraße, die ebenfalls vom Marktplatz abzweigt und vom St. Martinstor abgeschlossen wird. Am Haus Nr. 7 ist noch ein barockes Fresko erhalten, das ebenso naiv wie drastisch die Geschichte von Jonas und dem Walfisch erzählt. Das kantige *St. Martinstor* (oder *Lindauer Tor*) ist spätgotisch, bekam aber 1608 noch einen zweigeschossigen Aufbau. Die Bemalung stammt aus dem Jahr 1924.

Direkt hinter dem Rathaus beginnt die Untere Stadt, eine Vorstadt, die im 15. Jahrhundert ummauert wurde. Hier stehen das Kornhaus, die Spitalkirche mit dem Heiliggeistspital, die Eselmühle und der markante Pulverturm.

Das *Kornhaus,* das 1595 erbaut wurde, war das Zunfthaus der Bauern. Der ausgezeichnet renovierte Bau dient heute städtischen Behörden. Hier war auch das *Stadtmuseum* untergebracht, das heute jedoch dort nicht mehr zu finden ist, sondern in der hübschen *Eselmühle* am Eselberg (Abb. 77). Neben dem Marktplatz ist dies das zweite ›malerische Zentrum‹, denn Stadtmauer, Spital und *Pulverturm* schließen sich hier zu einem reizvollen Bild zusammen. Dieser Turm, der manchmal auch ›Wasserturm‹ genannt wird, stammt in seinen ältesten Teilen noch aus dem Hochmittelalter. Während der Ummauerung Anfang des 15. Jahrhunderts wurde er erhöht und verändert. Das Untergeschoß ist viereckig und im letzten Abschnitt mit versteckten Schießscharten besetzt. Die zwei Obergeschosse sind achteckig. Auf dem Hauptgesims sitzt eine acht-seitige welsche Haube.

Das *Heiliggeistspital* wird schon im 13. Jahrhundert erwähnt. Das Spitalgebäude – drei recht-winklige Flügel um einen Hof – wurde 1446 errichtet, Ende des 18. Jahrhunderts erneuert und öfter verändert. Die *Spitalkirche* wurde anstelle einer Liebfrauenkapelle 1719–21 gebaut. Wir haben hier einen flachgedeckten Saal mit eingezogenem Chor, Stichkappentonne und Wand-pilastern vor uns. Der Innenraum überrascht durch seine reiche Ausstattung. Von den vier Altären ist der Kerker-Christi-Altar an der Südwand des Schiffes hervorzuheben, eine Arbeit von Johann J. W. Ruez aus den Jahren um 1765. Das Gnadenbild (1543), das einst in der Stadt-pfarrkirche stand, galt im 18. Jahrhundert als wundertätig und wurde Ziel einer Wallfahrt. Da der Pilgerstrom immer gewaltiger wurde, prüfte das Bistum Konstanz die ›Echtheit der Begeb-nisse‹ und stellte fest: »In der oben genannten Spitalkapelle in Wangen befindet sich eine Holz-statue, die den mit Ketten gefesselten Christus im Kerker darstellt. Diese wird unter großem Volkszulauf andächtig verehrt. Gläubige, die vor diesem heiligen Bild ihre Bitte vorbrachten oder das Gelübde machten, zu ihm zu wallfahren, oder auch nur in Andacht den Gefangenen Christus anriefen, haben schon oft außerordentliche und auffallende Gnadenerweise erhalten, denen man kaum den Charakter eines Wunders absprechen kann. Daraufhin haben Wir alles noch einmal gewissenhaft geprüft und für echt befunden. Auch holten Wir die Meinung und den Rat der Theologen ein ... Die Statue selber ist als Gnadenbild zu bezeichnen.«

Neben diesem Altar mit dem eindringlichen Andachtsbild und den raumgreifenden Figuren von Ruez treten die anderen Altäre in den Hintergrund. Nicht ganz zu Recht, denn im Hoch-altar steht eine schöne Muttergottes von Hans Zürn (1622), umrahmt von einer Wolken-mandorla. Zürn begegnen wir noch in einer zweiten Kirche in Wangen, die in entgegengesetzter Richtung liegt, der *St. Rochuskapelle* außerhalb des Martinstores.

Der Bau ist von außen unscheinbar, ein kleiner Saalbau mit eingezogenem Chor aus dem Jahr 1593. Das Innere ist jedoch so reich an vorzüglicher und origineller Kunst, daß man sagen muß: Hierhin sollte man in Wangen in erster Linie gehen! Allein die Decke ist fast schon eine Reise wert: eine leicht gewölbte Holzdecke, in Felder eingeteilt und über und über mit Szenen aus der Apostelgeschichte und den Evangelien bemalt. Diese Decke ist 1598 datiert – ein reiches, buntes Zeugnis volksnaher Kunst, dessen Meister leider nicht bekannt ist.

Von einem Altar aus der Stadtpfarrkirche St. Martin stammen die fünfzehn wunderbaren Rundmedaillons, die im Relief die Rosenkranzgeheimnisse darstellen. In den zarten, innigen und doch ausdruckstarken kleinen Schnitzwerken beweist sich das außerordentliche Talent von Hans Zürn, der in seiner Bewertung meist hinter seinen Brüdern Martin und Michael zurück-stehen muß.

Die Figuren in St. Rochus sind meist manieristisch: ein Ölbergchristus, eine Hl. Barbara, ein Hl. Petrus, Matthias und Hl. Papst. Auch der Hochaltar ist ein Werk des süddeutschen Manieris-mus: Er wurde 1594 von Esaias Gruber geschaffen.

Sehenswert ist auch der *Alte Friedhof,* der die Kirche umgibt, vor allem wegen der Wandelhalle mit dem offenen hölzernen Sparrenstuhl und der seltsamen flachbogigen Nischen, die für die Familienepitaphe der Patrizier bestimmt waren.

Der Neue Friedhof liegt unterhalb der *Wolfgangskapelle* des Gyrenberges. Die Kapelle (1613–17) ist einheitlich ausgestattet. Altäre und Figuren stammen vielleicht aus der Crinner-Werkstatt in Wangen.

In einigen Kirchen der näheren Umgebung von Wangen sind gute Arbeiten zu sehen, vor allem in Amtzell, Pfärrich, Deuchelried und Ratzenried. Die *Pfarrkirche St. Peter* in **Deuchelried** birgt eine wunderschöne, anmutige und bewegte Maria Immaculata, die Ägid Verhelst zugeschrieben wird (um 1740).

Ein ausdrucksstarkes, inniges Andachtsbild der Spätgotik ist in der *Pfarrkirche St. Johannes Evangelista* in **Amtzell** zu sehen: der Marientod (Farbt. 34), den man dem ›Meister des Rohrdorfer Ölbergs‹ zuschreibt und von dem auch der Amtzeller Christus am Ölberg stammt (Friedhof, Ölbergkapelle). Die Gruppe ist aus Ton geformt und farbig bemalt (um 1480).

In der *Wallfahrts- und Pfarrkirche* von **Pfärrich** kann man ausgezeichnete Sandsteinepitaphien von Esaias Gruber sehen, doch ist hier auch der Raum als solcher architektonisch interessant: eine für dieses Gebiet sehr frühe barocke Wandpfeileranlage (Langhaus 1686).

Die *Pfarrkirche St. Georg* in **Ratzenried** birgt gute plastische Werke. Der Hochaltar mit seinen Figuren ist eine Arbeit von Johann Ruez (1725). Das Relief des Marientods wird dem ›Meister von Ottobeuren‹ zugeschrieben (um 1520).

Zwischen Kempten und Lindau

> »Linkshin glänzte der Bodensee wie ein strahlendes Auge; geradeaus Unendlichkeit, nur von dem sich senkenden Himmel begrenzt; im ungeheuern weit geöffneten Thale ziehende Flüsse wie silberne Bänder, die weiße Landstraße ähnlich dem Milchgürtel des Himmels; rechtshin Städte, Schlösser, vergoldete Felsenspitzen, Hochwälder, Warten, Ruinen, zuletzt wellengleich laufende Urgebirge; hinter uns die graue Reihe der Algauer und Tiroler Alpen, jener Riesensöhne der Erde, welche die Fabel mit himmelstürmenden Giganten vergleicht.«
> *Ludwig Albrecht Schubart, ›Reise auf den Gründen im Algau‹, 1803/11*

Der direkte Weg von Kempten nach Lindau führt über Isny. Möglich und landschaftlich reizvoller ist jedoch auch der weitere Weg über Immenstadt, Oberstaufen und Lindenberg – Stationen, die zum Teil dem Oberallgäu angehören.

Die erste Station nach Buchenberg (s. Kapitel ›Kempten und Umgebung, S. 85 ff.) ist **Großholzleute**. Dem gastronomisch Interessierten ist der Ort durch den ›Gasthof Adler‹ bekannt, dessen ansprechendes Schild mitsamt der bunten Fassadenbemalung allein schon zum Verweilen einlädt. Das ehemalige *Sirgensteinische Wasserschloß*, das später zur Thurn und Taxisschen Postwirtschaft wurde, stammt im Kern aus dem frühen 15. Jahrhundert. Im späten 16. Jahrhundert wurde der Bau nach Norden und im späten 18. Jahrhundert nach Osten verlängert. – Die *Kapelle St. Wolfgang* am rechten Argenufer ist ein Bau des Jahres 1480, der 1730 erneuert wurde.

Wahre bildnuß der Statt Yßni im Algäw wie solche im wesen geſtanden. 1631.

Die Statt Yßni wie ſie nach dem Brandt anzuſechen.

A. Eßper thor.   D. Spital.   G. Oberthor.   K. Öhlberg.   N. Bergthor.
B. Mühl thurn.   E. Rathauß.   H. Blaſer thurn. L. Benedictiner Closter. O. Diebs thürn.
C. Zeüghauß.   F. Waſſerthurn. I. S. Eliſabethta. M. Pulffer thurn.

Isny, vor und nach dem Stadtbrand von 1631, Kupferstich von Matthäus Merian

Die Figuren des Altares sind spätgotische Arbeiten der Ravensburger Schule, die der Chor-bogenpfeiler werden dem Wurzacher Johann Jakob Willibald Ruez (um 1760) zugeschrieben.

Isny, der heutige heilklimatische Kurort, hat eine lange Vergangenheit (Abb. 79). Ein spät-römisches Kastell (3. Jh. n. Chr.), dessen Mauern 1882 und 1926 ausgegraben wurden, sicherte die Verbindungsstraße Bregenz – Kempten. Für das 8. und 9. Jahrhundert ist um Isny Lehens-besitz von St. Gallen dokumentiert. Um das Kloster, das 1096 gegründet wurde, entstand eine Siedlung, die schon vor 1171 mit Marktrecht ausgestattet wurde. 1281 erhielt Isny durch Rudolf von Habsburg die Freiheit und Rechte der Reichsstadt Lindau. Der Handel mit Leinwand wird schon für 1333 bezeugt. Isnyer Kaufleute fuhren im Dienst der Ravensburger Handelsgesell-schaft nach Süd- und Westeuropa. 1507 erhielt die Stadt das Münzrecht. 1802/03 fielen Kloster und Stadt an die Reichsgrafen von Quadt und 1806 an Württemberg.

Die Stiche der ›Topographia Sueviae‹ von Merian (1643) dokumentieren, wie stattlich sich der einst tor- und türmereiche Ort ausgenommen hat. Steil ragen bei Merian die Spitzhelme der kirchlichen Bauten in die Höhe – heute sind es Zwiebelhauben, die den Ankommenden be-grüßen. Die Stadt, die 1631 von einem schweren Brand heimgesucht und 1646 von den Schwe-den geplündert wurde, ist im 18. Jahrhundert in ihrer Erscheinung grundlegend verändert worden und wirkt heute fast wie eine Barockstadt.

Die katholische St. Georgskirche und die evangelische Nikolaikirche liegen dicht nebenein-ander auf einer Anhöhe am Ostrand der Stadt (Farbt. 1). Ein Benediktiner, der den Ort 1779 besuchte, belustigte sich darüber: »In der gar nicht viel bedeutenden Stadt steht die lutherische Kirche außer den Klostermauern so nahe bei der Stiftskirche, daß sie von einer in die andere singen hören, und durch die Gesänge nicht selten der Prediger auf der Kanzel gehindert wird.«

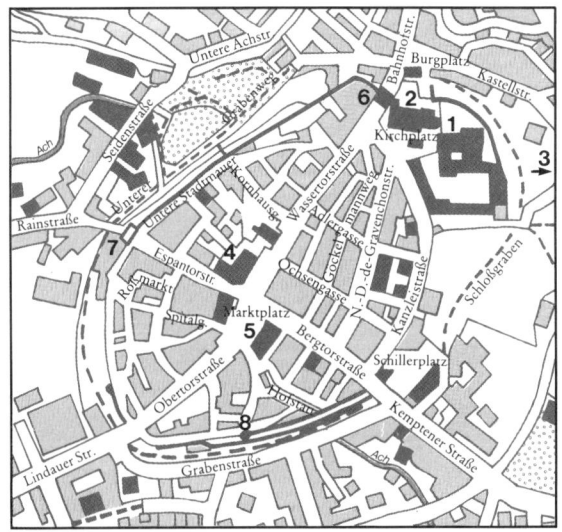

Isny
1 Stadtpfarrkirche St. Georg
2 Nikolaikirche
3 Gottesackerkapelle St. Joseph
4 Rathaus
5 Blaserturm
6 Wassertor
7 Espantor
8 Diebsturm

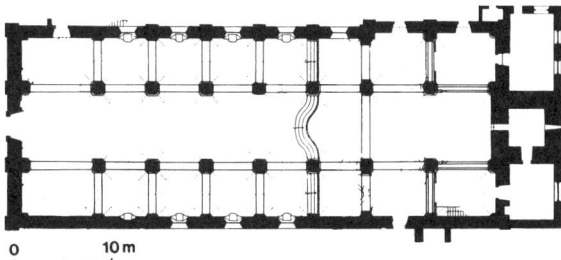

Isny, Stadtpfarrkirche St. Georg und St. Jakob, Grundriß

0   10 m

Dem barocken Neubau der Klosterkirche, heutige *Stadtpfarrkirche St. Georg und St. Jakob,* gingen zwei mittelalterliche Bauten voraus. Als Architekten holte man sich die Brüder Giulio und Pietro Barbieri aus Roveredo, die den Bau bis auf den Turm (1710) in fünf Jahren vollendeten (1661–66). Die Ausstattung war im wesentlichen 1759 abgeschlossen.

In der dreischiffigen Halle wird der Blick durch die besonders hohen und schlanken Pfeiler sofort nach oben gelenkt. Die Fresken von Hans Michael Holzhay und der Stuck des Wessobrunners Johann Georg Gigl wirken in dieser Kirche besonders einheitlich. Die Themen im Mittelschiff von West nach Ost: David tanzt vor der Bundeslade; Stiftung und Erbauung des Klosters mit Gründern und Schutzheiligen zu Füßen der Hl. Dreifaltigkeit; Übergabe der Hl. Kreuzreliquie an das Kloster; Wirken der Hl. Eucharistie. In den Seitenschiffen: Himmelfahrt Mariä; Verlobung Mariä; Pfingsten; Verklärung Christi auf dem Berge Tabor; Auferstehung; Himmelfahrt Christi. Der Hochaltar, die Seitenaltäre und die Kanzel sind Arbeiten von Johann Jakob Willibald Ruez aus Wurzach (1758–64).

Rechts vor dem Chor führt eine Tür zur *Marienkapelle.* Der polygonale Chor geht auf das Jahr 1391 zurück. Beherrschend in diesem schönen, wenn auch sehr dunklen Raum sind weniger die Altäre (Hochaltar um 1770, Konrad Hegenauer; in der Mitte gotische Sitzmadonna) als das prächtige Chorgestühl und die bemalte Kassettendecke. Das Gestühl – je zwei Blöcke mit zwei Sitzreihen – stand ehemals in der Klosterkirche und wurde 1731–35 geschnitzt. Zwischen Bandelwerkranken und Putti erscheinen an der Rückwand die Wappen des Klosters und des Abts Leo Bestle; die Armlehnen werden von Chimären gestützt.

Die Kassettendecke entstand um 1680 – ein Typ, den man bis weit ins Ostallgäu hinein findet. Sie ist mit eingelassenen Leinwandbildern geschmückt (die Heiligen Bonifaz, Leonhard, Magnus, Gallus, Ildephons), dazu mit Schweifwerk, Frucht- und Blumenranken. Die 48 Bilder der Äbte von Isny an der Wand malten Franz Joseph Hermann und Antoni Dick (2. Hälfte 18. Jh.).

Der dreigeschossige Klostertrakt südlich der Kirche, der schloßähnlich wirkt, entstand Mitte des 17. Jahrhunderts nach Plänen von Michael Beer. Die Räume sind bis auf das Refektorium (Rokokostuck von Gigl, Fresken von Holzhay) nicht öffentlich zugänglich. Nach der Säkularisation wurde das Klostergebäude zum Schloß der Reichsgrafen von Quadt gemacht und fiel 1942 an die Stadt Stuttgart, die dort ein Altersheim einrichtete.

Die benachbarte evangelische *Nikolaikirche* ist in einigen Teilen älter als die heutige katholische Pfarrkirche. Ihre Vorgängerin war die ehemalige Pfarrkirche, die zusammen mit der

Klosterkirche 1284 abbrannte. Von der mittelalterlichen Säulenbasilika sind nur noch die Umfassungsmauern des Langhauses erhalten. Eine Erneuerung des Jahres 1636 geschah in Anlehnung an die gotische Anlage (dreischiffige flachgedeckte Basilika). Der Turm ist bis zur Glockenstube romanisch, der Aufbau ist barock.

Das Innere wirkt wie bei vielen protestantischen Kirchen karg und streng. Schön sind die sparsam ornamental bemalte Tannenholzfelderdecke (1641), die sechseckige Kanzel mit der Figur des Heiligen Johannes Evangelista auf dem Schalldeckel (1642) und der Taufstein. Es ist eine Arbeit von David Schopf (1640), der Deckel mit Täufergruppe, Masken und Engelsköpfen stammt von dem Ulmer Meister Sigmund Hescheler (1645/46).

Über den Chor der Kirche kommt man in einen der schönsten Räume von Isny, die *Bibliothek* (Abb. 80). Der quadratische Raum ist durch die Bemalung der Decke in warmes Grün gehüllt, das zusammen mit den Brauntönen der Holzregale und der Pergamenteinbände einen wunderbaren Farbakkord ergibt. In den Feldern des Gewölbes erscheinen in Rundmedaillons die Büsten der Kirchenlehrer Ambrosius, Augustin, Gregor und Hieronymus, dazu die vier Evangelistensymbole. Der Raum wurde vor 1465 gebaut, die Bücher im Laufe mehrerer Jahrhunderte zusammengestellt. Die siebzig Handschriften sind ein seltenes Beispiel einer mittelalterlichen Predigerbibliothek: die Werke der Kirchenväter mit Kommentaren, Bibelteile, Breviere, Predigt- und Beispielsammlungen, theologische Abhandlungen. Außerdem sind noch 171 Inkunabeln vorhanden und viele Schriften der Reformationszeit.

Ein reizvoller kleiner Bau ist die *Gottesackerkapelle St. Joseph* (1752), deren elliptisches Schiff mit illusionistischen Fresken von Franz Antoni Dick ausgestattet ist (1753/54). Die beiden Seitenkapellen wurden um 1774 angebaut.

Der Rathauskomplex entstand aus drei ehemaligen Patrizierhäusern. Der Putzbau mit steilem Satteldach und Erker enthält im ersten Obergeschoß hervorragende Hochbarockstukkaturen. Der Fayencekachelofen im zweiten Obergeschoß ist ein schönes Beispiel Winterthurer Hafnerei (1685).

Isny gehört zu den glücklichen Städten, die noch mit Resten der ehemaligen Stadtbefestigung gesegnet sind. Der *Blaserturm* auf dem Markt wurde im 16. Jahrhundert errichtet und war wahrscheinlich mit dem alten Rathaus verbunden. Im Norden steht das *Wassertor,* das auf das 14. Jahrhundert zurückgeht. Das *Espantor* im Westen entstand 1467. Der *Diebsturm* wurde um 1402 gebaut, das Kegeldach jedoch erst 1819 aufgesetzt. Im Norden steht noch ein Teil der alten *Stadtmauer* vom Espantor bis zum Wassertor.

Ein kurzer Abstecher in nördlicher Richtung, nach **Neutrauchburg,** ist lohnend, um das dortige sehr reizvolle und noble *Schloß* anzusehen. Der Rechteckbau mit Mansarddach und Zwerchhausaufsatz wurde 1785–88 von Johann Georg Specht errichtet, der auch das nahegelegene Jagdschloß Rimpach baute (s. S. 193). Das Schloß – heute im Besitz der Fürsten Waldburg-Zeil – ist ein gutes Beispiel frühklassizistischer süddeutscher Schloßarchitektur. Die locker um den Hauptbau gruppierten Ökonomiegebäude, der nahe Gasthof – alles wirkt hier außerordentlich gepflegt und einladend. Der Ausblick auf das nahe Isny mit den schönen Zwiebeltürmen tut ein übriges, um Neutrauchburg Sympathie einzutragen.

Eglofs mit Schloß Syrgenstein, Lithographie von T. S. Cooper nach einem Entwurf von J. R. Planché

Die *Pfarrkirche St. Remigius und Cyriakus* in **Rohrdorf** wurde um 1200 errichtet, 1501 zu einer dreischiffigen Basilika umgebaut und 1746 barockisiert. Hier ist vor allem eine Gruppe des Marientodes erwähnenswert, aus Ton geformt, vom selben Meister, der auch für Amtzell tätig war (um 1470). Eine Figur des Hl. Augustin (um 1450/60) wird Hans Multscher zugeschrieben. Ein spätgotischer Ölberg südlich der Kirche, ebenfalls in Ton, ist wahrscheinlich eine Arbeit vom Meister des Marientodes.

Die Hauptstraße in Richtung Lindau führt von Isny aus an **Eglofs** vorbei, wo die *Pfarrkirche St. Martin* Gelegenheit bietet, ein weiteres Werk von Johann Georg Specht kennenzulernen. Bis auf den Turm des 14. Jahrhunderts haben wir hier einen Neubau aus dem Jahr 1766 vor uns. Der Saal mit leicht eingezogenem, halbrundem Chor ist einheitlich ausgestattet. Die Fresken des Chores von Franz Anton Weiß befassen sich mit den Kirchenvätern und dem Abendmahl, die von Joseph Jakob Spieler im Schiff mit der Verehrung der Hl. Dreifaltigkeit. Die Darstellung des Heiligen Geistes als Jüngling ist ikonographisch sehr interessant. Ähnliche Darstellungen, die auf die Visionen der seligen Kreszentia Höss aus Kaufbeuren zurückgehen, findet man auch bei Matthäus Günther. Ausgezeichnet ist der Hochaltar mit Figuren von Johann Eberhard aus Hindelang und einem Altarblatt (Himmelfahrt Mariä) von Franz Anton Weiß (1780).

Südlich von Eglofs führt eine kleine Straße nach *Schloß Syrgenstein* – einem der vielen Schlösser im Besitz der Familie Waldburg-Zeil (Farbt. 11). Der sehr gepflegte, strahlend weiße Bau, idyllisch von Park und Wäldern umgeben, geht im Kern auf das Jahr 1491 zurück. Erster Bauherr war Veit Sürg von Sürgenstein, ein Allgäuer Patrizier, der sich als kaiserlicher Küchenmeister den Adelstitel erwarb. Der ursprüngliche Bau mit Flügelbauten als Einfassung des Hofes und kräftigen Rundtürmen wurde 1737 erweitert. Charakteristisch für den heutigen Bau ist neben diesen Türmen das hohe Dach mit Staffelgiebeln, der eigentliche Hauptbau. Innen ist das Schloß – das bewohnt wird und der Öffentlichkeit nicht zugänglich ist – ausgezeichnet ausgestattet. Es ist vor allem wegen seiner Bibliothek berühmt – ein reich vertäfelter, mit prächtigem Schnitzwerk ausgestatteter Raum (1591), der zu den Spitzenleistungen der deutschen Renaissance gehört. In der Kapelle, die dem Hl. Veit gewidmet ist, steht ein Zweiflügelaltar aus dem Anfang des 16. Jahrhunderts. Hier sind darüber hinaus sehr gute Werke der Schnitzkunst versammelt, darunter eine hochgotische Muttergottes der Zeit um 1350 und ein spätgotisches Astkruzifix.

1492 kaufte Veit Sürg auch das Dorf **Maria Thann**, in dessen Kirche er beigesetzt ist. In einer etwa einstündigen Wanderung – jedoch auch über die Hauptstraße – ist die *Pfarr- und Wallfahrtskirche zu Unserer Lieben Frau* vom Schloß aus zu erreichen. Die Kirche ist heute hochbarock ausgestattet und besitzt einen sehr merkwürdigen sechssäuligen Hochaltar (Farbt. 27). Die Mittelnische ist als Relief ausgebildet: eine Treppe, die perspektivisch in die Tiefe auf eine auffahrende Maria im Strahlenkranz zuführt. Man nimmt hier die Tätigkeit des Wangener Altarbauers Judas Thaddäus Sichelbein an, für die Figur der Maria Christoph Crinner aus Wangen. Ausgezeichnet sind auch die Reliquientafeln von Johann Jakob Willibald Ruez (um 1765) und die Statuen der Zwölf Apostel (1685/87) von Balthasar Crinner. Von den Epitaphien ist vor allem der spätgotische ehemalige Tumbadeckel mit der Halbfigur des Schmerzensmannes für Veit Sürg von Sürgenstein und seine Gemahlin Barbara von Kinseg zu nennen.

Für Freunde moderner Architektur: In **Hergatz–Wigratzbad** steht eine *Wallfahrtskapelle*, die 1971/72 von Gottfried Böhm gebaut wurde. Der Grundriß ist aus zwölf Sechsecken gebildet, die Altarmitte steht in einem dreizehnten Sechseck. Der Bau aus Stahl und Glas ist bemerkenswert und durchaus eines Abstechers würdig.

Zwischen Isny und Oberstaufen, eingebettet in meist welliges Hügelland und auf ebenso welligen Straßen zu erreichen, liegen einige Orte, die man auf keinen Fall versäumen darf: Gestratz, Riedholz, Genhofen und Zell.

Die *Pfarrkirche St. Gallus* in **Gestratz** (1435–37) wurde 1935 allgemeiner bekannt, als man dort einen spätgotischen Freskenzyklus freilegte. Diese Fresken (Passion, Marienleben) sind insgesamt zwar weniger gut erhalten als die im nahen Zell, aber – sorgfältig restauriert – durchaus einen Besuch wert. Man nimmt an, daß – wie in Zell – Hans Strigel d. Ä. Meister des Zyklus ist (1442). Die Barockisierung des 18. Jahrhunderts hat hier viel Schaden angerichtet, doch viel schlimmer ist das, was das 19. Jahrhundert hinterließ, so daß die Kirche heute insgesamt uneinheitlich und wenig harmonisch wirkt.

In **Riedholz**, in der *Filialkapelle St. Anna*, steht ein ausgezeichneter spätgotischer Flügelaltar (um 1520), der wahrscheinlich einst in der Schloßkapelle Altlaubenberg seinen Platz hatte. Die Gruppe der Anbetung der Drei Könige in der Predella entstand bereits um 1480 und wird mit der Ivo-Strigel-Werkstatt in Zusammenhang gebracht. Die Muttergottes auf der Mondsichel am linken Chorpfeiler dürfte ebenfalls aus dieser Werkstatt stammen. Die Figuren der Hll. Barbara,

Johannes Evangelista, Othmar und Jakobus an der Nordschiffwand und am Chorbogen kommen von einem spätgotischen Altar der Pfarrkirche von Grünenbach (um 1440).

Die alte Salzstraße, die von Hall in Tirol kommend über das Tannheimer Tal das heutige Oberallgäu durchzog und dann zum Bodensee und übers Rheintal nach Italien führte, war nicht nur eine Straße der Fuhrleute, sondern auch eine Straße der Pilger. Die kleinen Kirchen und Kapellen am Rande dieser Straße berühren auch heute noch durch ihre einfache Innigkeit. Zu ihnen gehört die Kirche in **Genhofen**, nördlich von Oberstaufen, mitten in einer vielfältigen Landschaft mit weit verstreuten Höfen und kleinen Dörfern. *St. Stephan*, das zur Gemeinde Stiefenhofen gehört, ist von außen ein recht unscheinbarer spätgotischer Bau (1495) mit kräftigem Turm und Spitzhelm. Um so mehr überrascht das Innere: Drei stattliche Flügelaltäre stehen vor uns, und wenn wir näher kommen, sehen wir, daß nicht nur der Chor, sondern auch Teile des Langhauses über und über bemalt sind. Zeichen und Ornamente in Rötel und Schwarz, Zeichen, die fast magisch wirken: Kreuze, Drudenfüße, Hakenkreuze (Abb. 82). Und hin und wieder ein paar ungelenk hingesetzte Tiere, die an Höhlenmalereien erinnern, wie das Ganze überhaupt einen eigentümlich heidnischen Eindruck macht. Was sollen diese seltsamen Motive? Eine zweifach geschlitzte Fahne wird als Wappen der Grafen Montfort gedeutet, die hier die Herren waren, doch alles weitere gibt nur Rätsel auf. In mancher Hinsicht erinnern die Malereien an Motive, die auch beim bäuerlichen Holzbau und der Möbelmalerei üblich waren. In der Volkskunst haben sich vorchristliche Symbole ja noch lange erhalten, und hier war ein Maler am Werk, der noch tief durchdrungen von einer alten Bilder- und Zeichenwelt war. Der Raum wirkt – viel mehr als jede Abbildung es zu vermitteln mag – ungemein froh, wozu natürlich auch die bunten Altäre beitragen. Adam Schlanz aus Kempten war der Maler der Flügel vom Hochaltar (1523), die Figuren – auch der Seitenaltäre – werden mit einer Werkstatt aus dem Kreis des jüngeren Syrlin in Ulm in Verbindung gebracht (Abb. 83).

Zur Sakristei führt eine Tür, die über und über mit Hufeisen benagelt ist (Abb. 81). Es sind Votivgaben der Fuhrleute, die wahrscheinlich dem Heiligen Stephanus dargebracht wurden, einem Patron der Pferde. Das spätgotische Astkreuz über der Emporenbrüstung gehört zu den weiteren ausdrucksstarken Werken dieser merkwürdigen kleinen Kirche (Abb. 84).

Direkt gegenüber, in **Zell**, finden wir eine äußerlich ähnlich bescheidene Kirche, die im Innern ganz erstaunliche Kunstwerke birgt. Die Wandmalereien in Genhofen wurden erst 1939–44 freigelegt, die der Zeller Kirche *St. Bartholomäus* bereits 1883. Sowohl die Fresken als auch der Choraltar sind Werke des Memminger Malers Hans Strigel d. Ä. aus der Zeit um 1450 (Abb. 85). Durch den Einbruch der Nordfenster und eine Erhöhung wurden die Fresken leider beschädigt, auch wurden sie Ende des 19. Jahrhunderts wenig sachgemäß restauriert. Über dem Chorbogen ist das Weltgericht dargestellt, an den Wänden des Chores Szenen aus dem Marienleben, aus dem Sterben der Apostel und christologische Szenen. Die Figuren der Seitenaltäre stammen zum Teil aus der Ivo-Strigel-Werkstatt (um 1510), doch sind die Schreine zum Teil neugotisch (Farbt. 16), wie überhaupt das 19. Jh. in dieser kleinen Kirche allerhand verdorben hat.

Wählt man, um von Kempten aus nach Lindau zu kommen, die Strecke über Immenstadt, so wird **Niedersonthofen** eine der ersten Stationen sein. (Die engere Umgebung von Kempten

Niedersonthofener See, W. Scheuchzer, Stich von J. Poppel, 19. Jh.

wird in einem gesonderten Kapitel behandelt.) Die spätgotische *Pfarrkirche St. Alexander und Georg* enthält den Hochaltar eines Pfrontener Meisters von 1698, der allerdings klassizistisch verändert wurde. Auch die Seitenaltäre und die Kanzel sind klassizistische Arbeiten. Die Deckenbilder im flachgedeckten Langhaus (18. Jh.) stammen von Franz Anton Weiß aus Rettenberg (1777), der in dieser Gegend vielfach tätig war.

St. Martin in **Martinszell** ist wegen seines prunkvollen hochbarocken Gnadenaltars (um 1700), der in der südlichen Seitenkapelle steht, sehenswert. Die Kirche ist im Kern gotisch, das Langhaus barock. Die Deckenbilder des Langhauses und der Seitenkapelle sind wahrscheinlich Arbeiten von Michael Koneberg, ebenso die Altarbilder für die Karwoche.

Wer es so einrichten kann, sollte die Orte, die nun östlich der B 19 folgen – Vorderburg, Emmereis, Kranzegg und Rettenberg – von Wertach aus kennenlernen. Die Verbindungsstraße von Nesselwang über Wertach nach Rauhenzell gehört zu den reizvollsten des gesamten Allgäus, zumal sie recht wenig befahren ist. Sie eröffnet immer wieder den wunderschönen Blick auf den Grünten, auf abgelegene Dörfer und Einödhöfe. In der Gegend um Emmereis, die einen fast abgeschiedenen Eindruck macht, hat man das Gefühl: Hier ist die Welt noch in Ordnung ...

Kranzegg hat mit seiner *Marienkapelle* einen der hübschesten Innenräume weit und breit. Das beherrschende Blau-Rot der marmorierten Altäre stimmt froh und fordert auf, hier länger zu verweilen. Überall wo der Pfrontener Johann Peter Heel am Werk war, geht es sehr bunt und fröhlich zu. Die Kapelle, die 1725 errichtet wurde, ist von ihm und von Johannes Heel (Deckenfresko Mariä Verkündigung im Chor) ausgestattet. Das Hauptfresko mit Antonius vor Maria ist ein Werk von Franz Anton Weiß (1770). Sehr schön und anmutig ist auch der Bandelwerk-Stuck, den ein Wertacher Meister, Franz Kappeler, an die Decke brachte. Herausragend ist die Figur der Immaculata, die dem berühmten Füssener Anton Sturm zugeschrieben wird. Sie ist die Krönung der kleinen Kirche, die man sich auf keinen Fall entgehen lassen sollte.

Auf dem Weg nach Vorderburg fällt schon von weitem der karge, ernste Bau der kleinen *Kapelle St. Nikolaus* in **Emmereis** auf (Abb. 90). Sie ist – in dieser Gegend selten – ein romanischer Bau, der roh aus Feldsteinen und Mörtel gefügt wurde. Der achteckige Turm mit Zwiebelhaube ist barock, ebenso der Hochaltar eines Sonthofener Meisters. Erst 1977 wurden hier Fresken freigelegt, die genauso lohnend sind wie einige gute Figuren der Zeit um 1480.

Vorderburg erhielt seinen Namen von der – heute zerstörten – Burg der Herren von Rettenberg. Die *Pfarrkirche St. Blasius* ist im Kern ein spätgotischer Bau, der im 18. Jahrhundert jedoch durchgreifend verändert wurde. Außer einem Fresko an der Chornordwand, welches das Ehesakrament darstellt (um 1445), erinnert nur wenig an die frühe Vergangenheit. Da die Umgestaltung bereits in die Zeit des Frühklassizismus fällt, wirkt der gesamte Raum recht kühl. Das Chorfresko mit der Anbetung des Altarsakraments durch die drei Erdteile stammt von Dionys Roman Weiß (1785). Im Mittelfeld des Schiffes sieht man das Leben des Kirchenpatrons St. Blasius. Der Maler der Altarblätter (1778) war Franz Anton Weiß.

Franz Kappeler aus Wertach, der in Kranzegg stuckierte, war der Baumeister der *Pfarrkirche St. Stephan* in **Rettenberg** (1727–30). Der Saalbau mit flacher Decke über hohen seitlichen Kehlen wirkt recht nobel, wozu auch der feine Régencestuck beiträgt. Leider sind die Deckenbilder der Erbauungszeit 1863 ersetzt worden, was den Raum in seiner Wirkung mindert. Der Hochaltar mit seinen Figuren ist wieder ein Werk des Pfronteners Johann Peter Heel, doch stammt das Altarblatt erst aus dem Jahr 1883 (Kirchenpatron St. Stephanus). Der weiß-goldene Tabernakelaltar stammt von Nikolaus Weiß aus Rettenberg und die beiden kleinen Altäre des Presbyteriums von seinem Bruder Ludwig Caspar. Die Seitenaltäre sind Arbeiten aus dem Jahr 1735, die Holzfiguren hat Johann Peter Heel geliefert.

Eines der erfreulichsten Erlebnisse dieser Fahrt ist **Rauhenzell**, das neben einer Kirche auch noch ein Schloß zu bieten hat. Beide sind überaus gepflegt und werden wie ein Augapfel gehütet, da auch diese Kirche schon einen Einbruch hinter sich hat. Der romanische Turm der *Pfarrkirche St. Otmar und St. Vitus* mit seinem einfachen Satteldach bildet den herben, zurückhaltenden Akzent zu den geschwungenen Giebeln des Schlosses (Abb. 88). Der Turm stammt aus dem Anfang des 13. Jahrhunderts, der Chor aus dem 15. Jahrhundert, und der Umbau des Schiffes erfolgte 1693/94. Gleich beim Eintreten entzückt das prunkvolle Schwarz-Gold der Altäre. Ein Meister, den wir im Pfrontener Raum oft antreffen, ist für sie und die Figuren zuständig: Nikolaus Babel. Die Altäre stammen aus der Erbauungszeit, die Kanzel von Hans Luibenstein aus Sonthofen entstand etwas später (1718). Ausgezeichnete spätgotische Figuren sind eine schöne

Ergänzung zum hochbarocken Raumbild – voran eine Hl. Anna selbdritt (um 1480), die mit der Kemptener Ulrich-Mair-Werkstätte in Verbindung gebracht wird.

Das *Schloß*, das einst den Freiherrn von Pappus-Tratzberg gehörte, deren Grabsteine in der Kirche zu sehen sind, ist heute im Besitz der Freiherrn von Lerchenfeld. Da es bewohnt wird, kann man es leider nicht besichtigen, was sehr schade ist, da es hier einige ausgezeichnete Kunstwerke zu sehen gäbe. Der Bau wurde 1555 errichtet, jedoch Ende des 19. Jahrhunderts umgebaut. Trotzdem ist der Charakter der Spätrenaissance gewahrt.

Die spätgotische *Pfarrkirche St. Moritz* in **Stein**, die barock verändert wurde, ist vor allem wegen ihrer Epitaphien sehenswert. Das Geschlecht der Laubenberg, deren Burg Laubenbergstein heute Ruine ist, war hier vom 13. bis zum 16. Jahrhundert ansässig. Hervorragend ist das Bronzegrabmal für Kaspar und Anna von Laubenberg (1493) mit der Muttergottes und den vier Heiligen in architektonischer Umrahmung.

Über den Ufern des Alpsees thronen die beiden Kirchen von **Bühl**, die Pfarrkirche St. Stephan und die Loreto-Wallfahrtskapelle. Als Bauten sind sie weniger bemerkenswert, doch bergen sie im Innern Interessantes. Sowohl St. Stephan als auch die Loretokapelle sind Stiftungen des Reichsgrafen Hugo von Königsegg-Rothenfels aus den Jahren 1666/67. *St. Stephan* besitzt eine der hierzulande seltenen Unterkirchen. Sie ist bedeutend sehenswerter als die wenig glücklich modernisierte Oberkirche. Wie im Konstanzer Münster, im Eichstätter Kapuzinerkloster und einigen anderen Kirchen finden wir hier eine Nachbildung des Heiligen Grabes. Ein Franziskaner, Bernardino Amico da Gallipoli, hat in seinem Werk ›Trattato delle piante ed imagini de sacri edifici d. Terra Santa‹ (1620) die Maßangaben und Abbildungen geliefert, die für Bühl vorbildlich wurden.

Nur langsam gewöhnt sich das Auge an die Dunkelheit der Kapelle, doch dann erscheint in ihren Umrissen die sechseckige Grabkammer, und man sieht, daß alle Seiten bemalt sind (Abb. 86). Wenn man herumgeht, entdeckt man, daß die Szenen nach Golgatha dargestellt sind: die Auferstehung, der ungläubige Thomas, die Himmelfahrt, die Schlüsselverleihung an Petrus, Pfingsten, der Gute Hirte, Emmaus und die Erscheinung vor Maria Magdalena. An der Westseite ist die kleine Mensa mit gemaltem Antependium (Christus in der Vorhölle) aufgestellt, darüber erscheint der Gekreuzigte mit Engeln und zu seinen Füßen Maria Magdalena. Seitlich an der Chorbogenwand die ergänzenden Figuren von Maria und Johannes.

Diese Holzfiguren werden dem Kemptener Johann Ludwig Ertinger zugeschrieben, bekannt durch seine ausdrucksstarke Pietà von Maria Rain. Die Rückseite mit dem Eingang zum Grab bewachen zwei Wächter – auf ausgesägtes Holz gemalte Figuren. In der Grabkammer, deren Tür so niedrig ist, daß man kaum hindurchkommt, liegt ein lebensgroßer Grabchristus.

Mehr noch als die beiden Seitenaltäre sind die bemalten Gestühle bemerkenswert. Hier wird Petri Wandel auf dem Meer dargestellt, die Taufe Christi, Christus treibt Teufel aus, Christi Versuchung durch den Teufel.

Ebenso erstaunlich, ebenso geheimnisvoll ist die *Loretokapelle,* die den Chor der Annakapelle bildet. Graf Hugo von Königsegg und sein Sohn Graf Leopold Wilhelm beschlossen diese Kapelle nach einer Wallfahrt zu bauen, die sie in die Loretokapelle in der Mark Ancona geführt hatte. Das Gnadenbild, eine Maria der Zeit um 1666, gehört noch zur ursprünglichen Einrich-

62　BAD WURZACH　Pfarrkirche St. Verena, Deckengemälde

◁　61　NESSELWANG mit Pfarrkirche St. Andreas

63 WOLFEGG Pfarrkirche (ehem. Schloßkirche)

64 WOLFEGG Schloß, Hauptportal

65 BAD WURZACH Schloßkapelle, Grabmal
Georg I. ›im hübschen Haar‹

66 WOLFEGG Pfarrkirche, Grabmal

67 Die Waldburg

69 KISSLEGG Pfarrkirche St. Gallus und Ulrich ▷

68 KISSLEGG Altes Schloß

70 Schloß Zeil
71 KISSLEGG Pfarrkirche St. Gallus und Ulrich,
Apostelfigur aus dem Silberschatz

72 LEUTKIRCH Pulverturm und kath.
Stadtpfarrkirche

73   FRIESENHOFEN   Pfarrkirche St. Petrus und Paulus

74   LEUTKIRCH   ›Teehäuschen‹

75 WANGEN Ravensburger Tor (Frauentor)

76 WANGEN Pfarrkirche St. Martin und Pfaffenturm

77 WANGEN Eselmühle

78 WANGEN Rathaus ▷

80 ISNY Nikolaikirche, Bibliothek
◁ 79 ISNY
81, 82 GENHOFEN St. Stephan, Sakristeitür und Fresken

83 GENHOFEN St. Stephan, Hochaltar ▷

84 GENHOFEN   St. Stephan, Astkreuz

85 ZELL   St. Bartholomäus, Fresko

86 BÜHL   St. Stephan, Hl. Grab

87 BÜHL   Loretokapelle, Fresko

88 RAUHENZELL Schloß und Kirche

89 IMMENSTADT Marktplatz

90 EMMEREIS Kapelle St. Nikolaus

91 LINDAU Haus zum Cavazzen, Städtische
Kunstsammlungen

92 LINDAU Haus zum Cavazzen

tung, der prunkvolle Altar selbst ist klassizistisch. Das schöne Sgacliola-Antependium soll von der Stukkatorin stammen, die auch für die Kemptener St. Lorenz-Kirche arbeitete. Wichtiger als dieser Altar ist jedoch die Wandmalerei der Kapelle, da hier die Fresken der italienischen Loreto-kapelle nachgebildet wurden, die dort fast alle zerstört sind. Rätselhaft sind die Darstellungen insofern, als Maria nicht nur in der Form der thronenden Madonna dargestellt ist, sondern auch zusammen mit dem Hl. Josef und dem knienden Jesuskind (Abb. 87). Die erhabenen und ernsten Figuren eines Hl. Königs mit Schwert, der Hl. Katharina mit dem Rad, des Hl. Jakobus erscheinen inmitten dieser Marienszenen. Da der Zyklus nicht ganz vollständig ist, können die Bilder nicht erschöpfend erklärt werden.

In der Annakapelle stehen zwei hübsche Frührokokoaltäre mit Altarblättern von Johann Baptist Herz aus dem Jahr 1726, und an den Wänden hängen reizende Votivbilder, so daß vor allem der Freund der Volkskunst hier seine Freude haben wird. So unscheinbar die Kirchen von außen erscheinen – sie gehören zum Erstaunlichsten im Raum Immenstadt.

Immenstadt (Oberallgäu) mit seiner Umgebung wird landschaftlich durch die herrliche Kulisse der beiden Seen bestimmt, des Großen und Kleinen Alpsees. Leider ist der Hintergrund des Großen Alpsees durch kastenartige und ohne Gefühl hingesetzte Hochbauten arg verschandelt worden, und man fragt sich bei solchem Anblick dann immer wieder: War das nötig?

Das Zentrum der Stadt wird vom ehemaligen Schloß der Grafen von Königsegg-Rothenfels, der Pfarrkirche St. Nikolaus, dem Kapuzinerkloster und dem Rathaus geprägt (Abb. 89). Die heute zerstörte Burg Rothenfels der Herren von Schellenberg steht am Anfang der Stadtgeschichte. Sie wurde von Graf Heinrich von Montfort mitsamt den Besitzungen 1332 erworben. Salzstapel und Leinwandhandel waren dem Entstehen einer Stadt günstig. Wie Leutkirch, Isny und Eglofs hat Immenstadt das Lindauer Recht erhalten (1360). 1565 erwarb Freiherr Johann Jakob von Königsegg den Besitz der Grafschaft Rotenfels von seinem Schwager Graf Ulrich von Montfort.

Das ehemalige *Stadtschloß* der Grafen von Königsegg-Rotenfels ist heute Sitz des Amtsgerichts und Vermessungsamts. Der langgestreckte dreistöckige Bau wurde 1550 errichtet, die Fenster sind noch spätgotisch profiliert. Der Ostflügel wurde 1604–20 hinzugefügt, der Süd-flügel erst im Hochbarock. Sehenswert ist der 1720 stuckierte Saal.

Das *Rathaus,* wie das Schloß ein Rahmenteil des Marienplatzes, wurde 1753 aus einem Haus des Jahres 1649 zum Amtssitz umgebaut. Das Türmchen mit Zwiebelhaube stammt erst aus dem Jahr 1915, die Fassade wurde 1959 renoviert.

Die *Mariensäule* mitten auf dem Platz ist zwar bereits 1773 vom Hindelanger Bildhauer Johann Richard Eberhard geschaffen worden, doch wurde sie seit dieser Zeit öfter beschädigt und erneuert. An Markttagen bietet dieser Platz mit seinen bunten Ständen ein hübsches, fröhliches Bild.

Die *Pfarrkirche St. Nikolaus* ist ein ehemaliger Barockbau (1704–07), doch haben sich im heutigen Bau der Jahre 1907/08 aus der früheren Zeit nur der Turm und ein Teil der Langhausmauern erhalten. Die Ausstattung wurde zum Teil von der alten Kirche übernommen. Hervorzuheben sind eine Muttergottes der Multscherschule an der Chorwand (um 1470) und die spätgotischen

Immenstadt um 1870, Holzstich

Figuren der Hll. Rochus und Sebastian (vor 1500). Die Figuren des Hochaltars werden manchmal Johann Ludwig Ertinger zugeschrieben, manchmal auch Johann Konrad und Franz Xaver Eberhard. Der nördliche Seitenaltar (1697) mit der ausdrucksvollen Darstellung der Muttergottes und des Hl. Simon Stock ist eine Arbeit von Johann Ludwig Ertinger (um 1700). Ihm werden auch die Figuren des südlichen Seitenaltars zugeschrieben. In ihrem Rot-Schwarz ist die Kanzel ein belebender Akzent in diesem ein wenig düsteren Raum – wahrscheinlich eine Arbeit der Kemptener Stukkatoren Johann Georg und Balthasar Haggenmiller (1708). Die Figuren der Evangelisten sind wieder Arbeiten Ertingers.

Das *Kapuzinerkloster* mit seiner *Kirche St. Josef* gehört im Kern dem 17. Jahrhundert an (1645/55), doch haben Restaurierungen des 19. Jahrhunderts und eine Erweiterung des Jahres 1903 mit der Errichtung der Neubarockfassade entscheidende Akzente gesetzt. Die Altäre sind rein neugotisch, doch sind sie in ihrer Farbgebung – ein grelles Orange – wenigstens originell.

In der *Gottesackerkapelle St. Georg* ist ein guter klassizistischer Altar (Christian Dornach, 1802) zu sehen, der allerdings mit einem Altarblatt des späten 19. Jahrhunderts ausgestattet ist.

Oberstaufen ist vor allem als Wintersportort und Schrothkurort ein Begriff. Kunsthistorisch ist die nahe Umgebung durch die kleinen Kirchen in Zell und Genhofen interessanter als der Ort selbst. Die *Pfarrkirche St. Peter und Paul* wurde erst 1858 gebaut, bis auf den Turm, der noch dem 18. Jahrhundert entstammt, allerdings 1960 einen neuen Helm bekam. Imponierend in dieser Kirche ist die monumentale Kreuzigungsgruppe im Chor (um 1500), die mit dem Bildhauer Michel Erhart in Verbindung gebracht wird. Die Gestalt des Gekreuzigten ist über fünf Meter hoch, und selbst die Assistenzfiguren haben noch eine Höhe von drei Metern.

Die nächste Station auf dem Weg nach Lindau ist **Weiler.** Hier wartet neben einer gut ausgestatteten *Pfarrkirche* auch ein *Heimatmuseum* auf uns. Wer die Kirche in Wiggensbach kennt, wird sofort merken, daß hier derselbe Baumeister am Werk war: Johann Georg Specht, der 1768–99 einen ähnlich weiten und hellen Saal mit abgerundeten Ecken schuf. Die Deckenbilder sind zum größten Teil das Werk von Andreas Brugger aus Langenargen, der vor allem durch die Ausmalung der Damenstiftskirche in Buchau am Federsee bekannt ist. Im Langhaus sehen wir die Bergpredigt, über der Orgel die Opferung Isaaks. Die Eckmedaillons im Langhaus und die Grisaillen sind spätere Zutaten des Jahres 1923. Der Hochaltar ist ein Werk der dreißiger Jahre unseres Jahrhunderts mit allen Schwächen jener Zeit. Schön ist die Madonna auf der Mondsichel an der Nordseite, die 1627 von Georg Hiltensberger geschnitzt wurde.

Das benachbarte **Simmerberg** birgt in seiner Pfarrkirche ein hervorragendes Werk plastischer Kunst, eine gotische Muttergottes aus Kalkstein, die um 1330 entstand. Einst war diese Statue Gnadenbild in Mehrerau bei Bregenz, und als die dortige Kirche abgebrochen wurde, brachten sie die Bauern von Simmerberg in ihr eigenes Gotteshaus.

Neben Weiler hat auch **Scheidegg** eine Kirche von Specht zu bieten (1796–98), doch ist es hier in der Gegend vor allem **Lindenberg,** das uns interessiert. Allerdings weniger wegen der prunkvollen, ja bombastischen neubarocken Pfarrkirche (1912–14), sondern wegen der alten *Pfarr-*

Weiler um 1800, Kupferstich von Franz Joseph Baldauf

227

kirche St. Aurelius. Auch hier war der Baumeister Johann Georg Specht. An Stelle der baufällig gewordenen Vorgängerkirche wurde 1764–70 ein neues Gotteshaus errichtet, dessen Innenausstattung 1796 abgeschlossen war.

Chor und Turm enthalten noch mittelalterliche Mauerteile. Der ursprünglich rechteckige Raum wurde später durch den Bau von zwei Nebenkapellen erweitert, so daß er heute sehr weit und großzügig wirkt. Der Chor ist um drei Stufen erhöht und schließt mit drei Seiten ab – ein Symbol für die Heilige Dreifaltigkeit. Langhaus und Chor sind von einer einfachen Gesimslinie umzogen. Das Altarblatt des spätbarocken Hochaltars malte Bernhard Müller aus Bregenz (1790), doch wurde es von Andreas Brugger 1805 übermalt. Dargestellt ist Maria im Strahlenkranz, die dem Hl. Dominikus den Rosenkranz übergibt, daneben die Hl. Katharina v. Siena. Der Tabernakel und das Relief ›Emmaus‹ an der Altarvorderwand sind Arbeiten von Johann Richard Eberhard (1779). Auch die Apostelfiguren der Langhauswände und eine Josefsfigur stammen von Eberhard. Die stuckmarmorierten Seitenaltäre der Zeit um 1770 sind gute Arbeiten von Johann Georg Wirth. Das bäuerliche, der Volkskunst zugehörige Chorbogenkreuz paßt gut in die lichte, fröhliche Farbigkeit dieser Kirche.

Ein Stück Bayern am Bodensee: Lindau

»Die Lage der Insel Lindau ist überaus reizend. Ihr gegenüber öffnet sich das große breite Tal, durch welches der Rhein aus den rhätischen Alpen dem Bodensee zueilet. Die Felsenkette der Schweiz zieht sich auf der linken Seite dieses Tales bis an den See hinab, dehnt sich an denselben in fruchtbare Vorgebirge aus, und bildet dessen südliche Ufer, die hoch und fruchtbar sind. Die rechte Seite des Tales wird von den nackten Felsen Tirols begrenzt, die nach Osten fortreichen und den See in steilen hohen Ufern ummauern.«

Freiherr Menu von Minutoli, ›Reise durch einen Theil von Deutschland, Helvetien und Ober-Italien‹, 1803

Am ›Schwäbischen Meer‹ ein Stück Bayern – wie konnte das geschehen? Das ›Handbuch der Historischen Stätten Deutschlands‹ nennt die nackten Tatsachen: »1803 fielen Stift und Stadt an einen natürlichen Sohn des Kurfürsten Karl Theodor von Pfalzbayern, den Fürsten Karl August von Bretzenheim. Er trat sein Fürstentum jedoch bereit im März 1804 im Tausch gegen ungarische Herrschaften an Österreich ab. Durch den Preßburger Frieden von 1805 gelangte es an Bayern.«

Wenn schon das übrige Allgäu nur in einigen Gebirgsgegenden etwas ›Bayerisches‹ ahnen läßt – hier ist gar nichts mehr davon zu spüren. Der See vermittelt Milde, manchmal auch Süße und etwas Melancholie und vor allem eine Geistigkeit, die verständlich macht, daß gerade hier die hohe Spiritualität der ›Reichenauer Malerschule‹ möglich wurde.

Der Stadtteil Aeschach am Ufer kann sich römischer Siedlungsreste rühmen, die Insel jedoch nicht. Hier bestand wahrscheinlich zu fränkischer Zeit eine Fischersiedlung mit einer kleinen

Ansicht von Lindau, Sebastian Münster, 1541

Peterskirche. Für das 9. Jahrhundert ist ein Kanonissenstift gesichert, der Ort wurde als ›Lindoua‹ 822 zum erstenmal genannt. Die ›Heidenmauer‹ erinnert an die alte karolingische Stadtbefestigung. Die heutige Stiftskirche St. Marien enthält noch Reste einer romanischen Kirche des 12. Jahrhunderts. Eine Bürgersiedlung, die bis zur Mitte des 13. Jahrhunderts den Ostteil der Insel ausfüllte, entstand in Anschluß an das Stift. Der Mangturm erinnert noch an die alte Stadtmauer, die Stift und Stadt umfaßte. 1230 wurde Lindau bereits als königliche Stadt betrachtet, doch erst 1274/75 gewährte König Rudolf von Habsburg die Privilegien. Damals war Lindau die drittreichste Stadt Oberschwabens. Das 14. Jahrhundert stand im Zeichen des Kampfes der Zünfte gegen das Patriziat, den schließlich die Zünfte gewannen. Ende des 15. Jahrhunderts stand die Stadt unter der Schirmherrschaft der Tiroler Habsburger, büßte jedoch ihre Reichsfreiheit nicht ein. Ein wirtschaftlicher Höhepunkt wurde im 15. und 16. Jahrhundert durch den Speditionshandel mit Korn und Salz in die Schweiz erreicht, ebenso durch den Anbau von Seewein. Erst im 16. Jahrhundert wurde die Stadtmauer auf die gesamte Insel ausgedehnt. Die Reformation erlebte Lindau auf der Seite von Zwingli, doch wurden die Rechte des Stiftes nicht angetastet.

Sinnbild Lindaus sind *Leuchtturm* und *Löwenmonument* am *Seehafen,* und von dort aus kann man einen Stadtrundgang beginnen (Farbt. 33, Abb. 93, 94). Die Hafenanlage wurde 1856 voll-

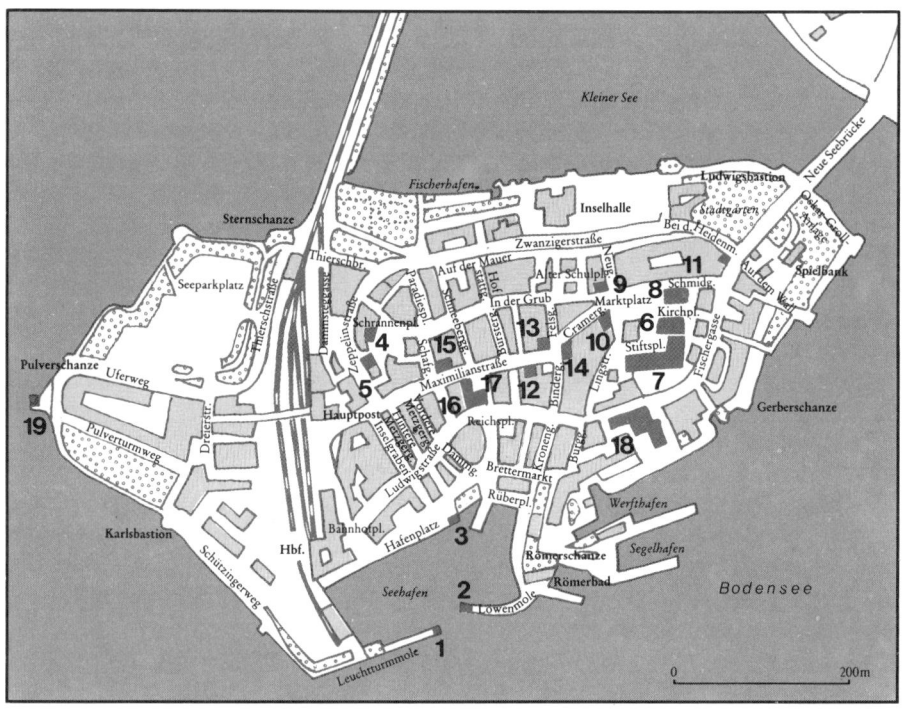

Lindau 1 Leuchtturm   2 Löwenmonument   3 Mangturm (Alter Leuchtturm)   4 Peterskirche   5 Diebsturm
6 St. Marien   7 Stiftsgebäude (Landratsamt und Amtsgericht)   8 St. Stephan   9 Haus zum Baumgarten
10 Haus zum Cavazzen (Heimatmuseum)   11 ›Heidenmauer‹   12 ›Gasthaus zum Sünfzen‹   13 Häuser
Nr. 4–6 Maximilianstraße   14 Haus Erath   15 Haus ›Zur Brotlaube‹   16 Altes Rathaus   17 Neues Rathaus
18 Ehemalige Franziskaner-Kloster-Kirche (Stadttheater)   19 Pulverturm

endet, der prächtige Löwe als bayerischer Wächter auf seinen Thron gesetzt. Ein Münchner,
Johann von Halbig, hat ihn geschaffen.

Der *Mangturm* am Hafenplatz ist der alte Leuchtturm des 13. Jahrhunderts, doch was ihn so
reizvoll macht, der bunte Spitzhelm, wurde erst im 19. Jahrhundert hinzugefügt (Abb. 94).

Der erste und wichtigste Gang, um die frühe Kunstgeschichte Lindaus zu erkunden, führt
über den Bahnhofsplatz und das Hauptpostamt zum *Schrannenplatz*. Dort erheben sich die
mächtigen Türme der Peterskirche und des Diebsturmes. Der eine romanisch karg und wuchtig, der andere durch seine kleinen Dachtürmchen weniger streng wirkend, obwohl gerade er
der ›Malefizturm‹ mit Arrestzellen war. Die *Peterskirche* ist der erhabenste und auch interessan-
teste Bau dieser Stadt. Bis 1180 war sie die Pfarrkirche und bestand vielleicht schon bei der Gründung des Damenstiftes zu Anfang des 9. Jahrhunderts. Die östlichen Teile des heutigen Baues
stammen aus der Mitte des 12. Jahrhunderts, das westliche Drittel des Langhauses und der Eingang wurden erst 1470–80 errichtet. Auch der Turm wurde 1425 erneuert, doch wurde damals

der alte Turm des 11. Jahrhunderts rekonstruiert. Merkwürdig ist seine Höhe im Verhältnis zum kleinen Saal der Kirche, was jedoch erklärlich ist, da der Turm einst Verteidigungszwecken diente. Im 17. Jahrhundert wurde St. Peter profaniert, seit 1928 ist der Raum Kriegergedächtnisstätte. Erst 1967/68 hat man nach eingehenden Restaurierungsarbeiten den Freskenzyklus der nördlichen Langhauswand, die sogenannte ›Lindauer Passion‹, einem bestimmten Meister zuweisen können: Hans Holbein d. Ä. (Abb. 95). Sein Monogramm ›H.H.‹ ist bei der Beweinungsszene am Ärmelsaum der Magdalena entdeckt worden, und auch anhand stilkritischer Vergleiche konnte man die Fresken dem bedeutenden Augsburger zuweisen. In den beiden oberen Bildfeldreihen ist die Passion Christi dargestellt, im unteren Feld ein Petruszyklus, der allerdings stark zerstört ist. An der östlichen Stirnwand, in der Apsis und im östlichen Teil der Südwand stammen die Fresken zum Teil von dem wenig bekannten Lindauer Maler Mathis Miller, der seine Initialen ›M. M.‹ hinterließ. – Die Darstellungen des ›Jüngsten Gerichts‹ am Chorbogen und der ›Marienkrönung‹ (Farbt. 15) in der Apsis sind Werke eines unbekannten Künstlers.

Der *Diebsturm* ist wahrscheinlich gegen 1370 als westlichster Punkt der älteren Stadtummauerung entstanden. Die hübsche farbige Bedeckung des polygonalen Helmes stammt allerdings erst aus dem 19. Jahrhundert.

Am *Marktplatz* versammeln sich einige wichtige Bauten um den Neptunbrunnen, der allerdings erst 1840 entstand. Die *Stiftskirche St. Marien* ist zwar in ihrer heutigen Erscheinung barock, doch geht sie auf das alte Kanonissenstift des 9. Jahrhunderts zurück. Der Vorgängerbau des 12. Jahrhunderts brannte 1728 zusammen mit einem großen Teil der Inselstadt ab. Im Chor,

Lindau, Peterskirche, Fresko von Hans Holbein d. Ä.
(s. auch Schwarzweiß-Abbildung 95)

231

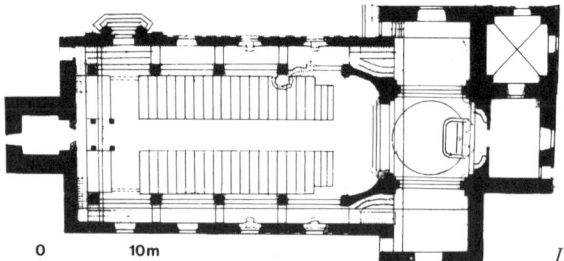

Lindau, Stiftskirche St. Marien, Grundriß

im Querhaus und in der nördlichen Schiffswand sind Teile dieses Baues erhalten. Der Wieder-aufbau begann 1730, die Weihe fand 1752 statt. Ein Brand vernichtete 1922 die Decke, Teile des Stucks und der Fresken und das Orgelgehäuse, doch wurde sofort mit dem Wiederaufbau be-gonnen. Neuerliche schwere Schäden verursachte 1987 ein Deckensturz im Hauptschiff.

Baumeister war der aus Landau/Pfalz stammende Johann Caspar Bagnato, der u. a. in Meers-burg und auf der Mainau tätig war. Ähnlichkeiten mit der Schloßkirche Wolfegg sprechen jedoch dafür, daß auch Johann Georg Fischer ein Wort mitzusprechen hatte. Da der zerstörte Vorgängerbau berücksichtigt werden mußte, konnte der Baumeister nicht ausschließlich die eigenen Vorstellungen durchbringen. Lindau folgt dem ›Vorarlberger Münsterschema‹, doch sind die Durchgänge zum Teil so stark ausgebildet, daß die Wandpfeiler größtenteils zu einer Art Freipfeiler wurden. Der Stukkator war der Wessobrunner Johann Georg Gigl, der Maler der Langhausfresken Giuseppe Ignazio Appiani. Das Hauptbild im Schiff, das durch Brand ver-nichtet wurde, ist 1926 recht glücklich ergänzt worden. Dargestellt ist die Himmelfahrt Mariä, in den Zwickeln über den Seitenaltären die Anbetung der Hirten und die Darbringung Jesu im Tempel; in der Chorkuppel die Krönung Mariä durch die Hl. Dreifaltigkeit. Der Hochaltar aus Stuckmarmor ist wahrscheinlich eine Arbeit von Gigl, das Altarblatt (Anbetung der Hl. Drei Könige) schuf Franz Georg Hermann aus Kempten. Die Gemälde der Seitenaltäre stammen von Johann Georg Bergmüller (Übergabe des Rosenkranzes an den Hl. Dominikus) und von Franz Georg Hermann (Überbringung eines Jesusbildes an König Abgar von Edessa durch Judas Thaddäus).

Im benachbarten *Stiftsgebäude* sind heute Landratsamt und Amtsgericht untergebracht. Der Bau stammt aus den Jahren 1731–36, doch kam 1947 im Westen ein Anbau in historischen Formen hinzu. Der Baumeister war nicht Bagnato, wie lange angenommen wurde, sondern Christian Wiedemann.

Die protestantische *Pfarrkirche St. Stephan* geht auf einen Bau des 14. Jahrhunderts zurück, von dem Teile noch im Chor erhalten sind. Ihre heutige Erscheinung verdankt die Kirche einem Umbau des Jahres 1506. Damals wurde das Langhaus nach Westen verlängert und die Seiten-schiffe verbreitert. Die Reformation (1526) bewirkte die Zerstörung der Ausstattung und der Altäre, gleichzeitig wurden Emporen eingebaut, so daß St. Stephan eine Predigerkirche wurde. Eine Umgestaltung der Jahre 1781–83 zu einer Pseudobasilika und eine neue Dekoration sorg-ten für den heute vorherrschenden klassizistischen Eindruck. Auch die Westhalle wurde in der

Zeit des Frühklassizismus hinzugefügt. Neben der zurückhaltenden, sehr noblen Stuckierung in Weiß und Grün sind hier einige gute Epitaphien des 17. Jahrhunderts zu bewundern, die Angehörigen der Familie Heider gelten.

Am Marktplatz 4 steht das ›Haus zum Baumgarten‹, so genannt nach dem einstigen Baumgarten des Stiftes, der an dieser Stelle stand. Baumeister des noblen dreigeschossigen Hauses mit schönem Walmdach und Gaupen war Jakob Grubenmann aus Teufen im schweizerischen Kanton Appenzell, der auch den benachbarten ›Cavazzen‹ baute. Bemerkenswert ist das Treppenhaus mit stützenlosem dreiteiligem Bogen als Podestträger und Gewölbewiderlager.

Als das ›schönste Bürgerhaus des Bodenseegebietes‹ gilt der Cavazzen, der nach dem großen Stadtbrand des Jahres 1728 von Jakob Grubenmann errichtet wurde (1729/30). Das dreistöckige, neunachsige Haus mit wunderbar geschweiftem Walmdach ist über und über bemalt (Abb. 92). Das kräftige Rosa-Grau der Fassadenmalerei ist der farbliche Hauptakzent am Platz. Wer der Maler war, weiß man nicht, doch vermutet man einen Italiener oder Südtiroler. Die Atlantenhermen, Fruchtgehänge und perspektivischen Durchblicke deuten auf einen in diesem Metier versierten Künstler. Besonders schön ist das Säulenportal mit der einladenden Freitreppe. Bauherr war Michael von Seutter, in dessen Familienbesitz der Cavazzen bis 1929 blieb. Da ein Geschlecht de Kawatz im 16. Jahrhundert an dieser Stelle in einem Vorgängerbau wohnte, nimmt man an, daß der Name ›Cavazzen‹ sich darauf bezieht. Seit 1929 ist hier das Heimatmuseum untergebracht – eines der schönsten und gepflegtesten von ganz Bayerisch-Schwaben, das einen hervorragenden Einblick in die Lindauer Patrizierkultur gibt (Abb. 91).

Ein paar Schritte vom Marktplatz entfernt, am Ende der Schmiedgasse, kann man noch ein Stück der ältesten Stadtbefestigung sehen, die sogenannte ›Heidenmauer‹. Wann sie errichtet wurde, weiß man nicht genau. Man vermutet in diesem Turmstumpf entweder ein Bauwerk des 9. Jahrhunderts oder Reste eines staufischen Verteidigungsturmes des späten 12. Jahrhunderts.

Vom Marktplatz aus kommt man über die Cramergasse zur Maximilianstraße, die bis vor einigen Jahren ›Hauptstraße‹ hieß. Das ›Gasthaus zum Sünfzen‹, das durch sein schönes Schild auffällt, ist für die Stadtgeschichte Lindaus wichtig. Der Sünfzen war das Gesellschaftshaus der Lindauer Patrizier, die schwere Zeiten zu bestehen hatten, als sich 1345 die Zünfte gegen sie auflehnten. Das Haus geht im Kern noch auf die Mitte des 14. Jahrhunderts zurück, doch sorgten spätere Erweiterungen und Instandsetzungen – die letzte 1832 – für das heutige Bild, das nicht mehr als gotisch zu bezeichnen ist.

Die Nummern 4–6 der Maximilianstraße gehören zu Häusern des späten 16. Jahrhunderts, die sichtbar 1568 und 1579 datiert sind. Auf einem massiv gemauerten Sockelgeschoß sitzen Dachwerkobergeschoß mit Krangaube, Satteldach und straßenseitiger Traufe. Auch das abschließende Haus der Cramergasse 19, das Haus Erath, gehört zu diesem Typ und stammt sogar noch aus dem 15. Jahrhundert. – Weiter unten, in der Maximilianstraße 26/28, finden wir dann einen Komplex aus drei Häusern des späten 14. Jahrhunderts, von denen das einstige Zunfthaus der Bäcker, ›Zur Brotlaube‹, das malerischste ist. Adolph Menzel hat das Haus mit den charakteristischen Spitzbögen um 1895 skizziert.

In der Mitte der Maximilianstraße, am Bismarckplatz, liegt etwas zurückgesetzt das Alte Rathaus, das durch seine buntbemalte Fassade sofort auffällt (Abb. 96). Im Kern ist es ein spätgotischer Bau der Jahre 1422 bis 1436, doch wurde es 1540 bis 1578 durch Anbau des ›Verkünder-kers‹ und der überdachten Freitreppe umgestaltet. 1885–87 kam dann die entscheidendste Ver-änderung durch eine figurenreiche Bemalung des Münchners Josef Widmann. Sie ist zwar heute das Entzücken der meisten Besucher, muß jedoch bedauert werden, da sie in ihrer lauten Farbig-keit dem Bau viel von seiner Schönheit nimmt. Nur der Große und Kleine Ratssaal und die Halle vermitteln noch einen ungetrübten Eindruck eines alten süddeutschen Rathauses.

Am selben Platz steht auch das *Neue Rathaus* mit Satteldach und schönem barockem Voluten-giebel, das 1706–17 gebaut wurde. Hinter dem Alten Rathaus führt die Ludwigstraße zur Fischergasse. Dort steht eines der ältesten Bauwerke der Stadt, die ehemalige *Franziskaner-Klosterkirche*. Kloster und Kirche entstanden auf stiftischem Boden, nachdem die Äbtissin des Kanonissenklosters im Jahr 1239 Franziskaner nach Lindau berufen hatte. Die Kirche war noch 1250 im Bau, und erst 1380 wurde der für die heutige Erscheinung charakteristische gotische Chor abgeschlossen. Nach der Reformation wurde das Kloster aufgelöst und schließlich – nach einigen Zwischenstationen – 1950/51 zum Stadttheater umgebaut.

Nur selten wird sich ein Besucher auf den Weg machen, um den westlichen Vorposten der ein-stigen Stadtmauer, den *Pulverturm* am Schützingerweg, aufzusuchen. Der Wehrbau wurde im 16. Jahrhundert in die Stadtbefestigung einbezogen. Da seine Lage sehr reizvoll ist, diente er ab 1897 dem Lindauer Bürgermeister als Sommerwohnung. Heute finden dort kleinere Festlich-keiten statt.

Zum Lindauer Stadtgebiet gehören auch die am Ufer liegenden Orte **Aeschach** und **Schachen.** Auf dem Alten Aeschacher Friedhof steht die kleine *Krellsche Kapelle,* die in zweierlei Hinsicht Beachtung verdient. Einmal ist sie ein gut gelungener spätgotischer Saalbau (1515), und zum andern erinnert sie an Oswald Krell, den Lindauer Bürgermeister, den Albrecht Dürer in seinem Porträt von 1499 (Alte Pinakothek, München) verewigte.

Da der bayerische König Maximilian II. Joseph eine große Vorliebe für Lindau hatte, bauten nicht nur er und seine Familie, sondern auch eine ganze Reihe bayerischer Adliger und Ge-schäftsleute am Festlandufer in Aeschach und Schachen ihre Villen und Sommerresidenzen. Diese stattlichen Gebäude historisierenden Stils kann man sehr gut vom Schiff aus sehen. Ge-nannt seien nur die bekanntesten: Villa Holdereggen, Tannhofvilla, Villa Seutter, Schloß Alwind, Villa Elena, Leuchtenberg-Villa und Haus Wacker. Am prächtigsten und interessante-sten ist der ›Lindenhof‹, den sich der Lindauer Großkaufmann Friedrich Gruber 1842–45 im italienisch-pompejanischen Stil bauen ließ. Diese Villa liegt in einem öffentlich zugänglichen Park (Lindau-Schachen, Lindenhofweg 25) im englischen Stil und ist als Beispiel des Spätklassi-zismus sehr sehenswert.

Die *Villa Amsee* (1848) des damaligen Prinzen Luitpold liegt etwas abseits, östlich der Stadt (Bregenzer Straße/Ladestraße), und war jahrzehntelang Feriendomizil des Bayerischen Königs-hauses.

Eine reizvolle Vierflügelanlage ist das *Schloß Senftenau* in Aeschach, ein ehemaliges Wasser-schloß. Zum erstenmal wurde es 1344 erwähnt, als Graf Ulrich von Montfort es an Kaiser Ludwig den Bayern verkaufte. Seither wurde das Schloß mehrfach verändert, und um 1569 ent-stand das jetzige Torhaus.

Zu den ältesten Pfarreien des Landkreises gehört *St. Pelagius* in **Oberreitnau.** Seit 1976 sind Oberreitnau und Unterreitnau nach Lindau eingemeindet. Die im Kern mittelalterliche Kirche wurde 1694/99 und in der zweiten Hälfte des 18. Jahrhunderts umgebaut. Der Hochaltar ist hochbarock (um 1700), das Altarblatt entstand jedoch erst Ende des 19. Jahrhunderts. Die Figuren der Heiligen Agatha und Katharina sind Werke der barocken Umgestaltungszeit.

Wer für alte Fachwerkbauten schwärmt, sollte das *Gasthaus zum Adler* in Oberreitnau nicht versäumen, das bereits 1560 gebaut wurde. Da der Bau erst 1976 renoviert wurde, zeigt er sich frisch und einladend.

Die *Pfarrkirche St. Urban und Silvester* in **Unterreitnau** besitzt einen kraftvollen spätgotischen Turm, doch stammt der restliche Bau aus dem 16. und 17. Jahrhundert. Unterreitnau war lange Marienwallfahrtsort. Die Ausstattung ist in erster Linie barock. Hervorzuheben ist ein Epitaph der Familie Buschler aus dem Jahr 1585, das den Gekreuzigten mit Maria und Johannes zeigt, neben ihnen die Verstorbenen.

Wasserburg, dessen Silhouette sich von allen Seiten so idyllisch ausnimmt, gehört ebenso wie Nonnenhorn noch zum ›bayerischen Zipfel‹. Die *Pfarrkirche St. Georg* mit ihrer prächtigen Zwiebelhaube bildet in dieser Silhouette den Hauptakzent. Im Kern ist die Kirche spätgotisch (15. Jahrhundert) und wurde um 1512 zu einer dreischiffigen Halle erweitert. Durch einen Brand im Jahr 1815 wurden Dachstuhl, Deckengewölbe und Hochaltar zerstört. Einer Restaurierung der Jahre 1918–20 sind die Deckenbilder zu verdanken, doch sind noch einige gute Barockwerke erhalten: Rosenkranzspende von Josef Walser (1749); Vesperbild (1705) aus der Kemptener Ertinger-Werkstatt; Sandstein-Epitaph für Johannes Baumgartner (gest. 1606) mit Christus in der Kelter; Epitaph für Leopold Graf Fugger von Kirchberg (gest. 1662).

Das *Schloß* geht in seinen ältesten Teilen noch auf das 13. Jahrhundert zurück. Die drei Flügel sind Erweiterungen späterer Jahrhunderte bis zum 18. Jahrhundert. Ursprünglich war der Bau ein Wasserschloß.

Die *Kapelle St. Jakobus* in **Nonnenhorn** ist spätgotisch (15. Jh.), doch stammt der kleine Dachreiter aus dem Jahr 1690. Der Hochaltar und der nördliche Seitenaltar sind Werke des 19. und 20. Jahrhunderts. Der südliche Seitenaltar enthält gute Figuren aus der Zeit um 1500 (Johannes Evangelista, Petrus, Jakobus). Die Kreuzwegstationen sind klassizistisch (um 1800), das Gnadenbild von Einsiedeln gehört dem 18. Jahrhundert an, die Figuren der Katharina und des Johannes der Spätgotik (um 1470).

Nicht entgehen lassen sollte man sich den *Weintorggel* an der Dorfstraße, da er der besterhaltene der Umgebung ist. Ein eichener Torggelbaum und eine hölzerne Spindel des Jahres 1591 gehören zu den Ausstattungsstücken.

Im Ostallgäu

Von Buchloe über Kaufbeuren nach Füssen

»Kaufbeuren zeugt noch von ehemaligem altreichsstädtischen Wohlstand und altdeutscher Sitte, und war vormals durch Handel und Gewerbsamkeit blühend. Reinlichkeit und Lebensgenuß, Geselligkeit und Unternehmungslust herrschen in diesem Städtchen noch immer und machen dem Fremden seinen Aufenthalt behaglich.«

Ludwig Albrecht Schubart, ›Reise auf den Gründen im Algau‹, 1803/11

Der Lech gilt von alters her als Grenze zwischen Schwaben und Bayern. Wird sich jedoch ein Schongauer als Schwabe betrachten? Oder ein Bernbeurer? Man kann dieses Gebiet nicht für das Allgäu annektieren, es gehört deutlich noch zum oberbayerischen ›Pfaffenwinkel‹. Sehr viel realistischer ist es, den Auerberg und alles das, was etwa im gleichen Abstand vom Lech liegt, als Grenze anzusehen. Um keinen territorialen Unmut zu erzeugen, halten wir uns also in gebührender Entfernung vom Lech, zumal es auch den offiziellen Verwaltungsgrenzen entspricht.

Das Ostallgäu hat es gut: Die Wertach mit ihren vielen Schleifen vermittelt wunderbare Landschaftseindrücke und ungetrübten Flußgenuß, denn sie wurde längst nicht so viel gestaut wie die Nachbarn Lech und Iller und ist daher größtenteils noch ein munter laufendes Gewässer. Bereits bei Kaufbeuren beginnt sich im Süden die Kette der Füssener Berge abzuzeichnen, und wenn man nach Marktoberdorf kommt, scheinen sie schon greifbar nahe. Rechnet man dann noch die Kunsteindrücke dazu, die hier ganz dicht gesetzt sind, versteht man, daß dieses Gebiet im Allgäu zu den bevorzugten gehört.

Buchloe ist als Eisenbahnknotenpunkt jedem Bahnreisenden bekannt, der vom Norden her in Richtung Bodensee fährt. Die *Stadtpfarrkirche Mariä Himmelfahrt* erhebt sich hoch über den Niederungen dieser modernen Notwendigkeiten. Der Turm mit seinem hohen Satteldach, der die Stadtsilhouette beherrscht, wirkt von der Ferne romanisch, ist jedoch erst im 15. Jahrhundert errichtet worden. Chor und Mittelschiff des Langhauses stammen dagegen schon aus der Zeit um 1400, doch wurde nach einem Ortsbrand 1517 das Langhaus wieder aufgebaut und um die beiden Seitenschiffe erweitert. 1729/30 entstand dann die heutige Halle mit Spiegelgewölben. Der Innenraum ist im Verhältnis zu den kargen und strengen Formen des Äußeren barockfröhlich und hell. Die Deckenbilder werden Johann Georg Lederer zugeschrieben (um 1730), einem Meister, dem wir auf dieser Fahrt noch öfter begegnen werden. Im Chor erscheint im Hauptfeld die Marienkrönung; im Mittelschiff die Anbetung der Hirten, die Darstellung im Tempel und die Muttergottes in der Glorie; im nördlichen Seitenschiff die Flucht nach Ägypten, die Vermählung Mariä, der Tod Josephs; im südlichen Seitenschiff die Rosenkranzmadonna mit dem Hl. Dominikus und Katharina von Siena, die Muttergottes, von den vier Erdteilen verehrt. Der Stuck ist zurückhaltend, das Bandel-, Blatt- und Gitterwerk entspricht der Zeit um 1730. Der Aufbau des Hochaltares stammt noch aus dem 18. Jahrhundert (um 1791), die Mensa ist im Klassizismus fortgeschritten (1825). Das Altarblatt, die Himmelfahrt Mariä, ist eine Arbeit von G. Melchior Schmidtner aus dem Jahr 1687. Die Seitenaltäre gehen auf die Werkstatt Fröhlich in Weicht zurück (1770), ebenfalls ein Name, dem man in dieser Gegend viel begegnet. Es war eine weitverzweigte Schreiner- und Altarbauerfamilie, die meist mit guten Bildhauern zusammenarbeitete.

Zu den besten Stücken dieser Kirche gehört die Kanzel aus dem Anfang des 18. Jahrhunderts mit posaunendem Engel auf dem Schalldeckel, einer Vorhangdraperie als Rückwand und den Figuren der Kirchenväter und des Salvators am Korb. Eine sehr ähnliche Kanzel kann man in Altusried bei Kempten sehen.

Im Ostteil der Stadt, an der Augsburger Straße, liegt das *Amtsgericht*, ein sehr stattlicher zweigeschossiger Bau mit Walmdach. Einer der großen Baumeister des östlichen Allgäus, Johann Georg Fischer, hat das Gebäude 1728/29 errichtet. Auch das ehemalige *Gefängnis* in der Schrannenstraße 1 zeugt von der regen Bautätigkeit jener Jahre (1722/23). Ehemals war es eine dreiflügelige Anlage, die auch von Fischer entworfen wurde. Hier war einst das Zuchthaus des Augsburger Viertels des Schwäbischen Reichskreises, und es gibt einige schaurige Berichte über das, was man in der Umgebung erblicken konnte, denn damals gab es nicht nur Galgenvögel, sondern auch Galgen, die in den Wäldern bei Buchloe standen ... Es gibt jedoch auch eine sehr positive Schilderung, und zwar von einem unbekannten Reisenden des Jahres 1819: »Das Gebäude hat von außen nichts weniger als das Ansehen eines Kriminalgefängnisses, vielmehr eines adeligen Wohnsitzes, ist etwa zwei Stockwerke hoch und liegt an der Landstraße von Landsberg nach Mindelheim. Die Behandlung der Arrestanten ist nichts weniger als grausam, wie viele fälschlich glauben. Sie werden gut genährt und genießen auch Luft.«

Die Pfarrkirche von **Lindenberg,** *St. Georg,* ist nicht zu übersehen, denn sie thront außerordentlich dekorativ hoch über dem Ort. Der Turm (1685) besitzt einen achteckigen Aufsatz von Kaspar Feichtmayr, der das Kloster von Klosterlechfeld baute und auch die Pfarrkirche von Oberostendorf mit einem achteckigen Aufsatz versah. Diesem Maurermeister aus Bernried begegnet man vor allem in Oberbayern, etwa in Benediktbeuern, wo er die berühmte Klosterkirche baute. Chor und Langhaus entstanden um 1500. Die barocke Erscheinung des Innenraumes verdankt die Kirche einer Umgestaltung von 1745. Johann Georg Wolcker ist der Maler der Deckenbilder (1745). Er war Schüler des Augsburger Akademiedirektors Bergmüller und gehörte zu den großen Begabungen, so daß man ihn 1734 berief, Kirche und Treppenhaus des Stiftes Stams in Tirol auszumalen. Das Hauptfeld des Langhauses zeigt Christus und die reuigen Sünder David, Petrus, Magdalena, Dismas und den Zöllner. Im Chor sieht man den Tod und die Verklärung des Heiligen Georg. Die Altäre haben neubarocke Aufbauten, und auch die Kanzel ist neubarock.

Die *Pfarrkirche St. Martin* in **Jengen** ist ein gotischer Backsteinbau. Die oberen Geschosse des Turmes, der Chor, das Langhaus und das Vorzeichen entstanden wohl um 1500. Das Innere wurde Mitte des 18. Jahrhunderts barockisiert. Ausgezeichnet ist hier der Stuck von Joseph

Fischer aus Faulenbach, der vor allem in der Umgebung von Füssen arbeitete. Der Hochaltar wurde 1740 aufgestellt, jedoch erst 1790 von Martin Fröhlich gefaßt. Der Aufbau wurde wahrscheinlich von einem Mitglied der Schreinerfamilie Fröhlich geliefert. Die Kanzel stammt aus den Jahren 1750/60, wurde jedoch erst 1791 im Sinne des Klassizismus weiß-gold gefaßt. Die Fresken sind moderne Arbeiten der Jahre 1889 und 1927.

Waal, das sehr idyllisch an der Quelle der Singold liegt, ist vor allem wegen seiner Passionsspiele bekannt. Wie in Oberammergau geht auch hier das Passionsspiel auf die Pestzeit zurück. Der heutige Text stammt aus dem Jahr 1815. Das Waaler Spiel ist ein Volksschauspiel, das alle sieben bis acht Jahre aufgeführt wird, und zwar vom Mai bis Oktober.

An der *Pfarrkirche St. Anna* haben viele Jahrhunderte gearbeitet, und leider auch sehr ausgiebig das 19., dem der sehr dezimierte Innenraum zu verdanken ist. In der Westwand des Mittelschiffes sind noch Mauerteile des 14. Jahrhunderts erhalten. Um 1500 wurde das Langhaus erhöht und verbreitert zu einer dreischiffigen Halle. Der spätgotische Turm stürzte 1757 ein und zerstörte dabei das Chorgewölbe, das im nächsten Jahr wieder unter Dach war, während der Turm erst 1762 vollendet wurde. Eine neugotische Restauration der Jahre 1895–98 führte zum heutigen Raumeindruck. Glücklicherweise ist wenigstens das spätgotische Sternnetzgewölbe im Schiff erhalten.

Der neugotische Hochaltar enthält ein sehr gutes Altarblatt von Johann Rieger, dem ersten Direktor der Augsburger Reichsstädtischen Akademie. Dargestellt ist die Verehrung der Gottesmutter durch die Heilige Sippe und Vertreter des Stammbaumes Christi (1710–30). Von der ehemaligen spätgotischen Ausstattung sind einige sehr gute Figuren erhalten. Das Altarbild wird flankiert von der Hl. Afra und Magdalena, die mit dem ›Meister der Mindelheimer Sippe‹ in Zusammenhang stehen. Sie sind um 1525 entstanden, etwa gleichzeitig wie zwei andere Figuren wohl desselben Meisters an den Eingängen zum Turm und zur Sakristei: die Hl. Katharina von Alexandrien und die Hl. Barbara. An der Säule gegenüber der Kanzel steht ein Hl. Johannes, den man dem Kaufbeurer Jörg Lederer zuschreibt (um 1525). Bei jüngsten Renovierungsarbeiten ist ein großes Christophorus-Fresko am südlichen Schildbogen der Westwand entdeckt und freigelegt worden. Es entstand wohl kurz nach der Verbreiterung der Kirche um 1500. Im Jahr 1849 wurde in das Chorgewölbe des Jahres 1758 ein weiteres Holzgewölbe eingehängt. Das barocke Gewölbe, das heute aus Sicherheitsgründen nicht zugänglich ist, trägt eine hervorragende Freskobemalung von Franz Martin Kuen aus dessen mittlerer Schaffenszeit (1795). Es zeigt die Verehrung der Anna selbdritt durch die allegorischen Figuren der Erdteile.

Die Kirche *St. Nikolaus,* die im südlichen Ortsteil in einem ummauerten Friedhof liegt, geht im Kern ebenfalls auf das 15. Jahrhundert zurück. Hier sind einige gute Figuren aus dem Umkreis des Lorenz Luidl (um 1680) zu sehen sowie ein echter ›Pestkarren‹ aus der Zeit des Dreißigjährigen Krieges.

Südöstlich der Pfarrkirche erhebt sich der dreigeschossige, jedoch schmucklose Bau des *Schlosses,* in dem noch Reste einer mittelalterlichen Burg enthalten sind. Ein Ausbau der Jahre 1511–1601 sorgte für das heutige Bild, zu dem auch die vier polygonalen Ecktürme gehören. 1820 kam das Schloß nach mehrfachem Besitzerwechsel an die Fürsten von der Leyen, die Umgestaltungen im Inneren und am Außenbau veranlaßten.

Bedeutend attraktiver ist ein zweites *Schloß* in der Nähe, in **Unterdießen,** denn es liegt auf der Höhe über dem Ort und läßt einen schönen Blick auf den Hohenpeißenberg und das Gebirge zu. Der Bau – ein dreigeschossiger Satteldachbau mit polygonalen Türmen und Rundtürmen – geht auf das 16. und 17. Jahrhundert zurück. – Im Ort ist die *Pfarrkirche* zu besichtigen, mit spätgotischem Turm und barockisiertem Langhaus. Die Deckenbilder stammen von Johann Josef Anton Huber (1774) und zeigen im Chor die Verklärung des Hl. Nikolaus und im Langhaus die Erlösung der Sünder durch das Blut des Gekreuzigten. Vom selben Maler stammen auch die Bilder der Emporenbrüstungen. Die Altäre sind neubarock, doch ist im linken Seitenaltar eine gute Immaculata zu sehen (um 1700), die Lorenz Luidl zugeschrieben wird.

Nicht weit ist es von hier aus nach Asch, Leeder und Denklingen mit z. T. sehenswerten Kirchen, doch befinden wir uns dort schon auf oberbayerischem Gebiet.

Auch **Waalhaupten** kann sich der Malereien eines guten Freskanten rühmen, in dieser Gegend sogar des besten: Matthäus Günther. Die *Pfarrkirche Zur Schmerzhaften Muttergottes* ist ein barocker Bau der Jahre nach 1713, doch ist der Turm noch gotisch (15. Jh.). Leider erleben wir Günther hier bereits in seiner Spätzeit (1787), wo auch er schon begann, etwas klassizistisch-trocken zu werden. Es ist das letzte Werk dieses bedeutenden Malers, der auf dem nahen Hohenpeißenberg geboren wurde. Dargestellt ist im Chor die Kreuzabnahme, daneben an den Chorseitenwänden die Jakobsleiter, Christus und die Samariterin, die büßende Magdalena; im Langhaus Gottvater, die Immaculata (Abb. 98) und Judith. Es ist von hier aus nicht weit zu weiteren, sehr viel besseren Fresken Günthers (Rottenbuch, Schongau, Hohenpeißenberg), und auch auf der Fahrt nach Füssen können wir ein ganz hervorragendes Werk von ihm sehen (Altdorf). – Der Stuck stammt von Johann Michael Gigl, die Altäre sind neubarock, die Kanzel entstand um 1770/80.

Die *Friedhofskapelle St. Michael,* östlich des Ortes auf einer Anhöhe gelegen, sollte sich niemand entgehen lassen, der spätgotische Fresken liebt. An der Nordwand des Langhauses ist ein riesiger Christophorus zu sehen, dann in drei Reihen übereinander die Passion Christi, bestehend aus sechzehn Szenen (um 1520).

Die »architektonisch reizvollste Landkirche des Kaufbeurer Gebietes« nennt das Kurzinventar des Bayerischen Landesamts für Denkmalpflege die Kirche *St. Jacobus major* in **Ketterschwang.** Nicht zu Unrecht, denn schon allein der kraftvolle Turm mit der gemütlichen dicken Zwiebelhaube ist außerordentlich attraktiv. Die Kirche liegt leicht erhöht im Südteil des Ortes, weithin sichtbar und niemals zu übersehen. Bemerkenswert ist, daß bei einem Umbau des Chores und Neubau des Langhauses (1758) offenbar von einem Plan ausgegangen wurde, den Simpert Kramer, einer der Baumeister von Ottobeuren, für die Stiftskirche in Roggenburg zugrunde legte. Die reizvolle Architektur wird begleitet von einer ebenso reizvollen Innenausstattung. Johann Baptist Enderle war der Meister der Deckenbilder (1758), der begabte Joseph Fischer aus Faulenbach der Meister der Stuckierung. Enderle, den man in der Gegend um Mindelheim sehr häufig antrifft, war ein Schüler von Johann Georg Bergmüller in Augsburg. Sein bedeutendstes Werk ist die Freskierung der Wallfahrtskirche Allerheiligen bei Scheppach. In Ketterschwang wird im Chor das Altarsakrament dargestellt, von den beiden Johannes und den Gläubigen verehrt; im Langhaus die Erscheinung des Hl. Jakobus beim Sieg des spanischen

Königs Ramira über die Mauren; über dem Chorbogen: der Hl. Benedikt weist dem Hl. Ulrich die Fülle des vom Benediktinerordens ausgehenden Segens; über der Empore: Darstellung der Herz-Jesu-Bruderschaft mit Porträt des Pfarrers Greil, der für den Neubau des Langhauses zuständig war. Auch die Bilder der Emporenbrüstung (Zwölf Apostel) gehen auf Enderle zurück. Die Aufbauten der Altäre stammen leider aus dem späteren 19. Jahrhundert, doch ist die Kanzel noch ein Werk des Rokoko (um 1760).

Die *Pfarrkirche Mariä Himmelfahrt* in **Oberostendorf** ist im Kern spätgotisch (1485), doch wurde sie ab 1680 barockisiert. Baumeister des schönen achteckigen Turmes ist Kaspar Feichtmayr, den wir bereits im Zusammenhang mit Lindenberg erwähnten. Ein weiterer bekannter Name ist mit der Stuckierung verbunden: der Wessobrunner Johann Schmuzer brachte 1685 die Rosetten und Blattranken der Sakristei und des Oratoriums an die Decke. Der kaum weniger begabte Joseph Fischer aus Faulenbach stuckierte dann im Rokoko (1747) die weiteren Teile der Kirche. Der Freskant ist Johann Georg Wolcker (1747), der auch Lindenberg ausmalte. Dargestellt ist im Chor die Beschneidung Christi; im Langhaus die Beweinung Christi; Maria als Mater Dolorosa und Regina Rosarii von den Erdteilen verehrt; in den Vorhallen die Auferstehung Christi und die Auferweckung des Lazarus. Franz Kleinhans, der Schöpfer der eleganten Türme von Pfronten und Nesselwang, hat diesen Bau 1747 umgestaltet und wesentlich zu dem heutigen großzügigen Eindruck beigetragen. Hochaltar und Seitenaltäre sind Werke unbekannter Meister (1719/20), doch kann die Kanzel mit einem bekannten Namen in Verbindung gebracht werden: Ignaz Hillenbrandt aus Türkheim, der Meister der Irseer ›Fischerkanzel‹.

Mehr noch als bei dieser Kirche ist bei *St. Stephan* in **Unterostendorf** Franz Kleinhans beteiligt, da hier die Barockisierung der Jahre um 1752 noch durchgreifender war. Turmunterbau, Langhaus und Chor sind im Kern spätmittelalterlich. Durch Kleinhans wurde das Langhaus erhöht, der Chor umgestaltet, die Fenster verändert, der Turmoberbau neu aufgeführt. Der Saal zu drei Achsen mit Wandgliederung durch Pilasterpaare ist ausgezeichnet ausgestattet. Maler der Deckenbilder war Franz Joseph Degle (1753), der im Langhaus das Martyrium des Hl. Stephanus darstellte, im Chor den Hl. Stephanus vor dem Hohen Rat. Auch die Wandmalereien werden Degle zugeschrieben. Hübsch ist das illusionistische Oratorium mit betenden Bauern an der Chornordwand. An der unteren Empore erscheinen Fides, Spes und Caritas. Der Rocaillenstuck ist wieder von Joseph Fischer. Im Hochaltar – einem marmorierten Holzaufbau der Zeit um 1753 – sieht man wieder ein Werk von Degle: die Verklärung des Hl. Stephanus.

Gefragt, was zum unbedingten ›Muß‹ einer Reise von Buchloe nach Füssen gehört, wird man sicherlich diese Kirchen nennen: St. Georg bei Untergermaringen, St. Blasius in Kaufbeuren, Kirche und Kloster von Irsee, die Pfarrkirche von Altdorf, St. Martin in Marktoberdorf, St. Gordian und Epimachus in Stöttwang, St. Michael in Bertoldshofen und St. Ulrich in Seeg.

Beginnen wir also mit *St. Georg* bei **Untergermaringen,** zumal der Bau durch seine Höhenlage die Gegend so beherrscht, daß er gar nicht zu übersehen ist (Abb. 97). Wer Zeit hat, sollte den Wagen in Untergermaringen stehenlassen und die zwanzig Minuten zu Fuß zur Kirche hinaufgehen. Es lohnt sich, denn die kleine Wanderung an den barocken Kreuzwegstationen vorbei, mit weitem Blick ins Land und auf die schönen Doppeltürme der Kirche von Germaringen ist sehr reizvoll.

Chor und Langhaus der Georgskirche gehen noch auf das 12. Jahrhundert zurück (um 1180), doch der Turm, der von der Ferne auch romanisch wirkt, gehört dem 15. Jahrhundert an. Er ist sehr eindrucksvoll; gefügt aus unverputztem Ziegelstein, mit Rundbogenfries im zweiten und dritten Geschoß, im fünften Geschoß rundbogigen Klangarkaden, darüber ein Kleeblattbogenfries und als Abschluß ein hohes Satteldach. Die runde romanische Apsis trägt eine Halbkuppel. Erst bei der letzten Restaurierung sind hier romanische Fresken entdeckt worden, darunter ein großartiger thronender Christus.

Im späten 17. Jahrhundert wurde das Innere zum Teil erneuert und die Kreuzkapelle angefügt. Langhaus und Chorquadrum sind mit Felderdecken ausgestattet. Die Deckenbilder stammen aus dem Frühbarock (1690). Im runden Mittelfeld der Chordecke erscheint Gottvater und in den Feldern der Langhausdecke Engelsdarstellungen in Blaumalerei, der Heiland und Heiligenmartyrien in roter Tonmalerei. An der Decke unter der unteren Empore sind Szenen aus der Georgslegende und Engelsdarstellungen zu sehen. Auch die Emporenbrüstung ist mit acht Bildern aus der Legende des Hl. Georg geschmückt, die um 1700 entstanden. Etwa aus der gleichen Zeit (1680/90) stammen die Büsten der Zwölf Apostel in Medaillons. In der Kreuzkapelle findet man eine Kreuzigungsgruppe mit Maria, Johannes, Magdalena, Petrus, dem Hauptmann und den beiden Schächern (um 1700).

St. Georg gehört zu den vielen Kirchen, die das Bayerische Nationalmuseum in München mit Plastiken ›beliefert‹ haben. Ein spätromanisches Kruzifix wird dort gezeigt, das einst auf dem Georgenberg zu Hause war.

Untergermaringen ist die Heimat von Peter Dörfler, einem Geistlichen und volkstümlichen Schriftsteller (1878–1955), dessen Romane und Erzählungen im Allgäu und anderen Teilen von Bayern spielen. Besonders bekannt sind seine ›Allgäu-Trilogie‹ und der Roman ›Die Wessobrunner‹, der von dem Leben der Stukkatoren und Baumeister berichtet, vor allem von der Familie der Schmuzer. Von Waalhaupten, wo Dörfler aufwuchs, erzählt er in seinem Roman ›Als Mutter noch lebte‹.

Schon von weitem sieht man die *Wallfahrtskirche St. Wendelin* in **Germaringen** liegen, deren Doppeltürme in warmes Ocker getaucht sind. Man hält es für wahrscheinlich, daß Johann Schmuzer, dem man im oberbayerischen ›Pfaffenwinkel‹ so schöne Wallfahrtskirchen verdankt, auch hier die Pläne geliefert hat. Die beiden Türme allerdings stammen aus dem frühen 18. Jahrhundert (1726). Bereits 1580 hat hier eine Feldkapelle St. Wendelin existiert; der stattliche Neubau geht auf die Jahre 1696/97 zurück. Auch der Stuck – Akanthuslaubwerk mit Putten, Ährengirlanden, Lorbeergirlanden – stammt aus der Zeit um 1700 und dürfte ein Werk von Franz Xaver und Joseph Schmuzer sein. Die Qualität dieses Stucks ist hervorragend, während die Deckenbilder eines unbekannten Malers (um 1700) nur durchschnittlich sind. Im Chor erscheint der Gute Hirte; in den Scheitelfeldern des Langhauses die Speisung der Fünftausend, das Abendmahl und die Messe des Hl. Ulrich; auf der Nordseite Kundschafter aus Kanaan, Josephs Traum von den Garben, Weinlese und Mannalese; auf der Südseite Engel, die die Kelter treten, ein Rabe, der dem Hl. Paulus von Theben das Brot bringt, die Hochzeit zu Kana und das Emmausmahl; unter der Empore und an der Emporenbrüstung (um 1727) der Hl. Wendelin als Patron der Tiere und Helfer der Kranken und die Verehrung des Hl. Wendelin. Die Wandmalereien unter den Fenstern sind modern.

Die Aufbauten von Hochaltar und Seitenaltären stammen von 1727. Das Altarblatt des Hochaltars – die Fürbitte des Hl. Wendelin vor der Hl. Dreifaltigkeit – wird um 1700 datiert. Die Kanzel wurde zusammen mit den Altären 1727 aufgestellt.

Der erste Weg in **Kaufbeuren** sollte hinauf zur Blasiuskirche gehen, deren kräftiger Rundturm nicht zu übersehen ist. Nicht nur, weil dies die schönste Kirche ist, sondern auch, weil man von hier aus den besten Überblick über die gesamte Stadt bekommt (Farbt. 8).

Die fünf noch erhaltenen Stadttürme deuten auf die Bedeutung von Kaufbeuren im späten Mittelalter hin. Die Kernzelle war ein karolingischer Königshof, der ungefähr an der Stelle des späteren Franziskanerinnenklosters lag. Bereits 1240 wurde die Siedlung an einem Seitenarm der Wertach als Stadt bezeichnet. 1268 wurde Kaufbeuren Reichsstadt mit dem Recht von Überlingen, und 1303 bestätigte König Albrecht I. den Reichsstand und die Freiheiten. In der Mitte des 13. Jahrhunderts war die Stadt mit ihrem Ortskern, der als ›Burc‹ bezeichnet wurde, bereits ummauert. Mit der Burg war ein Markt verbunden und um 1300 wurden beide mit einer zweiten, größeren Ringmauer umgeben. Zu Bayern gehört Kaufbeuren seit 1802.

Die noch erhaltenen Stadttürme stammen wahrscheinlich aus der Zeit um 1420, als die Befestigung der Stadt verstärkt wurde. Das Wahrzeichen von Kaufbeuren ist der *Fünfknopfturm* im

Kaufbeuren, Ansicht von Sichelbein, 1580

242

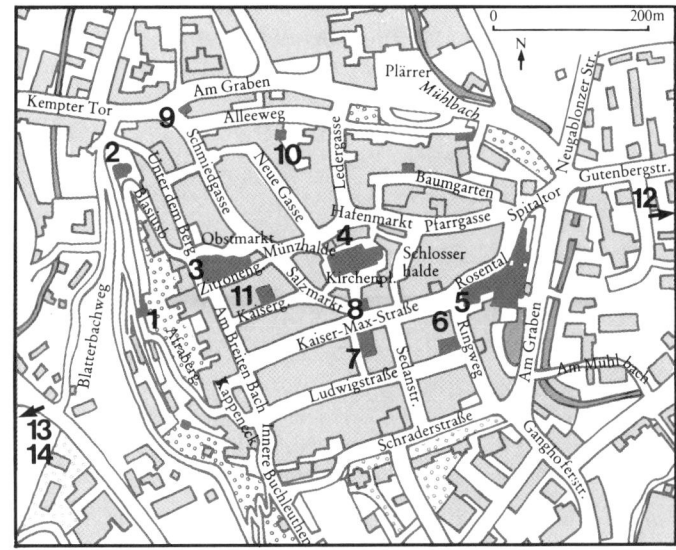

Westzug der Stadtmauer, ein hoher, vierseitiger Turm zu sechs Geschossen mit Zeltdach und polygonalen Scharwachtürmen. Von ihm aus führt die Stadtmauer direkt zum *Blasiusturm* und zur *Blasiuskapelle*. Ein seltsamer Anblick: Ein Wehrgang führt durch die Kirche hindurch in den Rundturm! Die Wehrleute der Bürgerschaft – meist Weber und Waffenschmiede – hatten so Gelegenheit, ohne den Wehrgang zu verlassen, in der Kapelle ihr Gebet zu verrichten. Die Blasiuskapelle wird 1319 zum erstenmal urkundlich genannt. Der Turm aus der Zeit um 1420 ist der älteste Teil des heutige Baues. 1436 wurde der Chorbau errichtet, 1484/85 das ursprünglich einschiffige Langhaus in die heutige dreischiffige Halle umgewandelt.

Gleich beim Eintritt erfreuen die großzügigen Proportionen: Das Langhaus ist mehr breit als lang, das Mittelschiff ist breiter als die beiden Seitenschiffe. Der Blick geht sofort zum hellen Chor mit seinem wunderschönen Sterngewölbe. Und er geht zum Hochaltar, der in dieser reich ausgestatteten Kirche künstlerisch der Mittelpunkt ist (Abb. 99). Sein Meister ist Jörg Lederer, der 1507 aus Füssen zuwanderte und in Kaufbeuren eine Werkstatt begründete. Die Kassettendecke des Rittersaales in Füssen ist ein frühes Werk (um 1500). Der wunderbare ›Hindelanger Altar‹ in Bad Oberdorf entstand 1515–19, also fast gleichzeitig mit dem Kaufbeurer Altar, der 1518 datiert ist. Allerdings stammen die Schreinfiguren der Heiligen Ulrich, Blasius und Erasmus von einem früheren Altar der Jahre um 1436. Die schwebenden Engel an der Bekrönung und die Figuren Johannes des Täufers und der Anna selbdritt seitlich auf den Säulen sind Werke von Lederer. Auch die Malereien des Altars sind nicht einheitlich, sondern stammen von verschiedenen Händen. In ihrer Qualität hervorstechend sind die vier gemalten Szenen aus der

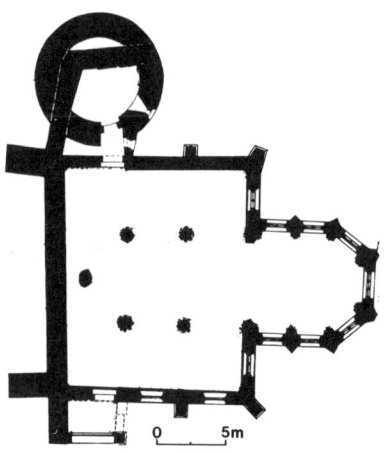

Kaufbeuren, Blasiuskapelle, Grundriß

Kindheit Christi auf der Innenseite der Flügel. Man weiß nicht, wer ihr Meister war, nimmt jedoch einen Kaufbeurer an. Die Kreuzigung der Rückseite und die Bilder der Predella sind 1506 von Jörg Mack signiert.

Der Gekreuzigte an einem Baumkreuz links neben dem Hochaltar ist eine ausdrucksstarke Arbeit aus der Mitte des 14. Jahrhunderts. Zu beiden Seiten des Choreingangs sind Figuren angebracht, ein sehr inniger Johannes der Täufer und ein Sebastian, die ebenfalls Jörg Lederer zugeschrieben werden. Die Wände des Langhauses sind mit fünf Tafelgruppen von Heiligenlegenden besetzt, worunter besonders die Nordwand mit den zwanzig Bildern zur Legende des Heiligen Blasius auffällt. Ein Tapetenbild, aus Wolle gewirkt, zeigt den Heiligen Blasius unter den Tieren des Waldes.

Bei der jüngsten Restaurierung wurden Freskenreste aufgedeckt, die zu einem Zyklus gehörten. Von der Verkündigung im Chorraum ist nur noch die Vorzeichnung erhalten; an der linken östlichen Stirnwand des Seitenschiffes sieht man den Johannes aus einer Kreuzigungsgruppe – beides spätgotische Malereien. Später, um 1600, entstanden die Fresken an der Nordwand des Langhauses, eine Auferstehung und zwei Bildmedaillons.

Auf dem Weg zur heutigen Pfarrkirche St. Martin, deren hoher Spitzturm das Stadtbild beherrscht, kommt man am *Crescentiakloster,* einem Franziskanerinnenkloster, vorbei. Auch hier ein Spitzturm, jedoch schlanker und eleganter als der von St. Martin. Der dreiflügelige Klostertrakt und die Kirche wurden 1471/72 errichtet. Der Konventbau wurde um 1500 erweitert, die Kirche erhielt 1657 Emporen. Ein neugotischer Umbau (1877) und eine Ausstattung jener Zeit wirkten sich sehr ungünstig aus. Heute ist die Kirche vor allem Gedenkstätte für die seliggesprochene Kreszentia Höß. Die Tochter armer Kaufbeurer Webersleute trat 1703 in das Kloster ein und wurde schon zu ihren Lebzeiten durch ihr vorbildliches Leben in der Nachfolge Christi zum Trost vieler Menschen. Sie war Visionärin und dadurch der Kirche nicht besonders angenehm, da ihre Visionen zum Teil von der Lehrmeinung abwichen. Nach ihrem Tod im Jahr 1744 wurde ihr Grab zum Wallfahrtsziel. Ein Reisebericht zweier Benediktiner aus dem Jahr 1779 vermerkt in allen Einzelheiten, wie die Umgebung der Kreszentia beschaffen war, stellt dann allerdings zum Schluß in aller Nüchternheit fest: »In dem Zimmer, wo sie als Oberin gestorben, wollen sehr viele einen besonders angenehmen Geruch spüren. Einige fühlen selben schon außer demselben. Einige gar vor den Klostermauern. Meine Nase kann davon nicht zeugen.«

Für die Kunstgeschichte ist die Selige Kreszentia insofern von Bedeutung, als verschiedene Maler, darunter auch Matthäus Günther, eine Vision im Bild dargestellt haben: der Heilige Geist in Gestalt eines schönen Jünglings in weißen Kleidern. Bei der Beschreibung der Kirche von Altdorf wird davon noch zu sprechen sein.

Die *Stadtpfarrkirche St. Martin* entstand 1438–43 anstelle eines romanischen Baues der Zeit um 1200, von dem noch das Südportal und die Mauern der Seitenschiffe zeugen. Die Emporen an der Westseite stammen aus dem Jahr 1684, wurden jedoch 1860 erweitert. Leider ist auch diese Kirche in ihrer Ausstattung neugotisch umgewandelt worden, was ihrer Erscheinung sehr schadet. Von Interesse sind hier nur noch einige gute spätgotische Holzfiguren im Chorraum aus dem Umkreis von Ivo Strigel (Apostel Petrus und Johannes) und das Relief der Anbetung der Hl. Drei Könige von Hans Kels d. Ä. (um 1525). Die Kels waren im 16. Jahrhundert eine berühmte Bildschnitzer- und Medailleurfamilie, deren begabtester Vertreter Hans Kels d. Ä. war. Von ihm, der das bekannte Spielbrett des Wiener Kunsthistorischen Museums arbeitete, ist in Kaufbeuren nur noch dieses Relief erhalten. Wie Jörg Lederer stammt auch Kels aus Füssen.

Zwei weitere hervorragende Werke der Spätgotik sind die fast lebensgroßen Statuen der Hll. Cosmas und Damian im Chorraum, die mit Michel Erhart in Verbindung gebracht werden (um 1480).

Aus der romanischen Kirche ist noch ein sehr schöner und einfacher Taufstein mit Palmettenornament erhalten, der unter der Empore seinen Platz gefunden hat.

Von der Martinskirche sind es nur ein paar Schritte in die Hauptstraße der Stadt, die Kaiser-Max-Straße. Das *Rathaus*, gleich am Anfang, gibt sich zwar sehr renaissancehaft, stammt jedoch aus der Zeit des Historismus (1879–81). Interessanter ist da schon das *Hörmannhaus* in der Kaiser-Max-Straße 3, ein dreigeschossiges Traufhaus mit Pilasterportalen, das um 1770/80 aus zwei spätmittelalterlichen Häusern entstand.

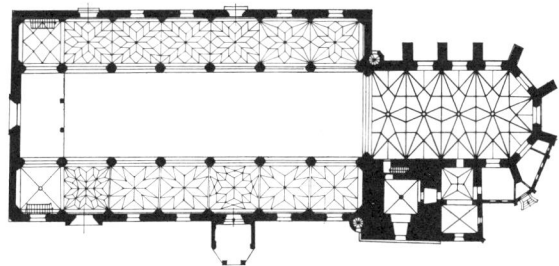

Kaufbeuren, Stadtpfarrkirche St. Martin, Grundriß

Wir nähern uns der evangelischen *Stadtpfarrkirche zur Hl. Dreifaltigkeit,* die 1604 errichtet wurde. Einem Umbau von 1736/37 hat sie die Emporen zu verdanken, die heute den Innenraum so großzügig erscheinen lassen. Der Turm ist im wesentlichen ein Werk der Jahre 1820/21. Wir haben hier eine typische Predigerkirche vor uns, in der die Kanzel den Mittelpunkt bildet. Sie wirkt sehr würdevoll, jedoch in ihrem grauen Anstrich auch ein bißchen streng. Der Augsburger Schreiner Michael Groß ist ihr Schöpfer (1764). Die Deckenbilder sind modern (1904), doch verdienen dafür die Bilder an den Wänden unsere Aufmerksamkeit. Sie zeigen Christus, Moses und die Zwölf Apostel und sind Arbeiten von Hans Ulrich Franck, der durch seine großartige Folge des Dreißigjährigen Krieges den Freunden alter Grafik ein Begriff ist.

Vor der Kirche steht der ansehnliche *Neptunbrunnen,* ein Werk des Augsburger Stadtsteinmetzmeisters Johann Wolfgang Schindel aus dem Jahr 1753. Augsburgisch wirkt dieser Neptun allerdings und erinnert entfernt an die wunderbaren Brunnen-Bronzefiguren aus Schindels Heimatstadt.

Von den Stadttürmen ist neben den schon genannten der runde *Sywollenturm* an der Nordwestecke der Stadt zu erwähnen, dazu der kantige *Gerberturm* im Nordzug der Stadtmauer.

Im Allgäu hat fast jede Stadt ihr *Heimatmuseum,* und auch Kaufbeuren macht da keine Ausnahme. Es ist sogar besonders lohnend. Man kann sich hier über das Werk von Jörg Lederer informieren, man kann eine umfassende Kruzifixsammlung betrachten, man kann aber auch das Arbeitszimmer von Ludwig Ganghofer ansehen, der 1855 in Kaufbeuren geboren wurde. Sein Geburtshaus steht gleich neben St. Martin, gegenüber vom Turm – ein dreigeschossiger Giebelbau, dem man anmerkt, daß hier etwas ›Besonderes‹ stattgefunden hat. Übrigens ist Kaufbeuren auch Geburtsort einer literarischen Dame: Sophie von La Roche, die Jugendfreundin von Wieland und spätere Großmutter von Clemens Brentano und Bettina von Arnim.

Die im Kern älteste Kirche der Stadt steht etwas außerhalb, an der Augsburger Straße. Es ist die ehemalige *Spitalkirche St. Dominikus,* die heutige Kriegergedächtniskirche. Die Langhausmauern stammen von einem Bau des Jahres 1182, doch wurde der heutige Chor erst 1483 errichtet, ebenso wie der Turmunterbau. 1709 erfolgten der Anbau der Sakristei, der Turmoberbau und die Barockisierung der Ausstattung. Gut ist hier der Stuck eines Meisters aus Como: Francesco Mazzari, der auch in Irsee hervorragende Stuckarbeiten schuf (1709). Der zweisäulige, braun marmorierte Hochaltar ist ebenfalls hochbarock (1709), dazu auch das Laiengestühl mit Akanthusschnitzerei und Hermenpilastern.

Wer für Kaufbeuren wenig Zeit hat, sollte sich nicht durch die von außen gewichtigen Bauten allzusehr verführen lassen. Es sind zwei Bauten geringerer Dimension, die hier unbedingt angesehen werden müssen: die bereits erwähnte spätgotische Blasiuskirche und die kleine *Wallfahrtskirche St. Cosmas und Damian,* vor den Toren der Stadt gelegen, bereits zu Oberbeuren gehörig.

Schon von außen ist das Kirchlein bestechend: ein schlanker Turm mit oktogonalem Obergeschoß und hübscher Zwiebelhaube, ein eleganter Chor mit Strebepfeilern – und dies umstanden von hohen, schattigen Bäumen. Der Chor ist noch spätgotisch (1494), ebenfalls der Kern des Langhauses und der Turmunterbau. 1627 wurde die Kirche wiederhergestellt und 1631 neu geweiht. In der zweiten Hälfte des 17. Jahrhunderts entstand das Obergeschoß des Turmes, 1730 wurde das Langhaus um eine Achse verlängert.

1649, als wichtige Reliquien der beiden Märtyrer Cosmas und Damian von Bremen nach München überführt wurden, gewann die Wallfahrt zu dieser Kapelle erneute Bedeutung. Man konnte von Kloster Irsee zwei Reliquienschreine der beiden Patronatsheiligen erwerben, die nun zum Ziel der Wallfahrt wurden. Die heutige Ausstattung, dazu auch Fresken und Stuck, stammt im wesentlichen aus dem 18. Jahrhundert. Der kleine Saalraum mit Flachtonne ist sehr hell, und der zartgetönte, spitzenartige Stuck unterstreicht diesen lichten und freundlichen Eindruck. Das warme und dunkle Gold-Braun der Altäre ist dazu ein schöner Gegensatz. Das Hochaltarblatt, das den beiden Patronatsheiligen gilt, ist wieder eine Arbeit von Hans Ulrich Franck, dem wir bereits in der evangelischen Kirche begegneten (1630). Ausgezeichnet sind die schwungvollen Aufbauten der beiden Seitenaltäre von Paul Seitz (1745). Der Hochaltar ist ein Werk von Nikodemus Fröhlich, einem Mitglied der außerordentlich produktiven Schreiner- und Altarbauerfamilie aus Weicht. Die Altarblätter der Seitenaltäre: links eine Schutzengeldarstellung, rechts die Heiligen Ignatius von Loyola und Franz Xaver.

Der Maler der Deckenbilder war Joseph Anton Walch, ein Kaufbeurer, der immer durch naive Unbekümmertheit der Auffassung und fröhliche Farbigkeit erfreut (1743). In Füssen, in der Spitalkirche, sieht man ihn von seiner besten Seite. Hier gilt das Hauptbild des Langhauses der Glorie der Heiligen Cosmas und Damian mit der Marianischen Kongregation und dem Rat der Stadt Kaufbeuren sowie Kranken; in den Nebenbildern sieht man Darstellungen aus Legenden der Heiligen; im Chor erscheint Maria mit den Heiligen Ignatius und Joseph.

Was in dieser Kirche jedoch besonders besticht, das ist der leichte, sprühende Stuck in Gelb, Grün und Grau. Gitter-, Blumen- und Muschelwerk herrschen im Chor vor, im Chorbogen Bandelwerk und Blumen, am Langhausgewölbe Gitter- und Bandelwerk mit Blütengirlanden. Der Meister des Stucks (1743) ist nicht bekannt, doch erinnert die Arbeit sehr an die Stuckierung von Joseph Fischer aus Faulenbach, der später in der Füssener Spitalkirche mit Walch zusammen wirkte.

Neben einigen guten Figuren des 18. Jahrhunderts fällt vor allem das schöne Laiengestühl des Gürtlers German Höss auf. Auch das wunderbare Reliquiar aus vergoldetem Kupferblech in der Chornische ist eine Arbeit dieses begabten Mannes (1733).

In **Oberbeuren**, im Ostteil des Dorfes, steht eine weitere bemerkenswerte Kirche: *St. Dionysius Areopagita*. Der Bau wurde 1709/10 neu errichtet, der Turmunterbau ist vielleicht noch spätmittelalterlich. Man nimmt an, daß der Entwurf von dem Füssener Johann Jakob Herkomer stammt. Einer Restauration des Jahres 1878 haben leider die Altäre weichen müssen, so daß die heutigen neubarock sind. Auch die Deckenbilder stammen nicht aus der Erbauungszeit (1920). Gut ist dafür aber der Stuck des Jahres 1712, der Matthias Lotter zugeschrieben wird, vor allem auch die Stuckreliefs des Altarraumes, die der Legende des Hl. Dionysius gelten. Der Altar in der westlichen Vorhalle (1703) stammt aus der Kapelle in Märzisried, die Kanzel (1720) aus der Seelenbergkapelle von Eggenthal.

Eine grüne Linie markiert auf der Landkarte die Straße nach **Obergünzburg**. Der Ort ist nicht nur landschaftlich durch seine Lage an der östlichen Günz bevorzugt, sondern verdient auch historisches Interesse. Hier führte die römische Straße von Cambodunum (Kempten) nach Augusta Vindelicum (Augsburg) hindurch, und Münzfunde auf dem Nikolausberg lassen auf eine römische Siedlung schließen. In der Chorostwand der Pfarrkirche ist ein Merkuraltar ange-bracht, der in einer Gasse bei der Kirche gefunden worden ist.

Obergünzburg gehörte zum ältesten Besitz des Klosters Kempten. Bis auf den Kirchturm und die Außenmauern des Kirchenschiffs der *Pfarrkirche St. Martin* (Abb. 100) wurde der mittelalter-liche Ort 1560 durch Brand zerstört. Der Bau des Jahres 1451 wurde unter Beibehaltung der Umfassungsmauern 1563 wieder aufgebaut. Das Langhaus wurde 1779 als barocker Saalbau mit flacher Decke umgestaltet. Eine Restaurierung des Jahres 1926 mit Erneuerung der Ausstattung bewirkte den heutigen kühl-feierlichen Gesamteindruck. Die Fresken der Jahre 1768 bis 1779 sind im Langhaus das Werk des Kempteners Johann Michael Koneberg (Tod und Glorie des Hl. Martin), während der Chor 1926 durch die Gebrüder Haugg ausgemalt wurde. Auch der Stuck (1779) ist eine Arbeit eines Kempteners, Johann Georg Wirth, dem man auch in Betzigau, Waltenhofen, Martinszell und Wildpoldsried begegnen kann. Die Figuren der Zwölf Apostel sind gute Arbeiten des Kempteners Franz Ferdinand Ertinger von 1707, doch sind sie leider neu gefaßt.

Die *Kapelle St. Nikolaus,* die westlich auf dem Nikolausberg liegt, geht noch auf das 15. Jahr-hundert zurück, wurde jedoch 1600 umgebaut. Im 18. Jahrhundert bestand hier eine vielbe-suchte Wallfahrt. Auch hier wurden die Altäre des 18. Jahrhunderts durch neuromanische ersetzt. Die Epitaphien des 18. Jahrhunderts sind zum Teil sehenswert.

Beachtlich ist das *Amtshaus* des Marktes, südlich der Pfarrkirche, inmitten des Marktplatzes gelegen. Der dreigeschossige Giebelbau mit Erker wird von einem Wappen des Hochstiftes Kempten und des Kemptener Fürstabtes Georg von Grafenegg geschmückt (1570).

Sehr lustig ist der *Brunnen* (1865) mit seinem Mohren, der die Brunnensäule bekrönt. Ehe-mals stand hier ein hölzerner Mohr mit Delphin, der dann ins *Heimatmuseum* wanderte und durch eine Zementkopie ersetzt wurde. Das Museum ist im Alten Pfarrhaus und dem Pfarrhaus untergebracht und enthält gute volkskundliche Arbeiten.

Es gibt verschiedene Möglichkeiten, in das bekannte Kloster Irsee zu kommen. Aus Richtung Obergünzburg bietet sich der Weg über **Eggenthal** an, zumal es dort auch einiges zu sehen gibt. Da ist in erster Linie die *Kapelle Maria Seelenberg,* hoch über dem Ort gelegen, deren schöne Rotunde schon von weitem zu sehen ist (Abb. 102). Man stellt den Wagen am besten im Ort ab und geht die zehn Minuten den idyllischen Weg über die Stationen zur Kapelle hinauf – von Wäldern, satten Weiden und ebenso satten Kühen umgeben!

1697 wurde mit dem Bau der Rotunde begonnen, die nach dem ursprünglichen Plan allein be-stehen sollte. Dieser Plan wurde dann jedoch geändert und im Osten ein Chor angebaut. 1711 folgte dann noch das Langhaus mit der Mönchswohnung im Westen. Trotz mangelnder Einheit-lichkeit ist ein eindrucksvolles kleines Bauwerk entstanden, das von jeder Seite aus angenehm wirkt. Die Deckenbilder stammen von Franz Xaver Bernhardt (1758). Im Hauptfeld des Chores ist Mariä Tempelgang dargestellt; in der Kuppel der Rotunde die Verehrung des Kreuzes mit der Flucht nach Ägypten und der Gang nach Emmaus; im Hauptfeld des Langhauses der Hl. Georg mit Ansicht von Eggenthal. Der Stuck ist wahrscheinlich von einem Wessobrunner aufgetragen worden (Kartuschen mit Blattranken, Lorbeergirlanden, Muscheln) und stammt aus den Jahren um 1702/10. Der Doppelaltar ist zusammengesetzt aus einem älteren Teil der Jahre um 1702 (unten) und einem späteren der Jahre um 1740 (oben). Die Holzfigur der Muttergottes stammt aus der Mitte des 15. Jahrhunderts, das Altarblatt (Meßopfer mit Grabchristus) ist eine Arbeit aus der Mitte des 18. Jahrhunderts.

Wer nach **Irsee** kommt und spektakuläre, phantasiereiche Architektur erwartet, wird enttäuscht sein. Zweckmäßigkeit und Nüchternheit, wie man sie oft bei Bauten der Vorarlberger Schule antrifft, zeichnen *Kirche* und *Kloster* aus – jedenfalls von außen (Farbt. 3). Die Dekoration bringt dagegen manche überraschende und sogar verspielte Akzente. Die Bauten entstanden im wesentlichen innerhalb von dreißig Jahren, 1699 bis 1729. Keimzelle des Klosters war eine Einsiedelei im Eiberger Wald. Die Herren von Ronsberg stifteten den Eremiten ihre verlassene Burg ›Ursin‹, auf die der Name ›Irsee‹ zurückgeht. Sie lag dort, wo heute die Friedhofskapelle St. Stephan steht. 1187 beschlossen die Mönche, sich im Tal anzusiedeln. Einem Bau des Jahres 1195 (Weihe) folgte in den Jahren 1502–23 ein Neubau, und nach Einsturz des Kirchturmes und Beschädigung von Chor und Langhaus der heutige Kirchenneubau (1699–1702), dem dann 1707–29 der Klosterneubau folgte. Der Baumeister der Kirche war Franz Beer aus Au im Bregenzerwald, ein Schüler von Michael Thumb. In Anlehnung an Obermarchtal entstand hier eine Wandpfeileranlage mit Kapellen und Emporen. Das fünfte Joch ist breiter ausgebildet, besitzt keine Kapellen und die Emporen sind zurückgesetzt, so daß eine Art Querhaus entstand. Interessant an der ruhigen, insgesamt schlichten Doppelturmfassade ist das Motiv des Bogens im

Irsee, W. Scheuchzer, Stich von J. Poppel, 19. Jh.

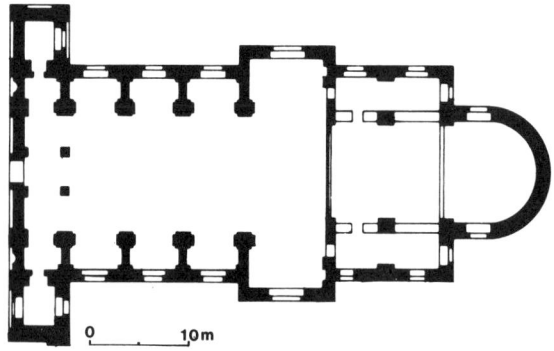

Irsee, ehemalige Klosterkirche, Grundriß

Rechteck, das in allen Bauteilen variiert wird. Die Ruhe der Fassade setzt sich im Innenraum fort, der außerordentlich ausgewogen wirkt. Der Wessobrunner Stuck der mittleren Phase hat die frühbarocke Plastizität und Schwere bereits abgelegt – er kann ›atmen‹. Sein Schöpfer war Joseph Schmuzer, Klosterbaumeister von Wessobrunn, der auch in Rottenbuch, Weingarten, Ettal und Oberammergau tätig war. Wie in Obermarchtal ist der Stuck nicht farbig gefaßt, so daß die Deckenbilder (Öl auf Leinwand) um so mehr zur Geltung kommen. Nur schade, daß sie so stark nachgedunkelt sind. Sie sind Magnus Remy zu verdanken, einem Mitglied des Irseer Konvents. Der Thematik zugrunde gelegt ist das Benediktiner-Tedeum. Die Bilder sind 1702 datiert – somit der älteste Deckengemäldezyklus in Schwaben. Remy war auch der Maler des Hochaltarblattes, einer Mariä Himmelfahrt. Das warme Braun-Gold der Altäre zusammen mit dem schönen Holzton des Laiengestühls wirkt in dieser Kirche wunderbar belebend. Das Gestühl (1705/15) sollte man sich besonders gut ansehen, denn die Wangen sind sehr reich geschnitzt.

Aus der ruhevollen Getragenheit des Raumes ragt die *Kanzel* wie ein irrationales Gebilde heraus. Die ›Fischerkanzel‹ von Irsee (1725) ist die touristische Attraktion dieser Kirche (Farbt. 31). Der Kanzelkorb ist als Schiffsbug ausgebildet, der Schalldeckel als geblähtes Segel, und wo sonst meist ein würdiger Kirchenvater segnend die Hände erhebt, tummeln sich emsige Putten, an Mast und Takelage beschäftigt. Schiffskanzeln sind keine Seltenheit – insgesamt soll es fünfundzwanzig in Europa geben –, doch ist diese in dieser frühen Zeit doch sehr erstaunlich. Hier werden bizarre Vorstellungen des reifen Rokoko vorweggenommen, und das von einem Mann, der sonst eigentlich recht ›vernünftige‹ Plastiken schuf. Es ist Ignaz Hillenbrand aus Türkheim, der übrigens in dieser Kirche auch die meisten Altarplastiken lieferte.

Magnus Remy, der Maler des Hochaltarblattes und der Deckenbilder, hat wahrscheinlich auch den Entwurf für die Klosteranlage geschaffen. Bis 1709 waren Ost-, Süd- und Nordflügel vollendet, während der Westflügel erst 1727–29 hinzugefügt wurde.

Das *Treppenhaus* von Irsee gehört zu den prunkvollsten in ganz Süddeutschland. Das Hauptfresko, der ›Triumph des Hl. Benedikt‹, wird von feinstem, zartgetöntem Wessobrunner Stuck begleitet. Der Maler war wahrscheinlich Franz Anton Erler, der auch in Ottobeuren, Kißlegg und Wolfegg tätig war. Stukkator war Franz Schmuzer, Bruder von Joseph Schmuzer, der gleichzeitig auch in Weingarten stuckierte. Ein weiterer hervorragender Stukkator, der Tessiner Francesco Marazzi, arbeitete für den Kreuzgang, den Kapitelsaal und die Bibliothek des zweiten Obergeschosses (1709). Die Deckenbilder im Antoniuszimmer, dem Prälatenzimmer, werden wieder Erler zugeschrieben, die Gemälde des Kapitelsaals stammen von Magnus Remy.

Wenn man bedenkt, daß Irsee nie mehr als zwanzig Patres besaß, scheint dieser Aufwand recht beachtlich. Begreiflich wird der Prunk der Klosteranlage jedoch, wenn man erfährt, daß Irsee Reichsstift war, daß seine Äbte ab 1694 im Reichstag saßen und ein beträchtliches Herrschaftsgebiet verwaltet werden mußte. Eggenthal, Ingenried, Ketterschwang und Mauerstetten unterstanden – unter anderem – dieser Abtei. 1744 wurde im Kloster ein mathematisch-physikalisches Forschungs- und Studienzentrum eingerichtet, womit Irsee zu einem bedeutenden Zentrum benediktinischer Gelehrsamkeit wurde. Nach der Säkularisation 1802/03 wurde die Stiftskirche zur Pfarrkirche, das Kloster diente als Rentamts- und Wohngebäude. Zwischen 1849 und 1972 war hier eine Nervenheilanstalt untergebracht, und erst 1981 knüpfte man mit der Einrichtung des ›Schwäbischen Bildungszentrums des Bezirks Schwaben‹ wieder an eine alte Tradition an.

In der östlichen Umgebung von Kaufbeuren ist das Hauptziel Stöttwang, doch ist es kein Fehler, auf der Fahrt dorthin in Mauerstetten einen Besuch zu machen und auch Osterzell nicht zu vergessen.

Die *Pfarrkirche St. Vitus* in **Mauerstetten** ist im Kern spätgotisch. Um 1696 erfolgte der Neubau des Langhauses, 1698 der Umbau des Chores und der Anbau der Sakristei. Die Empore wurde erst 1712 eingefügt, das Turmobergeschoß 1746 errichtet. Der Stuck aus Blättern, Zweigen, Muscheln und Gitterwerk ist vorzüglich (1738). Er ist einer Handwerkerschar unter Leitung von Ignaz Finsterwalder zu verdanken. Die Deckenbilder sind das Werk von Johann Heel, dessen Namen man im Bereich von Füssen und Pfronten oft begegnet. Im Chor sieht man im Hauptfeld die Fürbitte des Hl. Vitus vor der Hl. Dreifaltigkeit, im Hauptfeld des Langhauses den Bekennermut des Hl. Vitus (1738). Die Ausstattung wird gekrönt durch den prächtigen Hochaltar eines Türkheimer Schreiners aus dem Anfang des 18. Jahrhunderts: ein marmorierter Holzaufbau mit vergoldetem Akanthusdekor und konkav geschwungener Mensa. Die Reliefs sind Arbeiten des 19. Jahrhunderts (J. Beyrer, 1872).

›Die kleine Wies‹ nennt man im Volksmund die *Pfarrkirche St. Gordian und Epimachus* von **Stöttwang.** Die Ausmaße sind für diesen kleinen Ort jedenfalls beachtlich. Bereits zu karolingischer Zeit bestand hier ein Reichskloster, das allerdings 831 in den Besitz der Kemptener Abtei überging. Der Kirchturm besitzt noch ein hochmittelalterliches Untergeschoß. Chor, Langhaus (Abb. 105) und südliche Sakristei wurden 1744/45 von Joseph Galler aus Kempten neu errichtet. Das oberste Turmgeschoß wurde erst 1768 aufgesetzt. Das Langhaus zu fünf Achsen besitzt ein flaches Tonnengewölbe mit Stichkappen. Zwei im zweiten Joch als Kreuzarme vortretende Kapellen sind mit ovalen Kuppeln über Zwickeln gewölbt. Die doppelte Westempore steht auf marmorierten Holzsäulen, die Brüstungen sind mehrfach geschwungen.

Außerordentlich effektvoll sind im Innern die marmorierten Pilaster mit ihren prächtigen Stuckkapitellen. Stukkator war der begabte Franz Xaver Feichtmayr (1745), dem auch die Kanzel zu verdanken ist. Dieser Wessobrunner war der Bruder des bekannteren Johann Michael Feichtmayr (auch ›Feuchtmayer‹), der unter anderem in Ottobeuren stuckierte. Beide arbeiteten öfter zusammen, auch mit Johann Georg Üblher, und Franz Xaver wird auch oft in Zusammenhang mit der Stuckierung der fürstäbtlichen Zimmer in der Kemptener Residenz gebracht.

Franz Georg Hermann, dessen zartfarbige Fresken man im Kemptischen Stiftsbereich oft antrifft, ist der Maler der hervorragenden Deckenbilder (1749/50). Im Chor erscheint im Hauptfeld die Enthauptung und Verklärung des Hl. Gordian. Das Langhaus erstaunt mit einer großangelegten illusionistischen Architekturmalerei. Im östlichen Teil der Decke hat Hermann eine große Kuppel aufgemalt, wodurch in Verbindung mit den beiden Seitenkapellen der Eindruck einer Vierung entsteht. In der Laterne erscheint die Heilige Dreifaltigkeit. Über dem Westteil sieht man eine Säulenarchitektur mit Blick in den Himmelsraum und die Verklärung des Hl. Epimachus. In den Kuppeln oder Kapellen ist nördlich die Probe des wahren Kreuzes dargestellt, südlich Maria als Fürbitterin. Unter der unteren Empore sieht man die drei theologischen Tugenden Fides, Caritas und Spes, an der Brüstung Prudentia, Justitia, Ecclesia und Temperantia. Unter der oberen Empore erscheinen die drei allegorischen Figuren des Almosengebens, des Gebetes und des Fastens, an der Brüstung musizierende Engel.

Höhepunkt der Ausstattung ist der prunkvolle Hochaltar aus marmoriertem Holz mit vergoldetem Rocailledekor von Placidus Verhelst aus den Jahren 1761/62. Das Kruzifix in der Nische des Aufbaues ist eine Arbeit von Ägid Verhelst d. Ä. aus dem Jahr 1745. Die Figuren des Johannes und der Maria in weiß-goldener Fassung stammen von Placidus Verhelst. Wer diesen Meister noch besser kennenlernen möchte, muß nicht sehr weit fahren: Die feinen Schnitzereien im Augsburger Schaezler-Palais sind sein bekanntestes Werk.

Die *Pfarrkirche St. Stephan und Oswald* in **Osterzell** ist im Kern spätmittelalterlich und wurde ab 1686 erweitert und erhöht. Reizvoll sind hier die Fresken und der Stuck von zwei Meistern, die im benachbarten ›Pfaffenwinkel‹ oft anzutreffen sind: Johann Baptist Baader und Franz Xaver Schmuzer. Baader, den man im Volksmund den ›Lechhansl‹ nannte, weil er in Lechmühlen geboren wurde und vor allem im Lechgebiet tätig war, ist einer der erfreulichsten, immer volkstümlich-unbekümmerten Freskanten Oberbayerns. Hier hat er im Hauptfeld des Chores die Steinigung des Hl. Stephanus dargestellt und im Langhaus die Mildtätigkeit des Hl. Oswald (1751). Der Hochaltar und die beiden Seitenaltäre sind Arbeiten des frühen 19. Jahrhunderts, ebenfalls die Kanzel.

An der Hauptstrecke von Kaufbeuren nach Füssen ist nun der nächste Ort **Hörmanshofen**. Schon von weitem sieht man die reizende kleine Kirche *St. Ottilia* auf einer Anhöhe, dem *Ottilienberg*, liegen. Bis ins späte Mittelalter geht die Wallfahrt auf den Ottilienberg zurück. Der Kult der Odilia, der blind geborenen Tochter des elsässischen Königs Athich, war vor allem in Süddeutschland sehr verbreitet. Die Heilige galt als Helferin gegen Augenkrankheiten, und ihr Attribut, die beiden Augen, die meist auf einem Buch liegen, gehört zu den seltsamsten Attributen überhaupt.

An Stelle einer Kapelle wurde 1455 eine kleine Kirche gebaut, die 1632 nach ihrer Zerstörung durch die Schweden wiederhergestellt wurde. Der heutige Bau stammt im wesentlichen aus den Jahren 1690–92. Im gotischen Bau war die Grundform des griechischen Kreuzes noch nicht angelegt. Eine Ausmalung des späten 19. Jahrhunderts wurde 1936 nur teilweise entfernt, was sich im Raum störend bemerkbar macht. Sehr bemerkenswert ist in dieser Kirche die plastische Ausstattung. Der Hochaltar von 1699 wurde bei einer Restaurierung 1897 leider neu gefaßt. Die Figuren der Hl. Gertrudis und Hl. Mechthildis in den Seitennischen stammen aus der Zeit des Altars, die Hl. Ottilia in der Mitte ist spätgotisch (um 1470).

Ganz ausgezeichnet ist das Mittelstück des Auszugs, wenn auch vom Betrachter unten schwer zu erkennen. Aus einem spätgotischen Altarschrein wurde die Darstellung der Wurzel Jesse mit stehender Muttergottes übernommen (um 1500). Unten in der Nische liegt der schlafende Abraham mit dem Reis aus der Wurzel Jesse, das die Muttergottes trägt. Man hat bei diesem Kunstwerk an Jörg Lederer gedacht, doch ist diese Zuschreibung nicht haltbar. Jedenfalls war der Meister ein Allgäuer Bildschnitzer von großem Talent.

Sehr gut ist auch die Kanzel an der Nordostecke der Vierung mit einem stuckierten tragenden Engel (um 1700). Die Figuren der vier Evangelisten und vier Kirchenväter am Kanzelkorb sind naive, der Volkskunst nahestehende Arbeiten, ebenso auch die Engelchen auf dem Schalldeckel.

Die große Kreuzigungsgruppe im Chorbogen wird mit Johann Ludwig Ertinger aus Kempten in Zusammenhang gebracht, dem Meister der Pietà von Maria Rain. Die Figur der Hl. Odilia stammt aus der Füssener Werkstatt von Anton Sturm (um 1730/40). Besonders ausdrucksvoll ist die Pietà vom Tabernakel des südlichen Seitenaltars – ein Andachtsbild aus der Mitte des 14. Jahrhunderts. Dies ist die älteste Holzplastik im Landkreis Marktoberdorf, die einst in einem Bildstock bei Altdorf stand.

Ebenso eindringlich wie diese Kirche ist ein anderes Bauwerk von Hörmanshofen, die ›Fünf-Wunden-Kapelle‹, auch ›Brünnele‹ genannt. Sie steht am Südosthang des Ottilienberges und wurde Ende des 17. Jahrhunderts über einer Quelle als Brunnenstube gebaut. Die Täfeldecke ist bemalt – wahrscheinlich eine Arbeit von Jörg Wassermann aus Autenried. Zehn Szenen befassen sich mit dem Ottilienbrunnen und werden durch Schriftbänder erklärt. Es sind rührend fromme Sprüche des Volksglaubens, die uns heutige ›Aufgeklärte‹ fast wehmütig stimmen. Man kann dort unter anderem lesen: »Otiliae Teich ist die arßney, der machet von den Ublen frey«; oder: »bist verwundet, nit verweil, zu Ottilie Brunnen eil.« Über dem Fünf-Wunden-Brunnen aus grauem Marmor (1768) erscheint die reliefierte Gestalt Christi, und in den fünf Wunden stecken Röhrchen, aus denen das Quellwasser in ein Becken fließt. In einer gemalten Kartusche über dem Brunnen sieht man ein gemaltes Brustbild der Hl. Odilia.

Bevor man nach Altdorf weiterfährt, das in verlockender Nähe liegt, sollte man einen Abstecher nach Osten machen, um nach Bernbach, Bidingen und Ingenried zu kommen.

Die *Pfarrkirche St. Johannes Baptist* in **Bernbach** geht auf einen spätmittelalterlichen Bau zurück. Die heutige Erscheinung verdankt die Kirche dem Jahr 1766. Sehenswert sind eine Reihe von Holzfiguren des Hindelangers Johann Richard Eberhard, der in Hindelang selbst mit einem einzigen Werk vertreten ist (um 1766). Die Fresken stammen vom Augsburger Ignaz Paur (1766) und stellen im Chor die Marienkrönung und im Schiff Szenen aus dem Leben des Hl. Johannes des Täufers dar.

Die *Pfarrkirche St. Pankratius* in **Bidingen** besitzt noch einen romanischen Turm mit spätgotischer Glockenstube. 1738 wurde auch diese Kirche barockisiert. Das Schiff wurde erhöht und verlängert, die Kirche stuckiert und mit Fresken ausgemalt. Der Innenraum ist besonders freundlich und hell. Ausgezeichnet ist der Stuck der Wessobrunner Schule – Handwerker, die gleichzeitig unter Joseph und Franz Xaver Schmuzer in Rottenbuch arbeiteten (1738). Die Fresken sind größtenteils das Werk des Augsburger Malers Johann Georg Wolcker. Dargestellt ist im Mittelfeld des Langhauses die Glorie des Hl. Sebastian. Die Fresken des Chores gehen auf das späte 19. Jahrhundert zurück.

Mit **Ingenried** überschreiten wir schon fast die Grenze des Erlaubten, denn der Ort gehört bereits zum Landkreis Weilheim-Schongau, ist also oberbayerisch ... Trotzdem: Die Kirche *St. Georg* ist so nah, daß man sie bei dieser Gelegenheit einfach besuchen muß (Abb. 101). Kein Geringerer als Dominikus Zimmermann war hier der Baumeister (1745). Ingenried war eine Schenkung des Augsburger Bischofs Konrad an das Kloster Steingaden, und daher wurde die Kirche von diesem Kloster aus versehen. 1745, als der Grundstein zum Neubau gelegt wurde, arbeitete Zimmermann auch an seinem Hauptwerk, der Wieskirche. Auf einem im Turmknopf gefundenen Zettel wird hingewiesen auf den ›architectore spectabili domino Dominico Zimmermann Landsbergensi‹. Da die Ausstattung leider neuromanisch ist, sollte man sich ganz der Betrachtung der Architektur widmen. Hugo Schnell, kompetent für alles, was diesen Baumeister betrifft, schreibt über Ingenried: »Die Pfarrkirche von Zimmermann, eine der elf Steingadischen Pfarrkirchen, ist schlicht, da der Ort klein und das Kloster mit der Abtei- und Wieskirche sowie 600-Jahr-Feierlichkeiten belastet war. 1878 wurde die Kirche fast völlig entbarockisiert, aber ähnlich wie in der Wies steigt der Turm am Ostchor mit fein durchfühlter Kappe empor, so daß der über die Wälder grüßende Oberbau der Kirche der Wies ein wenig ähnlich ist. Der einfache Innenraum ist im Westen unter Verzicht einer Fassade vorgebaut, die beiden Begleitfenster sind gekürzt. Den flachgedeckten Innenraum mit Stichkappen begleiten Doppelpilaster. Zimmermanns abrundende Hand ist in den Ost- und Westabschlüssen, am Gebälk und an der überraschend hoch aufgeführten Deckenvolute und am Entwurf der Betstuhlwangen erkennbar.«

Froh gestimmt durch die edlen Formen dieser Kirche können wir nun nach **Altdorf** fahren, wo nicht weniger Edles auf uns wartet. Bereits von außen läßt die *Kirche Mariä Himmelfahrt* mit ihrem kantigen, ernsten Satteldachturm auf Besonderes schließen. Altdorf, eine Gründung der Alemannen, wird als Urpfarrei angesehen. 1551 kam es an die Herrschaft Ottilienberg, 1610 an das Hochstift Augsburg. Der Turm mit Ecklisenen und Rundbogenfriesen stammt noch aus dem frühen 13. Jahrhundert. Auf einen Umbau des späten 15. Jahrhunderts (Langhaus und Chor) und des Jahres 1648 geht die heutige Erscheinung im wesentlichen zurück.

Das Innere wird von einer Barockisierung des Jahres 1739 bestimmt. Erst 1962 wurde die neoromanische Ausstattung des Jahres 1868 beseitigt. Gut gelungen ist der neue Hochaltar aus Stuckmarmor, der eine wunderschöne, strahlende Maria Immaculata enthält. Zusammen mit dem Hl. Joachim und der Hl. Anna ist sie wahrscheinlich ein Werk des Schöpfers der Irseer Fischerkanzel, Ignaz Hillenbrandt. Diese drei Figuren, die allerdings neu gefaßt sind, wurden aus der Brünnele-Kapelle auf dem Ottilienberg übernommen. Von Hillenbrandt stammen auch die Heiligen Johannes Nepomuk und Franz Xaver an der Schiffsüdwand. Noch größere Qualität haben wir bei den beiden Figuren der Seitenaltäre vor uns, einem hocheleganten Hl. Joachim und einem Hl. Josef. Sie ziehen die Blicke sofort auf sich, wenn man hineinkommt. Kein Wunder, denn es sind Arbeiten des Landsbergers Sebastian Luidl (1710). Wer die Landsberger

Stadtpfarrkirche mit den Figuren von Lorenz und Johann Luidl kennt, wird sofort die Verwandtschaft der Figuren von Johann und Sebastian Luidl erkennen. Der zarte, farbig getönte Wessobrunner Stuck umrahmt die wunderbaren, lichten Fresken von Matthäus Günther (1748). Bei der Besprechung von Kaufbeuren wurde bereits auf die Auswirkung der Visionen der Kreszentia Höss hingewiesen. Hier im Chor ist er nun zu sehen: der Heilige Geist in Gestalt eines jugendlichen Prinzen, der seine Braut Maria begrüßt. Man muß sagen: eine seltsame Form der Marienkrönung, die Günther hier an die Decke gebracht hat! Verständlich ist es, wenn der damalige Papst Benedikt XIV. auf die Anfrage des Augsburger Bischofs bemerkte: »Und ermahnen, ja befehlen euch sogar, in Kraft unserer Macht und Gewalt, in diesem Angefangenen Vorsatz steif und beständig zu verharren und auf keine Weise zuzulassen, daß dergleichen Bilder mehr gemachet werden.« Trotz dieser eindeutigen Stellungnahme hat Günther dieses Thema im selben Jahr noch einmal gemalt, und zwar in Schongau. – Im Langhaus ist die Verehrung Mariens durch die vier Erdteile, umgeben von reicher Scheinarchitektur, dargestellt (Abb. 103).

Südlich von Altdorf, auf einem Hügel zwischen Wertach- und Geltnachtal, liegt die *Loretokapelle*. Der kleine Bau des Jahres 1628 besitzt innen – nach Vorbild der Santa Casa in Loreto – ein Tonnengewölbe mit umlaufendem Kranzgesims. Der rechteckige Raum ist bis auf ein Rechteckfenster im Westen fensterlos. Die Ausmalung stammt wahrscheinlich aus der Zeit einer Restaurierung des Jahres 1906, doch ist die Rahmung für die Nische des Gnadenbildes alt (1740). Die ›Muttergottes von Loreto‹ wird umrahmt von seitlich knienden Putten und einer Muschel mit Bandelwerkbekrönung. Das Gemälde Mariä Verkündigung (1628) ist eine Kopie nach einem Vorbild in der Kirche SS. Annunziata in Florenz.

Der kraftvolle Satteldachturm der *Pfarrkirche St. Peter und Paul* in **Ebenhofen** geht noch auf das Jahr 1490 zurück – ein Werk des Kaufbeurer Stadtbaumeisters Konrad Kunig. Er ist sehr schön mit seinen Blendfeldern, die von Kleeblattbogen bekrönt werden. Der Neubau wurde 1503 durch Kunig vollendet. Das Langhaus wurde 1692 umgebaut und bekam seine Täfeldecke, die schon allein den Besuch dieser Kirche wert ist. Die Maler waren wahrscheinlich Jörg und Eustach Wassermann aus Autenried. Die Darstellungen in den fünf kreuzförmig angeordneten Hauptfeldern gelten dem Leben und Martyrium der beiden Kirchenpatrone; in den Nebenfeldern sind Szenen aus dem Alten und Neuen Testament dargestellt. Die Gemälde wurden im 19. Jahrhundert übermalt, sind jedoch bereits 1912 bei einer Restaurierung erneuert worden. Der neubarocke Hochaltar stammt aus dieser Zeit. Die lebensgroßen Holzfiguren der Hll. Petrus und Paulus sind Arbeiten des Kemptener Bildhauers Franz Ferdinand Ertinger und gehörten einst zur Ausstattung der Pfarrkirche von Obergünzburg.

Täfeldecken dieser Art, die alle der Werkstatt Wassermann zugeschrieben werden, sind in dieser Gegend einige zu finden. Etwa in der *Kapelle St. Walburg* in **Ruderatshofen** oder in der *Wallfahrtskirche St. Alban* in **Sankt Alban** bei Aitrang. Diese Kirche ist überhaupt sehenswert, da sie guten Wessobrunner Stuck (um 1700) aufweisen kann und aus der gleichen Zeit auch gute Altäre.

Noch zum Landkreis Marktoberdorf gehört **Untrasried**, das über St. Alban, jedoch auch über Obergünzburg zu erreichen ist. Die *Pfarrkirche St. Fabian und Sebastian* ist ein spätgotischer Bau, der im 17./18. Jahrhundert umgestaltet wurde. Die Kirche gehört zum ältesten Besitz des Klosters Kempten, und Kemptener sind der Maler der Deckenfresken, Linus Seif, und der Stukkator, Johann Georg Wirth. Im Mittelfeld des Chorgewölbes sehen wir die Anbetung des Lammes, im Hauptdeckenbild des Langhauses die Hl. Dreifaltigkeit mit Maria als Fürbitterin. Fresken und Stuck stammen aus dem Jahr 1775. Typisch für Wirth ist das Motiv der Blütenvasen mit je zwei Putten.

Der Hochaltar ist in seiner Fassung wahrscheinlich das Werk von Jörg Wassermann aus Autenried (1682). Die Holzfiguren des oberen Aufbaues werden dem Kemptener Hans Ludwig Ertinger zugeschrieben, das Altarblatt ist eine Arbeit des 19. Jahrhunderts (Johann Kaspar, 1880). Die Seitenaltäre des Jahres 1710 stammen von einem Schreiner aus Eufnach, Georg Eberle. Im nördlichen Altar sehen wir eine spätgotische allgäuische Muttergottes (um 1510), deren Fassung allerdings erneuert ist. Vom Maler der Deckenfresken, Linus Seif, stammen auch die Kreuzwegstationen.

Wie die Kirchen in Altdorf, Hörmanshofen und Ebenhofen gehört auch die Filialkirche *St. Stephanus* in **Kreen** zur Gemeinde Biessenhofen. Auch der Turm von Kreen ist spätgotisch (1506). Er ist mit seinem Satteldach, den Schallöffnungen und den Friesen aus vier Kleeblattbogen sehr ansprechend. Hier haben wir einen fast unangetastet erhaltenen spätgotischen Bau vor uns, der nur 1795 im Langhaus eine neue Putzdecke erhielt und damals auch mit Fresken ausgestattet wurde. Joseph Anton Walch, dessen Fresken man u. a. in Kaufbeuren (St. Cosmas und Damian) und Füssen (Spitalkirche) bewundern kann, bewies auch hier seine Tüchtigkeit. Am Chorgewölbe ist der Hl. Stephanus in der Glorie über dem Dorf Kreen dargestellt, an der Decke des Langhauses das Gleichnis vom ungetreuen Knecht. Der Hochaltar stammt aus dem Jahr 1685, und auch das Altarblatt (Johann Georg Knappich, Steinigung des Hl. Stephanus) ist etwa zu dieser Zeit entstanden.

Wenn man auf **Marktoberdorf** zukommt, sieht man schon ganz von weitem die *Stadtpfarrkirche St. Martin* hoch auf dem Schloßberg thronen. Sie ist hier der wichtigste und auch der schönste Akzent. Die Stadt, die bis 1898 schlicht ›Oberdorf‹ hieß, gehörte einst zum Besitz des Hochstiftes Augsburg. Bereits um 750 bestand hier eine Reichshofkirche des Gerichtsbezirks Bertoldshofen. Sie war dem Hl. Martin geweiht, dem bevorzugten Kirchenpatron der Franken. Von einer romanischen Kirche der Zeit um 1200 fand man unter dem Boden der heutigen Martinskirche Reste. Bis auf den Turm, dessen achteckiges Obergeschoß 1680 durch einen Wessobrunner Maurermeister errichtet wurde, geht der heutige Bau auf einen Plan des Füssener Baumeisters Johann Georg Fischer zurück (1732–38). Fischer, der als Schüler und Nachfolger seines Onkels Johann Jakob Herkomer eine Vorliebe für zentralisierende Bauten hatte, schuf mit dem Vorchor einen beeindruckenden quadratischen Raum, der von einer halbrunden Kuppel bekrönt wird (Abb. 108). Diese Partie wird in ihrer beherrschenden Rolle noch durch den gewaltigen Altar des Pfroteners Joseph Stapf unterstrichen (1745). Er steht als Schranke vor der dahinterliegenden Sakristei – an den Seiten bühnenartig geöffnet. Eine Bühne, auf der sich das Geschehen der Kreuzigung abspielt. In der Mitte das riesige Kruzifix mit zwei Engeln, dahinter ein gemalter Kalvarienberg (Johann Nepomuk Eberle, um 1790) und zu beiden Seiten die lebensgroßen Figuren der Maria und des Johannes. Die Seitenaltäre im Langhaus sind Arbeiten des Türkheimers Dominikus Bergmüller (1735), die Figuren (Joachim, Anna, Antonius von Padua,

94 LINDAU Hafeneinfahrt und Mangturm
◁ 93 LINDAU Blick auf die Stadt
95 LINDAU Peterskirche, Fresken von Hans Holbein d. Ä.

96 LINDAU Altes Rathaus

97 St. Georg bei Untergermaringen

98 WAALHAUPTEN Pfarrkirche Zur Schmerzhaften Muttergottes, Fresko von Matthäus Günther

100 OBERGÜNZBURG St. Martin
101 INGENRIED Pfarrkirche St. Georg
◁ 99 KAUFBEUREN Blasiuskapelle, Chor und Hochaltar
102 EGGENTHAL Kapelle Maria Seelenberg

104 STÖTTEN Pfarrkirche St. Peter und Paul
◁ 103 ALTDORF Pfarrkirche Mariä Himmelfahrt, Fresko von Matthäus Günther
105 STÖTTWANG Pfarrkirche St. Gordian und Epimachus

106   BERTOLDSHOFEN   Pfarrkirche St. Michael

107 BERTOLDSHOFEN Pfarrkirche St. Michael, Vierungskuppel
108 MARKTOBERDORF Pfarrkirche St. Martin,   109 FÜSSEN Spitalkirche, Schutzengelgruppe von
     Vorchor und Hochaltar   Anton Sturm

111 FÜSSEN St. Mang

◁ 110 FÜSSEN St. Mang, Langhaus und Kanzel

112 FÜSSEN   Schloß und St. Mang über dem Lech
113 FÜSSEN   Kloster St. Mang, Westrisalit im großen
             Hof

114 SAMEISTER   Kapelle Sieben Schmerzen

115, 116   Schloß Hohenschwangau, Schwanrittersaal und Tassozimmer

117   Schloß Neuschwanstein, Sängersaal ▷

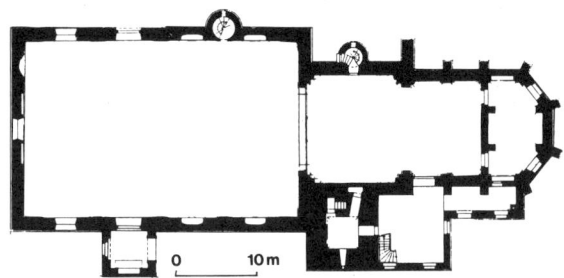

Marktoberdorf, Stadtpfarrkirche
St. Martin, Grundriß

0   10 m

Johann Nepomuk) schuf der hochbegabte Füssener Anton Sturm. Heute findet man sie allerdings nicht mehr an ihrem alten Platz, sondern an den Pfeilern des Vorchores. Die Altarblätter (1752) gehen auf einen Augsburger Meister aus der Mitte des 18. Jahrhunderts zurück (nördlich Muttergottes als Rosenkranzkönigin, südlich Hl. Katharina von Engeln umgeben). Interessant ist die Darstellung des Ortes Marktoberdorf unter der Muttergottes, wo man sieht, daß Schloß und Kirche einst durch einen Gang verbunden waren.

Der zarte Stuck des Mindelheimers Abraham Bader (1733) sorgt in dieser Kirche ebenso für einen lichten Gesamteindruck wie die zartfarbigen Fresken des stiftkemptischen Hofmalers Franz Georg Hermann. Wo man diesen Maler auch studiert, in Füssen, Kempten oder in den vielen Kirchen des Kemptener Bereichs, die von ihm ausgestattet wurden: Immer wieder überrascht seine Qualität, und man wundert sich, daß er hinter den ›Größen‹ des oberbayerischen Pfaffenwinkels meist zurücktreten muß. Die Deckenbilder gelten hier dem Thema des Heiligen Kreuzes. Im Langhaus ist dargestellt: die Auffindung des Kreuzes durch die Heilige Helena; der Sieg Kaiser Konstantins an der Milvischen Brücke unter dem Zeichen des Kreuzes; Kaiser Heraklius von Byzanz trägt das Kreuz nach Jerusalem zurück. In der Kuppel erscheint der Gnadenstuhl mit Maria und Martin als Fürbittern und einem Kranz von Heiligen. Hier hat der Maler auch seine Signatur angebracht: Franz Hermann 1735.

Vor der Chorostwand wurde 1823 die Grabkapelle für den letzten Fürstbischof von Augsburg, Clemens Wenzeslaus, Prinz von Sachsen und Kurfürst von Trier, errichtet. Der kleine achteckige Bau ist wohlproportioniert, und es ist schade, daß man bis heute nicht weiß, wer der Architekt war.

Bis auf den Westflügel mit seinem Sandsteinportal ist das vierflügelige *Schloß*, das neben der Pfarrkirche steht, ein eher schlichter Bau. Bereits im 15. Jahrhundert stand hier ein Haus der bischöflichen Pröpste, und um 1514 wurde der Bau zu einem Jagdschloß ausgebaut. Nach Abbruch des alten Schlosses, 1722, wurde der neue Bau errichtet. Auch hier war Johann Georg Fischer der Baumeister, woraus sich erklärt, daß Schloß und Kirche eine schöne Einheit bilden. Seit 1861 ist das Gebäude Sitz des Bezirksamtes und anderer Behörden.

Die *Frauenkirche* mitten im Ort ist im Kern spätgotisch, wurde jedoch 1700 beim Umbau barokisiert. Die Ausstattung ist recht durchschnittlich. Besser als der Hochaltar (1685) sind die beiden Seitenaltäre der Zeit um 1720/30. Die Deckenbilder sind wenig erfreuliche Arbeiten von Klemens Kögl aus dem Jahr 1830.

Es sei nicht verschwiegen, daß Marktoberdorf ein *Heimatmuseum* besitzt (Altes Rathaus, 1723), wo es neben Heimatkundlichem auch drei Sonderabteilungen zu sehen gibt, die sich mit alten Bügeleisen, Modellkutschen und ›antiken Mausefallen‹ befassen. Wie mag es einer Maus zumute sein, die (laut Katalogtext) folgendermaßen behandelt wird: »In dieser Falle wurde die Maus erst gefangen, kletterte dann ein Drahtrohr hinauf, versperrte sich dadurch selbst den Rückweg und kam zuletzt an eine eingeseifte Falltür, durch die sie in einen Wasserbehälter fiel. Durch die Falltüre wurde die Eingangsklappe wieder geöffnet und die Falle war wieder fangbereit.« Dieses ›Meisterwerk‹ wurde vor zwanzig Jahren auf einem Speicher gefunden ...

Nur wenige Kilometer von Marktoberdorf entfernt finden wir eine weitere Kirche von Johann Georg Fischer: *St. Michael in* **Bertoldshofen** (Abb. 106). Der Pfarrer Johann Ulrich Julius hatte einen ehrgeizigen Plan: Im 18. Jh. bestand in Bertoldshofen eine blühende Wallfahrt zum Hl. Antonius, und nun wollte der Pfarrer seine neue Kirche nach dem Vorbild des kuppelreichen ›Santo‹ in Padua bauen. In den Turm der mittelalterlichen, frühbarock umgestalteten Kirche hatte 1720 der Blitz geschlagen, und so wurde Fischer bestellt, um die Pläne zu liefern. Pfarrer und Baumeister fuhren nach Padua, um das Original in Augenschein zu nehmen.

Steht man heute vor St. Michael, so wird man die schöne Westfassade, aus welcher der schlanke Turm wächst, zwar bewundern, doch wird man nach den Kuppeln vergeblich suchen. Betreten wir den Innenraum, so finden wir die fünf Kuppeln sofort. Des Rätsels Lösung: Sie sind unter dem Dach verborgen. Die Chorkuppel allein ist massiv, im übrigen sind es verputzte Holzkonstruktionen. St. Michael ist eine kreuzförmige Anlage mit drei Jochen im Langhaus, zwei schmaleren Querschiffen als Seitenkapellen und einem Chorquadrat mit Halbkreisapside. Noch deutlicher als in Marktoberdorf tritt hier die Verwandtschaft mit dem bedeutendsten Herkomer-Bau, St. Mang in Füssen, zutage, ganz besonders in der Gestaltung der Kuppeln und der Pendentifs.

Der Maler der Fresken ist Matthäus Wolcker aus Schelklingen, bekannt durch die Ausmalung der Stadtpfarrkirche von Dillingen. In der Chorkuppel sind die Engelschöre mit den Erzengeln

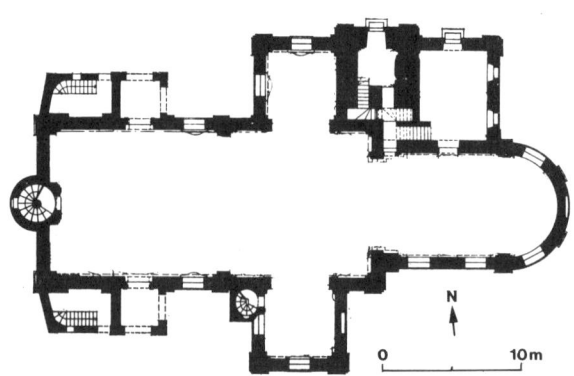

Bertoldshofen, St. Michael, Grundriß

dargestellt; in der Vierungskuppel Antonius von Padua und der Hl. Nepomuk (Abb. 107); im Langhaus die Taufe Jesu durch Johannes den Täufer; in der nördlichen Kapelle das Marienleben; in der südlichen Kapelle Szenen aus dem Leben des Hl. Joseph. Die Fresken in der Sakristei stammen von Johann Andreas Bergmüller (Gaben des Hl. Geistes, Priestersakrament).

Den Stuck schuf ein Wessobrunner Stukkatorentrupp unter Leitung von Ignaz Finsterwalder (1730–33).

Wie so oft in dieser Gegend stammt die Bildhauerarbeit der Altäre und der Kanzel von Ignaz Hillenbrandt aus Türkheim (1732/37).

Auffallend ist die überlebensgroße Holzfigur des Hl. Rochus, die noch ins 17. Jahrhundert gehört (1692). Sie stand ursprünglich in der *Rochuskapelle,* die heute noch an der Brücke über die Geltnach steht. Dieser Bau wird keinem geringeren als Johann Jakob Herkomer zugeschrieben. Der Stuck (1690/91) stammt von dem Schongauer Bildhauer und Stukkator Johann Pöllandt, die Fresken von dem Dillinger Anton Wenzeslaus Haffe. Dargestellt sind an der unteren Emporenbrüstung Szenen aus dem Leben des Hl. Rochus. Von Pölland ist noch eine gute Figur des Hl. Rochus erhalten.

Westlich von Marktoberdorf, bereits im alten stiftkemptischen Herrschaftsbereich, liegen die Kirchen von Oberthingau und Unterthingau, St. Stephanus und St. Nikolaus. *St. Stephanus* in **Oberthingau** ist ein spätgotischer Bau (1496), der 1681–83 barockisiert wurde und im 18. Jahrhundert seine heutige Stuckierung und Freskierung bekam. Die Kirche ist in ihrer frischen Farbigkeit sehr erfreulich. Stukkator war im Langhaus Christian Dornacher aus Immenstadt (1788), doch ist der Meister des ausgezeichneten Stucks im Chor leider nicht bekannt. Diese frühe Stuckierung – Laub- und Bandelwerk um die Profilrahmen der Fresken und in den Stichkappen, Putten auf den Kämpferstücken – geht auf das Jahr 1726 zurück, sie wurde allerdings 1920 erneuert. Der Freskant war Linus Seif aus Kempten (1766–68), dem wir eben in Untrasried begegneten. Im Gewölbe des Chores ist die Glorie des Hl. Stephanus dargestellt, im Langhaus der Hl. Stephanus vor dem Hohen Rat, oben die Dreifaltigkeit.

Besonders schön ist der kleine achteckige Raum der Gnadenkapelle, die 1684 errichtet wurde. Die Fresken dieser Kapelle (Maria als Fürbitterin zu Füßen der Hl. Dreifaltigkeit, darunter Pilger, Kranke und eine Viehherde) werden Anton Wintergerst zugeschrieben. Die Bildhauerarbeiten der Altäre gehen größtenteils auf den Kemptener Johann Ludwig Ertinger (um 1697) zurück.

Die *Pfarrkirche St. Nikolaus* von **Unterthingau** erfreut von außen durch ihre schönen Proportionen und den kraftvollen Satteldachturm. Sie ist überhaupt eine ›Außenschönheit‹, denn das Innere enttäuscht durch seine Ausstattung des 19. und 20. Jahrhunderts. Der Ort geht auf ein ottonisches Erbgut des 10. Jahrhunderts zurück, das Otto der Große dem Kloster Kempten schenkte. Im späten 15. Jahrhundert war hier der Sitz der stiftkemptischen Vogtei Thingau.

Der Turm geht in den unteren Geschossen noch auf das 14. Jahrhundert zurück; 1514 wurde der Chor neu errichtet, ebenso wahrscheinlich auch das Langhaus. Die im Kern spätgotische Kirche wurde im späten 17. und frühen 18. Jahrhundert umgestaltet. Die oberen Geschosse des Turmes wurden 1698 nach teilweisem Abbruch des mittelalterlichen Turmes erneuert.

An der Nordwest-, Südwest- und Südostecke sind noch spätgotische Fratzenköpfe erhalten, wie sie ähnlich auch in Oberthingau, Wirlings und Wildpoldsried vorkommen. Von der alten

Freskenbemalung wurden an der Chornordwand bei der Restaurierung Reste aus der zweiten Hälfte des 16. Jahrhunderts freigelegt (Höllensturz, Erzengel Michael, Chöre der Engel und Gottvater, kniende Stifter).

Noch einen zweiten sehr wohlproportionierten Bau hat Unterthingau zu bieten: das *Schloß*. Der dreigeschossige Massivbau mit steilem Satteldach und Zwerchgiebelhaus war alter stiftkemptischer Besitz. Hier saßen im späten 15. Jahrhundert die stiftkemptischen Vögte. Der heutige Bau geht auf eine Umgestaltung des Jahres 1594 zurück. Im 19. Jahrhundert wurde das Schloß zur ›Wirtschaft zum Schwanen‹, wovon heute noch das Wirtshausschild zeugt.

Recht lohnend ist ein Besuch in der kleinen *Kapelle Maria Trost*, die westlich Kraftisried auf freiem Felde liegt. 1641 wurde sie als Loretokapelle errichtet, 1692 als Maria-Trost-Kapelle neu gebaut. Die Fresken (Christi Geburt, Christus mit Maria als Fürbitterin umgeben von den vierzehn Nothelfern) stammen aus dem Jahr 1760, ebenso der Choraltar mit einem Altarbild von Johann Michael Zick (1741, Hl. Familie mit Johannesknaben). Die Seitenaltäre sind hochbarock (1692), jedoch neu marmoriert.

Landschaftlich von großem Reiz ist eine Fahrt nach **Leuterschach,** das inmitten einer waldreichen Hügellandschaft direkt vor der Kulisse der Füssener Berge liegt. Hier gibt es drei interessante Bauten zu betrachten: die Pfarrkirche St. Johannes Baptist, die Wallfahrtskirche St. Magnus und die Dreifaltigkeitskapelle.

Die *Pfarrkirche St. Johannes Baptist* ist ein barocker Saalbau der Jahre 1692/93, doch wurde der heutige Turm erst 1728 errichtet, und zwar nach Plänen von Johann Georg Fischer. Ausgezeichnet ist hier der Laub- und Bandelwerkstuck von Abraham Bader aus Mindelheim (1737), gut die Fresken von Johann Martin Zick im Langhaus (1737) und von Matthias Wolcker im Chor und in der Sakristei (im Chor die Taufe Jesu im Jordan, im Langhaus die Enthauptung Johannes des Täufers mit dem Gastmahl des Herodes, in der Sakristei der Gute Hirte). Sehr beachtenswert sind die drei marmorierten Barockaltäre der Zeit um 1693 in ihren schönen Braun-Goldtönen. Auch die Kanzel mit den prächtigen von Weinlaub umrankten Säulen ist eine Arbeit der Zeit um 1700.

Die Blüte der *Wallfahrt zum Hl. Magnus* ermöglichte es 1681, an Stelle einer bereits bestehenden Kapelle einen Neubau zu errichten. Hier war Joseph Anton Walch als Freskant tätig (1753), dem man im nahen Füssen die wunderbaren Malereien der Spitalkirche verdankt. Im Chor sieht man den Hl. Magnus zu Füßen Mariens, daneben neue Nebenfresken des frühen 20. Jahrhunderts. Auch das Deckenbild des Langhauses wurde 1908/09 nach dem alten Vorbild neu gemalt. Der Choraltar stammt aus den Jahren um 1700, die Seitenaltäre aus der Zeit um 1730.

Die ehemalige *Dreifaltigkeitskapelle* neben der Bergmühle wird mit einem großen Baumeister in Zusammenhang gebracht: Johann Jakob Herkomer. Die Kapelle ist etwa gleichzeitig mit Herkomers Kapelle in Sameister entstanden (1692), also ein Frühwerk des Architekten. Charakteristisch für die Herkomerschule ist das Motiv des runden Chorbogens mit seiner Wiederholung an den Längswänden und an der Eingangswand als flache Blende. Wie in Sameister schuf Herkomer auch hier einen kleinen Zentralbau – in Anlehnung an die ihm vertrauten oberitalienischen Kapellen. Da Herkomer der Schwager des Bergmüllers auf der Bergmühle war, ist der Auftrag für diesen Bau erklärlich.

Nicht weit von Leuterschach entfernt, in **Albisried** bei Lengenwang, ist in der *Marienkapelle* (1863) ein hübscher spätgotischer Flügelaltar zu sehen (um 1490). Er wurde aus einer älteren Kapelle übernommen. Das Triptychon zeigt auf der Mitteltafel die Muttergottes mit zwei Engeln und Stifter, auf den Innenseiten der Flügel die Hll. Katharina und Dorothea, auf den Außenseiten eine Verkündigung Mariä.

Die Hauptstraße von Marktoberdorf nach Füssen führt ganz nahe am *Auerberg* entlang, der den oberbayerischen ›Pfaffenwinkel‹ vom Allgäu trennt. Es lohnt sich sehr, dort hinaufzufahren, denn man hat droben einen herrlichen Blick auf den Peißenberg, die Ammerberge und die Allgäuer Alpen. Der Auerberg ist altes keltisches Siedlungsgebiet.

Das kleine *Kirchlein* auf dem Auerberg ist dem *Hl. Georg* geweiht – ein Bau mit romanischem Turm und spätgotischem Chor mit Netzgewölbe. Die Ausstattung ist im wesentlichen Rokoko, doch ist das beste Stück ein Werk der Spätgotik: eine Muttergottes auf der Mondsichel, die Jörg Lederer zugeschrieben wird (1510–20). Die Muttergottes im Rosenkranz, die an der Chordecke angebracht ist, ist 1641 datiert. Der hübsche bäuerliche Georgskampf stammt aus der zweiten Hälfte des 17. Jahrhunderts.

Ein prächtiges Bild bietet sich jedes Jahr am Sonntag nach dem 23. April. Dann beginnt am Auerberg der ›Georgiritt‹, bei dem neben Georgi-Rittern auch römische Reiter, der Ritter Georg und sogar Engel erscheinen. Es gibt, wie immer an diesem Bauernfest, eine Pferdebenediktion und einen Umritt um Kirche und Berg. – Ganz in der Nähe liegt Bernbeuren mit einer reich ausgestatteten Kirche von Johann Georg Fischer. Dort bewegen wir uns jedoch bereits auf oberbayerischem Hoheitsgebiet!

In unserem Zusammenhang interessiert die Pfarrkirche von **Stötten**, *St. Peter und Paul*. Die im Kern spätgotische Kirche ist als Bau wenig ergiebig, doch ein Blick in den Chor zeigt, daß hier ein ganz ausgezeichneter Stukkator am Werk gewesen sein muß. Tatsächlich arbeitete der berühmte Wessobrunner Johann Schmuzer mit seinem Sohn Franz 1698/99 in dieser Kirche. Die stark nachgedunkelten Deckenbilder von Georg Knappich (1699) werden von einem wunderbaren, dichten Akanthuswerk umrahmt (Abb. 104), wie man es sehr ähnlich auch im Speisesaal des Klosters Wessobrunn sehen kann. Johann Jakob Herkomer, der nicht nur Baumeister, sondern auch Stukkator und Maler war, hat 1719 im Langhaus stuckiert, doch ist von dieser Arbeit leider nichts mehr erhalten.

Füssen und Umgebung

»Es ist ein allerliebstes Gemälde der Natur, die Gegend um Füssen ...«
Karl Julius Weber, ›Reise durch Bayern‹, 1843

Es gibt wenige Städte, die allein schon durch ihre Lage so bezaubern können wie diese. Und es gibt im Allgäu, und vielleicht sogar in ganz Bayern, keine einzige Stadt, deren Szenerie – Berge, Hügel, Seen und Wälder – romantischer wäre als diese. Nicht umsonst hat Ludwig II. sein Hauptschloß, Neuschwanstein, vor diese Kulisse gesetzt, die wie kaum eine andere zum Träumen verführt. Man mag hierherkommen, wann man will, die Vorberge der ›Tannheimer Gruppe‹, die den Hintergrund dieser Kulisse abgeben, sind immer blau und geben dem Auge niemals einen Halt.

Kurz bevor man, über die B 17 aus Richtung Schongau kommend, über den Lech fährt, sollte man an der Brücke haltmachen, denn der Blick auf die Stadt, die sich in der Ferne aufbaut, ist hier besonders schön. Das gilt besonders für die Herbstmonate, wenn das bereits gelichtete Laub der Bäume eine bessere Sicht ermöglicht. Von hier aus kann man schon die wichtigsten Bauten erkennen: den mächtigen Komplex des Klosters St. Mang, daneben sich auftürmend das Hohe Schloß und im Vordergrund den eleganten Turm der Franziskanerkirche.

Ein Schloß und ein Kloster – ein weltliches und ein geistliches Zentrum? In Füssen trifft es nicht zu, denn auch das Schloß war kirchlicher Besitz – es war durch Jahrhunderte Sommersitz der Bischöfe von Augsburg. Eher kann man schon von einem mittelalterlichen und einem barocken Zentrum sprechen, jedenfalls was die heutige Erscheinung der beiden Bauten betrifft.

Füssen kann sich rühmen, neben Kempten die älteste Stadt des Allgäus zu sein. Zudem gehört es zu den wenigen Urpfarreien. Erst 1955 hat man bei Ausgrabungen auf dem Schloßberg Reste eines römischen Kastells gefunden – Erinnerung an die römische Garnison ›Foetibus‹, die Füssen den Namen gab. Im 6. und 7. Jahrhundert mußten die Römer den Alemannen weichen,

Füssen, Kupferstich von Matthäus Merian

Die alte Stadtmauer in Füssen, Stich nach einer Zeichnung von H. J. Stanley, Mitte 19. Jh.

die sich nun in dem Gebiet um Füssen herum ansiedelten. Die erste historisch faßbare Person, die mit Füssen in Zusammenhang steht, war zugleich die wichtigste: Aus St. Gallen forderte der Augsburger Bischof Wikterp einen Missionar für das Ostallgäu an, und man sandte den hl. Magnus aus, der 725 in Füssen eine Zelle gründete, aus der das spätere Kloster St. Mang hervorging. Der ›Apostel des Allgäus‹ starb in Füssen, und sein Grab liegt in der Krypta der Magnuskirche.

Bis ins 11. Jahrhundert hinein ist kaum etwas von der Geschichte Füssens überliefert. Bis 1191 besaßen in diesem Gebiet die Welfen die Vogtei, nach ihnen die Staufer. Als Stadt wird Füssen bereits 1295 genannt, doch wurde es nur vorübergehend Freie Reichsstadt, das Kloster erreichte nie Reichsunmittelbarkeit. Durch eine Verpfändung, die niemals wieder eingelöst wurde, kam die Vogtei 1313 an das Bistum Augsburg. Füssen, das an der Straße von Augsburg nach Italien lag und einen Flußübergang besaß, war weltlichen wie geistlichen Herren wichtig. Bis zum Jahr 1812 blieb Füssen bischöfliche Landstadt, und wenn die Stadt auch ihre inneren Angelegenheiten selbst regeln konnte, stand sie doch immer unter bischöflicher Oberherrschaft. Als Stapelplatz für den italienischen Handel erlebte die Stadt im späten 15. und im frühen 16. Jahrhundert ihre Blütezeit. Aus dieser Zeit stammen auch viele der noch erhaltenen Bürgerhäuser. Der Dreißigjährige Krieg brachte auch hier den Niedergang, und als die großen europäischen Handelswege verlegt wurden, sank die Stadt zur Bedeutungslosigkeit herab.

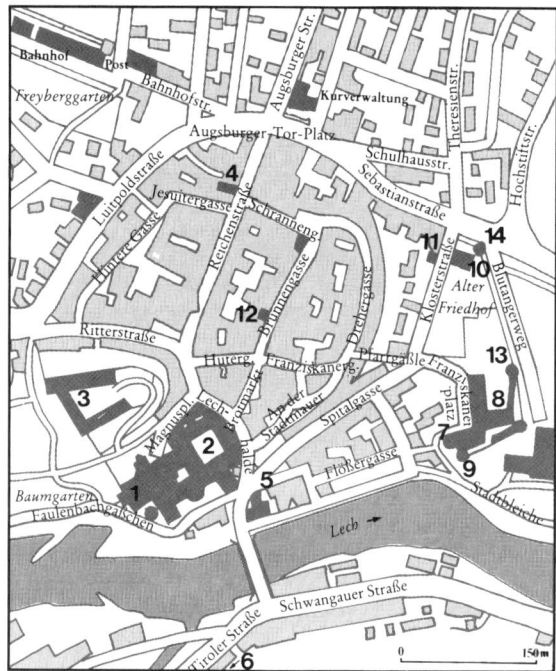

Füssen
1 Kirche St. Mang
2 Ehem. Benediktinerkloster St. Mang
3 Hohes Schloß
4 Krippkirche St. Nikolaus
5 Spitalkirche Hl. Geist
6 Kirche zu Unserer Lieben Frau am
  Berg
7 St. Stephan
8 Franziskanerkloster
9 Bleichertörle
10 St. Sebastian
11 Gartenpavillon
12 Ehem. Wohnhaus Sturms
13 Sailerturm
14 Sebastiantor

Nur einmal wurde der Ort Brennpunkt der Geschichte: Im April 1745 wurde hier der ›Frieden von Füssen‹ besiegelt, der den Österreichischen Erbfolgekrieg beendete. Als am 2. September 1802 kurbayerische Truppen in die Stadt einzogen, kam Füssen in bayerischen Besitz. Als ehemaligem Siedlungsort der Alemannen, als jahrhundertelangem Sitz Augsburger Bischöfe ist aus dieser Stadt jedoch das schwäbische Element nicht wegzudenken.

Wie großartig der Komplex von *Kirche und Kloster St. Mang* ist, sieht man erst, wenn man die Lechhalde hinabgeht, die Brücke überquert und jenseits des Lechs seinen Standpunkt bezieht. Unterhalb des Schlosses gelegen, wirkt auch dieser Komplex schloßartig, und wenn nicht der kantige Kirchturm mit seinem Satteldach sichtbar wäre, würde man meinen, vor einer weltlichen Residenz zu stehen (Farbt. 38, Abb. 112).

Wie entstand diese beeindruckende Anlage, deren Kern ja noch – als Zelle des Hl. Magnus – auf das 8. Jahrhundert zurückgeht? An Stelle einer kleinen Kirche des 8. Jahrhunderts entstand im späten 10. Jahrhundert ein Neubau, von dem heute noch die Ostkrypta erhalten ist. Diesem Bau folgte im 12. Jahrhundert eine große doppelchörige Anlage, die im wesentlichen bis zum Anfang des 18. Jahrhunderts unverändert bestand. Erst zu Beginn des 18. Jahrhunderts setzte eine neue große Bauperiode ein. Die als baulustig bekannten Äbte der Barockzeit handelten in diesem Fall sicherlich nicht verschwenderisch, denn nach so langer Zeit mußte die Kirche baufällig sein. Als Baumeister berief Abt Gerhard Oberleitner den in Sameister bei Füssen geborenen Johann Jakob Herkomer. Mit St. Mang schuf er einen Bau, der an diesem Ort und zu dieser Zeit wie ein Fremdkörper wirkt. Wenn man sich in der schwäbischen und bayerischen Umgebung umsieht, ist es bei Anlagen dieser Größenordnung die Wandpfeilerkirche mit Emporen, die zu Anfang des 18. Jahrhunderts ›modern‹ ist. Herkomer machte sich zwar auch das Wandpfeilerschema zunutze, wandelte es jedoch so eigenwillig ab, daß es als solches fast nicht mehr zu erkennen ist. Das kam nicht von ungefähr. Herkomer hatte während seiner italienischen Wanderschaft den venezianischen Kirchenbau studiert und konnte das Gelernte anwenden, als er nach seiner Rückkehr in Sameister eine Familienkapelle baute. Die kleine Kapelle aus den Jahren 1685–91 ist eine kreuzförmige Anlage mit Kuppel – ein ganz und gar italienischer Gedanke (Abb. 114). Das Schema der Kreuzkuppelkirche venezianischer Prägung verband er bei St. Mang mit dem süddeutschen Wandpfeilerschema. Allerdings sind die Bogenöffnungen zwischen den einzelnen seitlichen Kapellen so weit, daß die Pfeiler fast wie Freipfeiler wirken. Aus Italien stammen auch die Fenster in Form eines zweimal unterteilten Segmentbogens. Diese ›Herkomerfenster‹ erscheinen bei seinen Bauten immer wieder und gehen auf die Palladioschule zurück. Die Doppelchörigkeit, die für eine Barockkirche ungewöhnlich ist, erklärt sich dadurch, daß Herkomer sich an die Fundamente des romanischen Vorgängerbaues halten mußte.

St. Mang, wie es heute dasteht, ist in fast allen Stücken ein Herkomerbau, denn dieser Baumeister war zugleich Freskomaler und Stukkator. Der Bau wurde 1701 begonnen und 1717 geweiht. Als Herkomer 1717 starb, konnte sein Neffe und Schüler Johann Georg Fischer die Arbeiten in seinem Sinn fortsetzen. Die Barockisierung sah auch eine Umgestaltung des Turmes vor, die dann jedoch wegen Geldmangels nicht durchgeführt werden konnte. Der Turm von St. Mang ist also noch spätromanisch (12. Jh.), das Satteldach wurde 1554 nach einem Blitzschlag erneuert (Abb. 111).

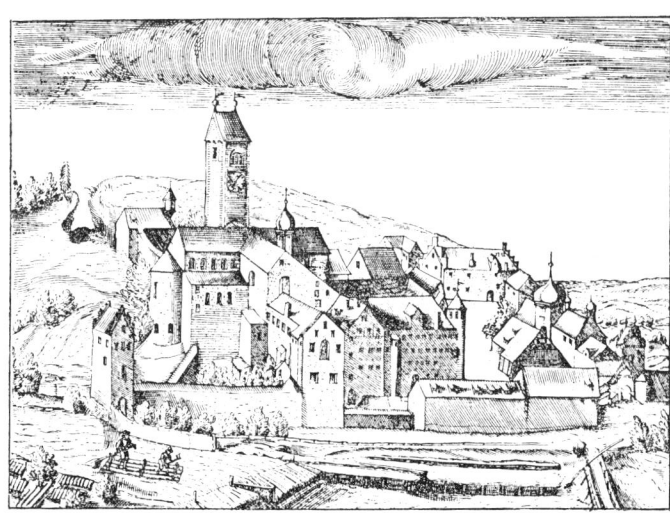

Füssen, Kloster und Kirche St. Mang, Stich aus Stengels Monasteriologia, 1619

281

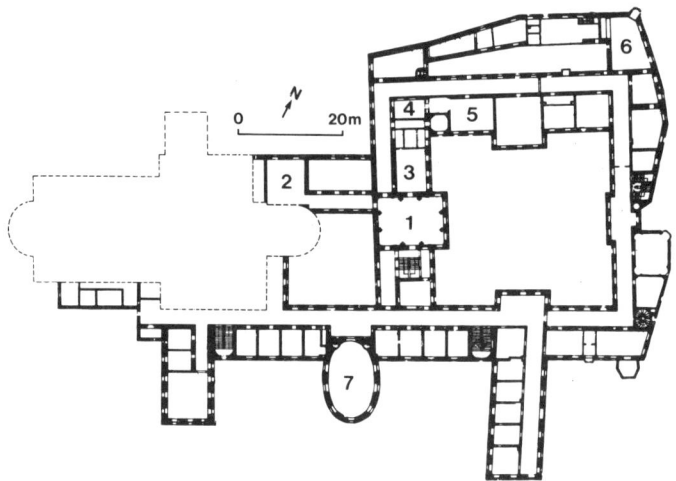

Füssen, Kloster St. Mang,
Grundriß erstes Ober-
geschoß
1 *Festsaal*
2 *Kapitelsaal*
3 *Papstzimmer*
4 *Abtskapelle*
5 *Prälatenzimmer*
6 *Schlafzimmer*
  des Abtes
7 *Bibliothek*

Will man bei der Besichtigung chronologisch vorgehen, muß man mit der *Ostkrypta* beginnen, zu der Stufen vor dem Hochaltar führen. Ursprünglich waren hier wahrscheinlich die Gebeine des Heiligen beigesetzt. Der Umgang ist tonnengewölbt, die Mitte des Raumes bildet ein von Arkaden umzogenes Rechteck, wobei Rundstützen und Pfeiler abwechseln. Erst 1950 wurde hier ein Fresko aus dem 10. Jahrhundert freigelegt, das die Heiligen Gallus und Magnus in geheimnisvollem Schreiten darstellt. Die Darstellung ist der Reichenauer Buchmalerei der Zeit um 980 verwandt und gehörte wahrscheinlich zu einem umfassenderen Zyklus.

Die *St. Anna-Kapelle* östlich des Ostchores ist von außen zu betreten. Sie entstand an Stelle der ersten, Maria geweihten Klosterkirche und war im 16. und 17. Jahrhundert Begräbniskapelle der Ritter von Freyberg-Eisenberg, deren Epitaphien wir hier finden. Eine barocke Erneuerung durch Johann Jakob Herkomer ließ zum Glück das bedeutsamste Kunstwerk unberührt, den ›Füssener Totentanz‹, den Hans Georg Hiebeler 1602 malte. Das düstere Thema paßt recht gut

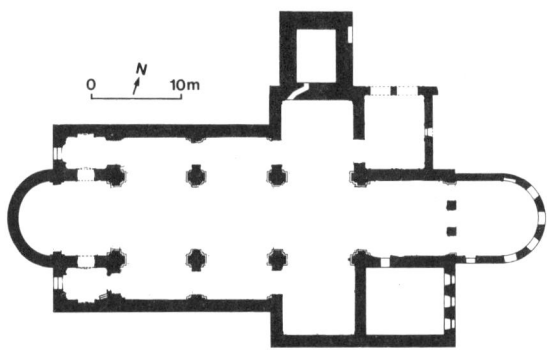

Füssen, St. Mang, Grundriß

in diese sehr düstere Kapelle. In Bild und Text steht dieses Werk in der Nachfolge des Basler Totentanzes von Hans Holbein. Auf zwanzig Einzelbildern (Tempera auf Holz) stellte Hiebeler hier das Thema Tod und Mensch dar, begleitet von ebenso schaurigen wie drastischen Versen. Vom Papst bis zum Maler selbst, der den Abschluß bildet, kommt hier jeder an die Reihe und findet vor dem Tode, mit dem ein Tanz gewagt werden muß, keinen Pardon. Die ›Jungfrau‹ ist am allerschlimmsten dran:

O Junckfraw schaw dein rotter mundt
Wiertt blaich jetzt undt zu diser stundt,
Hast offt getantzt mit Jungen knaben,
Mitt mir muest jetzt ein vortantz haben.

O weh wie grewlich hast mich gfang,
Mir ist all muett und freud vergang
Hab eben gnintt nach einem man,
Ach vor der Zeit mueß ich jetzt dran.

Neben gutem Stuck und Fresken Herkomers, interessanten Totenschilden und einer schönen spätgotischen Hl. Anna selbdritt (wahrscheinlich ein Frühwerk von Jörg Lederer, um 1499) enthält die Kapelle noch eine Besonderheit: eine spätgotische Muttergottes auf der Mondsichel. Unter einer Fassung des 18. Jahrhunderts verbirgt sich hier ein Werk, das in Zusammenhang mit Gregor Erhart gebracht wird, dem Meister des Blaubeurer Hochaltars. Die Figur wird auf die Jahre um 1500 datiert.

Füssen, St.-Anna-Kapelle, ›Füssener Totentanz‹ von Hans Georg Hiebeler, 1602

Betritt man den Innenraum von St. Mang (Abb. 110), so wird der Blick unwillkürlich in die Höhe gelenkt. Die Kirche ›lebt‹ am meisten dort oben, wo Herkomer seine Pendentifflachkuppeln aneinanderreihte, wo delikatester Stuck sich spitzenartig um die Rundungen der Fresken legt. Der Freskenzyklus gilt dem Leben des Kirchenpatrons St. Mang. Im Mönchschor, im Presbyterium und im Querhaus hat Herkomer die Fresken noch selbst malen können. Die restlichen Fresken dieser Kirche stammen von dem späteren Kemptener Hofmaler Franz Georg Hermann. Auch der Hochaltar beruht auf Plänen von Herkomer. Tabernakel und Benediktinerheilige schuf Füssens begabtester Bildhauer, Anton Sturm (1721/22). Der Allgemeinheit ist er durch die ausdrucksvollen Figuren der Kirchenväter in der Wieskirche bekannt. Die Marmorreliefs an den Wänden werden zum Teil Sturm zugeschrieben, für ihn gesichert ist die Kanzel (1719).

Was haben die beiden seltsamen Drachen links und rechts vom Hochaltar zu tun? Sie halten zwar brav ihr Licht, wenden jedoch den Blick geflissentlich vom Altar ab, als könne von dort nichts Gutes kommen (Farbt. 25). Die Drachenleuchter von Thomas Seitz (1724) erinnern an ein Begebnis aus dem Leben des Heiligen Magnus. Als er nach Roßhaupten kam, versuchten ihn Drache und Dämonen an seinem Missionswerk zu hindern. Mit Gebet, Kreuz, Stab und Pech rückte der Heilige dem Drachen zu Leibe und blieb siegreich. Da das Gebiet um Roßhaupten und den Auerberg zu heidnischer Zeit Zentrum des Wotanskultes war, ist es durchaus möglich, daß hier der Widerstand gegen die Christianisierung besonders stark war.

Unter den vielen guten Seitenaltären sind besonders die des Querhauses zu nennen. Der Bruderschaftsaltar an der Nordwand des Querhauses entstand nach einem Entwurf Herkomers. Das Altarblatt, die Rosenkranzverleihung an die Hll. Dominikus und Katharina von Siena, ist eine schöne Arbeit des Venezianers Giovanni Antonio Pellegrini. Von ihm stammt auch das Altarblatt des gegenüberliegenden Pfarraltars, der Heilige Ulrich, einen Toten erweckend. Die liebliche stehende Madonna über dem Tabernakel ist augsburgisch (um 1460).

An den Patron der Kirche erinnert auch der kleine Raum neben der Westkrypta, die *Magnuskapelle*. Den kleinen Zentralbau hat Herkomer im Jahr der Grundsteinlegung 1701 vollendet, doch wurde er 1751/52 neu freskiert und stuckiert. Das Deckenbild von Franz Anton Zeiller stellt die Glorie des Hl. Magnus dar (1751/52). Stukkator der renovierten Decke war Joseph Fischer aus dem benachbarten Faulenbach, dem man in der Umgebung von Füssen hervorragende Stuckwerke zu verdanken hat. Die Nischenfiguren – Benedikt, Scholastika, Gallus, Kolumban – werden Anton Sturm zugeschrieben. Auch die Sitzfigur des Hl. Magnus im Marmoraltar Herkomers ist wahrscheinlich eine Arbeit von Sturm aus den Jahren um 1717. Unter den Reliquien ist auch der 1572 in Silber gefaßte Magnusstab zu sehen. Dieser Stab wurde in vergangenen Jahrhunderten von verschiedenen Orten immer wieder angefordert, um Flurbenediktionen vorzunehmen, die dann allerdings während der Aufklärungszeit heftig bekämpft wurden.

Das ehemalige *Benediktinerkloster St. Mang* ist ebenfalls ein Bau von Johann Jakob Herkomer. Vorgänger war eine Anlage des 8. Jahrhunderts, die im frühen 16. Jahrhundert zum Teil erneuert wurde. Auf sie und auf das zum Teil flache, zum Teil ansteigende Gelände hatte Herkomer Rücksicht zu nehmen. Östlich der Kirche, um zwei Höfe herum, legte er den Neubau an. Die Arbeiten begannen noch vor der Grundsteinlegung der Klosterkirche, und bis zum Tod Herkomers war der Bau unter Dach (1717). Bis 1726 war der innere Bau vollendet, zum größten Teil nach Herkomers Entwürfen. Sein Nachfolger Johann Georg Fischer wurde zur Vollendung des Festsaals nicht herangezogen. Hierzu berief man den schon in Ottobeuren mit Erfolg tätig gewesenen Andrea Maini (1721/22). Nach der Säkularisation kam das Kloster in Besitz der Fürsten von Öttingen-Wallerstein, ab 1839 bis 1909 waren die Freiherrn von Ponikau Besitzer, und schließlich kaufte die Stadt Füssen das Bauwerk. Der Nordflügel wurde 1909 als Rathaus eingerichtet.

Während der kleine Hof, der dem mittelalterlichen Kreuzgang entspricht, baulichen Gegebenheiten folgte, ist der große Hof ganz und gar barocke Neuanlage. Aus dem Geviert aus vier Trakten treten vier dreiachsige Mittelrisalite hervor. Besonders schön ist der westliche Risalit mit seiner dekorativen Bemalung und den hohen Fenstern des *Festsaals* (Abb. 113). Die Tatsache, daß dieser repräsentative Saal die Raumnummer 101 trägt, zeigt an, in welchem Ausmaß die Äbte hier bauten. Man wollte offenbar hoch hinaus, sonst hätte man sich nicht aus Ottobeuren den Italiener Andrea Maini hierhergeholt, der beim gigantischen Klosterbauprojekt von Abt Rupert Neß beteiligt war. Das feine Weiß-Gold der Stuckierung, die prachtvollen leuchtend blauen und grünen Säulen mit vergoldeten Kapitellen, die farblich frischen Deckenbilder – alles wirkt sehr festlich und nobel. Das Hauptfresko von Franz Georg Hermann (1721/22) stellt, von Säulen getragen, eine riesige Windrose mit Tierkreiszeichen dar, darunter die Schiffe der Welt- und Ordensgeistlichkeit; auf der anderen Seite die Personifikationen von Sonne, Mond und Planeten, von der Hand Gottvaters an einer Kette zusammengehalten.

Unter den wenigen öffentlich zugänglichen Räumen ist die *Bibliothek* ein zweiter eindrucksvoller Raum, vor allem wegen ihrer ovalen Grundform und der ausgezeichneten Ausstattung mit Fresken von Francesco Bernardini und Schnitzputten in der Art von Anton Sturm.

In einigen Räumen des Klosters ist das *Heimatmuseum* untergebracht. Neben vor- und frühgeschichtlichen Funden, Volkskunst, alten Ansichten und Plastiken sind hier auch alte Musikinstrumente zu sehen, vor allem Geigen und Lauten. Füssen war, was wenig bekannt ist, in der Renaissance ein Hauptort des Lautenbaues.

Gegenüber dem Haupteingang von St. Mang führt ein schmaler, mäßig steiler Weg hinauf aufs *Hohe Schloß* (Abb. 112). Der Anstieg dauert nicht länger als zehn Minuten und sollte nicht gescheut werden, denn der Anblick, vor allem des Schloßhofes, ist außerordentlich lohnend (Farbt. 12).

Ein Bayernherzog steht am Anfang, und auch das Ende ist bayerisch, doch alles, was dazwischenliegt, gehört zur Geschichte Schwabens. Herzog Ludwig von Bayern begann zur Sicherung seines staufischen Erbes 1269 eine Burg auf dem Hügel neben dem Kloster zu bauen, geriet jedoch in Streit mit den Bischöfen von Augsburg, da Füssen Vogtei des Hochstifts Augsburg war. Nach blutiger Fehde und Vergleich kam die begonnene Burg 1292 an die Bischöfe von Augsburg. Im ersten Viertel des 14. Jahrhunderts wurde sie ausgebaut und gleichzeitig auch die Stadt ummauert. Ihre heutige Gestalt bekam sie jedoch erst Ende des 15. Jahrhunderts, als Bischof Friedrich II. von Zollern Wohn- und Wehranlagen errichtete und die Schlucht zwischen Schloß und Baumgarten anlegte. Der Fürstenbau entstand in den Jahren 1494–99. Um 1500 war der Bau im wesentlichen vollendet. Die Bedeutung des ›Hohen Schlosses‹, wie es fortan genannt

*Füssen, Hohes Schloß,
Nordflügel, Grundriß
des zweiten Ober-
geschosses*

wurde, kann man ermessen, wenn man erfährt, daß Kaiser Maximilian I. hier vierzehnmal residierte. Erst gegen Ende des 17. Jahrhunderts setzte eine neue Bauperiode ein. Damals ließ Bischof Christoph von Freyberg die Kapelle St. Veit umgestalten, ebenso Zimmer im Nord- und
Westflügel. In diese Jahre (1687) fällt die Stukkatorentätigkeit des Wessobrunners Johann
Schmuzer für das Schloß.

Ob im Schloß der ›Friede von Füssen‹ unterzeichnet wurde, wie immer wieder behauptet
wird, läßt sich nicht genau nachweisen. Nachdem Füssen Bayern zugeschlagen worden war,
verbrachte der Kronprinz Maximilian hier zum Teil seine Sommermonate. Heute ist in einem
Flügel das Amtsgericht untergebracht, in einem anderen eine Zweiggalerie der Bayerischen
Staatsgemäldesammlungen.

Die Burg, auf dem östlichen Ausläufer der Solaberge gelegen, wird vom Fachmann als ›Zun-
genburg‹ bezeichnet. Über den äußeren Mauerring – mit schönem Blick auf den kantigen Turm
von St. Mang – und den Torturm kommt man in den weiten Hof, der in seiner unsymmetri-
schen Gestalt und den vielen Türmen besonders malerisch wirkt. Am schönsten sind die spätgotischen Fassadenmalereien, die Fenster und Portale umrahmen und an einigen Stellen sogar
Erker vortäuschen. Sie wurden erst 1957/58 freigelegt und renoviert und werden dem Maler
Fidelis Eichele aus Hechingen zugeschrieben.

Eine Besichtigung der *Gemäldegalerie* lohnt sich nicht nur wegen der guten Tafelbilder und
Plastiken (meist spätgotische Arbeiten aus Bayerisch-Schwaben), die man hier zu sehen bekommt. Der *Rittersaal* wird von einer ausgezeichneten spätgotischen Kassettendecke (um 1500)
geschmückt. In ihrer Mitte erscheinen Reliefbüsten der Muttergottes mit heiligen Bischöfen
und Patronen der Diözese. Das tiefe Grün der Bemalung ergibt mit dem Gold des Schnitzwerks
ein warmes, sattes Bild. Als Schöpfer der Decke gilt der Bildschnitzer Jörg Lederer, dessen
Hauptwerk der Hindelanger Altar ist. Die mächtigen Statuen des Hl. Johannes und der
Hl. Maria Magdalena, die in einem der Räume gezeigt werden, zeugen von der hohen Begabung
dieses Schnitzers, der 1499 das Bürgerrecht von Füssen erwarb.

Die *Kapelle St. Veit* am Ostende des Südflügels stuckierte Johann Schmuzer. Im Chor wurden
spätgotische Fresken freigelegt. Der Hochaltar mit einer Schnitzgruppe der Marienkrönung
(um 1500) stammt aus der Dreifaltigkeitskapelle. Die Seitenaltäre sind hochbarock (1684).

Es gibt in Bayern nicht viele Städte, deren Straßen noch auf alte römische Verbindungswege zurückgehen. Füssen hat zwei solcher Straßen zu bieten, die Reichenstraße sowie Teile der Augsburger Straße. Sie sind identisch mit der ›Via Claudia‹, die von Augsburg, der Hauptstadt der
Provinz Rätien, über Füssen, Fern- und Reschenpaß nach Italien führte. Die *Reichenstraße,*

heute eine Geschäftsstraße, gehört zu den hübschesten Straßen der Altstadt, dicht besetzt mit alten Bürgerhäusern. Gegenüber der Einmündung der Schrannengasse, hineingedrängt in die Häuserflucht der Reichenstraße, sehen wir die reizvolle, volutenbekrönte Fassade der *Krippkirche St. Nikolaus*. Es ist ein einfacher Saalbau mit eingezogenem Altarraum, entstanden nach Plänen von Johann Jakob Herkomer und vollendet 1718 von seinem Neffen Johann Georg Fischer. Die Gottesackerkapelle in Kißlegg ist ein sehr ähnlicher Bau. Die Ausstattung ist einfach, doch sollte man den Hochaltar aus Stuckmarmor beachten, denn er ist wahrscheinlich ein Frühwerk von Dominikus Zimmermann aus der Zeit um 1720. Zimmermann hat acht Jahre in Füssen gelebt und mit Herkomer zusammengearbeitet, von dem er wesentliche Impulse empfing. Auch in der Krippkirche sehen wir – typisch für Herkomer – im Chor eine Flachkuppel mit Kehle auf Pendentifs. Das Deckenbild im Chor (Hl. Nikolaus) ist eine Arbeit des Innsbruckers Joseph Obermiller. Die Seitenaltäre werden Thomas Seitz zugeschrieben, dem Meister der Drachenleuchter in St. Mang.

Gegenüber dem Hauptportal des Klosters St. Mang liegt der *Brotmarkt*, die Zelle für die spätere Stadt Füssen. Hier versammeln sich eine Reihe spätgotischer Häuser, zum Teil mit Treppengiebeln. Am Kloster vorbei, die Lechhalde hinab, in Richtung auf die Lechbrücke, verriegelt eine der hübschesten Kirchen von Füssen den Weg, die *Spitalkirche Hl. Geist*. Schon allein die Fassade ist erstaunlich, denn sie ist über und über mit Fresken bedeckt (Farbt. 39). Man denkt hier an den Turm der Mittenwalder Pfarrkirche, der auch mit Fresken überzogen ist, doch war Mittenwald ja ein Ort der Fassadenmalerei, was für Füssen nicht zutrifft. An Stelle einer spätgotischen Kirche, die 1733 abbrannte, wurde 1748/49 ein Neubau errichtet. Baumeister war Franz Karl Fischer, der sich hier die Kirche des Frauenklosters in Dillingen zum Vorbild nahm, die sein Vater Johann Georg Fischer gebaut hatte. Anton Josef Walch, ein Maler aus Kaufbeuren, ist der Meister der (stark erneuerten) Fassadenfresken, deren tief braunroter Grundton den Reiz dieses Baues ausmacht. Im Feld des schön geschwungenen doppelgeschossigen Volutengiebels erscheinen Gottvater, Gottsohn und Heiliger Geist. Das Thema der Heiliggeistkirche klingt hier an. Mehr Raum nehmen jedoch darunter die beiden riesigen Gestalten des Hl. Florian und des Hl. Christophorus ein. Als Flößerheiliger nimmt sich der Hl. Christophorus an dieser Stelle, kurz vor der Lechbrücke, sehr gut aus. Und auch den Heiligen Florian als Helfer gegen Feuersbrünste konnte man für eine Kirche gut gebrauchen, deren Vorgängerin gerade abgebrannt war! Zwischen den beiden Heiligen erscheint das Wappen des Fürstbischofs von Augsburg, Landgraf von Hessen-Darmstadt, unter dessen Ägide der Neubau stattfand.

Das zentralisierende, annähernd quadratische Schiff mit ausgerundeten Ecken, gekehlter Flachdecke und dreiteiligen Fenstern verrät die Herkomer-Schule. Beherrschend sind die Fresken von Anton Josef Walch (1749), besonders das kreisförmige Deckenbild mit der Darstellung der sieben Sakramente und sieben Gaben des Hl. Geistes in Gestalt von Karyatiden. Alle Stuckmarmoraltäre und auch der Deckenstuck sind Arbeiten von Joseph Fischer aus Faulenbach. Stolz vermerkte er an einem Brett hinter dem Tabernakel des Hochaltars: »Joseph Fischer, Stukkator aus Faulenbach, hat diesen Altar gemacht 1750.« Das Altarbild des Hochaltars, das die Ausgießung des Hl. Geistes darstellt, geht wahrscheinlich auch auf Anton Josef Walch zurück. Alle Details dieser reich ausgestatteten und in ihrer strahlenden frischen Farbigkeit so fröhlichen Kirche sind gar nicht aufzuzählen. Schön sind die blauen Malereien der Emporen-brüstung, doch am schönsten ist sicher die Schutzengelgruppe neben dem linken Seitenaltar (Abb. 109). Mit Recht wird diese anmutige Gruppe dem großen Füssener Rokokoplastiker Anton Sturm zugeschrieben (um 1750). Sturm hat eine eigene Art, bei seinen Figuren das Spiel-bein nach vorn zu stellen und das Standbein stark zu strecken.

Jenseits der Lechbrücke führt die Tiroler Straße nach Reutte. Dort, am Ortsausgang, steht die kleine *Kirche zu Unserer Lieben Frau am Berg*, ein Bau des Wessobrunners Johann Schmuzer. Nach Abbruch einer gotischen Kirche wurde die Frauenkirche neu erbaut und 1685 geweiht. Wie viele Kirchen Schmuzers ist auch diese ein Saalbau mit Stichkappentonne. Auffallend ist die reiche Stukkierung. Schmuzer, der Wessobrunner Stiftsbaumeister, war zugleich Stukkator und hat sich hier in seinem ureigenen Metier betätigt. Im Kloster Wessobrunn und in der Wall-fahrtskirche Vilgertshofen hat er seinen schönsten Stuck angebracht, doch dann folgen qualita-tiv gleich die Wallfahrtskirchen in Ilgen und Schwangau (St. Koloman) und diese Füssener Kirche St. Koloman wurde im gleichen Jahr geweiht, und dort wie hier sehen wir die schweren Fruchtgehänge, die von Putten getragen werden, die Akanthusranken und geflügelten Engels-köpfe, alles symmetrisch angeordnet. Die Altäre stammen aus der Erbauungszeit. Die Schnitz-gruppen des Hochaltars ergeben ein merkwürdiges Konglomerat aus Spätgotik und Barock: unten ein Relief des Marientodes (um 1500), darüber eine Marienkrönung (um 1680), deren Maria mit den Engeln noch zum Marientod gehört. Der spätgotische Teil stammt vom Kauf-beurer Konrad Köppel, der barocke vom Füssener Johann Adam Bayrhoff.

Die Kirche liegt zu Füßen des *Kalvarienberges* mit neugotischen Stationen, den man den ›schönsten von Deutschland‹ nennt. Schön ist hier sicherlich der Blick auf das unten ausgebrei-tete Füssen, auf Forggensee, Alpsee und Schwansee, den Säuling und die beiden Königsschlösser Hohenschwangau und Neuschwanstein.

Ebenso weit oben wie die Frauenkirche, nur auf der anderen Seite, thront die Kirche des Fran-ziskanerklosters, *St. Stephan,* über dem Lech. Sie prägt die Stadtsilhouette entscheidend mit und ist besonders eindrucksvoll vom Flußufer an der Schwangauer Straße aus. Die mittelalterliche Vorgängerin war die Pfarrkirche, die nach Gründung des Franziskanerklosters den Franziska-nern überlassen wurde (1629). Ein Neubau des Chores erfolgte 1700 durch Johann Jakob Her-komer; das Langhaus wurde 1763–67 neu errichtet. St. Stephan ist ein Saalbau mit eingezogenem Chor und Spiegelgewölbe. Die Fresken entstanden 1882 (S. Holzner) und sind wenig erfreulich. Der zurückhaltende Stuck stammt aus der Erbauungszeit, dem fortgeschrittenen Rokoko. Auch die Altäre sind Arbeiten dieser Zeit, während die Kanzel schon dem Klassizismus ange-hört (1793). Unter den Künstlern ist Paul Zeiller hervorzuheben, der die meisten Altarbilder malte (Hochaltar: Martyrium des Hl. Stephanus; linker Seitenaltar am Chorbogen: Hl. Anto-nius; rechter Seitenaltar am Chorbogen: Maria vom guten Rat). Er und sein bekannterer Vetter Franz Anton Zeiller hatten es nicht weit nach Füssen, denn sie stammten aus Reutte in Tirol.

Neben der Kirche, im Südosteck der Stadtmauer, steht das *Franziskanerkloster,* das zum Teil auch nach Plänen von Johann Jakob Herkomer entstand. Im Refektorium und im Gang des ersten Obergeschosses sind Figuren zu sehen, die mit Anton Sturm in Verbindung gebracht werden, darunter eine schöne Maria Immaculata.

Unterhalb des Chors der Franziskanerkirche erhebt sich das zur Stadtummauerung gehörende *Bleichertörle*, ein rechteckiger Turmbau mit Treppengiebel gegen Westen, der im Kern dem frühen 16. Jahrhundert angehört. Eine Mauer, die vom Bleichertor den Lech entlang zum Spital führte, ist nicht mehr erhalten.

In wenigen Minuten kommt man von hier aus, durch die Klosterstraße, zur *Friedhofskirche St. Sebastian.* An den spätgotischen Vorgängerbau (1507) erinnern noch der kraftvolle Satteldachturm und der niedere Chor. Ein Plan für einen Neubau durch Johann Jakob Herkomer lag schon 1701 vor, doch begann man erst 1721 mit dem Bau eines neuen Langhauses. Johann Georg Fischer, Nachfolger seines Onkels Herkomer, war nun der Baumeister. Der Bau verrät in einigen Teilen die Herkomer-Schule, etwa in den dreigeteilten Fenstern, die hier jedoch keine reinen Halbkreise mehr sind. Der Stuck im Chor stammt noch aus dem späten 17. Jahrhundert (1682, Johann Schmuzer), der des Langhauses wurde 1745/46 aufgebracht (Joseph Fischer aus Faulenbach). Die Altäre sind ausnahmslos hochbarock (1696/1700), worauf schon die für diese Zeit charakteristische schwarz-goldene Farbgebung hinweist.

Durch seine Helligkeit, die farbfrohen Stukkaturen und Fresken wirkt der Raum zunächst wie der einer Rokokokirche. Herkomer hat hier nur die Chorfresken malen können (1688, Apotheose der Hll. Rochus und Sebastian), während die Langhausfresken (1746, Hl. Rochus, Hl. Sebastian, Hl. Florian) auf den Pfrontener Bartholomäus Stapf zurückgehen. Von ihm sind auch die Totentanzbilder der Empore. Der Meister der Altarblätter der Seitenaltäre ist Johann Heel (um 1720/30), der Maler des Hochaltarblattes ist dagegen unbekannt.

Der *Alte Friedhof,* der sehr schön in die Stadtmauer eingebettet ist, erinnert in mancher Weise an das nahe Hohenschwangau. Hier ist das Grab des bayerischen Hofmalers Dominik Quaglio, der die mittelalterliche Burg neugotisch umbaute, und hier steht ein Kruzifix nach Entwurf von Ludwig Schwanthaler, der für Hohenschwangau einige Bronzeplastiken schuf.

Maler und Stukkator der Sebastianskirche begegnen wir in einem kleinen Bau schräg gegenüber (Klostergasse 6) noch einmal. Hier steht – in die Mauern eines Wohnhauses des 19. Jahrhunderts einbezogen – der ehemalige *Gartenpavillon* des Klostergartens, der sehr anmutig dekoriert ist. Die Fresken (1743, Posaunenengel, Putten, vier Jahreszeiten) werden Bartholomäus Stapf zugeschrieben, der zarte Bandelwerkstuck Joseph Fischer aus Faulenbach.

Füssen ist reich an alten *Bürgerhäusern* der Spätgotik und des Barock. Wir finden sie vor allem am Brotmarkt, in der Brunnengasse, Drehergasse, Flößergasse, Franziskanergasse, Lechhalde, Oberen Spitalgasse, Reichenstraße, Ritterstraße und Schrannengasse. Zwei von ihnen stehen mit Füssens großem Bildhauer Anton Sturm in Zusammenhang. In der Brunnengasse 18 steht das *ehemalige Wohnhaus Sturms* geschmückt mit einem – leicht verwitterten – Sandsteinrelief von seiner Hand, das die Muttergottes und die Heiligen Nepomuk und Antonius von Padua darstellt (1724). Im Haus Reichenstraße 22 sehen wir in einer Rundbogennische eine graziöse Steinfigur der Immaculata, die Sturm wahrscheinlich nach einem Entwurf von Herkomer schuf.

Die alte *Stadtmauer,* die 1330 angelegt und 1500 im Osten um St. Stephan und St. Sebastian ausgedehnt wurde, ist nur noch fragmentarisch erhalten. Türme und Tore wurden größtenteils im 19. Jahrhundert abgebrochen. Erhaltene Reste des *Sailerturms, Sebastianstores* und *Bleichertörles* wurden größtenteils neugotisch überbaut. Eindrucksvoll ist noch der Mauerzug im

Osten, der beim Sebastianstor beginnt und bis zum Bleichertörle reicht. Er kündet davon, wie prachtvoll sich diese Stadt einst in ihrem mittelalterlichen Gewand ausgenommen haben muß.

Da vor den Toren der Stadt die Königsschlösser Hohenschwangau und Neuschwanstein locken, vergißt der Reisende meist all das, was sonst noch in der Gegend ausgebreitet ist. Die Seen Füssens laden auf jeden Fall zu einem Besuch ein, und da die Ufer dieser Seen geradezu gespickt mit reizvollen Kirchen und Kapellen sind, sei es geraten, sie der Reihe nach zu erkunden.

Beginnen wir mit der *Wallfahrtskirche St. Koloman,* die, auf dem Weg zum Bannwaldsee, einsam auf freiem Felde neben der Straße liegt (Farbt. 40). Diese Kirche hat jeder gesehen, der den Tegelberg oder die Königsschlösser besucht, denn man muß an ihr vorbei, wenn man zum Ort Hohenschwangau fährt.

Sicherlich gehört St. Koloman zu den meistfotografierten Kirchen ganz Bayerns, nicht nur wegen der nahen Schlösser, sondern vor allem wegen ihrer außerordentlichen Eleganz. Im Spätherbst, wenn die Berge im Hintergrund klar sind, vielleicht schon mit dem ersten Schnee bedeckt, gehört sie zu den Schönheiten, die in ihrer Lage kaum mehr überboten werden können. Sie ist von jeder Seite aus schön – woran liegt das? Es liegt vor allem an dem hohen, schlanken Turm mit seiner gut proportionierten Zwiebelhaube, es liegt an der gleichmäßigen Reihung der Fenster zwischen gestuften Strebepfeilern; und es liegt nicht zuletzt an der niedrigen, strahlend weißen Friedhofsmauer, die den Chor umgibt, von hohen Bäumen beschattet.

Der Wessobrunner Johann Schmuzer hat 1671 die Pläne für einen Neubau geliefert, der an die Stelle einer spätgotischen Feldkapelle treten sollte. 1678 war die Kirche und 1682 der Turm vollendet, und 1685 konnte die Weihe stattfinden. Wie die meisten Kirchen Schmuzers ist auch diese ein Saalbau mit Stichkappentonne und eingezogenem Chor. Hervorstechend ist hier wie in den nahen Schmuzer-Kirchen Ilgen und Füssen (Zu Unserer Lieben Frau am Berg) der Stuck, den der Baumeister selbst anbrachte. Zu dieser Zeit bemalte man den Stuck noch nicht, doch gerade die Weiß-in-Weiß-Reliefs sind in diesen Kirchen des späten 17. Jahrhunderts so reizvoll. Alles ist symmetrisch angeordnet und noch nicht so üppig und schwer wie in der Wallfahrtskirche von Vilgertshofen, der Hauptschöpfung Schmuzers neben Wessobrunn. Auch die Altäre aus Stuckmarmor stammen von Schmuzers Hand. Wie in Ilgen herrscht auch hier der Zweiklang Rot-Weiß vor, denn die Stuckmarmorsäulen leuchten in einem wunderschönen warmen Rot. Das Altarblatt des Hochaltars von Bartholomäus Bernhard gilt dem Heiligen Koloman, einem irischen Pilger und Märtyrer, der auf seiner Wanderschaft an der Stelle, wo heute die Kirche steht, ausgeruht haben soll. Auch die Altarblätter der Seitenaltäre (Glorie des Hl. Magnus,

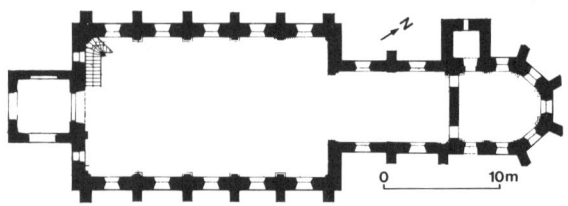

Wallfahrtskirche St. Koloman,
Grundriß

Hll. Cosmas und Damian) sind Arbeiten von Bernhard. Die Standfiguren an der südlichen Schiffswand stammen aus dem Umkreis der Werkstatt von Jörg Lederer (1515). Eine Bildfolge aus dem Leben des Heiligen Koloman und eine Reihe von Votivbildern gedenken des Märtyrers, der als Viehpatron verehrt wird. Jedes Jahr wird im Oktober am Sonntag vor Kirchweih das St. Kolomansfest gefeiert, das Weidevieh der Gemeinde wird auf den Kirchplatz getrieben, und die Pferde der Fuhrleute werden mit Blumen geschmückt.

Ganz in der Nähe von St. Koloman, am Ostufer des Forggensees, liegt **Waltenhofen** mit der Kirche *St. Maria und Florian*. Weniger durch ihre äußere Erscheinung und ihre Ausstattung ist diese Kirche bemerkenswert, als vielmehr durch ihr Alter. Der Überlieferung nach wurde der Vorgängerbau noch in der ersten Hälfte des 8. Jahrhunderts vom Hl. Magnus und seinem Begleiter Tosso errichtet, der als erster Pfarrer von Waltenhofen gilt. Eine Gedenktafel über dem Eingang erinnert daran: »Im Jahre 746 gründeten Magnus und Tosso die erste christliche Kirche.« In ihrer heutigen Gestalt ist die Kirche gotisch: ein breiter flachgedeckter Saalbau mit Spitzbogenfenstern, gedrücktem spitzbogigem Chorbogen und eingezogenem Chor. Der erste Bau wurde im 13./14. Jahrhundert erweitert, im frühen 16. Jahrhundert fand eine Erweiterung des Schiffes gegen Süden statt und eine Verlängerung und Verbreiterung des Chores. Die Stuckierung ist barock (1712 Chor, 1715 Langhaus) und gehört zu den Glanzpunkten der Kirche. 1837 wurde an der Chornordseite ein Oratorium für Kronprinz Maximilian von Bayern angebaut. Historisch interessant ist auch der Umstand, daß sich unter dem Chor eine mittelalterliche Gruft der Herren von Schwangau befindet, die jedoch nicht zugänglich ist. Die Altäre stammen aus der ersten Hälfte des 18. Jahrhunderts. Die Figuren des Hochaltars und der Kanzel sind zu beachten, denn sie stammen von Anton Sturm (1720/21).

Betrachtet man auf einer Landkarte den Verlauf des *Lech* zwischen Füssen und Landsberg, so erscheint er wie eine Folge gewundener, ungleichmäßig gefüllter Darmschlingen, am Anfang der Riesenblinddarm des Forggensees. Dem Fluß, der sich auf Tiroler Gebiet noch recht munter gebärdet, wurden in Deutschland Zügel angelegt, er wurde stellenweise gestaut, was seiner Schönheit wenig gut bekam. In seinem ausgezeichneten Naturführer ›Unsere bayerische Landschaft‹ schreibt Siegmar Gerndt: »Der Lech zieht durch den größten See, den Forggensee, der neu dazugekommen ist als künstlicher Nachfolger des eiszeitlichen Stammbeckensees. Das wäre an sich zu begrüßen, wenn dieser Kraftwerkspeicher nicht aus energiewirtschaftlichen Gründen die Hälfte des Jahres auf den größten Teil seines Wassers verzichten müßte und das trostlose Bild eines geschrumpften Weihers mit quadratkilometergroßer Schlammkrawatte böte. Ganz zu schweigen von der Zerstörung des romantischen Lechdurchbruchs am Illasberg, der dem Kraftwerk zum Opfer fiel.«

Der See, auf dessen spiegelnder Fläche im Sommer die Segelboote dahingleiten – vom Hohen Schloß aus besonders schön zu sehen –, ist also ein Speichersee und existiert in seiner heutigen Ausdehnung erst seit 1954. Wollen wir ›echte‹ Seen erleben, müssen wir mit kleineren vorliebnehmen, dem Bannwaldsee, Hopfensee oder Weißensee.

Hinter dem *Bannwaldsee* (Farbt. 2), der mit seinen verschilften Ufern und dem Hintergrund der Füssener Berge besonders im Herbst ein betörend malerisches Bild abgibt, zweigt die Straße nach **Bayerniederhofen** ab. Die *Pfarrkirche St. Michael,* ein Neubau der Jahre 1701/16, ist ein

Geheimtip. Schon von weitem fällt der prächtige, kraftvolle Turm auf – im Hintergrund, auf einer Anhöhe, die kleine barocke Kapelle von Berghof. An Stelle eines spätgotischen Vorgänger-baues wurde ein Neubau geplant, zu dem auch Herkomer einen Entwurf lieferte, doch fiel die Wahl auf einen Mindelheimer Maurermeister, Thomas Natterer. Das breite Schiff mit seiner Stichkappentonne ist nicht spektakulär in dieser Gegend, doch spektakulär ist der Stuck, der Wände und Gewölbe überzieht. Sein Meister ist Matthias Stiller aus dem mittelschwäbischen Ettringen, dessen zartes Rankenwerk des Jahres 1708 neben dem besten Wessobrunner Stuck bestehen kann. Der zartrosa getönte Grund gibt eine wunderschöne Folie ab. Das Fresko im Mittelkreisfeld des Schiffes, eine frisch und locker hingemalte Darstellung der Himmelfahrt Mariä, darunter das Dorf Bayerniederhofen, ist datiert (1733), jedoch nicht signiert. Auch die Malereien der Emporenbrüstung gelten Maria (bez. Antoni, 1739). Da auch das Altarblatt des Hochaltars qualitativ bemerkenswert ist (Hl. Michael, Paul Zeiller, 1714), versteht man nicht, weshalb diese hübsche Kirche so unbekannt ist.

Unser nächstes Ziel ist **Lechbruck**, das über die Hauptstraße und Steingaden zu erreichen ist, viel schöner jedoch über die am Lech entlanggeführten Nebenstraßen. Vor der Ortseinfahrt, an der Lechbrücke, sollte man anhalten, denn von hier aus ist der Blick auf die *Pfarrkirche Mariä Heimsuchung,* die auf einer Anhöhe liegt, besonders schön. Der barocke Hl. Nepomuk an der Brücke gehört zu den besten Vertretern seiner Art!

Die Kirche ist, gemessen an allem, was man bisher in der Umgebung von Füssen gesehen hat, erstaunlich groß, und wenn man den Innenraum betritt, merkt man, daß hier ein besonderer Geist weht. Wir befinden uns hier schon am Beginn des Klassizismus, für dessen Frühstufe Lech-bruck ein gutes Beispiel ist. Auch dies ist ein Saalbau, doch ist das Schiff extrem weit. Der Bau-meister war Joseph Anton Geisenhof aus Pfronten – ein überdurchschnittlich begabter Mann, wie man an seiner Kirche in Pfronten-Berg erleben kann. Durch eine einheitliche korinthische Pilasterordnung erreichte er, im Sinn des frühen Klassizismus, eine einheitliche Saalform. Der Grundstein wurde 1768 gelegt, die Weihe fand 1790 statt. Auch die Ausstattung ist im wesent-lichen frühklassizistisch (Fresken 1788 von Johann Nepomuk Eberle, Stuck von Baumeister Geisenhof, die weiß gefaßten Holzfiguren der Altäre von Nikolaus Weiß).

Die Seenroute führt uns wieder zurück in Richtung Roßhaupten nach **Sameister.** Mitten im Ort, auf der linken Seite, steht eine der erstaunlichsten kleinen Kirchen Bayerns, die *Kapelle sieben Schmerzen* (Abb. 114). Wenn man davorsteht, meint man nach Oberitalien versetzt zu sein: ein kleiner Zentralbau mit Kuppel und Laterne, alles ein wenig kühl und streng, aber wun-derbar proportioniert. Man denkt an venezianische Kirchen, man denkt an Palladio und hat damit recht. Johann Jakob Herkomer, der Sohn eines hochstiftischen Tafernwirtes in Seeg, hatte etwa zehn Jahre die venezianische Baukunst studiert, bevor er im Jahr 1685 in Sameister die Familienkapelle der Herkomer baute. Damals bezeichnete er sich stolz: »Hans Jakob Her-komer, Maler und Architekt der Collalto.« Diese Kapelle geht dem großen Bau von St. Mang voraus, den er erst nach seinem zweiten Italienaufenthalt begann. Alles stammt hier von Her-komer: die Fresken (Marienkrönung, Namenspatrone von Herkomers Eltern und Geschwi-stern, vier Evangelisten, Mariä Heimsuchung, Verkündigung, Anbetung der Hirten, Passion Christi, Himmelfahrt, Pfingsten), das Altarblatt (Hl. Familie) und die Porträtbüsten, wovon eine ihn selbst darstellt. Die dreigeteilten Thermenfenster, an denen man Herkomers Bauten und die seiner Schule erkennt, sind bereits hier zu finden. Sameister ist ein einzigartiges Zeugnis des Familienkults, der in dieser Art, wie der ganze Bau, nach Italien weist. Nur schade, daß die Kapelle nicht in dem Zustand ist, den man sich wünschte.

Südlich von Sameister, nahe am Lech, liegt **Tiefenbruck,** das musikgeschichtlich sehr interessant ist. Hier war die Heimat der Tieffenbrucker, der bedeutendsten Lautenmacherfamilie der Renaissancezeit, die den Ruf der paduanischen und venezianischen Lautenbaukunst begründete.

Unter den Pfarrkirchen von Roßhaupten, Rieden und **Hopfen** sei besonders die letztere erwähnt, die sich in strahlendstem Gewand zeigt, da sie erst 1984 restauriert wurde. Der Stuck von Joseph Fischer aus Faulenbach (um 1730) ist außerordentlich reizvoll, doch am schönsten sind die Freskenfragmente des frühen 15. Jahrhunderts, vor allem der eindrucksvolle Drachenkampf des Heiligen Georg an der Langhaussüdwand.

Das nächste Ziel ist **Hopferau** nordwestlich des Hopfensees, den man von seiner besten Seite erlebt, wenn man die Straße am Nordufer wählt. Die Kirche *St. Martin und Sebastian* (Weihe 1504) war ehemals Schloßkapelle der Herren von Freyberg-Eisenberg. Der Bau ist nicht einheitlich spätgotisch, denn das Schiff wurde 1899 nach Westen verlängert, die Sakristei später dem Turm angefügt. Auch die Fresken stammen aus dem Ende des 19. Jahrhunderts (Basilio Coletti, 1899). Überdurchschnittlich sind nur einige Holzfiguren und zwei Epitaphien der Spätgotik. Auffallend ist die Muttergottes im nördlichen Seitenaltar, die in Verbindung mit der Ivo-Strigel-Werkstatt gebracht wird (um 1510). In der Nachfolge der Schule von Michel und Gregor Erhart steht das Kruzifix gegenüber der Kanzel (um 1515). Den feinen Sandsteinepitaph für Christoph von Freyberg-Eisenberg (gest. 1584) schmückt der Namensheilige Christophorus, zusammen mit den Heiligen Johannes und Sebastian.

Hopferau, das im 14. Jahrhundert neben Speiden, Zell und Heimen zur Herrschaft Hohenegg gehörte, fiel Ende des 14. Jahrhunderts an die Familie von Freyberg zu Eisenberg. Nach der Teilung der Herrschaft Freyberg-Eisenberg wurde 1468, zusammen mit der Kapelle, auch das *Schloß* gebaut. Das Landschlößchen, das in der Nähe der Kirche sehr idyllisch in einem kleinen Park steht, wurde 1838 von den Freybergs verkauft und ist seitdem Privatbesitz. Das Satteldachhaus mit steilem Treppengiebel und kleinen Erkern nimmt sich spätgotisch aus, doch sind die alten Formen nur vorgetäuscht. Der Architekt von Hohenschwangau, Dominik Quaglio, war auch hier tätig und gestaltete den Bau im Sinne der Neugotik um.

Nördlich von Hopferau liegt **Heimen** mit der *Kapelle zu den sieben Schmerzen Mariä.* Der Bau, der im 19. Jahrhundert erneuert wurde, ist unbedeutend, doch birgt er sehr gute spätgotische Schnitzreliefs, die von einem Schreinaltar stammen.

Das westlich von Hopferau gelegene **Speiden** und seine *Wallfahrtskirche Maria Hilf* wird im ›Dehio‹ zu Recht mit einem Sternchen ausgezeichnet. Johann Christoph von Freyberg, Fürstbischof von Augsburg, weihte 1678 die Kirche, die auf seinem Familienterritorium lag. Von einem Bau der Jahre 1644/47 wurde die Sakristei in den Neubau übernommen. Die Ausstattung war 1736 vollendet, doch griff 1783 der Klassizismus noch einmal renovierend ein. Der Saal mit eingezogenem Chor ist sehr hell, und da die Rokokoausstattung beherrschend ist, zudem die

Kirche erst 1969 restauriert wurde, wirkt alles überaus freundlich. Die ›Wallfahrt zu Unserer Lieben Frau‹ war eine der bedeutendsten des Allgäus, und so ist es kein Wunder, daß diese Kirche so reich ausgestattet ist. Zu den Hauptfesten kamen im 18. Jahrhundert manchmal an die 8000 Pilger hierher, so daß der Gottesdienst außerhalb der Kirche gehalten werden mußte. Ganz außerordentlich sind die Altäre des Pfrontener Bildhauers Johann Peter Heel (1732), dem auch die Kanzel zugeschrieben wird. Eigenartig und für die Pfrontener Schule typisch sind die beiden Freisäulen zwischen C-Voluten. Den Engelreigen über den beiden Seitenaltären wird man nicht mehr vergessen, wenn man ihn einmal gesehen hat – die Figuren sind so locker und unbekümmert aufgebaut, so gänzlich unkonventionell, daß man nur staunen kann. Die Fresken (Maria im Spiegel des Alten Bundes, Joseph Anton Keller) kamen erst 1783 hinzu, und zu dieser Zeit entstand auch der Stuck im Langhaus, während der Bandelwerkstuck des Chores noch aus den Jahren um 1730 stammt.

Vor dem Südeingang der Wallfahrtskirche steht die frühbarocke *Wallfahrtskapelle Maria Hilf.* In ihrer Frömmigkeit berührend ist die Entstehungsgeschichte dieser Kapelle. Während des Dreißigjährigen Krieges hausten die kaiserlichen Soldaten in dieser Gegend ebenso schlimm wie die Schweden. So war es begreiflich, daß ein Mädchen am Grabe dreier Schlickscher Reiter, die ihr etwas zu essen gegeben hatten, dankbar zu beten begann. Christian Steinacher, der Vater dieses Mädchens, ließ daraufhin am Grab der Reiter eine Kapelle bauen (1635). Daran erinnert noch heute die Votivtafel an der Predella des Altars. Die Kapelle ist innen nicht sehr hell, denn neugotische Farbfenster lassen wenig Licht herein. Merkwürdigerweise wirken die Fenster mit Szenen aus dem Marienleben gar nicht so störend, schaffen im Gegenteil sogar Stimmung. In der Kapelle interessiert vor allem der schwere hochbarocke Stuck (um 1680) in der Art Johann Schmuzers. Sicher hat hier ein Wessobrunner gewirkt, wenn auch nicht Schmuzer selbst, denn so gut ist der Stuck auch wieder nicht. Hinter einem schönen schmiedeeisernen Gitter (1774) thront das Gnadenbild, eine frontal sitzende Muttergottes mit Kind aus der Zeit um 1520.

Selbst der Verächter verfallener Ritterburgen muß zugeben, daß sich die beiden Ruinen *Eisenberg* und *Hohenfreyberg,* die sich zwischen Speiden und Zell erheben, ungemein romantisch ausnehmen. Man muß gar nicht bis nach Speiden hineinfahren, man sieht sie schon von weitem liegen, denn sie beherrschen das Land ringsum. Beide waren im Besitz des Rittergeschlechts von Freyberg, das aus der Gegend von Biberach stammt und im Füssener Raum im Mittelalter eine ähnliche Rolle spielte wie die Truchsesse von Waldburg im Westallgäu. Eisenberg ist älter (12. Jh.) und nicht so gut erhalten wie Hohenfreyberg, das erst 1418–32 erbaut wurde. Beide Burgen wurden im Dreißigjährigen Krieg (1646) auf Befehl der Tiroler Landesregierung niedergebrannt, da man befürchten mußte, daß die Schweden sich dort festsetzen. Von Zell oder Pröbsten aus sind die Ruinen zu Fuß zu erreichen – ein Wanderweg von nicht mehr als drei bis vier Kilometern, der sich lohnt, der allerdings an manchen Stellen recht steil ist.

Die Seen um Seeg einem anderen Kapitel überlassend (s. S. 140) fahren wir nun wieder in Richtung Füssen. Von **Zell** aus (dort die ansehnliche frühbarocke *Pfarrkirche St. Moritz* mit guter Ausstattung) führt eine Straße an den *Weißensee* mit dem gleichnamigen Ort und dem oberhalb gelegenen Oberkirch. Der See, der etwas melancholisch daliegt zwischen dunklen Wäldern, gehört mit seinem Blick auf den herrlichen Säuling zu den schönsten des Allgäus. Die romantische Szenerie Füssens setzt sich bis hierhin fort, und man tut gut daran, hier neben den zwei Kirchen nicht die Natur zu vergessen.

St. Nikolaus in **Oberkirch** geht auf einen Bau des 14. Jahrhunderts zurück, doch verdankt die Kirche ihre heutige Erscheinung dem 15. und 17. Jahrhundert. Einige Fresken aus dem 15. Jahrhundert sind erhalten, ebenso einige spätgotische Holzfiguren. Beeindruckend ist die Kreuzigungsgruppe: Das Blut Christi wird seitlich von zwei gemalten Engeln aufgefangen. Die frühbarocken Altäre (1655/60) und ihre Figuren gehen auf wenig bekannte Meister zurück. Mit einer Ausnahme: David Degler, Mitglied der bekannten Weilheimer Bildhauerfamilie, schuf die Putten der seitlichen Gebälkstücke am südlichen Seitenaltar und auch den Engelskopf des Sockels.

Ein ganz großer Name wird mit der *Pfarrkirche St. Walburga* in **Weißensee** in Zusammenhang gebracht. Der viersäulige Stuckmarmoraltar mit seinem schönen Scagliola-Antependium ist mit größter Wahrscheinlichkeit ein Werk von Dominikus Zimmermann (um 1715). Bevor Zimmermann als Baumeister in Erscheinung trat, verdingte er sich als Stukkator und schuf wunderbare Scagliola-Antependien, unter denen die von Wemding im Ries herausragen. Die Scagliola, eine Formmasse aus gemahlenem Marmor, Gips und Leimwasser, erlaubte es, die teuren Einlegearbeiten aus Marmor zu ersetzen. Überall wo es gute Stukkatoren gab – etwa im Tessin –, finden wir auch schöne Scagliola-Arbeiten. Im Allgäu sind die feinsten in der Kemptener St. Lorenzkirche zu sehen, wunderschöne Landschaftsbilder, von denen man auf den ersten Blick glaubt, sie seien gemalt.

Die Kirche – ein einfacher Saalbau mit flacher Decke – wurde 1463 errichtet, jedoch 1670 umgebaut und mit einem neuen Turmabschluß versehen. Fresken, Stuck und Altäre stammen aus den Jahren zwischen 1715 und 1730. Die Fresken beweisen, wie sehr in der Gegend um Füssen herum die Magnus-Legende lebendig war, denn auch hier erscheint im Schiff der Drachenkampf des Heiligen bei Roßhaupten. Der Maler der Fresken und auch der Bilder der Emporenbrüstung war Johann Heel. Auf der Empore und im Chor wird an die Heilige Walburga erinnert, die Patronin der Kirche. Das Altarblatt ist eine Arbeit von Paul Zeiller aus Reutte und stellt die Heiligen Walburga, Jakob und Philipp dar, darunter die Kirche von Weißensee und im Hintergrund das Hohe Schloß Füssen.

Die Königsschlösser

>Dort auf geweihter Stätte höre ich ahnungsvoll schon die Silberposaunen der
Gralsburg erschallen; dort höre ich im Geiste die heiligen Gesänge aus Mont-
salvat vom unnahbaren Berge herniedertönen.«

Ludwig II. in einem Brief an Richard Wagner

Ludwig II. von Bayern, nicht nur als königlicher Träumer, sondern auch als königlicher Ver-
schwender in die Geschichte eingegangen, hätte heute Grund, sich über die Folgen seiner hyper-
trophen Baulust zu freuen: Ein ganzer Landstrich lebt von den steingewordenen königlichen
Phantasien, und das Loch, das sie einst in seine Finanzkasse rissen, ist längst wieder gefüllt.

   Als Touristenziele waren sie allerdings nicht gedacht, diese königlichen Schlösser, die in die
Einsamkeit der Berge und Wälder gebaut wurden, fern von allem Menschengetriebe. »Oh, es ist
notwendig, sich solche Paradiese zu schaffen, solche poetischen Zufluchtsorte, wo man auf
einige Zeit die schauderhafte Zeit, in der wir leben, vergessen kann.« So äußerte sich der König
bereits 1869, erst 24 Jahre alt, nach einigen menschlichen und politischen Enttäuschungen,

Schloß Hohenschwangau, Stahlstich nach Dominik Quaglio, um 1850

denen sein weiches Gemüt nicht gewachsen war. Zufluchtsorte für den Einsamkeitsbedürftigen und Naturliebenden, zugleich aber auch Symbole des Königtums für den seiner Königswürde sehr Bewußten – das waren die Schlösser für Ludwig II.

Die alptraumartigen Dimensionen der ›Ritterburg‹ Neuschwanstein mitsamt ihrer phantastischen Ausstattung sind nicht zu verstehen, wenn man nicht zuerst Hohenschwangau erlebt hat, das kleinere, intimere Schloß zu Füßen Neuschwansteins, in dem Ludwig als Kind die Sommermonate verbrachte.

Von Füssen aus – auf der Straße in Richtung Schongau – ist Hohenschwangau über den Ort *Schwangau* mit dem Wagen (oder Bus) in zehn Minuten zu erreichen. Die verlockende barocke Wallfahrtskirche St. Koloman, die östlich von Schwangau auf freiem Feld liegt, beachten wir diesmal nicht (s. S. 290), sondern richten den Blick auf die in der Ferne aufragenden Türme und Zinnen von Neuschwanstein, um uns auf die königlichen Schlösser einzustimmen.

Vom Ort Hohenschwangau ist das Schloß Hohenschwangau zu Fuß in fünf Minuten zu erreichen, während der mühsamere Anstieg nach Neuschwanstein etwa zwanzig Minuten fordert.

Anders als Neuschwanstein ist **Schloß Hohenschwangau** (Farbt. 41) kein Neubau des 19. Jahrhunderts, sondern hat eine lange, wechselvolle Geschichte, die bis ins 11. Jahrhundert zurückreicht. Die Herrschaft Schwangau gehörte zu dieser Zeit den Rittern von Schwangau, die Lehensträger der Welfen waren. Zu dieser Herrschaft gehörten vier Burgen: *Schwanstein,* heute Hohenschwangau, westlich davon auf dem Perzenkopf *Frauenstein,* östlich, über der Pöllatschlucht, *Vorder-* und *Hinterhohenschwangau.* Im 16. Jahrhundert starb das Geschlecht der Herren von Schwangau aus und die Burgen verfielen. Noch 1525 war der ›Schwanstein‹ an den Kaiserlichen Rat Haller von Hallerstein verkauft worden, der sie noch im gleichen Jahr an den Augsburger Kaufmann Johann Baumgartner verkaufte. Mit Hilfe des italienischen Architekten Lucio di Spazzi ließ Baumgartner die Burg bis zum Jahr 1547 instand setzen, d. h. unter Benützung der alten Bausubstanz neu errichten. Zu dieser Zeit entstanden Wehrmauern, Türme und Bastionen. Zwanzig Jahre später wurde Hohenschwangau – wie das alte Schwanstein jetzt hieß – von Kurfürst Albrecht V. von Bayern erworben. Zunächst als Jagdschloß ausersehen, war die Burg später – als Festung an einer Grenzstraße nach Tirol gelegen – den bayerischen Herrschern sehr wertvoll. In den napoleonischen Kriegen wurde sie durch Beschießung beschädigt und sollte auf Abbruch verkauft werden. Wieder erschien ein Retter in Person des Fürsten Ludwig von Oettingen-Wallerstein, der sie 1820 kaufte, neun Jahre später dann allerdings wieder an den Topographen Adolph Sommer weiterverkaufte. Sommer, der auf der Burg eine Flachsspinnerei einrichten wollte, blieb jedoch auch nicht lange der Besitzer.

Auf einer Fußreise von Füssen bis Reutte in Tirol kam der achtzehnjährige Kronprinz Maximilian auch an der Burgruine Hohenschwangau vorbei, die ihn so begeisterte, daß er beschloß, sie zu erwerben. Im Gegensatz zu seinem Vater Ludwig I., dessen Kunstanschauung vom Hellenismus geprägt war, neigte Maximilian der Romantik zu. Die malerisch zwischen dem Alpsee und dem Schwansee gelegene verfallene Burg, ihre ins Mittelalter zurückreichende Vergangenheit und ihre Verbindung mit dem eigenen Herrscherhaus – dies alles mußte dem ›altdeutsch‹ gesinnten Kronprinzen gefallen. Auch die Lage der Burg mitten im Schwangau mußte Maximi-

Schloß Hohenschwangau, Zeichnung Ludwigs II., 1858

lian lieb sein, denn der Name der Gegend war mit einer Schwanenrittersage verbunden. Wie Lohengrin soll hier einst ein Ritter Driant in einem Kahn über den See gekommen sein. Der Schwan, das Wappentier der Schwangauer, ein Symbol der Reinheit, war auch ein Lieblingssymbol der Romantik.

Maximilian beauftragte keinen Architekten mit dem Wiederaufbau von Hohenschwangau, sondern einen Maler. Dominik Quaglio, Architektur- und Theatermaler, ehemaliger Zeichenlehrer des Kronprinzen, lieferte die Entwürfe, und im Februar 1833 begann man mit dem Ausbau der Ruine. In einer Zeit, die Bauwerk und Landschaft in harmonischem Zusammenklang erleben wollte, war es naheliegend, einen solchen Auftrag einem Maler anzuvertrauen. Die Bausubstanz der alten Ruine blieb erhalten, und Quaglio beschränkte sich nur darauf, nach dem Vorbild der englischen Neugotik die Fenster regelmäßig zu reihen und sie dekorativ zu bekrönen. Im Grundriß blieb die alte Einteilung bestehen: ein mittleres Fletz, von dem aus je drei Räume zugänglich waren. Nur die Torbauten an der Nordseite sowie der Schloßgarten sind ganz und gar das Werk Quaglios.

Ziel der Innenausstattung war es, die mit diesem Ort verbundenen geschichtlichen Erinnerungen und Sagen lebendig zu erhalten. 1835 und 1836 schuf Moritz von Schwind, der zuvor bereits die Tieck-Zimmer in der Münchner Residenz gemalt hatte, die Entwürfe für die Wandbilder mehrerer Zimmer in Hohenschwangau. Die Bilder selbst wurden leider von anderen gemalt, was ihrer Qualität geschadet hat. Die Themen der Wandbilder bestimmte der König selbst. Als Quaglio 1837 starb, wurde Johann Daniel Ohlmüller als Schloßbauleiter berufen. Die dreitürmige alte Anlage bekam von ihm einen vierten Eckturm. Zwei Jahre später starb auch Ohlmüller, und sein Nachfolger in der Oberleitung des Bauwesens war Georg Friedrich Ziebland. Maximilian, der inzwischen König geworden war, verfügte die zusätzliche Einrichtung eines ›Kavaliersbaues‹, der 1851–53 errichtet wurde.

Die Führung beginnt in der ehemaligen zweischiffigen Halle (jetzt Kapelle), deren Gewölbejoche mit gotischem Fischblasenmaßwerk ausgestattet sind. In diesem Raum ist der kleine spätgotische allgäuische Flügelaltar (1460) bemerkenswert, auf dem man die Krönung Mariä (Vorderseite) und die Gefangennahme Christi am Ölberg (Rückseite) sieht. Über eine Wendeltreppe kommt man in die Wohnung der Königin Marie im Obergeschoß. Der Vorraum, der mit einem großen Billard und anderen schweren Eichenholzmöbeln der Erbauungszeit ausgestattet ist, enthält u. a. hübsche Aquarelle von Carl August Lebschée, Darstellungen des Schlosses Hohenschwangau im Zustand vor der Instandsetzung.

Mehr als alle anderen Räume ist der nun folgende *Schwanrittersaal* mit der Vergangenheit Hohenschwangaus verbunden (Abb. 115). Hier wird in vier Bildern die Sage vom Schwanritter Lohengrin erzählt. Rechts vom Fenster beginnt die Erzählung: ›Der Kaiser, über die falsch angeklagte Herzogin von Bouillon betrübt, hört das Horn des Schwanritters.‹ Es folgt rechts davon Lohengrins Abschied vom Königshaus und Abreise mit dem Schwanenschiff – eine Szene, die an den Alpsee verlegt ist, im Hintergrund das Schloß Hohenschwangau. Links vom Fenster folgt der Gotteskampf Lohengrins mit dem Grafen von Frankenburg, und als letztes kommt die Hochzeit des Schwanritters. Die Wandbilder (Öl auf Gips) dieses Raumes wurden nicht von Moritz von Schwind entworfen, sondern von Christian Ruben, und ausgeführt von Michael Neher, Lorenz Quaglio und dem als Pferdemaler bekannten Albrecht Adam. Zum erstenmal begegnet uns hier ein Motiv, das sich in einigen Räumen der Burg wiederholt und nicht wenig zur romantischen Stimmung beiträgt: der Sternhimmel der Decke, goldene Sterne auf blauem Grund, umsponnen von gotischem Maßwerk. Das Schwanenthema, das sich wie ein Leitmotiv durch das ganze Schloß hindurchzieht, wird auch vom Kunstgewerbe aufgenommen, in diesem Raum von dem Tafelaufsatz, der mit Schwänen bekrönt ist. Der Entwurf stammt von E. N. Neureuther, einem allgemein wenig bekannten Künstler aus dem Kreis um Peter von Cornelius, dem Erneuerer der Freskomalerei.

Der nächste Raum, östlich des Schwanrittersaales, ist das Ankleidezimmer der Königin, das *Schyrenzimmer*. Hier wird die Geschichte des Geschlechts der Schyren – mittelalterliche Vorgänger des Hauses Wittelsbach – dargestellt. Die Wandbilder stammen von Wilhelm Lindenschmit, einem Cornelius-Schüler und Münchner Akademiedirektor.

Nicht öffentlich zugänglich ist das *Bad der Königin* im Erdgeschoß des sogenannten ›Löwenturms‹ das vom Schyrenzimmer über eine Wendeltreppe zu erreichen ist. Die Wandgemälde wurden nach Entwürfen Moritz von Schwinds ausgeführt und schildern ein Thema aus dem Mythenbereich der Edda, den Besuch des Frühlingsgottes bei Hertha.

Es folgt das Schlafzimmer der Königin, *Türkisches Zimmer* genannt. Die Vorliebe der Romantik für orientalische Themen bestimmte die Ausstattung dieses Raumes. Zugleich ist sie eine Erinnerung an die Reise des Kronprinzen Maximilian in die Türkei (1833). Die Wandgemälde schildern Begebenheiten dieser Reise, der Maler war Dietrich Monten. Die Ansichten – gemalt von Wilhelm Scheuchzer – betreffen Städte und Örtlichkeiten, die der Kronprinz besuchte.

Westlich des Schwanrittersaales liegt das *Schwangauer Zimmer*. Die Wandgemälde, die wieder von W. Lindenschmit stammen, befassen sich mit der Geschichte der Herren von Schwangau und mit Ereignissen aus dieser Landschaft.

Der nächste Raum ist das *Berthazimmer* mit Wandgemälden nach Entwürfen von Moritz von Schwind, die den Sagen von der Geburt Karls des Großen und seiner Mutter ›Berchta‹ gewidmet sind.

Der letzte Raum in diesem Geschoß ist das *Burgfrauenzimmer*, der Wohnraum der Königin Marie. Das Zimmer wurde 1849 umgestaltet und enthält an Stelle der ursprünglichen Gemälde nach Entwürfen von Lorenz Quaglio, die dem Leben der Burgfrauen galten, nur Nachbildungen, die auf Leinwand gemalt sind (Fr. Gießmann). Reizvoll ist der große silberne Kronleuchter mit Schwänen, deren Krönchen die Kerzen tragen.

Von der Wohnung der Königin Marie im ersten Obergeschoß führt nun der Weg ins zweite Obergeschoß zur Wohnung des Kronprinzen und Königs Maximilian II. Später war es die Wohnung König Ludwigs II.

Der größte Raum des Schlosses, der *Helden- oder Rittersaal*, ist mit Wandgemälden zur Wilkina-Sage geschmückt, die dem Themenkreis der Geschichte Dietrichs von Bern angehört. Alle Entwürfe stammen von Moritz von Schwind. Interessant ist besonders das Bild ›König Ermenrichs Fest in Rom‹, da hier drei deutsche Maler der Romantik porträtähnlich dargestellt sind. Die drei schenken – rechts von der Hauptszene – Wein aus: Moritz von Schwind unten kniend mit roter Mütze, rechts davon Peter von Cornelius, links oben Wilhelm von Kaulbach. Auf dem langen Tisch in der Mitte steht ein umfangreicher Tafelaufsatz in neugotischem Stil, der ›Nibelungenaufsatz‹, zu dem der Bildhauer Ludwig Schwanthaler 1823 das Modell für König Max I. Joseph lieferte und das 1840 für König Ludwig I. in feuervergoldeter Bronze ausgeführt wurde. Werken Schwanthalers begegnen wir in Hohenschwangau auf Schritt und Tritt, so auch unten im westlichen Gartenteil im Löwenbrunnen und im Bad Maximilians bei den Nymphen in den Nischen.

Westlich des Rittersaales liegt das *Welfenzimmer,* die ehemalige Bibliothek. Die Bilder von W. Lindenschmit haben Szenen aus der Geschichte der Welfen zum Inhalt.

Es folgt das *Autharizimmer* – benannt nach dem Langobardenkönig Authari, dessen Brautwerbung um die Tochter des Bayernherzogs Garibald I., Theodolinde, hier dargestellt wird. Die Entwürfe der Wandbilder schuf Moritz von Schwind. In diesem und den nächsten beiden Räumen werden Modellfiguren für den Festsaal der Münchner Residenz von Ludwig Schwanthaler ausgestellt. Hier wohnte Richard Wagner, wenn er Gast Ludwigs II. in Hohenschwangau war.

Im *Arbeitszimmer* des Königs, dem nächsten Raum, schildern die Wandbilder Szenen aus dem ›Ritterleben im Mittelalter‹. Die Entwürfe stammen ebenfalls von Moritz von Schwind.

Armida entführt Rinaldo auf ihrem Drachenwagen, Aquarellentwurf von Moritz von Schwind für das Schlafzimmer des Königs in Hohenschwangau

Östlich des Rittersaales liegt das *Hohenstaufenzimmer,* das Ankleidezimmer des Königs und zugleich Musikzimmer war. Die Wandgemälde von W. Lindenschmit schildern Szenen aus der Geschichte der Hohenstaufen. Auch hier haben wir einen Gedenkraum an die Freundschaft Ludwigs II. mit Richard Wagner. Das in München gebaute Tafelklavier (1842) wurde vom König selbst und auch von Richard Wagner gespielt. In Vitrinen sehen wir Briefe des Königs an den Komponisten.

Im Löwenturm ist eine kleine *Hauskapelle* untergebracht. Der neugotische Hausaltar und das Betpult stammen aus der Zeit Maximilians II. Die Ikonen sind Geschenke des Zaren Alexander II. an Ludwig II. Das Marmorrelief, einen Christuskopf, schuf der klassizistische Bildhauer Bertel Thorvaldsen. Die Glasgemälde von C. H. Burkhart stellen Abendmahl, Kreuzabnahme und Anbetung der Könige dar.

Mehr als alle anderen Räume vermittelt das nun folgende *Tassozimmer,* das Schlafzimmer des Königs, einen Eindruck lyrisch-romantischer Raumausstattung (Abb. 116). Die Bilder überziehen den gesamten Raum, die Szenen sind nicht durch Umrahmungen voneinander getrennt, sie sind fortlaufend aneinandergereiht. Das dichte Blattwerk des Zaubergartens überspinnt noch die Decke, wo sich ein tiefblauer Sternhimmel öffnet und die Gestalten der Nacht mit ihren Kindern Traum und Schlaf erscheinen. Nach Entwürfen Moritz von Schwinds wird hier die Geschichte von Rinaldo und Armida aus Torquato Tassos ›Befreitem Jerusalem‹ dargestellt. Hier möchte man lange verweilen, viel länger als die knapp bemessene Führungszeit es erlaubt.

Das *Obergeschoß* des Schlosses ist nicht öffentlich zugänglich. Nur ein Zimmer, das nach Nordwesten gelegene Erkerzimmer, ist kunsthistorisch von Interesse. Die Wandgemälde von

Lorenz Quaglio aus dem Jahr 1836 schildern das ›Leben der Ritterfamilie und ihr häusliches Glück‹.

Der *Schloßgarten* Quaglios vor der Südfassade des Schlosses ist nicht sehr groß, doch mit seinen Springbrunnen (Schwanenbrunnen von Ludwig Schaller, Löwenbrunnen von Ludwig Schwanthaler) und Rosenbeeten recht malerisch. Der Blick geht von hier auf den Alpsee, doch leider auch auf den meist übervollen Parkplatz.

Schloß Neuschwanstein

(Umschlagrückseite, Abb. 118)

»Ich habe die Absicht, die alte Burgruine Hohenschwangau bei der Pöllatschlucht neu aufbauen zu lassen im echten Stil der alten deutschen Ritterburgen, und muß Ihnen gestehen, daß ich mich sehr darauf freue, dort einst (in 3 Jahren) zu hausen; mehrere Gastzimmer, von wo man eine herrliche Aussicht genießt auf den hehren Säuling, die Gebirge Tirols und weithin in die Ebene, sollen wohnlich und anheimelnd dort eingerichtet werden; Sie kennen ihn, den angebeteten Gast, den ich dort beherbergen möchte; der Punkt ist einer der schönsten, die zu finden sind, heilig und unnahbar, ein würdiger Tempel für den göttlichen Freund, durch den einzig Heil und wahrer Segen der Welt erblühte. Auch Reminiszenzen aus ›Thannhäuser‹ (Sängersaal mit Aussicht auf die Burg im Hintergrunde, aus ›Lohengrin‹ (Burghof, offener Gang, Weg zur Kapelle) werden Sie dort finden; in jeder Beziehung schöner und wohnlicher wird diese Burg werden als das untere Hohenschwangau, das jährlich durch die Prosa meiner Mutter entweiht

Ludwig II. in Generaluniform mit Krönungsmantel. Bildnis von F. Piloty, 1865

wird; sie werden sich rächen, die entweihten Götter, und oben weilen bei Uns auf steiler Höh, umweht von Himmelsluft.«

Der Brief, in dem Ludwig II. seinem schwärmerisch verehrten Freund Richard Wagner mitteilt, daß er die alte Burgruine Hohenschwangau wieder aufbauen lassen will, stammt vom 13. Mai 1868. Er war damals 23 Jahre alt und seit vier Jahren König. Die erste jünglingshafte Begeisterung für das Königtum war vergangen, denn die politischen Realitäten und die tägliche Routinearbeit stimmten nicht mit seinen eigensten Intentionen und Interessen überein. Seine wahre Liebe galt der Kunst, vor allem der Musik und dem Theater, in dem er ein Mittel sah, »um das Volk empfänglich zu machen für das Große und Erhabene und um es auf eine höhere Bildungsstufe zu bringen«. Und sein Königtum begriff er im Sinne einer absoluten Monarchie, eines Gottesgnadentums – die konstitutionelle Monarchie, das Eingehen auf die Wünsche von Ministern, war nicht nach seinem Geschmack.

Als Fünfzehnjähriger hatte Kronprinz Ludwig seine erste Wagneroper gesehen, und zwar den ›Lohengrin‹. Dieses Erlebnis war so stark, daß er zu Hause das Textbuch auswendig lernte und auch die Prosaschriften Wagners las, besonders ›Das Kunstwerk der Zukunft‹. Die Begeisterung für Wagners Werk ließ – sehr zum Ungemach seiner Umgebung – nicht nach, und kaum war Ludwig König geworden, rief er den von schwersten wirtschaftlichen Sorgen geplagten Komponisten zu sich und wurde sein Mäzen.

Neuschwanstein wird oft als ›Wagnerburg‹ bezeichnet, was sicherlich zum Teil berechtigt ist, doch darf man nicht vergessen, daß das Interesse des Kronprinzen für die Sagen- und Ritterwelt des Mittelalters nicht nur durch Wagner angeregt wurde, sondern auch durch den Lieblingsort seiner Kindheit, Hohenschwangau. Darüber berichtete ein Zeitgenosse, der Schriftsteller Karl von Heigel: »Wenn der junge Ludwig sommers nach Hohenschwangau kam, winkte ihm auch in diesem Elternhaus die Vergangenheit – Sage und Geschichte – lockend von den Wänden. Da sah er den Schwanenritter Lohengrin, wie er auf dem Rhein ins Horn stößt, um dem Kaiser sein Nahen zu verkünden; da die Mutter Karls des Großen im stillen Würmtal, harrend auf ihren Retter und Rächer; da den hühnenhaften Langobarden Autaris und seine bajuwarische Braut Trudelinde. Seine Ahnen sah er hoch auf gewappnetem Roß, mit gezücktem Schwert im ewigen Rom und unter den Palmen am Nil. Da sah er alle die Kaiser und Herzöge, Minnesänger und Kreuzritter aus der Chronik von Hohenschwangau . . .«

Ausschlaggebend für den Wunsch, eine eigene Burg zu bauen, waren zwei Reisen, die der König im Jahre 1867 unternahm. Im Mai sah er zum erstenmal die Wartburg bei Eisenach, die damals gerade restauriert worden war, und im Juli besichtigte er die von Viollet-le-Duc wiederhergestellte Burg Pierrefond. Ludwigs Wunsch war für die damalige Zeit nichts Außergewöhnliches, denn in ganz Europa wurden damals von Fürsten und Adelsfamilien Burgen oder Schlösser in historischem Stil errichtet oder auch mittelalterliche Ruinen wieder aufgebaut.

Drei Männer wurden dazu bestimmt, die Ideen des Königs in die Wirklichkeit umzusetzen: sein Hofsekretär Düfflipp als organisatorischer Oberleiter, der Hofbaurat Eduard Riedel als Architekt und der Theatermaler Christian Jank als Entwerfer malerischer Veduten. Diese drei wurden auf die Wartburg geschickt, die zunächst Vorbild für die ›Neue Burg Hohenschwangau‹, wie Neuschwanstein zuerst hieß, sein sollte. Es zeigte sich jedoch, daß der schmale Felsgrat, der

Schloß Neuschwanstein, Christian Jank, Vorentwurf (Gouache), letzte Fassung der Außenansichten, Frühjahr 1869

für den Bau vorgesehen war, sich nicht für eine Kopie der Wartburg eignete, und so lieferte Riedel eigene Entwürfe.

Sehr viel langsamer als der König es sich wünschte, gingen die Arbeiten voran. Die Ruinen der mittelalterlichen Burgen Vorder- und Hinterhohenschwangau mußten zuerst abgetragen werden, dann wurden etwa acht Meter des Bergkegels abgesprengt. 1869 konnte zwar am Palas der Grundstein gelegt werden, doch erst 1873 war der Torbau vollendet, der Palas (unter Leitung des neuen Baudirektors Georg von Dollmann) 1880 im Rohbau aufgeführt. Grund für diese Verzögerungen war vor allem Geldmangel, denn es wurde gleichzeitig noch an zwei anderen Schlössern gebaut, an der Trausnitz bei Landshut und an Linderhof bei Oberammergau. Und ab 1878 kam noch Herrenchiemsee dazu. Beim Tode Ludwigs II. im Jahr 1886 waren zwar Torbau und Palas vollendet, doch das Ritterhaus war noch ohne Hoffassade, zur Kemenate und Kapelle mit Bergfried waren erst die Fundamente gelegt, der Verbindungsbau vom Palas zum Rittersaal und vom Rittersaal zum Torbau war erst im Rohbau vorhanden. Die Ausstattung der königlichen Wohnräume und der Festsäle war allerdings nahezu vollendet. Schon im Januar 1882 konnte der König Wagner mitteilen:»Mit der neuen Burg zu Hohenschwangau geht es rüstig vorwärts, wenn auch die gänzliche Vollendung noch ziemlich lange auf sich warten lassen wird. Von den Wänden meiner Wohngemächer leuchten in recht gelungener Ausführung Bilder jener mir durch Ihre Verherrlichung, hochgeliebter Freund, so ans Herz gewachsenen Sagen herab: ›Tannhäuser‹, ›Lohengrin‹, ein Zyklus ›Tristan und Isolde‹, Walther von der Vogelweide, Szenen aus Hans Sachsens Leben sind dort zu schauen; Bilder aus der alten, durch Sie neu verklärten Nibelungensage werden folgen. Der 4. Stock des hohen Palas, der Fest- und Sängersaal endlich, ist dem Zyklus aus dem Leben Parzivals geweiht und soll 83 vollendet werden.«

Für die Entwürfe der Wandmalereien stand Ludwig leider kein Maler vom Rang Moritz von Schwinds mehr zur Verfügung, dessen poetisch-romantische Szenen viel vom Reiz Hohenschwangaus ausmachen. Mit Ausnahme des Schwind-Schülers Eduard Ille waren die Maler, die Ludwig bestimmte, ausschließlich Historienmaler, die an der Münchner Akademie ausgebildet worden waren. Das Programm der Wandmalereien wurde von einem Kenner der mittelalterlichen Ikonographie bestimmt, dem Privatgelehrten Hyazinth Holland, doch gingen die Anregungen vom König selbst aus, der auch immer wieder abändernd und kritisierend eingriff.

Die Schloßführungen beginnen im Verbindungsbau zwischen Torbau und Viereckturm, vom unteren Schloßhof aus. Von der zweischiffigen Eingangshalle des ›Palas‹, wie man die Wohnbauten der mittelalterlichen Burgen nennt, wird man an Dienerschaftsräumen und einem

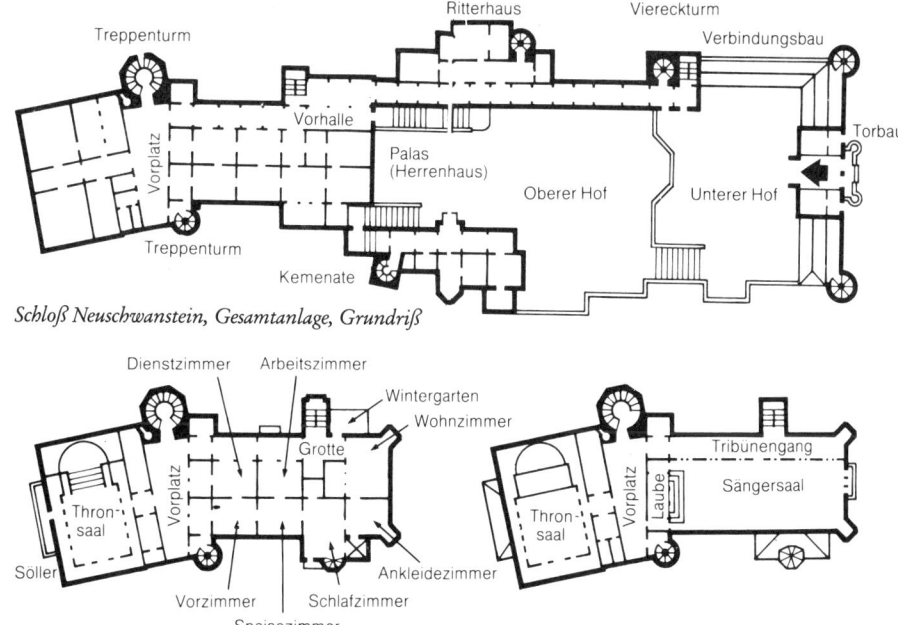

Schloß Neuschwanstein, Gesamtanlage, Grundriß

Palas, drittes Obergeschoß   *Palas, viertes Obergeschoß*

Vorplatz vorbei über eine Wendeltreppe des nördlichen Treppenturmes in das dritte Obergeschoß geführt. Berechtigt wäre die Frage, weshalb das zweite Obergeschoß übergangen wird. Spätestens an dieser Stelle wird uns bewußt, daß wir es bei Neuschwanstein mit einem Baufragment zu tun haben, denn dieses Geschoß war beim Tod des Königs noch im Rohbau. Hier sollte neben Gästezimmern ein ›maurischer Saal‹ mit Stalaktitengewölbe und Springbrunnen seinen Platz haben. Eine Forderung des Zeitgeschmacks, der die Exotik liebte, vielleicht aber auch eine Erinnerung an das ›Türkische Zimmer‹ in Hohenschwangau. Dieser Raum, der immerhin über 250 000 Goldmark gekostet hätte, konnte wegen der angespannten Lage der Kabinettskasse nicht realisiert werden.

Im *Vorplatz des dritten Obergeschosses* haben wir Gelegenheit, uns auf die Ausstattung im ›romanischen Stil‹ einzustimmen, die für alle Räume dieses Geschosses gefordert war. Der damaligen Vorstellung von Romanik entsprachen die eichene Vertäfelung, die Bänke und Türen, der farbig gefaßte schmiedeeiserne Radleuchter und auch das ornamental behandelte Kreuzrippengewölbe. Der Maler der Wandbilder, die 1882 entstanden, war Wilhelm Hauschild. Dargestellt sind Szenen der Sigurd-Sage, die jedoch bemerkenswerterweise – und dem Wunsch des Königs entsprechend – nicht dem Werk Wagners entnommen sind, sondern der Edda selbst. Hier zeigt sich uns nun zum erstenmal, wie hohl und pathetisch die Historienmaler der Münchner Akademie den Stoff der Nibelungensage umsetzten. Wie gemütvoll, ja sogar heiter, sind dagegen die Szenen Schwinds in Hohenschwangau, die ja auch heldischen Themen gelten!

Durch ein Marmorportal kommen wir nun in den *Thronsaal*, das Lieblingsprojekt des Königs in diesem Schloß (Farbt. 42). Ursprünglich war an dieser Stelle nur ein Audienzzimmer vorgesehen, doch im Jahr 1876 wurde der Maler Eduard Ille bauftragt, einen ›Königlichen Thron-Saal‹ im byzantinischen Stil zu entwerfen. Tatsächlich hat man, wenn man in den prunkvollen, kühlen Saal tritt, das Gefühl, in eine byzantinische Kirche zu kommen. Dem annähernd quadratischen Raum ist eine halbrunde Thronapsis angefügt, zu der neun Marmorstufen hinaufführen. An drei Seiten werden die Wände durch Arkaden auf (imitierten) Porphyrsäulen gegliedert, darüber öffnen sich Galerien über einer Balustrade. Die Wandbilder in der Apsis – auf Goldgrund gemalt – stellen Christus in der Glorie dar, umgeben von Maria und Johannes dem Täufer, darunter sieht man die Gestalten von sechs heiliggesprochenen Königen. In den Arkaden und auf der Galerie sind Szenen aus dem Leben dieser Heiligen dargestellt sowie St. Georg und der Erzengel Michael. Links und rechts von der Treppe erscheinen die Gestalten der Zwölf Apostel. Auch diese Wandbilder hat Wilhelm Hauschild gemalt, zusammen mit seinen Gehilfen. Der Thron, der in der Thronnische aufgestellt werden sollte, ist nicht fertig geworden. Wieder war es Geldmangel, der die weitere Ausstattung dieses Raumes verhinderte. Der König, der sich gern in die Rolle des unumschränkten Herrschers hineinträumte, sah den Thron als ›Ausgang autoritativer Gesetzgebung‹. Entwürfe von Ille für diesen Raum beweisen, daß hier Vorstellungen von der Gralsburg zugrunde lagen, wie sie Albrecht von Scharfenberg im ›Titurel‹ schildert. Von einer Gralsburg ist hier allerdings wenig zu spüren, dazu ist dieser Raum in seinem falschen Prunk zu banal. Allenfalls die Tiere und Pflanzen des Mosaikfußbodens unter dem riesigen Kronleuchter erinnern daran, daß hier ein Mann herrschte, dem der ›Karfreitagszauber‹ des ›Parzival‹ nicht fremd war.

Der östliche Teil des dritten Obergeschosses wird von den Wohnzimmern des Königs eingenommen. Durch ein vertäfeltes *Vorzimmer* mit einfachem Mobiliar und Balkendecke kommt man in das *Speisezimmer* des Königs. Die romanisierende Ausstattung der gesamten Räume in diesem Geschoß geht auf Entwürfe des Architekten Julius Hofmann zurück, der seit 1884 den in Ungnade gefallenen Georg von Dollmann ersetzte. Inhalt der Wandgemälde ist das ›Sänger-Leben auf der Wartburg‹. Die Maler waren Josef Aigner und Ferdinand von Piloty – nicht zu verwechseln mit seinem Bruder Karl von Piloty, dem bekannteren Historienmaler. Auffallend ist der über ein Meter hohe Tafelaufsatz aus vergoldeter Bronze, ›Siegfried im Kampf mit dem Drachen‹. Die respektable kunsthandwerkliche Arbeit (Entwurf Ludwig Bierling, Ausführung Eduard Wollenweber) war ein Geschenk der Münchner Künstler an den König.

Es folgt nun das außerordentlich reich ausgestattete *Schlafzimmer* des Königs, von dem berichtet wird, daß hier siebzehn Schnitzer über vier Jahre arbeiteten. Die Forderung nach Romanik wurde hier nicht erhoben, denn was wir sehen, ist reinste nachgeahmte Spätgotik. Offenbar konnte sich der König die Szenen aus Gottfried von Straßburgs ›Tristan‹, die diesen Raum motivisch bestimmen, nur gotisch vorstellen. Der Hang zur dekorativen Überladung, der typisch für den Historismus ist, wirkt sich bei dem geschnitzten Himmelbett des Königs besonders schlimm aus. Daran ändert auch die handwerklich sehr saubere Arbeit nichts – im Gegenteil, ihre Detailpedanterie macht das Ganze noch unerträglicher. Das strahlende Blau-Weiß der Stoffe und Stickereien erinnert daran, daß hier ein Wittelsbacher residierte, und das immer wieder auftauchende Motiv des Schwans (selbst auf dem Waschtisch, als Brunnenfigur!) erinnert daran, daß dieser Wittelsbacher sich als Schwanenritter sah. Die Szenen zu ›Tristan und Isolde‹, die August Spieß 1881 malte, wirken in diesem Raum, in dem der düstere Holzton vorherrscht, angenehm belebend.

Die *Hauskapelle*, das Oratorium, erreicht man sowohl durch das Schlafzimmer als auch durch das Ankleidezimmer. Es ist ein kleiner Raum mit Spitzbogengewölbe, neugotischem Flügelaltar und Wandbildern. Sowohl die Wandbilder (Wilhelm Hauschild) als auch der Altar beziehen sich auf den Namenspatron des Königs, Ludwig den Heiligen von Frankreich. Da die Lebenszeit Ludwigs des IX., des Heiligen, sich mit der Blütezeit der französischen Gotik deckt, ist es wahrscheinlich, daß hier aus diesem Grund gotisierende Formen verwendet wurden.

Im *Ankleidezimmer* ist die Decke illusionistisch als offene Laube mit Vögeln bemalt (Eduard Ille). Die Wandbilder gelten dem Leben von Walther von der Vogelweide und Hans Sachs.

Mehr als jeder andere Raum ist das *Wohnzimmer* mit dem Schwanenmotiv verbunden, denn es ist der Lohengrinsage gewidmet. Wilhelm Hauschild, unterstützt von August Heckel, stellte hier dar: die Ankunft Lohengrins, das Gralswunder, Lohengrins Aufbruch von der Gralsburg, Lohengrins Ankunft in Antwerpen, Lohengrin begrüßt Elsa, Elsa klagt Lohengrin ihr Leid, Lohengrins Kampf mit Telramund, Elsas Frage, Lohengrins Heimfahrt. Wie eingehend sich der König auch mit den Details der Darstellungen befaßte, beweisen die aufgezeichneten Bemerkungen zu den Entwürfen von ›Lohengrins Ankunft in Antwerpen‹: »S. M. wünschen, daß in dieser neuen Skizze das Schiff weiter entfernt vom Ufer ist, dann, daß die Kopfstellung Lohengrins nicht so schief ist, auch soll die Kette vom Schiff an den Schwan nicht aus Rosen sondern Gold sein, und soll die Burg in mittelalterlichem Styl gehalten sein.« An der Fensterwand steht ein dreiteiliger Schrank nach einem Vorbild von der Wartburg. Ferdinand von Piloty hat hier, auf Goldgrund, Miniaturmalereien mittelalterlicher Dichter angebracht.

Die *Grotte*, die zwischen Wohnzimmer und Arbeitszimmer liegt, ist in Anlehnung an die Venusgrotte des Hörselberges aus der Tannhäusersage geschaffen worden. Diese kleine Grotte ist farbig zu beleuchten. Gegenüber liegt der *Wintergarten* mit dem kleinen Springbrunnen und illusionistisch bemalten Wänden. Dort sollten, nach der Vorstellung des Königs, Vögel frei herumfliegen.

Das Motiv des Venusberges wird im *Arbeitszimmer* noch einmal aufgenommen, denn dort gelten die Wandbilder von Josef Aigner der Tannhäusersage. Die Ausmalung auf Gobelinstoff täuscht Tapisserien vor. Auch hier werden wir wieder an den Schwanenritter erinnert, denn das Schreibzeug ziert eine silberne Statuette Lohengrins.

Über eine *Wendeltreppe* kommt man in das vierte Obergeschoß. Das Motiv der Mittelsäule in einem achteckigen Raum, der Sternenhimmel und der lauernde Drache berühren sehr merkwürdig. Man denkt daran, daß das von Ludwig so geliebte Ettal wahrscheinlich auf englische Templerkirchen zurückgeht, die das Achteck mit Mittelsäule bevorzugten.

Der *Vorplatz* zum Sängersaal gilt der Gudrunsage, in Fortsetzung der Sigurdsage im Vorplatz des dritten Obergeschosses. Auch hier war Wilhelm Hauschild der Maler der Wandbilder.

Der beeindruckendste Raum des ganzen Schlosses ist sicherlich der *Sängersaal* (Abb. 117). Dieser riesige Saal nimmt zusammen mit dem ›Tribünengang‹ den gesamten Ostteil des vierten Obergeschosses ein. War zu Beginn des Baues noch die Wartburg das Vorbild für Neuschwanstein, so wurde es im Laufe der Bauzeit immer mehr die imaginäre Gralsburg der Parzivalsage. Der Thronsaal war bereits 1877 in der Form einer Gralshalle geplant worden. Mit der Darstellung der Parzivalsage im Sängersaal huldigte der König nicht nur Wagner, sondern drückte damit auch seine innige Beziehung zum Gralsrittertum aus, zum Gedanken der Erlösung durch die innere Bekämpfung des Bösen. Die ersten Entwürfe des Jahres 1868 bezogen sich noch auf den Wartburgsaal, und erst gegen 1880 bestimmte der König, den Sängersaal der Parzivaldichtung zu widmen. In fünfzehn Darstellungen werden die bedeutendsten Momente aus dem Leben des Parzival dargestellt. Zu den wenigen Wandbildern, die wirklich noch im besten Sinne ›romantisch‹ sind, gehört im Westen der Waldhintergrund der Tribüne, worin sich – ungewollt – der ›Karfreitagszauber‹ des Wagnerschen ›Parsifal‹ sehr schön ausdrückt.

Das Karfreitagsbild des Tribünengangs wurde auf Wunsch des Königs am Karfreitag 1884 fertiggestellt. Zwei Jahre später wurde der König für geisteskrank erklärt und am 12. Juni von einer Staatskommission in seiner Gralsburg Neuschwanstein abgeholt und nach Schloß Berg am Starnberger See gebracht. Seinen Tod, dessen Umstände noch heute ungeklärt sind, fand er am Pfingstsonntag, dem Hochfest des Grals.

Fachwortverzeichnis

Achse Gedachte vertikale oder horizontale Linie durch Architekturrisse und -schnitte als Orientierungsgerade.

Ädikula Rahmung von Tür, Fenster, Portal, Nische etc. mittels zweier Säulen, Pilaster oder Pfeiler, die ein Gebälk und einen Giebel in Segment- oder Dreieckform tragen.

Altarauszug Schmales Obergeschoß des Altaraufbaues.

Antependium Verkleidung des Altartisches, vor allem an der Frontseite.

Arkade Bogen, der auf Säulen oder Pfeilern aufruht.

Bandelwerk Ornament aus Bandschlingen, das zwischen 1715 und 1740 gebräuchlich war. In Frankreich, vor allem von Jean Bérain, aus der Arabeske und Groteske entwickelt.

Baluster Stützglied aus Holz oder Stein, meist vasen- oder säulchenförmig, an Geländer oder Brüstung (Balustrade).

Basilika Kirche, deren Mittelschiff höher ist als die Seitenschiffe. Hat das Mittelschiff keine eigenen Fenster, spricht man von ›Pseudobasilika‹.

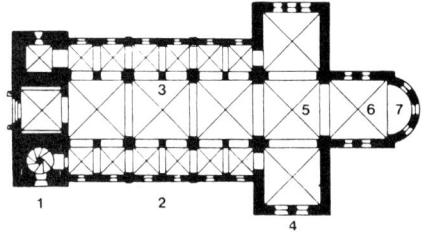

Basilika, Grundriß 1 Westwerk 2 Langhaus: Haupt- und Seitenschiffe 3 Joche 4 Querschiff 5 Vierung 6 Chor 7 Apsis

Chronogramm Inschrift mit hervorgehobenen römischen Großbuchstaben, gleichzeitig Ziffern, die zusammengezählt eine Jahreszahl ergeben.

Dachreiter Türmchen, das dem Dachfirst aufsitzt.

Doppelkapelle Kapelle zu zwei Geschossen.

Epitaph Wanddenkmal.

Fassung Farbige Bemalung eines Holz- oder Steinbildwerks, die meist über einer Grundierung aufgetragen wurde.

Gaube Vortretendes Dachfenster mit eigenem kleinem Dach.

Gurt Bogen, der zwei Gewölbejoche voneinander trennt.

Halle Raumform, die besonders im Spätmittelalter in Deutschland verbreitet war: Zwei, drei oder

309

auch vier und fünf Schiffe gleicher Scheitelhöhe werden von einem Dach überdeckt.

Joch Gewölbefeld innerhalb einer Abfolge solcher Einheiten; bei mehrschiffigen Kirchen ein Mittelschifffeld mit den seitlich anschließenden Seiten-

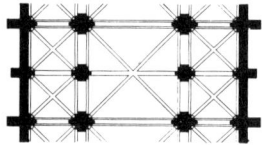

schiffelementen. Die Joche werden in Längsrichtung gezählt (dreischiffiges, *sechsjochiges* Langhaus).

Klangarkaden Schallöffnungen im Glockengeschoß eines Kirchturms.

Konche Nische auf halbkreisförmigem Grundriß. Beim ›Dreikonchenchor‹ sind drei Halbrundapsiden zu einer Dreipaßfigur zusammengestellt.

Laibung Wandung des Mauereinschnitts von Tür oder Fenster.

Lambrequin Drapierter Querbehang mit Quasten o. ä. an Fenstern und Türen; im Barock in Stein, Bronze oder Holz imitiert.

Laterne Laternenförmiger Kuppelaufsatz.

Mensa Platte des Altartisches.

Netzgewölbe Die Rippen des Gewölbes bilden ein zusammenhängendes Netz.

Oratorium Kleine Privatkapelle, oft durch ein Fenster mit dem Chor verbunden.

Palas (auch Pallas) Der Wohnbau der mittelalterlichen Burg.

Pendentif Auch ›Hängezwickel‹. Konstruktion in Form sphärischer Dreiecke, die vom polygonalen Grundriß zur Rundform der Kuppel überleiten.

Predella Untersatz eines Altarschreines.

Pseudobasilika s. Basilika.

Refektorium Speisesaal der Mönche.

Régence Stilbezeichnung für die Zeit der Herrschaft (Régence) des Herzogs von Orléans, 1715–23. Übergangsstil zwischen Louis-quatorze und Rokoko.

Rippe Der gekrümmte, gemauerte Stab, der den Gratlinien des Kreuzgewölbes oder der Fläche des Tonnengewölbes anliegt.

Risalit Vorspringender Teil eines Gebäudes, vor allem in der Mitte (Mittelrisalit) oder den Seiten (Seitenrisalit).

Rocaille Bevorzugtes Ornament des Rokoko, französische Bezeichnung für ›Muschelwerk‹.

Saalkirche Kirche ohne Seitenschiff.

Scagliola Auch ›Stucco lustro‹, Marmorimitation durch farbigen Stuck, der geglättet und nachpoliert wurde; in vielen Fällen auch Ornamente und Bilder.

Sterngewölbe Die Rippen des Gewölbes bilden sternartige Verzweigungen.

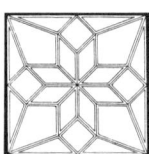

Stichkappe In eine Tonne einschneidendes sphärisches Dreieck.

Supraporte Ein oft bildlich oder dekorativ gestaltetes und gerahmtes Feld über dem Türsturz (Renaissance, Barock).

Tonnengewölbe Gewölbe von meist halbkreisförmigem Querschnitt.

Triumphbogen Bogen in ganzer Höhe des Mittelschiffes, der entweder die Apsis oder das Querschiff vom Laienraum trennt.

Vierung Raumteil, der durch die Durchdringung von Langhaus und Querhaus entsteht.

Volute Spiralförmig gewundene Schmuckform.

Volutengiebel Giebel mit volutenförmigen Einrollungen am Fuß.

Vorzeichen Kleiner Vorraum vor dem Portal.

Voute Deckenkehle, konkav gerundeter Übergang zwischen Wand und Decke.

Wandpfeilerkirche Einschiffige Kirche mit eingezogenen kräftigen Pfeilern, zwischen denen anstelle der Seitenschiffe Kapellen liegen.

Vorarlberger Münsterschema Kirchentyp, der von der Vorarlberger Bauschule entwickelt wurde. Tonnengewölbtes Langhaus mit Kapellennischen zu beiden Seiten, darüberliegenden Emporen, wenig ausladendem Querschiff und etwas eingezogenem Chor.

Zwerchhaus Giebelartig ausgebildetes Dachfenster, meistens in Geschoßhöhe.

Literaturhinweise

Apold, Konrad: Volkskunst in Allgäuer Museen, Kempten 1980

Bauer, Herrmann, und Rupprecht, Bernhard: Bayern südlich der Donau, Herrsching 1984

Baumann, Franz Ludwig: Geschichte des Allgäus, 3 Bde., Kempten 1883 ff.

Bosl, Karl (Hrsg.): Handbuch der historischen Stätten Deutschlands, Bayern, Stuttgart 1961

Breuer, Tilmann: Stadt und Landkreis Kaufbeuren, München 1960

ders.: Stadt und Landkreis Memmingen, München 1959

Crämer, Ulrich: Das Allgäu, Werden und Wesen eines Landschaftsbegriffs, Forschungen zur deutschen Landeskunde 84, 1954

Dehio/Gall: Handbuch der deutschen Kunstdenkmäler, Östliches Schwaben, München 1954

Dehio/Piel: Handbuch der deutschen Kunstdenkmäler, Baden-Württemberg, München 1964

Dussler, Hildebrand: Reisen und Reisende in Bayerisch-Schwaben, 2 Bde., Weißenhorn 1974

Ebert, Karlheinz: Bodensee und Oberschwaben, Köln 1981

Erler, Gotthard (Hrsg.): Wanderschaften und Schicksale, München 1975

Gerndt, Siegmar: Unsere bayerische Landschaft, München 1978

Habel, Heinrich: Landkreis Mindelheim, München 1971

Haberl, Wolfgang: Kempten, Kempten 1980

Hofmiller, Josef: Pilgerfahrten, Leipzig 1935

Kapfhammer, Günther: Brauchtum in den Alpenländern, München 1977

Kasper, Alfons: Kunstwanderungen kreuz und quer der Iller, Bad Schussenried 1967

ders.: Kunstwanderungen im Nord-Allgäu, Bad Schussenried 1967

ders.: Kunstwanderungen im Ostallgäu, Bad Schussenried 1970

Koepf, Hans: Schwäbische Kunstgeschichte, Konstanz und Stuttgart 1965

Lautenbacher, Guntram: Bayerisches Schwaben, Nürnberg 1968

Lieb, Norbert: Allgäuer Kunst, München o. J.

Merian, ›Allgäu‹, Hamburg 1983

Meyer, Werner: Burgen und Schlösser in Bayerisch-Schwaben, Frankfurt 1979

Miller, Max (Hrsg.): Handbuch der historischen Stätten Deutschlands, Baden-Württemberg, Stuttgart 1965

›Museen im Allgäu‹, Kempten o. J.

Petzet, Michael: Stadt und Landkreis Kempten, München 1959

ders.: Landkreis Marktoberdorf, München 1966

ders.: Stadt und Landkreis Füssen, München 1960

ders.: Landkreis Sonthofen, München 1964

Rottenkolber, Josef: Geschichte des Allgäus, Das neunzehnte Jahrhundert, München 1938

Schelbert, Joseph: Das Landvolk des Allgäus, 1873 (Neuausg. Kempten 1983)

Schnell, Hugo: Die Wies, ihr Baumeister Dominikus Zimmermann, München 1979

ders.: Ottobeuren, München 1979

Schindler, Herbert: Große Bayerische Kunstgeschichte, München 1976

Schwager, Klaus: Bildhauerwerkstätten des 18. Jahrhunderts im schwäbischen Voralpengebiet (›Heilige Kunst‹ 1954)

Spahr, Gebhard: Oberschwäbische Barockstraße, Bde. II, III, Weingarten 1978, 1980

Spuler, Christof: Bodensee-Kunstführer, Lindau 1979

Spuler/Dobras: Lindauer Kunst- und Architekturführer, Konstanz 1977

Tintelnot, Hans: Die barocke Freskomalerei in Deutschland, München 1951

Uhlhorn, Friedrich, und Schlesinger, Walter: Die deutschen Territorien, Stuttgart 1970

Weitnauer, Alfred: Allgäuer Chronik, 4 Bde., Kempten 1982

ders.: Die Allgäuer Rasse, Kempten 1978

ders. (Hrsg.): ›Allgäuer Heimatbücher‹, 75 Bde., 1935–71

Zu den einzelnen Kirchen und Klöstern: Kleine Kunst- und Kirchenführer des Verlages Schnell und Steiner, München

Zeitschriften: ›Ebbes‹, Zeitschrift für das Bayerische Schwaben, Augsburg

Praktische Reisehinweise

Adressen

Auskunft über alles, was den *Fremdenverkehr* im Allgäu betrifft, gibt der *Fremdenverkehrsverband Allgäu/Bayerisch Schwaben e. V.*, Fuggerstraße 9, 8900 Augsburg 1. ✆ 08 21/3 33 35

Auskünfte über *Museen:* *Fachbereich Heimatpflege, Bezirk Schwaben,* Hafnerberg 10, 8900 Augsburg

Auskünfte über *Wanderwege:* *Arbeitsgemeinschaft Fernwanderwege im Voralpenland, Fremdenverkehrsverband Ammersee-Lech,* Von-Kühlmann-Str. 15, 8910 Landsberg am Lech. ✆ 0 81 91/4 71 77

Alpine Auskünfte: *Deutscher Alpenverein e. V.,* Praterinsel 5, 8000 München 22. ✆ 0 89/29 49 40

Für das *württembergische Allgäu* ist zuständig: *Landesfremdenverkehrsverband Baden-Württemberg,* Esslinger Str. 8, 7000 Stuttgart 1. ✆ 07 11/24 73 64

Für den Bereich *Lindau:* *Fremdenverkehrsverband Bodensee-Oberschwaben,* Schützenstr. 8, 7750 Konstanz. ✆ 0 75 31/2 22 32

Reisezeit

Die beste Reisezeit für das Allgäu, besonders das Gebirgsallgäu, ist der Herbst. Die Fernsicht ist besonders im Oktober am besten, die klaren Umrisse der Berge vermitteln die schönsten Eindrücke. Allerdings wird es bereits Ende September merklich kühl, und die Gipfel sind zum Teil schneebedeckt. Der Frühling ist nur im Voralpenland zu empfehlen, da bis Ende Mai die Berge verschneit sind. Im Juni ist mit vielen Regentagen zu rechnen. Die Hauptsaison ist – schon allein wegen der Schulferien – der Sommer. Wer fotografieren will, ist jetzt allerdings weniger gut dran, denn die Umrisse sind wenig klar, die Fernsicht bedeutend schlechter als im Herbst. Auch ist es nicht jedermanns Sache, Kunst in übervollen Museen und Kirchen zu betrachten.

Aussichtsberge

Mit Bergbahnen

Viele Gipfel der Allgäuer Alpen, des Ammergebirges und Kleinen Walsertales sind durch Bergbahnen erschlossen. Sie liegen in folgenden Orten oder in ihrer Nähe:

Bolsterlang
Hörnerbahn und *Horngratbahn* (Sesselbahnen)

Buching
Buchenberglift (Sesselbahn)

Hindelang
Hornalpenbahn (Sesselbahn)
Iselerbahn (Sesselbahn)

Hirschegg (Kleines Walsertal)
Hahnenköpflebahn (Sesselbahn)
Heuberglift (Sesselbahn)

Immenstadt
Mittagbahn (Sesselbahn)

Mittelberg (Kleines Walsertal)
Walmendingerhorn-Bahn (Gondelbahn)
Walmendingerhorn-Doppelsesselbahn
Zafernalift (Sesselbahn)

Nesselwang
Alpspitzlifte (Sesselbahnen)

Oberstaufen
Imbergbahn (Sesselbahn)
Hündlealpbahn (Sesselbahn)
Hochgratbahn (Gondelbahn)

Oberstdorf
Fellhornbahn (Gondelbahn)
Nebelhornbahn (Gondelbahn)
Söllereckbahn (Sesselbahn)

Pfronten
Breitenbergbahn (Gondelbahn)
Hochalpbahn (Sesselbahn)

Riezlern (Kleines Walsertal)
Kanzelwandbahn (Gondelbahn)
Zwerenalplift (Sesselbahn)

Schwangau
Tegelbergbahn (Gondelbahn)

Ohne Bergbahnen

Auch für den Nicht-Kletterer zu bezwingen;
besonders lohnend sind:

Aggenstein bei Pfronten, 1987 Meter
Auerberg bei Stötten, 1055 Meter

Grünten bei Burgberg, 1738 Meter
Riedberghorn bei Balderschwang, 1786 Meter
Schwarzer Grat (Adelegg) bei Isny, 1118 Meter
Stuiben bei Immenstadt, 1749 Meter

Natur-Sehenswürdigkeiten

Argentobelwasserfälle bei Grünenbach
Breitachklamm bei Oberstdorf
Faltenbachfall bei Oberstdorf
Gottesackerplateau bei Riezlern
  (Kleinwalsertal)
Illerdurchbruch bei Altusried
Lechklamm bei Füssen
Starzlachklamm bei Burgberg
Wurzacher Ried (Naturschutzgebiet)
  bei Bad Wurzach

Langlaufloipen in kunstgeschichtlich lohnenden Gebieten

Kunstwerke werden meist in den schnee-freien Jahreszeiten aufgesucht. Das ist schade, denn eine Verbindung von Skiwandern und Kunstbetrachtung kann sehr reizvoll sein. Das Allgäu ist ein Paradies für Skiwanderer, und es gibt sehr viele Orte, die für ihre Gäste Loipen angelegt haben. Es seien hier die Orte vermerkt, die nicht nur Loipen besitzen, son-dern auch schöne Kirchen, Schlösser oder Burgen.

Aitrang, Altstädten, Altusried, Bad Wöris-hofen, Buchenberg, Buching, Burgberg, Eisen-berg (die Loipe führt auch um die Ruinen Freyberg und Eisenberg), Fischen, Füssen, Grönenbach, Grünenbach, Hindelang (eine

Loipe führt nach Bad Oberdorf und zum
›Hindelanger Altar‹ [Umschlagklappe vorn]),
Immenstadt, Isny, Kaufbeuren, Kempten,
Kranzegg, Lechbruck, Lindenberg, Legau,
Martinszell, Marktoberdorf, Mittelberg
(Kleinwalsertal), Nesselwang, Niedersont-
hofen, Obergünzburg, Oberstaufen, Oberst-
dorf, Ottobeuren, Oy-Mittelberg, Pfronten,
Rettenbach, Riezlern (Kleinwalsertal), Rohr-
moos, Roßhaupten, Scheidegg, Schwangau
(die ›König-Ludwigs-Loipe‹, vorbei an den
Königsschlössern Neuschwanstein und Ho-
henschwangau, dazu die Wallfahrtskirche
St. Koloman), Seeg, Sonthofen, Vogt/Wald-
burg, Weiler-Simmerberg, Wengen, Wertach,
Wiggensbach.

Essen und Trinken

Gibt es eine ›Allgäuer Küche‹? Beim Betrachten der Speisekarte – vor allem in den östlichen und mittleren Landesteilen – fällt auf,
daß die schwäbische und die bayerische Küche
im Allgäu eine Ehe eingegangen sind. Allerdings mit deutlicher Dominanz des schwäbischen Partners! Spätzle, Knöpfle, Maultaschen
rangieren vor den bayerischen Knödeln, die
allerdings mehr und mehr im Vormarsch be-
griffen sind, was die schwäbischen Lokalpa-
trioten sehr ärgert. Das Fleisch, das in Bayern
eine große Rolle spielt, wird zwar auch von
den Schwaben nicht verschmäht, doch ist
man durchaus bereit, eine kräftige Kost aus
Kässpatzen oder Maultaschen mit Sauerkraut
dagegen einzutauschen.

Übrigens erinnern gerade diese Maultaschen daran, daß noch ein dritter Partner jenseits der Grenze ein Wörtchen mitzureden
hat: es ist Tirol. Dort gibt es diese köstlichen,

gefüllten dreieckigen Teiggebilde ebenfalls,
doch heißen sie dort ›Schlutzkrapfen‹. Wie in
der Kunst, wo mit Tirol ein ganz selbstver-
ständlicher Austausch stattgefunden hat, ist
man auch beim Essen nicht stur der Grenzzie-
hung gefolgt.

Dies gilt auch für die Weine. Sie kommen
aus Südtirol wie vom Bodensee und aus Württemberg. Dabei denkt man daran, daß die
Weingüter der schwäbischen Stifte – wie Füssen, Kempten und Ottobeuren – einst bei Me-
ran und Lana lagen! – Wie im übrigen Bayern
wird im bayerischen Schwaben jedoch vor
allem Bier getrunken, das in Form der ›Bier-
suppe‹ auch Einzug in die Küche gehalten hat.

Ganz gleich, wo man ist – im Allgäu läßt
sich's gut essen. So muß man wieder einmal
Goethe recht geben, der in seinem ›Reineke
Fuchs‹ deutlich den Weg wies: »Laßt uns nach
Schwaben entfliehen! Hilf Himmel! Es findet
sich süße Speise da und alles Guten in Fülle ...
Und man bäckt im Lande das Brot mit Butter
und Eiern. Rein und klar ist das Wasser, die
Luft ist heiter und lieblich.«

Museen und Sammlungen

Altusried
Naturkundliche Sammlung
Hauptschule, ✆ 0 83 73/5 11
Geöffnet: 1. und 3. Sonntag im Monat,
10–12 Uhr.

Bad Wörishofen
Sebastian-Kneipp-Museum
Klosterhof 1, ✆ 0 82 47/30 40
Geöffnet: montags, mittwochs und freitags
15–18 Uhr, sonntags 10–12 Uhr.

Buxheim
Deutsches Kartausen-Museum
Kartause, ✆ 0 83 31/60 00
Geöffnet: täglich 10–12 und 14–17 Uhr
(April–November).

Dirlewang
Heimathaus Taverne
Altes Amtshaus, Tavernenstr. 4, ✆ 0 82 67/3 87
Geöffnet: jeden 1. Sonntag im Monat von
10–12 Uhr und nach Vereinbarung.

Eggenthal
Bauernmuseum
Ehemaliger Pfarrhof, Römerstr. 8,
✆ 0 83 47/10 32
Geöffnet: montags, mittwochs und freitags
10–12 Uhr und 14–17 Uhr.

Füssen
Staatsgalerie im Hohen Schloß
Hohes Schloß, Magnusplatz 10,
✆ 0 83 62/5 05 30
Geöffnet: montags bis samstags 10–12 und
14–16 Uhr, sonntags 10–12 Uhr (1. Mai –
31. Oktober), nur donnerstags 10–12 Uhr
(1. November – 30. April).
Heimatmuseum
Lechhalde 3, ✆ 0 83 62/70 43
Geöffnet: montags bis samstags 10.30 Uhr
Führung (Mai–Oktober), mittwochs 10.30
Uhr Führung (November–April).

Hergensweiler
Heimatmuseum
Dorfstr. 20 (ab Mai '89),
✆ 0 83 88/2 17 oder 2 73
Geöffnet: nach Vereinbarung.

Hindelang
Heimatmuseum

Jörg-Lederer-Str. 4, ✆ 0 83 24/4 74
Geöffnet: nach Vereinbarung.

Illerbeuren
Bauernhofmuseum
Kronburg-Illerbeuren, Museumsstr. 4,
✆ 0 83 94/14 55
Geöffnet: täglich 9–18 Uhr (1. Mai – 31. Oktober), 10–16 Uhr (1. November – 30. April).
Schwäbisches Schützenmuseum
Ehemaliger Pfarrstadel
Geöffnet: täglich 9–18 Uhr (1. Mai – 31. Oktober), 10–16 Uhr (1. November – 30. April).

Immenstadt
Heimatmuseum
✆ 0 83 62/8 04 23
Das Heimatmuseum Hofmühle wird voraussichtlich Ende 1989 eröffnet.

Isny
Wassertor-Museum
Wassertor, ✆ 0 75 62/7 01 10
Geöffnet: Führungen von April bis Oktober,
mittwochs 9.30 und 10.45 Uhr, samstags 9.30
und 10.45 Uhr, sonntags 10.30 Uhr.

Kaufbeuren
Heimatmuseum
Kaisergäßchen 12–14, ✆ 0 83 41/7 34 23
Geöffnet: dienstags bis samstags 9–12 und
14–17 Uhr, sonn- und feiertags 9–12 Uhr.

Kaufbeuren-Neugablonz
*Gablonzer Archiv und Museum im Gablonzer
Haus*
Marktgasse 8, ✆ 0 83 41/6 69 12
Geöffnet: dienstags bis samstags 15–17 Uhr
(außer freitags), sonn- und feiertags 10–12
Uhr.

Puppentheater-Museum Sammlung Raab
Rosental 13, ☏ 0 83 41/34 01

Kempten

Allgäuer Heimatmuseum
Großer Kornhausplatz 1, ☏ 08 31/2 52 54 20
oder 2 52 54 48
Geöffnet: dienstags 10–12 und 14–16.30 Uhr,
mittwochs 14–16.30 Uhr, donnerstags 14–
16.30 Uhr, freitags 10–12 und 14–16.30 Uhr,
samstags 14–16.30 Uhr, sonntags 9–12 Uhr
(1. Mai – 31. Oktober), dienstags 10–12 und
14–16 Uhr, mittwochs 14–16 Uhr, freitags
10–12 Uhr, samstags 14–16 Uhr, sonntags
9–12 Uhr (1. November – 30. April).
Römische Sammlung Cambodunum
Residenzplatz 31, ☏ 08 31/25 24 06
Geöffnet: wie Allgäuer Heimatmuseum.
Naturwissenschaftliche Sammlungen zur Geo-
logie und Biologie des Allgäus
Residenzplatz 31 (Zumsteinhaus),
☏ 08 31/25 24 06
Geöffnet: wie Allgäuer Heimatmuseum.
Archäologischer Park Cambodunum
Thermenstr./Merkstr.
Geöffnet: täglich von 10–17 Uhr (1. Mai –
31. Oktober), 10–16.30 Uhr (1. November –
30. April, außer Januar/Februar).

Kißlegg

Neues Schloß
Allgemeine Besichtigungszeit mittwochs und
samstags 10–12 Uhr, Treppenhaus und Kapelle
werktags meist zugänglich (Antrag beim Bür-
germeisteramt empfiehlt sich).
Besenmuseum und Schloßhofgalerie
Geöffnet: dienstags bis samstags 14–17 Uhr,
sonntags 10–12 und 14–17 Uhr.

Leutkirch

Heimatmuseum

Ehemaliges Kornhaus am Marktplatz,
☏ 075 61/8 71 54
Geöffnet: mittwochs 15–18 Uhr, sonntags
10–12 Uhr und 14–17 Uhr.

Lindau

Städtische Kunstsammlungen im
›Haus zum Cavazzen‹
Marktplatz 6, ☏ 0 83 82/27 54 05
Geöffnet: dienstags bis samstags 9–12 und
14–17 Uhr, sonntags 10–12 Uhr (31. Okto-
ber – 31. März geschlossen).

Lindau-Schachen

Friedensmuseum der Pax Christi
Lindenhofweg 25 (Lindenhofvilla),
☏ 08 21/51 78 30 oder 0 83 82/7 84 46
Geöffnet: dienstags bis samstags 10–12 und
14.30–17 Uhr, sonntags 10–12 Uhr (15. April –
15. Oktober).

Lindenberg

Hutmuseum
Hirschstr. 6 a, ☏ 0 83 81/51 38
Geöffnet: sonntags 10–12 Uhr, mittwochs
15–17.30 Uhr und nach Vereinbarung.

Maria Steinbach

Wallfahrtsmuseum
Pfarrheim bei der Wallfahrtskirche, Legau-
Maria Steinbach, ☏ 0 83 94/7 87
Geöffnet: sonntags 10–11 Uhr und nach Ver-
einbarung.

Marktoberdorf

Heimatkundliche Sammlung
Am Marktplatz (Altes Rathaus),
☏ 0 83 42/72 11
Geöffnet: nach Vereinbarung.

Memmingen

Städtisches Museum
Zangmeisterstr. 8, Eingang Hermansgasse 2,
✆ 0 83 31/85 01 31
Geöffnet: dienstags bis freitags 10–12 und
14–16 Uhr, sonntags 10–12 und 14–16 Uhr
(1. Mai – 31. Oktober).

Mindelheim

Heimatmuseum
Hauberstr. 2 (Kloster zum Hl. Kreuz),
✆ 0 82 61/9 91 50 oder 84 18
Geöffnet: freitags 14–16 Uhr, am 2. Sonntag
im Monat 10–12 und 14–16 Uhr und nach Vereinbarung.

Turmuhren-Museum
Ehem. Silvesterkirche, Hungerbachgasse,
✆ 0 82 61/9 91 50
Geöffnet: letzter Sonntag im Monat 10–12
und 14–16 Uhr, mittwochs 14–16 Uhr und
nach Vereinbarung.

Textilmuseum
Hermelestr. 4, ✆ 0 82 61/64 05
Geöffnet: dienstags bis samstags 10–12 und
14–16 Uhr, 1. Sonntag im Monat (Führungen)
10–12 und 14–16 Uhr.

Obergünzburg

Heimatmuseum
Marktplatz 1 (Altes Pfarrhaus und Pfarrstadel),
✆ 0 83 72/23 41
Geöffnet: Mai – September nach Vereinbarung.

Oberstaufen

Heimatmuseum
Hugo-von-Königsegg-Str. 8, ✆ 0 83 86/13 00
Geöffnet: sonntags 10–12 Uhr und mittwochs
15–17 Uhr (November/Dezember geschlossen).

Oberstaufen-Knechtenhofen

Bauernmuseum
✆ 0 83 25/2 46
Geöffnet: sonntags 10–12 Uhr, mittwochs
14–17 Uhr (April – Oktober), November –
März nach Vereinbarung.

Oberstdorf

Heimatmuseum
Oststr. 13, ✆ 0 83 22/54 70
Geöffnet: dienstags und donnerstags 14–18
Uhr (26. Dezember – 1. April und Pfingsten –
15. Oktober). An Regentagen Sonderöff-
nungszeiten.

Ottobeuren

Klostermuseum
Seb.-Kneipp-Str. 1, ✆ 0 83 32/70 28
Geöffnet: täglich 10–12 und 14–17 Uhr.
Staatsgalerie in der Benediktinerabtei
Seb.-Kneipp-Str. 1
Geöffnet: täglich 10–12 und 14–17 Uhr.

Pfronten-Ried

Kunstkammer
Vilstalstr. (Verkehrsamt), ✆ 0 83 63/50 41
Geöffnet: montags bis freitags 8–12 und 14–18
Uhr, samstags und sonntags nur im Sommer.

Schwangau

Schloß Hohenschwangau
✆ 0 83 62/8 11 28 oder 8 11 27
Geöffnet: 1. April – 30. September 8.30–17.30
Uhr, 1. Oktober – 31. März 10–16 Uhr.
Schloß Neuschwanstein
✆ 0 83 62/8 10 35
Geöffnet: 1. April – 30. September 9–17.30
Uhr, 1. Oktober – 31. März 10–16 Uhr.

Riezlern/Kleines Walsertal
Walser-Museum
Walserstr. 54, ✆ 0 83 29/53 15
Geöffnet: täglich außer sonntags 14–17 Uhr.

Sonthofen
Heimathaus
Sonnenstr. 1, ✆ 0 83 21/63 16
Geöffnet: dienstags, donnerstags und samstags
15–18 Uhr, mittwochs 18–21 Uhr, sonntags
10–12 Uhr (Dezember auch 15–18 Uhr),
15. Juni – 31. August dienstags bis freitags
auch 10–12 Uhr. Von Oktober bis etwa
20. November geschlossen.

Türkheim
Sieben-Schwaben-Museum
Maximilian-Philipp-Str. (Herzogschloß),
✆ 0 82 45/10 01
Wegen Neuaufstellung z. Z. geschlossen.

Wangen im Allgäu
Heimatmuseum
Eselsmühle, Eselberg 1, ✆ 075 22/7 40
Geöffnet: dienstags 15–18 Uhr, mittwochs
10–12 und 15–18 Uhr, freitags 15–18, sonntags
10–12 Uhr (April–Oktober).
Deutsches Eichendorff-Museum
Lange Gasse 1
Geöffnet: mittwochs und samstags 15–17 Uhr,
dienstags 15–17 Uhr.
Gustav-Freytag-Museum
Lange Gasse 1
Geöffnet: mittwochs und samstags 15–17 Uhr,
dienstags 15–17 Uhr.

Wasserburg/Bodensee
Museum im Malhaus
✆ 0 83 82/33 63
Geöffnet: dienstags bis sonntags 10–12 Uhr
(1. Mai – 15. Oktober), mittwochs und samstags 14.30–16.30 Uhr.

Waldburg
Die Waldburg
Geöffnet: März–Oktober täglich 9–17 Uhr,
November–Februar täglich 10–12 und 13–16
Uhr.

Weiler im Allgäu
Westallgäuer Heimatmuseum
Hauptstr. 11, ✆ 0 83 87/6 50
Geöffnet: mittwochs und donnerstags 9–12
und 14–16 Uhr, freitags 15–19 Uhr, samstags
und sonntags 9–12 Uhr (1. April – 15. Okto-
ber), samstags und sonntags 9–12 Uhr (16.
Oktober – 31. März).
Kornhausmuseum
Kirchplatz, ✆ 0 83 87/22 01
Geöffnet: mittwochs, samstags und sonntags
10–12 Uhr, dienstags, mittwochs und sams-
tags 15–17 Uhr.

Weißenhorn, Landkreis Lindau
Heimatmuseum
An der Mauer 2 (Waaghaus und Oberes Stadt-
tor), ✆ 073 09/26 57
Geöffnet: Mai–Oktober 1. und 3. Sonntag
14–16 Uhr und nach Vereinbarung.

Wertach
Heimatmuseum
Grüntenseestr. 27, ✆ 0 83 65/2 14
Geöffnet: mittwochs 14–17 Uhr.

Wiggensbach
Heimatkundliche Sammlung
Schule, ✆ 0 83 70/4 52
Geöffnet: nach Vereinbarung.

Wolfegg
Automobil-Museum beim Schloß Wolfegg
✆ 075 27/62 71

Geöffnet: April–Oktober täglich 9–12 und 13–18 Uhr; November–März nur sonntags 9–17 Uhr.

Bauernhaus-Freilichtmuseum

✆ 075 27/62 71

Geöffnet: April–Oktober täglich außer montags 10–12 und 14–17 Uhr, sonn- und feiertags durchgehend geöffnet, 15. Juni–15. September auch montags von 10–17 Uhr.

Zell/Eisenberg
Burgmuseum

✆ 0 83 63/56 87

Geöffnet: samstags und sonntags 13–16 Uhr (Dezember geschlossen).

Brauchtum in Stadt und Land

Altusried

›*Allgäuer Freilichtspiele*‹ im Freilichttheater von Altusried. In einem meist fünfjährigen Turnus werden vor allem Klassiker aufgeführt. Die Schauspieler sind ausschließlich Laien. Da Altusried ohne Subventionen arbeitet, ist es auf das gute Einspielergebnis angewiesen.

Wie in vielen Gemeinden des Allgäus wird auch in Altusried am Sonntag Invocavit (1. Fastensonntag) das *Funkenfeuer* entzündet, das auf einen heidnischen Brauch zurückgeht.

Auerberg

Auf dem Auerberg, der Grenze zwischen dem Allgäu und Oberbayern, findet am Sonntag nach dem 23. April der *Georgiritt* statt. Beginn: 10.30 Uhr.

Bad Wurzach

Am Freitag nach Christi Himmelfahrt wird das *Heilig-Blut-Fest* auf dem Gottesberg began-

gen. Gegen 6.30 Uhr wird die Blutreliquie in der Stadtpfarrkirche abgeholt und in einer blumengeschmückten Kutsche, begleitet von Reitergruppen und Musikkapellen, auf den Gottesberg gebracht. Dort wird ein Pontifikalamt zelebriert.

Bolsterlang

Zwischen 15. und 21. September findet in Bolsterlang der Alpabtrieb statt. Das Vieh wird dabei festlich geschmückt.

Buchenberg

Funkenfeuer am Sonntag Invocavit.

Burgberg

Mitte September ist *Alpabtrieb.*
Die Tiere kommen von sieben Alpen am Südhang des Grünten zum Viehscheid nach Burgberg.

Dietmannsried

Funkenfeuer am Sonntag Invocavit.

Dietratried

Funkenfeuer am Sonntag Invocavit.

Fischen

Funkenfeuer am Sonntag Invocavit.

Füssen

An Fronleichnam findet die *Fronleichnamsprozession* statt. Beginn: 8 Uhr an der Pfarrkirche St. Mang. Der Weg der Prozession: Pfarrkirche, Brotmarkt, Brunnengasse, Schrannenmarkt (1. Altar am Gasthof Krone), Reichenbach/Schulhausstraße, am Gymnasium 2. und 3. Altar, Reichenbachstraße/Stadtbrunnen (4. Altar Pfarrkirche).

Grönenbach

Funkenfeuer am Sonntag Invocavit.

Gunzesried

Alpabtrieb im September. Die Tiere kommen von zwölf Gunzesrieder Alpen.

Hindelang

Ende September findet das *Alphornbläsertreffen* statt. Begonnen hat dieses Treffen 1958 in Hindelang, doch wird es jedes Jahr an einem anderen Ort im Allgäu wiederholt.

Funkenfeuer am Sonntag Invocavit.

Je nach Witterung findet zwischen dem 9. und 11. September der *Alpabtrieb* statt. Der Scheidplatz ist an der Straße nach Hinterstein beim Freibad. Mit sieben Alpen und oft über 1000 Stück Vieh hat Hindelang einen der größten Viehscheide im Oberallgäu.

Isny

Am zweiten Wochenende im Juli, von Samstag bis Montag, findet das *Bogenspringen* statt. Es ist ein altes Kinderfest, das auf das frühe 17. Jahrhundert zurückgeht. Damals wurden die Schüler vor die Stadt geführt, um sich bei Singen, Spielen und Springen zu vergnügen.

Kaufbeuren

In der letzten Woche vor Beginn der Sommerferien wird das *Tänzelfest* begangen, ein Schulfest, das auf das 16. Jahrhundert zurückgeht. Beginn: am Freitag um 14 Uhr mit dem Adlerschießen der Tänzelfestbuben auf dem Festplatz an der Wertachschleife. Am Sonntag ab 13 Uhr wird der ›Einzug Kaiser Maximilians‹ gefeiert – eine Nachahmung des Besuches Kaiser Maximilians in Kaufbeuren am 25. Mai 1479.

Kempten

Funkenfeuer am Sonntag Invocavit.

Leutkirch

Vor Beginn der Sommerferien wird das *Kinderfest* gefeiert, das sich über vier Tage erstreckt und am Samstag zuvor beginnt. Eröffnung am Samstag gegen 17 Uhr auf dem Marktplatz. Höhepunkt ist das ›Große Kinderfest‹ am Sonntag auf der Wilhelmshöhe mit folkloristischen Veranstaltungen. Am Dienstag findet ein Festzug mit historischen Gruppen aus der Reichsstadtzeit Leutkirchs statt.

Markt Rettenbach

Am Sonntag Invocavit wird das *Funkenfeuer* entzündet.

Memmingen

In der Woche vor den Sommerferien, meist Mitte Juli, wird der *Fischertag* begangen – ein Fest, das bereits in der Mitte des 16. Jahrhunderts gefeiert wurde. Die jährliche Reinigung des Stadtbachs war von alters her mit einem Fischfangen verbunden, woraus sich dann ein Fest entwickelte. Beginn an einem Freitag gegen 18 Uhr mit der Ausrufung durch den Büttel (Marktplatz). Am Fischertag ziehen die Fischer mit ihren Netzen und dem Ruf »Schmotz, Schmotz, Dreck auf Dreck, Schellakönig, wüste Sau« zum Schrannenplatz. Bei dem Fischen im Stadtbach beteiligen sich über 700 kostümierte Bürger. Wer die größte Forelle gefangen hat, wird zum ›Fischerkönig‹ gekrönt. Alle fünf Jahre wird ein historischer Festzug durchgeführt.

Am Donnerstag der letzten Woche vor den Sommerferien wird ein *Kinderfest* gefeiert. Höhepunkt ist ein Festzug der Kinder mit einem ›Stängele‹, das jeder Klasse vorangetragen wird.

Mittelberg

Am Sonntag Invocavit wird das *Funkenfeuer* entzündet.

Mindelheim

Hier wird die *Fastnacht* besonders aufwendig begangen und ein großer Umzug abgehalten. – Alle drei Jahre findet das *Frundsbergfest* statt, eines der größten historischen Feste in Bayern.

Niederstaufen

Am Kienberg findet an einem Samstag um den 20. Oktober der *Wendelinsritt* statt. Rund fünfzehn Gemeinden nehmen mit über hundert Pferden teil. Die Messe am Kienberg wird um 10.30 Uhr zelebriert. Der Kienbergritt ist einer der größten Umritte des Allgäus.

Obergünzburg

Der letzte Sonntag im August ist dem *Freischießen* gewidmet, das älteste Schützen- und Volksfest des bayerischen Allgäus. Am Eröffnungstag findet ein Festzug mit historischen Gruppen statt. Die Schießwettbewerbe beginnen bereits am Freitag vor der Eröffnung.

Am Samstag nach dem 12. September wird in Obergünzburg eine *Lourdesprozession* abgehalten. Das Wallfahrtsziel ist die Lourdesgrotte auf halber Höhe des Nikolausberges, der am Tag der Prozession von Tausenden von Wachslichtern erleuchtet wird. Beginn: 19.15 Uhr.

Am Martinstag, dem 11. November, findet der *Martinsritt* statt. Der Ritt führt von der Wiesmühle durch den Ort zur Pfarrkirche.

Obermaiselstein

Meist am 23. September wird ab 9 Uhr der *Alpabtrieb* gefeiert. Der Scheidplatz ist das Ortszentrum in der Nähe des Gasthofes ›Hirsch‹.

Oberstaufen

Auf eine Stiftung im Pestjahr 1635 geht der Tanz am Faschingsdienstag, der *Fastnaziestag*, zurück. Der Höhepunkt des Festes ist ein Umzug durch die Straßen des Ortes, der um 10.30 Uhr beginnt.

Am Donnerstag vor dem Faschingssonntag feiert man den *Gumpigen Donnerstag*, eine Abfahrt maskierter Skifahrer von Oberstaufen nach Bad Rain.

Der *Viehscheid* in Oberstaufen findet Mitte September statt. Die Rinder der Alpen werden in der Ortschaft Höfen zusammengeführt.

Oberstdorf

Am 5./6. Dezember von 19.30–22 Uhr kann man das *Klausentreiben* erleben. Die ›Klausen‹, vermummte Männer, oft mit Tierköpfen oder Hirschgeweihen, ziehen schellen- und kettenrasselnd durch die Straßen. Da dieses Treiben oft zu Ausschreitungen führt, wurden Zeitbeschränkungen eingeführt.

Ende Mai oder Anfang Juni, meist während des Festes ›Lachendes Allgäu‹, findet ein *Steinhebewettbewerb* statt. Ein 518 Pfund schwerer Stein muß mit beiden Händen so hoch wie möglich ›gelupft‹ werden. Teilnehmen kann jeder! Bisher ist der Rekord die Höhe von fast einem halben Meter.

Der *Alpabtrieb* in Oberstdorf ist aufgeteilt in den Scheid der Jungviehalpen am 21. September und den Sennalpen am 21. September. Scheidplatz ist das ›Ried‹ südlich Oberstdorf-Loretto. Jede Alpe führt ein oder zwei Kranzkühe mit sich. Das schöne bunte Bild wird jedes Jahr von den Kurgästen genossen, die diesen ältesten Viehscheid des Oberallgäus nicht missen möchten.

Berühmt ist der Oberstdorfer *Wilde-Männle-Tanz*, der im fünfjährigen Turnus an einer Reihe von Samstagen und Sonntagen von Ende Mai bis Mitte September stattfindet. Leider führt man die rhythmischen Tänze der zwölf Männer mit ihrem König heute auf einer Kulissenbühne auf (Oybele-Festhalle), wo sie sehr deplaciert erscheinen. Die Tänze der in grünlichen ›Tannenbart‹ Gehüllten gehen wahrscheinlich auf vorchristliche Kulttänze zurück. Man sieht in ihnen Vegetationsdämonen der germanischen Vorzeit.

Scheidegg

Maibäume sieht man im Allgäu seltener als in Oberbayern. Erst in den dreißiger Jahren begann man in Scheidegg mit dem Aufstellen eines Maibaumes, der mit Handwerkerzeichen und Wappen geschmückt ist. Musikkapelle und Singverein tragen zur Umrahmung der Aktion bei (30. April, ca. 20 Uhr).

Schöllang

Auf der Straße von Oberstdorf nach Sonthofen, vor dem Alpengasthof Rank, findet am 12. September der Schöllanger Viehscheid statt. Der *Alpabtrieb* der Rinder (aus den Alpen) aus dem Oytal beginnt bereits bei Tagesanbruch. Am Schöllanger Viehscheid kann man etwa 600 Stück Vieh sehen.

Schwangau

Am Sonntag Invocavit (1. Fastensonntag) wird das *Funkenfeuer* entzündet.

Sonthofen

Alle drei Jahre, am Sonntag vor Faschingsdienstag, findet auf dem Rathausplatz das *Egga-Spiel* statt (Beginn: 14 Uhr). Es ist ein altes Allgäuer Fastnachtsspiel, dessen Darsteller prächtige Holzmasken tragen. Eine Hexe spielt die Hauptrolle; sie sorgt für allerhand Unruhe und wird schließlich in eine ›Sauchtruhe‹ gesperrt, um verbrannt zu werden.

Im September *(Krämermarkt)* und Oktober *(Gallusmarkt)* finden in Sonthofen Märkte statt, die noch auf das Jahr 1429 zurückgehen.

Steibis

Am Sonntag vor oder nach dem Georgstag (24. April) wird in Steibis ein *Georgsritt* abgehalten. Reiter in schwäbischer Tracht ziehen von Steibis zum Autal, wo eine Messe gelesen wird. Beginn: 9.30 Uhr.

Stiefenhofen

Am Sonntag um den 15. Oktober findet alljährlich der *Martinsritt* statt. Ein Reiterzug sammelt sich in Stiefenhofen, der andere in Burkartshofen. Es beteiligen sich etwa hundert Pferde an dem Umzug, zumeist Haflinger. Die Reiter treffen gegen 10.15 Uhr in Hopfen ein, wo zunächst eine ›Martinszene‹ gespielt wird. Die Reiter werden nach einem Gottesdienst gesegnet.

Untermaiselstein

Ende September ziehen gegen 13.30 Uhr die Bauern mit ihrem Vieh im Ort ein. Der *Alpabtrieb* ist in dieser Gegend mit etwa achtzig Stück Vieh belegt.

Waal

Von Mai bis Oktober, meist am Samstag und Sonntag, findet im Abstand von sieben bis acht Jahren ein Passionsspiel statt. Die Passion Christi wird in 19 Bildern nach einem Text aus dem Jahr 1815 dargestellt. Das Spiel geht auf ein Gelübde aus der Pestzeit zurück. Im Jahr 1961 wurde ein neuer Theaterbau mit 1000 Plätzen eingeweiht.

Weiler

Am Sonntag Invocavit (1. Fastensonntag) wird das *Funkenfeuer* entzündet.

Abbildungsnachweis

Farbtafeln und Schwarzweiß-Abbildungen

Wilfried Bahnmüller, Geretsried-Gelting Abb. 7, 24, 42, 59, 60, 93, 103

Bayerische Verwaltung der Staatlichen Schlösser, Gärten und Seen, München Farbt. 42 (Löbl-Schreyer); Abb. 117 (Werner Neumeister)

Bildarchiv Foto Marburg Abb. 30, 40, 41, 44, 55, 56, 58, 105, 106

Bilderdienst Süddeutscher Verlag, München Abb. 61

Robert Gabor, Gaggenau-Sulzbach Abb. 11, 12, 48, 86, 87, 97

Peter Klaes, Radevormwald Farbt. 7, 17, 20

Löbl-Schreyer, Bad Tölz Umschlagklappe vorn, Farbt. 8, 39; Abb. 1, 23, 51, 99

Werner Neumeister, München Abb. 33, 34, 36, 110, 118

Prenzel-IFA, München (Klammet & Aberl, Germering bei München) Farbt. 4, 15, 33; Abb. 47

Marco Schneiders, Lindau Umschlagvorderseite, Umschlagrückseite, Farbt. 2, 31, 32; Abb. 32

Toni Schneiders, Lindau Farbt. 1, 5, 9, 11, 13, 14, 19, 27, 30, 35, 41; Abb. 6, 13, 14, 17, 27, 45, 46, 52, 54, 65, 71, 81, 91

Ulrike Schneiders, Lindau Farbt. 16

Werner Stuhler, Hergensweiler Farbt. 40; Abb. 16, 20, 62–64, 66–69, 72, 78–80, 82–84, 94–96, 112

Wittelsbacher Ausgleichsfonds, München, Schloß Nymphenburg Abb. 115, 116 (Lydia L. Dewiel)

Die Autorin, Lydia L. Dewiel, stellte folgende Aufnahmen zur Verfügung Farbt. 3, 10, 12, 18, 21–26, 28, 29, 34, 36–38; Abb. 2–5, 8–10, 15, 18, 19, 21, 22, 25, 26, 28, 29, 31, 35, 37–39, 43, 49, 50, 53, 57, 70, 73–77, 85, 88–90, 92, 98, 100–102, 104, 107–109, 111, 113, 114

Abbildungen im Text
(Die Zahlen bezeichnen die Seiten im Buch)

Bayerische Verwaltung der Staatlichen Schlösser, Gärten und Seen, München 298, 304, 305

Bildarchiv Foto Marburg 143

Bildarchiv Preußischer Kulturbesitz, Berlin 15

Karlheinz Buchmüller, Das Bauernhaus in Oberschwaben, Wolfegger Reihe, W. B. Literatur + Vertrieb, Stuttgart 1982 17

Lydia L. Dewiel, München 22

Johannes Goldner, Allgäuer Rokokojuwel: Der Festsaal im ›Jenisch-Ponikau-Haus‹ zu Kempten, Allgäuer Volksbank EG, Kempten 114

Heimatmuseum der Stadt Mindelheim 70

Irsee, Schwäbische Kunstdenkmale, Heft 30, Anton H. Konrad Verlag, Weißenhorn 250

Hans Koepf, Baukunst in fünf Jahrtausenden, Kohlhammer Verlag, Stuttgart 1954 310 links und rechts unten

Hans Koepf, Bildwörterbuch der Architektur, Alfred Kröner Verlag, Stuttgart 1974 309 links, 310 rechts mitte, 311

Maria Steinbach, 250 Jahre Wallfahrt zur Schmerzhaften Muttergottes 1734–1984, Anton H. Konrad Verlag, Weißenhorn 56

Matthäus Merian, Topographie Germaniae: Schwaben 1643, Johannes Stauda Verlag (Bärenreiter-Verlag), Kassel 1960 2, 23, 86/87, 199, 278

Michael Müller, Kartausenführer Buxheim, Buxheim 1982 30, 31

Ottobeuren, Selbstverlag Benediktiner-Abtei Ottobeuren, 1966 62

Hugo Schnell, Ottobeuren, Verlag Schnell & Steiner, München/Zürich 1979 61

Schnell Kunstführer:
Bibliothek der Nikolaikirche Isny, Nr. 1045 14

Raum für Ihre Reisenotizen

Raum für Ihre Reisenotizen

Raum für Ihre Reisenotizen

Register

Orte

Der Schwarzwald

und das Oberrheinland. Wege zur Kunst zwischen Karlsruhe und Waldshut: Ortenau, Breisgau, Kaiserstuhl und Markgräflerland

Von Karlheinz Ebert. 336 Seiten mit 57 farbigen und 106 einfarbigen Abbildungen, 76 Zeichnungen und Plänen, 11 Seiten praktischen Reisehinweisen, Register (DuMont Kunst-Reiseführer)

Württemberg-Hohenzollern

Kunst und Kultur zwischen Schwarzwald, Donautal und Hohenloher Land: Stuttgart, Heilbronn, Schwäbisch Gmünd, Tübingen, Rottweil, Sigmaringen

Von Ehrenfried Kluckert. 392 Seiten mit 37 farbigen und 118 einfarbigen Abbildungen, 135 Karten, Plänen und Grundrissen, 8 Seiten praktischen Reisehinweisen, Glossar, Register, Literatur (DuMont Kunst-Reiseführer)

Bodensee und Oberschwaben

Zwischen Donau und Alpen: Wege und Wunder im ›Himmelreich des Barock‹

Von Karlheinz Ebert. 332 Seiten mit 50 farbigen und 137 einfarbigen Abbildungen, 55 Zeichnungen und Plänen, 12 Seiten praktischen Reisehinweisen, Literaturangaben, Register (DuMont Kunst-Reiseführer)

Oberbayern

Kunst, Geschichte, Landschaft zwischen Donau und Alpen, Lech und Salzach

Von Gerhard Eckert. 400 Seiten mit 53 farbigen und 219 einfarbigen Abbildungen, 80 Plänen und Zeichnungen, 24 Seiten praktischen Reisehinweisen, Literaturangaben, Register (DuMont Kunst-Reiseführer)

München

Von der welfischen Gründung Heinrichs des Löwen bis zur Gegenwart: Kunst, Kultur, Geschichte

Von Klaus Gallas. 440 Seiten mit 55 farbigen und 149 einfarbigen Abbildungen, 100 Plänen und Zeichnungen, 16 Seiten praktischen Reisehinweisen, Literaturangaben, Register (DuMont Kunst-Reiseführer)

Die Schweiz

Zwischen Basel und Bodensee – Französische Schweiz – Das Tessin – Graubünden – Vierwaldstätter See – Berner Land – Die großen Städte

Von Gerhard Eckert. 328 Seiten mit 36 farbigen und 131 einfarbigen Abbildungen, 94 Zeichnungen und Plänen, 28 Seiten praktischen Reisehinweisen, Register (DuMont Kunst-Reiseführer)

Tirol

Nordtirol und Osttirol. Kunstlandschaft und Urlaubsland an Inn und Isel

Von Bernd Fischer. 340 Seiten mit 60 farbigen und 106 einfarbigen Abbildungen, 62 Plänen und Zeichnungen, 11 Seiten praktischen Reisehinweisen, Literaturangaben und Register (DuMont Kunst-Reiseführer)

Baukunst des Barock

Form, Funktion, Sinngehalt

Von Wilfried Hansmann. 339 Seiten mit 36 Farbtafeln und 191 einfarbigen Abbildungen, Stichen, Plänen, Aufrissen, Register (DuMont Dokumente)

Gartenkunst der Renaissance und des Barock

Von Wilfried Hansmann. 310 Seiten mit 36 farbigen und 164 einfarbigen Abbildungen, Anmerkungen, Literaturverzeichnis, Erklärung der Fachausdrücke, Register (DuMont Dokumente)

DuMont Kunst-Reiseführer

»Kunst- und kulturgeschichtlich Interessierten sind die DuMont Kunst-Reiseführer unentbehrliche Reisebegleiter geworden. Denn sie vermitteln, Text und Bild meist trefflich kombiniert, fundierte Einführungen in Geschichte und Kultur der jeweiligen Länder oder Städte, und sie erweisen sich gleichzeitig als praktische Führer.« *Süddeutsche Zeitung*

Alle Titel in dieser Reihe:

Alle Bände mit vielen, zum Teil farbigen Abbildungen; dazu Zeichnungen, Karten, Grundrisse, praktische Reisehinweise.

»Richtig reisen«